Die dunklen Jahre

Der Flughafen Lübeck-Blankensee
zwischen 1933 und 1945

Alexander Steenbeck

Die dunklen Jahre

Der Flughafen Lübeck-Blankensee
zwischen 1933 und 1945

Eine Bildchronik des Fliegerhorstes
der Hansestadt

Die auf diesen Seiten gezeigten Abbildungen dienen ausschließlich zu Zwecken der Berichterstattung über die Vorgänge des Zeitgeschehens sowie der militärhistorischen und wissenschaftlichen Forschung.

2. überarbeitete Auflage 2008
(c) Alexander Steenbeck

ISBN 978-3-00-025748-3

Ein Nachdruck, auch einzelner Teile, ist verboten. Übersetzung, Speicherung, Verfielfältigung und Verbreitung einschließlich Übernahme auf elektronische Datenträger wie CD-ROM, Festplatten o.ä. sowie Einspeicherung in elektronische Medien wie beispielsweise das Internet ist ohne vorherige Genehmigung des Autors unzulässig und strafbar.

Umschlaggestaltung, Satz und Layout: Alexander Steenbeck
Herstellung: Hohnholt Buchdruck, Bremen

Einblicke in Blankensees Geschichte...

Inhalt

7 Vorwort und Quellenlage

11 Prolog: Die Flieger-Bodenorganisation
„Personalverluste" / Scheinanlagen / Verlegung nach Schleswig

19 Blankensee im trügerischen Frieden
Neubeginn unter den Nationalsozialisten / Der Baubeginn /
Einschub: Eine Kläranlage als Streitobjekt / Der Bau schreitet voran /
Richtfest des neuen Fliegerhorstes

31 Die erste Einheit in Blankensee: Stukas
Flugtag 1937 / Einsatz in Spanien / Letzte Umbenennung /
Der tägliche Flugbetrieb vor Kriegsbeginn

41 Das Löwengeschwader (KG 257 bzw. KG 26)
Die ersten Monate / Einsatz in Spanien / Erste Probleme /
Erste Krisen / Flugtag 1939 / Filmkulisse / Flugzeugbestand der I./KG 257
Neue Aufgaben / Kriegsausbruch

69 Blankensee im „totalen Krieg"
Der Platz verändert sein Gesicht / Von Lübeck aus an die Front(en) /
Blankensee als Frontschleuse / Luftdienst in Lübeck-Blankensee /
Werftausstattung

101 Flugausbildung in Blankensee: die IV./KG 26
Die Ergänzungsstaffel / Aus der Staffel wird eine Gruppe / Die ersten
Ju 88 - Bereicherung des Flugzeugparks / Der Flugzeugbestand
der IV./KG 26 / Umschulung in Blankensee / Todesfalle Ratzeburger See /
Ausbildung nach Dienstplan / Unfälle in Blankensee / Die letzten Flüge /
Das Ende der IV./KG 26 / Umschulung und Auffrischung im Reichsgebiet

124 Der tägliche Dienst in Blankensee
Fliegerhorstbewachung und -verteidigung / Fliegerabwehr / Der tägliche Flugbetrieb während des Krieges / Auflösung in Blankensee / Alltag des Bodenpersonals / Wehrbetreuung / Frauen auf dem Flugplatz / Segelflug in stürmischen Zeiten

147 Flugzeugproduktion in Lübeck
Zwangsarbeiter in Blankensee / Flugzeugbau bei den Norddeutschen Dornierwerken in Lübeck

154 Das NJG 5 in Lübeck-Blankensee
Verlegung nach Lübeck / „Blindschleiche" / Alltag in Blankensee / „Bodenplatte" / Auf Feindflug / Probleme / Erster Einsatz an der Ostfront / Fernnachtjagd über England / Reduzierung der Gruppenstärke / Letzte Einsätze / „Hexenkessel Reichshauptstadt" / Das Ende / Mit einer Ju 88 G-6 auf der Flucht

174 Fliegende Bomben und Jabos: das KG 200
Fliegende Bomben in Lübeck / Jabos in Lübeck / Einsätze in der Dämmerung / Versorgungseinsätze nach Berlin / Letzte Einsätze

181 Belegung mit „Strahlern"
Turbinen-Nachtjäger in Blankensee: 10./NJG 11 / Düsenbomber in Blankensee: KG 76 / Luftangriffe auf Truppen vor Berlin / Die letzten Feindflüge

191 Kriegsende in Blankensee
Letzte Versorgungsflüge des KG 4 nach Berlin / Nachtschlachtkommando 9: Panzerjagd mit Schulmaschinen / Letzter Flug von Blankensee

197 Epilog: Was blieb?
Demontage der Flugzeug-Hallen / Denkmalschutz in Blankensee?

201 Anhang
Abkürzungen/Bildnachweis / Staffelkapitäne der IV./KG 26 / Verluste der IV./KG 26 / Verluste der III./NJG 5 / Flugzeuge in Lübeck-Blankensee / Verluste in Lübeck / Gliederung eines (Kampf-)Geschwaders / Gliederung einer Fliegerhorstkommandantur / Einheiten in Lübeck-Blankensee / Literaturverzeichnis / Flugzeuge aus Lübeck-Blankensee als Modell

Vorwort

Wie steht's? Bis heute hat der Flughafen Blankensee im Grunde kaum sein Gesicht verändert – abgesehen von einigen Neubauten war der Platz nur wenig Wandel unterzogen. Hier starten bereits seit über 90 Jahren Flugzeuge. Erst jetzt mit dem Bau der neuen Bundesstraße B 207 gibt es die ersten größeren Veränderungen in der Infrastruktur des Flugplatzes. Mit der geplanten Startbahnverlängerung und dem Bau eines großen Abfertigungsterminals werden bis zum Jahr 2012 noch weitere Bereiche des ehemaligen Fliegerhorstes für immer verändert. Bis jetzt nahm Blankensee eine besondere Stellung ein, da trotz des täglichen Linienverkehrs der Flughafen im Grunde noch so angelegt war, wie er vor über 90 Jahren am Zeichenbrett entstand.

Wen stört's? Dass sich jetzt vieles verändert, betrifft am ehesten die Anwohner des Flughafens – Stichwort Startbahnverlängerung und Nachtflüge. Dass dabei aber auch vieles Luftfahrtgeschichtliches sprichwörtlich „über Bord" geht, stört nicht einmal den Bereich Denkmalpflege der Hansestadt Lübeck (siehe entsprechenden Abschnitt in diesem Buch). Die dunklen Jahre werden sich nicht wesentlich erhellen, sofern sich die Einstellung vieler Menschen nicht ändert – soviel steht fest. Der Sohn des Hitler-Attentäters Claus Schenk Graf von Stauffenberg formulierte öffentlich Kritik am Umgang mit der NS-Zeit in Deutschland: *„Wir Deutsche sind nicht dazu in der Lage, mit unserer Geschichte angemessen umzugehen. Entweder wir treten als arrogante Herrenmenschen auf oder als devote und servile Bücklinge"*, sagte Berthold Schenk Graf von Stauffenberg im Juni 2007 gegenüber der „Süddeutschen Zeitung".

Dabei spielte Lübeck eine Schlüsselrolle im Netz der Fliegerhorste im Dritten Reich. Allein als Leithorst unterstanden dem hiesigen Flughafenbereichskommando Einheiten rund um fast einem Dutzend Flugflächen. Lübeck ist einer der ältesten Flughäfen Deutschlands – ein Erbe, das leider nicht sofort ins Auge sticht und sich auch nicht touristisch vermarkten lässt. Wie auch, wenn große Teile seiner Geschichte vom Militär dominiert werden. Aber deshalb gleich alles unter den Teppich kehren, es vergessen, für immer?

Seit dem Erscheinen meines ersten Buches über die Geschichte des Flughafens Lübeck-Blankensee ist das Interesse an der Geschichte des Platzes gewachsen. Gleichzeitig hat sich aber leider nichts daran geändert, dass dunkle Kapitel der eigenen Geschichte lieber verschwiegen werden, als sie offen darzustellen. Dafür hat mein Buch „LBC – Lübeck-Blankensee" dazu beigetragen, dass sich Mythen und Legenden nicht länger halten konnten: beispielsweise haben nicht die Briten die Startbahn auf die heutige Länge gebracht, sondern unzählige Zwangsarbeiter und örtliche Firmen bereits im Jahr 1944.

Soll Gras über dieses dunkle Kapitel Blankensees wachsen? Am alten Hallenvorfeld scheint das bereits so zu sein.

Wozu also? Ohne die eigene Arbeit besonders herausstellen zu wollen: Mit dem vorliegenden Buch sollen Blankensees dunkle Jahre wesentlich erhellt, wieder einmal mehr Ungereimtheiten ausgeräumt und Mythen widerlegt werden. Ansonsten würden die Geschehnisse zwischen 1933 und 1945 immer mehr in Vergessenheit geraten. Mit dem Buch liegt jetzt erstmals die militärische Geschichte des Lübecker Flughafens Blankensee vor. Es ist wie bereits mein erstes Buch das Ergebnis langjähriger Recherchen. Da der Kreis derjenigen, die das Geschehen vor über 60 Jahren hautnah miterlebten, nun stetig kleiner wird, wird es wiederum auch schwierig, noch Zeitzeugen ausfindig zu machen. Der Buch-Titel ist somit auch noch anders zu verstehen: Denn viele dunkle Flecken der Lübecker Luftfahrt-Geschichte werden, sobald die letzten Zeitzeugen das Zeitliche gesegnet haben, nicht heller werden. Was auch für zukünftige Forschungen bleiben wird, sind Nachlässe – und Archivmaterial. Und beides zeigt leider nur fragmentarisch, was alles am Platz damals geschah.

Mir ist es sehr wichtig, zu betonen, dass das vorliegende Buch in keinster Weise als kriegsverherrlichend verstanden werden soll, sondern vorrangig der Geschichtsaufarbeitung und der reinen Information dient. Weiterhin soll es natürlich auch zur Mahnung, aber auch zur Würdigung und Erinnerung derjenigen dienen, die vor und während des letzten Weltkriegs in Blankensee ihren Dienst taten. Dass wir dieses anerkennen und nie vergessen sollten, dafür lohnt es sich, sich zu erinnern.

Bei der Herausgabe dieses Bildbandes mit seinen einzigartigen Fotographien aus früheren Jahrzehnten ging es in erster Linie um das Bewahren. Hier wird lokale Zeitgeschichte in Bildern wieder lebendig und auch jüngeren Menschen unmittelbar zugänglich. Moderne Sehgewohnheiten verbauen uns allzu oft den Blick für die Werte älterer Fotodokumente, die uns aber auch ohne bunte Farben noch heute viel zu sagen haben. Mit dem fortschreitenden Zerfall dieser Fotodokumente durch äußere Einflüsse wächst die Wahrscheinlichkeit, dass dieses Buch bald selbst zu den letzten Zeitzeugen gehört.

Viele Dokumente schlummern noch in Alben, Kellern, auf Dachböden – oder in Sammlungen von mehr oder weniger fachkundigen Personen. Denn leider waren nicht alle bereit, diese Dokumentation zu unterstützen. Zeitgenossen, wie den Militaria-Sammlern, die zwar von Privatpersonen gerne Material anhäufen, es aber nicht Forschungszwecken zur Verfügung stellen möchten, horten immer noch wahre Schätze in ihren vier Wänden. Sie freuen sich im Stillen, dass sie Dokumente von größter Aussagekraft besitzen – nur bekommt sie so kaum jemand zu Gesicht, geschweige denn helfen sie, weitere Mosaiksteinchen zur Geschichte beizutragen.

Um so mehr muss daher denen gedankt werden, die mich bei meiner langjährigen Arbeit unterstützt haben. Allen zu danken, würde den Rahmen dieses Buches sprengen. Jedoch sei an dieser Stelle besonders den Eheleuten Godehus, Kossatz, Schroller, Stanitz, Wenzel, Freitag sowie Jerry Crandall, Hans Dreyer, Annie Feiler, Manfred Griehl, Hans-Werner Große, Leo Haberstroh, Horst Hampel, Hans-Heinrich Hatlapa, Karl-Heinz Heitmann, Jörn Junker, Karl Kössler, Paul Köster, Leif Kramp, Waltraud Krüger, Hans Günther Leppkes, Jim Norton, Simon Schatz, Friedemann Schell, Ilse Sülberg, Udo Sülberg, Kurt Siebert, Alfred Reimer, Günter Schulz, und Günter Wolf nochmals ganz herzlich gedankt – einige von den Genannten sind bereits schon nicht mehr unter uns.

Auch den Mitarbeitern des Bundesarchivs, des Fliegermuseums Dübendorf, der Murnau-Stiftung und des Lübecker Stadtarchivs bin ich für die geleistete Hilfe zu tiefstem Dank verpflichtet.

Zwei Personen möchte ich aber noch ganz speziell danken. Ohne die unerschöpfliche Geduld und Rücksichtnahme meiner Frau Silvia sowie die fortwährende Unterstützung meines Vaters Reinhard wären in „Die dunklen Jahre" Blankensees nie etwas Licht gefallen und dieses Buch nie zustande gekommen.

Alexander Steenbeck
Lübeck, im September 2008

**Die Natur erobert sich vieles in Blankensee zurück. Oben ein alter Betonklotz, an dem einst Tarnnetze oder gar Flugzeuge festgebunden wurden. Möglich ist aber auch, dass dieser 30x30x40 cm große Klotz als Orientierungspunkt für das Kompensieren genutzt wurde; schließlich liegt er noch über 60 Jahre nach Kriegsende im Bereich der ehemaligen Kompensierscheibe.
Links wachsen Wildblumen aus einer Mauer an der Flugleitung, eine der letzten Hindernisbefeuerungen aus den 1930ern sägten Unbekannte 2008 einfach um.**

Wie bei ähnlich gearteten Chroniken erhebt auch diese keinesfalls den Anspruch, lückenlos und fehlerfrei zu sein. Wer jedoch noch Material aus der Lübecker Luftfahrtgeschichte hat, sich an Begebenheiten aus seiner 90-jährigen Geschichte erinnern kann oder sich nur mit „Lob und Tadel" einmal an mich wenden möchte, für den steht
die **Telefonnummer 0170/9837015** oder
die **E-Mail luebeck-blankensee@gmx.de**
bereit, um mich zu kontaktieren.

Quellenlage

Aus der Fliegerhorst-Zeit Blankensees sind im Gegensatz zu vielen anderen Flugplätzen einige offizielle Akten im Bundesarchiv erhalten geblieben. Es handelt sich dabei in erster Linie zwar nur um die Anlagen zu einem Kriegstagebuch (KTB) der Fliegerhorstkommandantur (Signatur RL 21//71a und 71b), jedoch geben bereits diese wenigen erhaltengebliebenen Unterlagen Einblicke in die damalige Zeit. Es ist nicht zu ermessen, wieviele Fakten in den entweder bereits zu Kriegsende oder im Anschluss daran vernichteten Aktenmaterial sich befunden hätten.

Jedoch hat ein weiterer größerer Bereich die Kriegswirren überstanden: Es ist das Kriegstagebuch Nr. 5 des Flughafenbereichs 6/XI mitsamt der dazugehörigen Anlagen, das unter der Signatur RL 20/75 und RL 20/76 zu finden ist. Da Blankensee nicht nur Leithorst, sondern auch Sitz des Flughafenbereichskommandanten war, lassen sich auch hier viele Rückschlüsse auf die Blankenseer Militärzeit finden.

Im Lübecker Stadtarchiv hingegen sind kaum Unterlagen aus der NS-Zeit über den Fliegerhorst erhalten geblieben. Kein Wunder: Ging das Gebiet der ehemaligen Fliegerstation doch bereits Anfang der 1930er in Reichseigentum über. Lediglich in den Akten der Bauverwaltung (Signatur KI.213 Nr. 7a Bd. II und KI 8,3 sowie LV 4,3 und LV 4,2) lassen sich einige Hinweise zur großen Flugplatzanlage am Dorf Blankensee finden. Über den Abriss der Hallen sind Zeugnisse aus dem Lübecker Hauptamt unter der Signatur 1859 erhalten geblieben. Einblick darüber gibt es im letzten Kapitel.

Im Zusammenspiel mit Privat-Dokumenten lässt sich so zwar kein 100 Prozent genaues, aber ein sehr dichtes Bild vom damaligen Geschehen erzeugen. Überaus wertvoll für die vorliegende Chronik waren die Flugbücher der ehemaligen fliegenden Besatzungen. Insgesamt fast 400 dieser „Fliegerfahrtenbücher" wertete der Autor für „Die dunklen Jahre" aus. Eine wahre Fundgrube waren aber auch die Feldpostbriefe von Angehörigen des KG 257, des KG 26 bzw. des Horstpersonals. Ebenso die bisher leider unveröffentlichten Erinnerungen von Ludwig Baum, einem ehemaligen Staffeloffizier im KG 26. Dem Bereich der Oral History, also den Erzählungen und Berichten der Zeitzeugen, kam insofern auch eine große Bedeutung zu.

Sicherlich schlummert noch so Manches in Archiven. So bleibt es späteren Forschungen vorbehalten, die Unterlagen des Luftgaus XI auszuwerten, die sich teilweise im Bundesarchiv, teilweise aber auch in den National Archives in Washington befinden.

Die tabellarischen Daten zu Unfällen und Abstürzen im Anhang dieses Buches stammen hauptsächlich aus den täglichen Meldungen des Generalquartiermeisters der Luftwaffe, zu finden auf Mikrofilm im Public Record Office in London oder auch im Bundesarchiv. Aus letzterem standen dem Autor die Meldungen der Einsatz- und Schulverbände von 1939 bis 1945 zur Verfügung (Signaturen RL 2 III/752-767 und RL 2 III/769-784). Ausgenommen ist hier der Jahrgang 1944 der Einsatzverbände, da dieser seit Kriegsende immer noch als verschollen gilt. Anzumerken ist, dass die Qualität der Mikrofilme in Teilen nicht besonders gut ist, die Daten also teilweise sehr schlecht lesbar waren. Erschwerend kommt hinzu, dass es Lücken in den Tagesmeldungen zu geben scheint, das heißt, dass nicht alle Unfälle oder Verluste in die Listen einflossen. Aus Flugbüchern, Briefen und anderen Archiv-Materialien konnten dennoch einige Lücken geschlossen werden. In britischen Geheimdienstberichten lassen sich sicherlich noch weitere ergänzende Angaben finden, jedoch soll sich für die vorliegende Chronik zunächst hauptsächlich auf die deutschen Unterlagen beschränkt werden.

Weitere Erläuterungen zur Auswertung der Verlustlisten finden sich im Anhang.

Schwer zu bekommen und oftmals auch entsprechend schwer zu lesen: alte Unterlagen, seien es offizielle Dokumente wie die Verlustlisten des Generalquartiermeisters (die ersten drei Fotos zeigen drei Beispiel-Seiten), Berichte oder private Aufzeichnungen wie Flugbücher.

Prolog

Bevor der Fliegerhorst Lübeck-Blankensee im Mittelpunkt der nachfolgenden Betrachtung steht, sind ein paar Erläuterungen rund um die Flieger-Bodenorganisation zum Verständnis der Rahmenbedingen in den 1930er und 40er Jahren nötig. Sie umfasst auch eine Betrachtung des Kommandos des Flughafenbereichs 6/XI Lübeck-Blankensee, dessen Leithorst der Fliegerhorst Lübeck-Blankensee war. Eine direkte Einflussnahme auf die fliegenden Verbände hatte die Befehlsstruktur der Bodenorganisation zwar nur sekundär, jedoch sollen die späteren chronologischen Abläufe innerhalb der Verbände wie des KG 26 nicht durch die Ausführungen rund um die Flughafenbereichstrukturen unterbrochen werden – auch wenn diese parallel in Blankensee stattfanden.

Die Bodenorganisation

Fliegerhorste wie Lübeck-Blankensee waren militärische Flughäfen mit voll ausgebauter Infrastruktur und mit ständigem Flugbetrieb. Dies ist insofern wichtig, als dass es unterschiedliche Arten von Fliegerhorsten im Deutschen Reich gab:

- Fliegerhorste (Land und See)
- Einsatzplätze (Land und See)
- Feldflugplätze
- Seeflugstützpunkte
- Gefechtslandeplätze
- Arbeitsplätze
- Scheinflugplätze

Insgesamt bildeten sie den wesentlichen Teil der Fliegerbodenorganisation, deren Aufgabe es war, den fliegenden Verbänden geeignete Flugplätze zum Starten und Landen anzubieten, für die Verpflegung und Unterbringung der Truppe zu sorgen und die Wartung, Munitionierung sowie die Instandsetzung der Flugzeuge sicherzustellen. Kommandanten der Fliegerhorste waren ab 1933 in Personalunion die Kommandeure der auf den Plätzen befindlichen Einheiten bzw. Dienststellen (fliegende Verbände, Flieger- und Luftkriegsschulen, Fliegerersatzabteilungen, Luftzeugämter und Luftparke). Lagen mehrere Einheiten auf dem Platz, übernahm der dienstälteste Kommandeur die Aufgaben des Fliegerhorstkommandanten.

Mit der am 1. Juli 1939 verfügten Aufstellung und bereits friedensmäßigen Besetzung der Stelle des Kommandanten eines Flughafenbereichs, d.h. eines Führungsstabes der Fliegerbodenorganisation, wurde die bisherige Kommandostruktur verändert. Fliegerhorstkommandanten unterstanden nun in allen Luftgau- und allen truppendienstlichen Angelegenheiten, soweit sie die Horstkommandantur betrafen, dem Kommandanten des Flughafenbereichs. Ab Mobilmachung wurden dann Zug um Zug die Stellen der Fliegerhorstkommandanten hauptamtlich besetzt, anfangs nur auf Horsten, die mit fliegenden Verbänden belegt waren, wie dies die Kriegsstärkenachweisung (KStN) 1304 vom 1. Juli 1938 bereits vorsah. Mit Einsetzung hauptamtlicher Horstkommandanten - überwiegend Oberstleutnante und Oberste - galt es auch, die Kompetenzen zwischen ihm und dem Kommandeur der auf dem Platz liegenden Verbände zu regeln. In der L.Dv. 1201 (Zu finden im Bundesarchiv unter Signatur RLD 3/1201) wurden entsprechende Richtlinien aufgestellt und festgelegt, dass der Horstkommandant dem dienstältesten Offizier, dem Verbandsführer, während der Anwesenheit des Verbandes auf dem Platz zur Durchführung aller für den Verband notwendigen Versorgungsaufgaben unterstand.

Eine bestimmte Anzahl dieser militärischen Flugplätze wurde in einem Flughafenbereich zusammengefasst. In jedem Flughafenbereich wurde ein Fliegerhorst als Leithorst bestimmt, an dem alle Flugplätze nachrichtentechnisch angeschlossen waren. Dieser war seit dem 1. Juli 1939 zugleich Sitz des Kommandanten eines Flughafenbereichs. Mehrere von diesen Flughafenbereichen bildeten einen Luftgaubereich. Hier hatte ein Luftgaukommando Befehlsgewalt. In der Regel deckten zwei bis drei Luftgaue den Bereich eines Luftflottenkommandos territorial ab[1].

Die unterstellten Flugplätze waren durch Fernsprech- und Fernschreibleitungen an den Leithorst angeschlossen – das so genannte Flughafenbereichsnetz. Der Leithorst war auch der Sitz des Kommandanten des Flughafenbereichs, der ab

[1] Das Ganze lässt sich zum Verständnis in die heutige Zeit übertragen: Wenn der Luftgau einem Bundesland entspricht, dann wäre der Flughafenbereich entsprechend ein Landkreis. Der Leithorst mit Sitz des Fl.H.Ber.-Kommandos wäre dann so etwas wie die Kreisstadt mit dem Sitz der Kreisverwaltung. Alle untergeordneten Fliegerhorste wären somit untergeordnete Städte innerhalb des Landkreises.

[1] Am 21. November 1942 kamen außerdem die Flugleitungen auf Werk- und Segelflugplätzen hinzu. Für den Bereich 6/XI war das zum einen der Flugplatz der Firma Blohm und Voss in Hamburg-Finkenwerder, zum anderen der Segelflugplatz Hamburg-Altona. Beide unterstanden dienstlich direkt der Fl.H.Kdtr. A1/XI Hamburg-Fuhlsbüttel. Weitere Einheiten lassen sich unter www.ww2.dk finden, sich jedoch derzeit nicht durch offizielle Unterlagen belegen.

1939 zunächst die Dienststellung und Disziplinarbefugnisse eines Regimentskommandeurs, später die eines Brigade- und schließlich die eines Divisionskommandeurs hatte. Ihm oblag der Bau, die Instandhaltung und Tarnung sowie Luft- und Erdverteidigung der Anlagen der Fliegerbodenorganisation, die Steuerung des Flugbetriebs auf den Flugplätzen, aber auch der Ausbau und Betrieb der erforderlichen Nachrichtenverbindungen, die Versorgung der zum Flughafenbereich gehörenden und der dort stationierten Dienststellen und Einheiten sowie die Unterstützung der Einheiten der Flakartillerie und Luftnachrichtentruppe beim Ausbau ihrer Stellungen.

Befehlsgewalt über den Flughafenbereich Blankensee hatte das Luftgau-Kommando XI. Aufgestellt am 12. Oktober 1937 in Hannover, zog das Luftgaukommando im März 1940 nach Hamburg-Blankenese um. Bei Kriegsbeginn gehörten zum LGKdo. XI, so die Abkürzung, die Flughafenbereiche Greifswald, Güstrow, Parchim, Schwerin, Lübeck-Blankensee, Salzwedel/Stendal, Lüneburg, Stade, Langenhagen, Delmenhorst, Jever und Husum-Schleswig. Seit dem Frühjahr 1940 umfasste der Luftgau XI auch Flughafenbereiche im besetzten Dänemark.

Die Bodenorganisation im Luftgau XI bestand 1942 aus den Flughafenbereichen 3/XI Flensburg, 6/XI Lübeck-Blankensee, 9/XI Greifswald-Güstrow, 12/XI Delmenhorst, 13/XI Lüneburg, 16/XI Stendal, 17/XI Schwerin. In diesen bestanden wiederum so genannte Flugplatzkommandos: 1/XI Hamburg-Fuhlsbüttel, 2/XI Neumünster, 5/XI Bremen-Neulanderfeld, 8/XI Helgoland, 9/XI Marx bei Wittmund/Oldenburg, 10/XI Varel/Oldenburg, 11/XI Hannover-Vahrenwald, 12/XI Wangerooge, 13/XI Langerooge, 14/XI Güstrow, 16/XI Rerik-Mecklenburg, 17/XI Wittmundhaven/Oldenburg, 18/XI Leck/Schleswig, 19/XI Neustadt/Glewe, 20/XI Flensburg, 21/XI Uetersen, 22/XI Oldenburg, 23/XI Delmenhorst, 24/XI Diepholz, 251XI Lüneburg, 271XI Salzwedel, 28/XI Celle, 29/XI Fassberg und Unterlüss, 30/XI Hagenow, 31/XI Ludwigslust, 32/XI Barth, 33/XI Wesermünde, 34/XI Peenemünde und die Einsatzhäfen 101/XI (See) Norderney, 102/XI (See) Wilhelmshaven, 103/XI (See) Tönning, 104/XI Rantrum/Sylt, 105/XI Hörnum/Sylt, 108/XI Schleswig.

Dem Kommando Flughafenbereich 6/XI Lübeck-Blankensee stand seit dem 1. Januar 1940 Oberst Johannes Missfelder vor. Er wurde am 1. Juli 1941 abgelöst von Oberst Robert Hunzinger, der am 27. April 1942 wiederum als Kommandant zum Fl.H.Ber. 26/XII Wien-Aspern wechselte. Sein Nachfolger wurde am 28. April 1942 Oberst Fritz Prestien, der zuvor Kommandant des Fl.H.Ber. 16/XI Stendal war.

Dem Flughafenbereich Lübeck-Blankensee unterstanden laut KTB Nr. 5 des Fl.H.Ber. 6/XI die Fliegerhorstkommandantur Lübeck-Blankensee vom 25.08.1939 bis 21.04.1943 das Flugplatzkommando A21/XI Uetersen (von 25.08.1939 bis 21.04.1943), die Seefliegerhorstkommandantur Travemünde (vom 10.05.1940 bis 20.01.1943), das Flugplatzkommando A1/XI Hamburg-Fuhlsbüttel (vom 27.07.1940 bis 21.04.1943), das Flugplatzkommando A2/XI Neumünster (vom 20.12.1940 bis 21.04.1943), das Ausbildungskommando des LGKdo. XI in Uetersen (vom 30.03.1941 bis 21.04.1943), die Seefliegerhorstkommandantur (E)123/XI Großenbrode (vom 20.11.1941 bis 21.04.1943), Seefliegerhorstkommandantur (E)126/XI Selent (vom 07.04.1942 bis 18.06.1942), das Flieger-Ersatz-Bataillon XI Hohenaspe, ab 18.07.1942 in Neumünster (vom 23.04.1942 bis 21.04.1943) und die Fliegerhorstkommandantur (E)67/XI Uetersen (vom 31.12.1942 bis 27.01.1943).[1]

Insofern verwundert es nicht, wie weitreichend die Befehlsgewalt des Flughafenbereichs war. Dies zeigt sich auch in den Tätigkeiten der Blankenseer Luft-

Flieger-Bodenorganisation 1938. Zu erkennen ist die Einteilung des Deutschen Reichs in die unterschiedlichen Luftgaue.

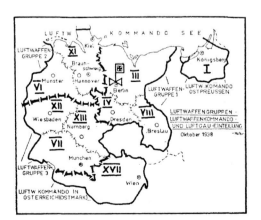

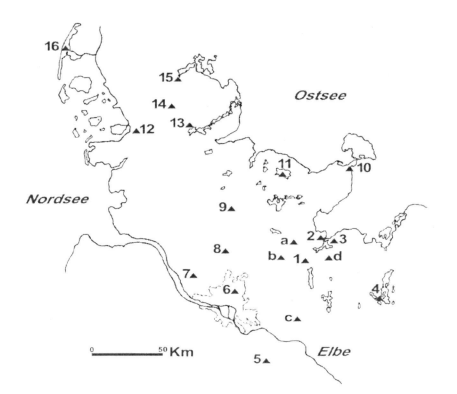

Die Flugflächen in der Umgebung von Lübeck:

01 Lübeck-Blankensee
02 Travemünde
03 Pötenitz
04 Schwerin
05 Lüneburg
06 Hamburg-Fuhlsbüttel
07 Uetersen
08 Kaltenkirchen
09 Neumünster
10 Großenbrode
11 Selent
12 Husum
13 Schleswig
14 Eggebek
15 Flensburg
16 Westerland

a Pronstorf
b Reinfeld/Autobahn
c Büchen-Fitzen
d Palinger Heide

Die Übersicht zeigt aus Gründen der Übersichtlichkeit nur die Flugflächen, die in direktem Zusammenhang mit Blankensee oder den hier stationierten Einheiten stehen.

nachrichtenstelle. So waren die Funk-Techniker beispielsweise 1942 damit beschäftigt, im gesamten Bereich des Leithorstes Lübeck Fernsprech- und Fernschreibleitungen zu verlegen bzw. instandzuhalten. So wurden Leitungen zu den Feldwachen des Fliegerhorstes Lübeck-Blankensee (August/September 1942) verlegt, zur Muni-Ausgabestelle in Bad Schwartau (September 1942), und zur Flakmuna in der Palinger Heide (im Juni 1942). Und bis zum Dezember 1942 nahm der Blankenseer Trupp „nachrichtentechnische Arbeiten größeren Umfangs in Kaltenkirchen" wahr. Dabei handelte es sich um den Rückbau der provisorischen Fernsprechverbindungen rund um den im Bau befindlichen Fliegerhorst. Diese Arbeiten sind seit Anfang 1942 belegbar.

„Personalverluste"

Diese Bodenorganisation war sehr personalintensiv, mit Kriegsbeginn wurde versucht, Personal abzubauen und zur Front zu versetzen. Eine der ersten Abgabe-Wellen von so genannten „frontverwendungsfähigen Soldaten" erfasste den Flughafenbereich 6/XI Anfang 1941. Das Luftgaukommando XI befahl die Abgabe von insgesamt 2.000 Soldaten am 14. Januar aufgrund eines Fernschreibens des Luftflottenkommandos 2. Demnach musste der Bereich 6/XI bis zum 25. Januar insgesamt 200 Soldaten zum LGKdo. Belgien/Nordfrankreich in Marsch setzen – als Teil eines Kontingents von 750 Soldaten für das Kdo. Fl.H.Ber. St. Omer.

Eine der nächsten Versetzungswellen (durch das KTB Nr. 5 belegt) traf den Luftgau und somit auch den Flughafenbereich 6/XI im Herbst 1942. Oberst Prestien reiste hierzu am Sonnabend, 19. September, zu einer Besprechung ins LGKdo. XI beim Chef des Generalstabes, Oberst i.G. Laicher, um sich von Görings Befehl unterrichten zu lassen. Dieser sah vor, im Luftgau weitere 2.000 Mann so genanntes K.V.-Personal zur Frontverwendung freizumachen.

Im KTB Nr. 5 des Flughafenbereichs hielt man fest: „Es sollen weitgehend weibliche Hilfskräfte in allen Geschäftszimmern eingesetzt werden." Für das neu aufzustellende Fliegerkorps XIII gab der Flughafenbereich insgesamt 35 Uffz., 107 Mann und 15 Kraftfahrer ab – für die Fl.H.Kdtr. Blankensee bedeutete dies al-

Ein Blick in das Zimmer eines Flughafenbereich-Kommandanten, hier des Kdo. Fl.H.Ber. Jesau. Zeitzeugen berichten, dass die Einrichtung auch in Blankensee ähnlich ausgesehen hat.

[1] Im Nachgang kam am 3. November 1942 sogar eine Kommission des RLM in den Flughafenbereich zur *„Überprüfung des Stabes und aller im Fliegerhorst Lübeck-Blankensee untergebrachten Einheiten auf Vorhandensein und Überprüfung jüngerer Soldaten der Tauglichkeitsgrade K.v. und g.v.F."* Am 12. November wird im KTB als Ergebnis festgehalten: *„Von der Überprüfungskommsion des RLM wurden im Flughafenbereich Lübeck-Blankensee insgesamt 7 Offz., 5 Beamte, 380 Uffz. und 610 Mannschaften erfasst."* Anschließend wurden diese zur Auffang-Kompanie in Uetersen in Marsch gesetzt.

[2] Dieser war erst am 8. Juli 1942 vom Kdo. Fl.H.Ber. 1/XI Jütland gekommen. Sein Vorgänger im Bereich 6/XI war Oberstabsarzt Dr. Harry Breitländer, der am 15. Dezember 1941 von der San.Ausb. Abtlg. des LGKgau XI zum F.H.Ber. 6/XI versetzt worden war. Er ging am 29. Juni 1942 zum Fl.H.Ber. 24/X Seeland.

[3] Die Anlagen unter dem direkten Kommando des Leithorstes Blankensee lassen sich dabei schnell durch das Kürzel „Bl" erkennen; „Ne" steht hingegen für Neumünster, „Tr" für Travemünde, „Se" für Selent, „Ue" für Uetersen, diese waren jedoch ebenfalls Teil des Fl.H.Ber. 6/XI. Ähnliche ortsverwandte Abkürzungen lassen sich im Norden des Luftgau XI für Westerland/Sylt („Sy"), Husum („Hu"), Tönning („Tö"), und Flensburg („Fl") nachweisen.

lein neun Unteroffiziere und 43 Mann weniger.[1]

Neben einer Filmstelle des Flughafenbereichs (siehe Kapitel Wehrbetreuung) verfügte 6/XI außerdem über einen eigenen Flughafenbereichsarzt, auch dieser musste im Zuge der Versetzungen von Soldaten zur Front gehen – wenn auch nicht weit: Aus dem KTB Nr. 5 ist ersichtlich, dass diese Dienststelle, intern als Gruppe IV b bezeichnet, per Luftgau-Befehl zum 5. November 1942 entfiel. *„Die Aufgaben des Fl.H.Ber. Arztes werden durch die Truppenärzte der Fliegerhorste am Sitz des Kdo. Fl.H.Ber. übernommen"*, hieß es am 11. November 1942. Insofern brachte Oberst Prestien „seinen" Bereichsarzt, den Oberstabsarzt Dr. Walter Lemcke[2], in Blankensee unter.

Scheinanlagen

Aus dem noch vorhandenen Kriegstagebuch Nr. 5 des Flughafenbereichs geht hervor, dass der Flughafenbereichkommandant nur wenig Zeit in Blankensee verbrachte: Beinahe täglich fuhr Oberst Huntziger, später Oberst Prestien, mit dem Dienstwagen zu Besprechungen nach Hamburg, zur Besichtigung der unterstellten Einheiten – oder auch der Scheinanlagen. Besonders auf letzterem lag ein großes Augenmerk des Kommandanten – letztlich wahrscheinlich aus Weisung des LGKdos XI. Minutiös wurden nicht nur täglich die Durchflüge alliierter Flugzeuge aufgezeichnet (sofern stattgefunden), sondern auch die Bombenwürfe auf die Scheinanlagen notiert. Diese waren stets kleine Erfolge in der Arbeit des Flughafenbereichs, denn jede Bombe, die in die Scheinanlagen fiel, richtete keinen Schaden an den echten Anlagen – und natürlich an den Ortschaften – in der Umgebung an. An verschiedenen Standorten im Flughafenbereich hatte man seit Kriegsbeginn so genannte Scheinanlagen aufgebaut. Zum einen waren dies in nächster Nähe zu den eigentlichen Flugplätzen so genannte Scheinflughäfen und -anlagen sowie Erfolgsfeuerdarstellungen in direkter Nachbarschaft zu bestehenden Ortschaften oder Betrieben/Fabriken – beides meist jedoch in relativ unbewohntem Gebiet, denn das Ganze hatte den tieferen Sinn, feindliche Flugzeuge zum Bombenwurf auf diese und nicht auf die echten Anlagen zu verleiten.

Überwacht wurden die S-Flächen generell durch den Kommandanten des Flughafenbereichs Lübeck-Blankensee. Insgesamt lassen sich im Zeitraum von April 1942 bis Januar 1943 folgende Scheinanlagen rund um Lübeck festmachen[3]:

Boot Bl 1 = Wendisch-Lieps/Ritzerau
Boot Bl 2 = Utecht
Boot Bl 3 = Klein Kummerfeld
Boot Bl 4 = Holm

Boot Bl 5 = Lentföhrden
Boot Bl 6 = Sasstedt/Garstedt
Hof 1 = Rübke
Hof 2 = Rübke
Hof 7 = Tesperhude
Hof 11 = Hemmelsdorf
Hof 14 = Sülldorf
Hof 32 = Hetlingen/Elbe
Kiosk (mot) Bl = Sülldorf
Kiosk (mot) Wu = Rethwisch
Kiosk Bl 1 = Ritzerau
Kiosk Bl 2 = Wilmstorf (auch E-Lüb 1)
Kiosk Bl 3 = Palingen (auch E-Lüb 2)
Kiosk Bl 4 = Lüdersdorf (auch E-Lüb 3)
Kiosk Bl 5 = Heilshoop (auch E-Lüb 4)
Kiosk Bl 6 = Arfrade (auch E-Lüb 5)
Kiosk Bl 7 = Pohnsdorf (auch E-Lüb 6)
Kiosk Bl 8 = Rahlstedt-Siek
Kiosk Fu 1 = Friedrichsgabe
Kiosk Fu 2 = Nienwohld
Kiosk Gr 1 = Quals
Kiosk Ne 1 = Spennen/Spassnau
Kiosk Ne 2 = Timmaspe
Kiosk Ne 3 = Reher
Kiosk Se 1 = Hasselburg
Kiosk Se 2 = Hasselburg
Kiosk Tr 1 = Klenzau
Kiosk Ue 2 = Lutzhorn/Timmaspe
Kiosk Ue 3 = Kummerfeld

Die technische Betreuung übernahm vielfach die Ln-Stelle des Fl.H. Blankensee. Ein Trupp war zu Leitungsbauarbeiten häufig zu den Scheinanlagen unterwegs. Allein im August 1942 verkabelte die Ln-Stelle die Scheinflughäfen Hasselburg und Rahlstedt-Siek, im März 1942 wurden Leitungen zur Scheinanlage in Wendisch-Lieps gelegt. Arbeiten an der Anlage Kiosk Bl 1 und zum Scheinwerfer in Groß Sarau lassen sich im Oktober 1942 nachweisen.

Zeitzeugen erinnern sich heute an verschiedene Standorte für Scheinflugplätze rund um Lübeck. So wurden als andere Plätze ein Gelände bei Wulfsdorf und in der Nähe von Utecht/Thandorf genannt. Jedoch könnte es auch daran liegen, dass es sich hierbei nicht nur um Attrappen-Flugplätze, sondern um Scheinanlagen mit Attrappenbauten (Gebäude) oder um Erfolgsfeuerdarstellungen handelte. Auf letzteren standen Scheiterhaufen bzw. Behälter mit entflammbaren Flüssigkeiten, die bei Luftgefahr entzündet wurden. Das erweckte den Anschein für die in der Luft be- findlichen feindlichen Flugzeuge, dass bereits von vorausfliegenden dort etwas getroffen worden war, sich dort also ein lohnendes Ziel befinden musste. Dass diese Scheinanlagen häufig in Moorgebieten bzw. sehr weit abgelegen lagen, konnten die Angreifer dabei ja nicht wissen. Der alliierten Luftaufklärung entgingen diese Anlagen jedoch letztlich nicht; be-

Geheimes Schreiben an die Fligerhorstkommandantur Lübeck-Blankensee über den Ausbau von Erfolgsfeuern im Raum Lübeck.

Ein Blick unter eine He111-Attrappe auf einem Scheinflughafen. Gut zu erkennen ist, wie aufwändig der Bau ausgeführt ist. Mit entsprechender Bemalung waren diese Holz-Vögel aus der Luft nur schwer von Originalen zu unterscheiden.

tätig, erinnert sich an eine Begebenheit im Zusammenhang mit einem Scheinflugplatz bei Berkenthin: *„Eines Nachts wurde der Scheinflugplatz von einigen englischen Fliegern angegriffen. Die dortige Mannschaft erzählte später, dass die Briten Holzbomben anstelle von scharfen Bomben auf die Anlagen geworfen hätten. Ihnen war also der Bluff bekannt gewesen."* Ob die Erzählungen der Kameraden der Wahrheit entsprochen haben, ließ sich leider nicht mehr feststellen.

Alle „S-Anlagen" wurden regelmäßig inspiziert. Entweder durch den Flughafenbereichs-Kommandanten persönlich oder durch seine Stellvertreter. Die Wichtigkeit dieser Anlagen wird beispielsweise auch durch Meldungen des LGKdos XI deutlich, in denen die Erfolge der Anlagen gewürdigt werden. Für die Arbeit in den Scheinanlagen in der Nacht vom 8. auf den 9. April 1942 wurden die Fl.H.Ber. Lübeck-Blankensee und Flensburg-Schleswig von Seiten des Luftgaukommandos XI am 16. April 1942 gewürdigt. *„Durch die den Einflügen des Gegners entsprechend auf breiten Raum rechtzeitig eingesetzten Erfolgsfeuer gelang es im Luftgaubereich 61 Spreng-, 878 Brandbomben und 90 Phosphorkanister (15%, 14% und 67% aller Bom-*

Der Bluff mit den Scheinanlagen funktionierte, wie ein geheimer Bericht über einen Bombenangriff auf die Scheinanlage bei Hemmelsdorf zeigt.

reits früh wurden Luftaufnahmen von den Anlagen gemacht. Der wahre Sinn blieb oftmals für lange Zeit verborgen. Und aus mancher Scheinanlage, wie beispielsweise dem Scheinflugplatz bei Klein Kummerfeld, wurde zu Kriegsende noch tatsächlich ein real genutztes Flugfeld. Gerhard Schroller, damals bei der 10.FBK/KG 26

Nicht nur die Flugzeuge auf diesen Scheinanlagen waren falsch: Auch die Kennungen an den Maschinen, hier an einer hölzernen Ju 88, existierten so in der Form nicht. Die Kennung „L8" war bei der Luftwaffe jedenfalls keiner Einheit zugeordnet.

Ausschnitt aus dem Kriegstagebuch des Kommandos Flughafenbereich Lübeck-Blankensee. Es zeigt Dienst-Flüge von Oberst Prestien mit der Ar 96 „KE+BL".

ben) von militärischen und zivilen Zielen abzuziehen. An dem Ergebnis hervorragend beteiligt ist der Kiosk (mot) Wu mit 21 Spreng- und 350 Brandbomben, der bei den beiden letzten Angriffen mit insgesamt 21 Spreng- und 750 Brandbomben beworfen wurde."

Und General der Flieger Ludwig Wolff sprach als Kommandierender General und Befehlshaber im Luftgau XI am Mittwoch, 29. April 1942, den beteiligten Flughafenbereichen seine Anerkennung in Bezug auf die Angriffsnächte vom 17. bis 26. April 1942 aus: *„Der Einsatz von S-Betrieben in den Angriffsnächten [...] hat zu anerkennenswerten Erfolgen geführt. Nach bisherigen Feststellungen wurden auf S-Betriebe in diesem Zeitraum abgeworfen: 128 Spreng-, 702 Brandbomben und 24 Phosphorkanister. Die Zahlen der Angriffsnacht 17./18.4.42 mit dem Ergebnis des Abwurfs von über 30% aller Sprengbomben und Phosphorkanister sind besonders hervorzuheben. In der Angriffsnacht 23./24.4.42 fielen 12% aller Spreng- und 7,5% aller Brandbomben auf S-Betriebe. Besonders beteiligt an diesen Erfolgen sind die S-Betriebe der Kdo. Fl. Bereiche Flensburg-Schleswig, Lübeck-Blankensee und Greifswald-Güstrow."*

Während für die Inspektionsfahrten zu den S-Anlagen meist ein Dienstwagen genutzt wurde, stand dem Kommandant für Dienstreisen an entfernter liegende Orte bzw. im Falle von einer Bündelung von Terminen am einem Tag ein eigenes Flugzeug zur Verfügung. Aus den Stärkemeldungen des Fl.H.Ber. geht hervor, dass zumindest bis zum 21. April 1942 eine Fw 44 genutzt wurde. Anschließend stand Oberst Prestien eine Ar 66[1] und eine Ar 96 zur Verfügung. Letztere kam als Stabsflugzeug am 23. Mai 1942 vom Luftpark Gardelegen nach Blankensee und wurde vom Kommandanten intensiv genutzt.

Die Ar 96 „KE+BL" (WNr. 4012) des Kdo.Fl.H.Ber. 6/XI, aufgenommen 1942 in Blankensee.

Aber nicht nur dieses nutzte er. Am Montag, 4. Mai 1942, flog Oberst Prestien beispielsweise mit einer He 111 (wahrscheinlich vom KG 26) von Lübeck nach Stendal und retour. Hierbei ging es wie auch am 10. Mai 1942 um eine Besprechung mit dem Flughafenbereich 16/XI.

Die Ar 96 mit der WNr. 4012 und dem Stammkennzeichen KE+BL blieb bis zu Zusammenlegung des Fl.H.Ber. 6/XI und 3/XI zum Fl.H.Ber. Schleswig-Holstein. Am 18. Januar 1943 ging der schnittige Zweisitzer zur Fluglehrerschule nach Brandenburg-Briest. Als Ersatz war eine Kl 35 angekündigt. Inwieweit das Ganze noch in Lübeck sinnvoll umgesetzt wurde, ist zu bezweifeln, schließlich verlegte das Kommando Flughafenbereich 6/XI am 25. Januar 1943 nach Schleswig. In der Stärkemeldung des Bereichs 6/XI ist die Kl 35 zumindest bereits am 24. Januar 1943 aufgeführt[2].

Verlegung nach Schleswig

Die bereits erwähnte Zusammenlegung des Flughafenbereichs 6/XI mit 3/XI wurde den Sachbearbeitern des Stabes laut KTB Nr. 5 am 16. Januar bekannt gegeben. Die neue Dienststelle erhielt die Bezeichnung Koflug 6/XI, später 3/XI Schleswig-Holstein. Hintergrund scheint die Neuordnung des Luftgaus XI zu sein. Blankensee stand zwar weiterhin unter dem Kommando von Oberst Prestien, der jedoch von Schleswig aus agierte[3]. Nachdem am Donnerstag, 21. Januar 1943, Akten und Material in Kisten verpackt waren, verließen große Teile des Stabs am Sonnabend, 23. Januar 1943, Blankensee. Dafür stellte die

---

[1] Bis zum 12. Juni 1942, dann wurde der anscheinend „flügellahme" Doppeldecker per Bahn von Blankensee an ein nicht genanntes Reparaturwerk überführt. In den Stärkemeldungen zwischen dem 26. April und dem 17. Mai 1942 hatte der Fl.H.Ber. 6/XI kein Stabsflugzeug.

[2] Lange blieb dieser offene Zweisitzer auch nicht bei Oberst Prestien: In den nachfolgenden Stärkemeldungen sind ab dem 11. Februar 1943 eine Kl 32 und eine Ar 66 aufgeführt.

[3] Anders sah das für die E-Stelle Travemünde aus: Am 21. Januar 1943 übernahm hier das Kdo. Fl. Ber. 17/XI Mecklenburg das Sagen. Prestien blieb Kommandant in Schleswig bis 3. August 1943.

Unter den Scheinanlagen gab es auch Scheinflughäfen, auf denen hölzerne Flugzeugattrappen aufgebaut wurden, hier eine Bf 109.

[1] Siehe „Fliegerhorstkommandanturen und Flugplätze der dt. Luftwaffe 1935-1945" von Gianfranco Matiello. Hier gibt es auch Hinweise auf eine Fl.H.Kdtr (E) 68 Lübeck (D) mit der Feldpostnummer 38897 (Mob.-1.1.40), im Einsatz mit dem Leithorst Lübeck-Blankensee. Bei Michael Holms Homepage www.ww2.dk lässt sich außerdem eine Fliegerhorstkommandantur E31/XI finden. Aufgestellt im März 1940 wurde sie im Juni 1940 nach St. Trond in Belgien verlegt und blieb dort bis zur Umbenennung in Fl.H.Kdtr. E (v) 212/XI im April 1944.

Fl.H.Kdtr. einen Omnibus für das Personal und einen schweren Lkw mit Anhänger sowie zwei mittlere Lkw für die Unterlagen und sonstigen Materialien bereit – inklusive der Transportmannschaft von 1 Uffz. und 12 Mann. Wie kurzfristig das Ganze anberaumt sein musste, zeigt sich darin, dass man in Schleswig in den Baracken des dortigen LW-Bauamts Quartier bezog, die noch nicht vollständig geräumt waren.

Die zunächst noch in Blankensee verbliebenen Abteilungen Ia und IIa rückten am Dienstag, 26. Januar, mit einem Lkw – ebenfalls von der Fl.H.Kdtr. Blankensee – ab. Bis zum 30. Januar, 7.03 Uhr, blieb noch ein Nachkommando aus Ofw. Schröder und Uffz. Kauk in Lübeck. Sie hatten der hiesigen Fliegerhorstkommandantur die Räume des Flughafenbereichs besenrein zu übergeben.

Größere Teile des LGKdos wurden mit der Besetzung weiter Teile Europas durch alliierte Truppen ab 1944 aufgelöst. Die Fliegerhorst-Kommandantur Blankensee wiederum bekam am 1. April 1944 eine neue eigenständige Bezeichnung: A(o)5/XI. Ihr unterstellt waren das Platzkommando Neumünster und Großenbrode. Die Fl.H.Kdtr. A(o)5/XI selbst unterstand von April bis Oktober 1944 und von März bis Mai 1945 dem Flughafen-Bereichs-Kommando 3/XI, von Oktober 1944 bis März 1945 dem Flughafen-Bereichs-Kommando 7/XII, dessen Hauptsitz in der Zeit ebenfalls Blankensee war. Untergebracht war der Stab jedoch in Vorrade.[1] Kommandeur war in diesen letzten Kriegsmonaten Oberst Erhard Schmidt, der sich zusammen mit Major Katz in Pogeez bereits für die Nachkriegszeit ein Grundstück organisiert hatte und sich zu Kriegsende für eine kampflose Übergabe Lübecks an die Briten stark machte.

Eines der ersten Flugzeuge, die auf dem Fliegerhorst Blankensee fotografiert wurden: Diese W 34 hi „D-OGEI" war bereits 1935 hier zu Gast, obwohl der Flugplatz gerade erst neu entstand. Die Schulmaschine gehörte damals zur Fl.Üb.Stelle Oldenburg.

Blankensee im trügerischen Frieden

Nach dem Aus für die kaiserliche Fliegerstation, die 1916/17 in Blankensee existierte und eine Fliegerschule beherbergte, gab es durch den Versailler Vertrag keine größeren Flugaktivitäten in Blankensee – außer den Flugtagen des Lübecker Vereins für Luftfahrt. Fliegerisch endeten die 1920er Jahre also auf dem Flugplatz mit dem letzten Flugtag am 1. September 1929. Anschließend wurde bereits damit begonnen, das Flugfeld wieder als Ackerfläche zu bewirtschaften; der Platz selbst hatte ohnehin aufgrund des schlechten Zustands des Flugfeldes seit Sommer 1926 nur noch den Status eines Notlandeplatzes.[2] Und aufgrund der Weltwirtschaftskrise und den anhaltenden Auswirkungen bis in die ersten Jahre der 1930er hinein war an einen Ausbau der Fliegerei und der Erhaltung der Flugflächen nicht zu denken. Der Platz selbst verfiel in einen Dornröschenschlaf, die Natur eroberte sich das Terrain zurück, für die Einwohner der umliegenden Dörfer erinnerte nur wenig an die ehemalige Fliegerstation.

Ein Teil des Geländes wurde mit Tannen wieder aufgeforstet, 1931 brach man dann bis auf die Werft die letzten verbliebenen Hallen der ehemaligen kaiserlichen Fliegerstation größtenteils ab, ebnete Straßen und Wege innerhalb des Geländes ein. Die dadurch gewonnenen Baumaterialien, wie beispielsweise 1.200 Meter Bordsteine, dienten als willkommene Unterstützung bei Bauvorhaben des Lübecker Senats, der am 9. Februar 1931 für 3000 Reichsmark die alte Fliegerwerft erwarb und sie dadurch wohl auch vor dem Abriss bewahrte.

Trotz des scheinbaren Stillstandes allerorts hatte die Reichswehr bereits klare Vorstellungen von der Wiederaufrüstung. Schon jetzt wurden Pläne zur Aufstellung einer neuen Fliegertruppe, einer Luftwaffe, geschmiedet – und die benötigte selbstverständlich auch entsprechende Flugplätze.

Die alte Werft der kaiserlichen Fliegerstation blieb im Gegensatz zu den anderen Hallen und Gebäuden von einem Komplett-Abriss verschont. Mit Baubeginn des Fliegerhorstes Lübeck-Blankensee waren hier Reichsarbeitsdienstabteilungen untergebracht und wurden hier 1935/36 auch vereidigt. Die Skelette der alten Fliegerhallen wurden mit Planen notdürftig abgedeckt, ein Sturm im Jahr 1936 zerfetzte jedoch die provisorischen Unterstände.

[2] Das geht aus einem Schreiben der Polizeibehörde Hamburg, Abtlg. Luftaufsicht, vom 25. Juni 1926 an den Senat der Hansestadt hervor. Die Luftaufsicht hatte Sorge, ortsunkundige Piloten könnten beim Landen Schaden nehmen, denn in den „Nachrichten für Luftfahrer", Heft Nr. 8 des Jahres 1923, wurde der Platz noch als Landeplatz bekannt gemacht.

Neubeginn unter den Nationalsozialisten

Als Hitler am 30. Januar 1933 zum Reichskanzler gewählt wurde, begann sich bereits ein Jahr später das „Luftamt Berlin", das spätere „Reichsluftfahrtministerium" (RLM), für alle Flugfelder im Reich zu interessieren. Es übernahm die Oberaufsicht und dadurch bedurften jede Art von baulichen Veränderungen seiner Genehmigung. Bereits zu diesem Zeitpunkt wurde über größere Bauten in der Wulfsdorfer Heide nachgedacht und anscheinend auch schon intern mit Planungen zum Flugplatzausbau begonnen.

In einem Schreiben vom 22. November 1934 von der Finanz- und Wirtschaftsverwaltung des Reiches an den Senat bzw. in Weiterleitung an das Bauamt der Hansestadt gibt es Hinweise auf die geplanten Bauvorhaben im Südosten Lübecks: *„Für Zwecke des Luftamtes in Berlin werden größere Flächen in der Wulfsdorfer Heide benötigt. Die Ankaufsverhandlungen sind mit einer Reihe von Beteiligten bereits abgeschlossen."* Dennoch waren vier Bewohner des Geländes im Angesicht der Umsiedlung nicht gerade begeistert. Letztlich bezahlte man den Vieren den Umzug bzw. den Ab- und Wiederaufbau ihrer „Lauben". Die Kosten hierfür errechnete das Bauamt mit insgesamt 19.300 Reichsmark.[1]

Neben örtlichen Firmen wurde auch der Reichsarbeitsdienst zum Bau des Fliegerhorstes herangezogen, darunter die RAD-Abteilung 4/70. Hier Fotos aus deren Baracken-Lager am Platzrand aus den Jahren 1935/36.

Mit der öffentlichen Bekanntgabe der Existenz und dem weiteren Aufbau der Wehrmacht Anfang März 1935 begannen die Vorbereitungen zum Neubau und zur Reaktivierung vieler Flugplätze. Dieses kam auch der ehemaligen Lübecker Fliegerstation zu gute.

Der Baubeginn

Die alte Fliegerstation hatte man 1916 an der Ostseite der Eisenbahnlinie Lübeck-Büchen errichtet, das Flugfeld maß in der Länge 1.300 Meter, in der Breite 1.000 Meter. Daran sollte sich – zumindest nicht bis kurz vor Ende des Zweiten Weltkriegs – nicht wesentlich etwas ändern; dafür jedoch die Lage der Kasernenbauten: Beim Bau der Fliegerstation 1916 wurde nicht bedacht, dass zur Flugfeldüberwachung während des Großteils des Tages in die Sonne geblickt werden musste. Um die Sonne dabei nun im Rücken zu haben und um die Unterkunftsbauten sowie die sieben Flugzeughallen[2] teilweise in ein kleines Wäldchen zu integrieren, plante man eine Errichtung des neuen Fliegerhorst-Komplexes an der sonnenabgewandten Seite, in nächster Nachbarschaft zum Dorf Blankensee am gleichnamigen See.

Dieses hatte für die Bauleitung der Luftwaffe außerdem noch den Vorteil, dass die Abwässer in den Blankensee abgeleitet werden konnten. Dazu wurde an seinem Ufer eine moderne Kläranlage errichtet, die die Abwässer vorfiltern sollte; den Rest sollte der kleine See besorgen. Ein Anschluss an das städtische Abwassersystem wurde deshalb zunächst nicht ins Auge gefasst: Die Abwasser-Leitungen lagen zu diesem Zeitpunkt nur bis zur Kaserne in St. Hubertus.

Einschub: Eine Kläranlage als Streitobjekt

Nicht der starke Flugbetrieb gab Anlass zu Meinungsverschiedenheiten zwischen der Luftwaffe und der Hansestadt, sondern die Kläranlage am Blankensee – und das über fünf Jahre hinweg. Aus Unterlagen der Bautechnischen Verwaltung Berlin vom 18. September 1935 geht hervor, dass die bereits bestehende Kläranlage aus dem Jahr 1916 für maximal 1.000 Mann konzipiert wurde. Für den Normalzustand ging man von einer Belegung von 800 Mann aus. Diese mechanische Kläranlage wurde deshalb 1936 erweitert und im selben Jahr bereits in Betrieb genommen; doch bereits im Februar des Jahres gab es erste

Vermutungen, dass der See die großen Mengen an Abwässern nicht verkraften könnte: Das Lübecker Bauamt forderte deshalb eine weitere, größere Anlage, die mühelos mit den 1.000 Mann Belegungsstärke des Flugplatzes fertig werden könnte. In der Folge kam es zu Meinungsverschiedenheiten zwischen der Hansestadt und der Luftwaffe, denn die Belegung des Fliegerhorstes[3] überschritt anscheinend die Kapazitäten von Anlage und See, der über eine Verbindung zur Wakenitz, einem der Trinkwasserreservate der Hansestadt, verfügte. Symptome wie Schaumbildung auf dem See oder Fischsterben waren die Folge. Doch die Luftwaffe stritt einen Zusammenhang mit den Anlagen ab, regte im Mai 1939 jedoch an, den Fliegerhorst an das städtische Siel anzuschließen. Baukosten: 90.000 RM. Die Gegenseite konterte, man könne die Abwässer doch auch einfach auf dem Flugfeld verrieseln. Doch die Fliegerhorstkommandantur in Blankensee war nicht begeistert und schrieb im Juli 1939 an den Oberbürgermeister: *„Die Verrieselung [...] auf dem Rollfeld ist nicht möglich, da die Regenanlage bei dem starken Flugbetrieb ein zu großes Flughindernis bildet."*

Bei einer Ortsbegehung am 2. April 1940 durch insgesamt neun Personen angefangen vom Luftwaffenbauamt, über die Bauleitung bis hin zu Vertretern des Lübecker Bau- und Gesundheitsamts erklärte Dr. Kahle vom Gesundheitsamt die *„Einleitung so großer Abwassermengen [...] für bedenklich."* Schließlich wurde erklärt, dass der Horst zurzeit 1600 Mann beherberge. Doch es kam ganz anders: Am 16. März 1940 hatte Prof. Sonnenschein, Hygieniker beim Wehrkreis X, insgesamt fünf Wasserproben entlang des Wasserlaufs vom Blankensee bis zum Wasserwerk genommen. Das Ergebnis lag nach der Ortsbesichtigung vor: Die Kläranlage sei ausreichend für die Belegung, das LW-Bauamt stellte demnach am 13. Juli 1940 offiziell einen *„Antrag auf Einleitung von Abwässern des Fliegerhorst Blankensee in den Blankensee"* an den Regierungspräsidenten in Schleswig, am 1. August 1940 ließ sich der Bauleiter der Bauleitung in Blankensee, Dipl.-Ing. Assmann, Unterlagen für die Kläranlagen-Erweiterung von der Quedlinburger Firma Janicke schicken. Das Gesundheitsamt der Hansestadt nahm am 22. August 1940 seinerseits Wasserproben, die jedoch zeigten, dass die Schmutzmengen bis zum 13,5 Kilometer entfernten Wasserwerk durch die Selbstreinigungskraft der Gewässer abgebaut wurden. Am 30. Oktober 1940 stimmte anscheinend unabhängig davon der Regierungspräsident in Schleswig dem Antrag der Blankenseer LW-Bauleitung zu. Der Fliegerhorst konnte nun täglich bis zu 400 Kubikmeter Abwasser einleiten. Insgesamt 26 Anwohner aus Groß Grönau sowie sieben Lübecker Ämter und betroffene Bauern legten Einspruch ein bzw. widersprachen der Entscheidung bis zum 7. Januar 1941. Ein inzwischen aufgestellter „Verrieselungsplan" auf landwirtschaftlichen Flächen rund um den Fliegerhorst lehnten die Bauern jedoch ab: Die Abwässer wären zu stark verdünnt und würden sich als Dünger nicht eignen, so ihr Argument. Erst im April 1941 wurden die Meinungsverschiedenheiten beigelegt: Der Flugplatz erhielt einen Anschluss an das städtische Abwassersystem. Dazu kalkulierte die Bauleitung mit einer Belegungsstärke von 1.500 Mann. Die Kosten für die Leitung vom Klärwerk entlang beim Offiziersheim bis zum Anschluss nach St. Hubertus sollte letztlich 117.000 RM kosten. Insgesamt hatte die Luftwaffe bis zum März 1941 nach Angaben des Bauleiters in Blankensee für die durchschnittlich im Jahr 1940 hier untergebrachten 1.400 Mann 336.000 RM an Entwässerungskosten aufgebracht.

Das Beispiel zeigt sehr gut, wie viel Bürokratie es bereits vor über 70 Jahren in Lübeck gegeben hat, wie lange sich das Ganze hinzog, obwohl bereits 1936 ein Anschluss an das Siel möglich gewesen wäre. Und vielleicht sind die Wurzeln des Widerstands vieler Groß Grönauer gegen den Flughafen in heutiger Zeit ein Stück weit auch hierzu sehen. Sie sind noch sehr aktive „Widerständler".

Der neue Fliegerhorst: eine Gefahr für Lübecks Trinkwasser?

Die Kläranlage des Fliegerhorstes auf einem alliierten Luftbild.

[1] Das Hamburger Staatsarchiv und das Statistische Bundesamt haben sich einmal die Mühe gemacht, den Wert der Reichsmark umzurechnen: 1 Reichsmark (1937) hatte einen Wert von 3,89 Euro nach heutiger Kaufkraft. Zum Vergleich: Facharbeiter haben bei den Norddeutschen Dornierwerken Ende 1940 einen Stundenlohn ab 0,58 RM zzgl. Akkord bekommen.

[2] Im Grunde sechs plus Werft, denn die Hallennummerierung sah vor, dass Werft, Halle 1 und 2 westlich der Flugleitung, die Hallen 3 bis 6 östlich davon lagen. Anfang der 1940er Jahre folgten schließlich die Hallen 7 und 8 im rückwärtigen Bereich von Hallen 4 bis 6.

[3] Allein in den Monaten Juli bis Dezember 1942 stieg die von der Gruppe Verwaltung an die Fliegerhorstkommandantur gemeldete Zahl von Besoldungsempfängern von 2.178 auf 2.546. Darin enthalten sind jedoch auch der Fliegerhorstkommandantur unterstellte Einheiten, die nicht auf dem Platz lagen, aber von ihr betreut wurden. Im gleichen zeitlichen Rahmen hatten auch die anderen Fliegerhorste im Norden ähnliche Belegungsstärken: Westerland beispielsweise hatte 2.446, der See-Fliegerhorst in Schleswig 2.562 Mann; der Schleswiger Landflugplatz jedoch nur 1.151.

Junge Männer des RAD arbeiten am zukünftigen Hallenvorfeld in Blankensee. Grassoden werden abgestochen, später entstehen hier Rollwege für die Flugzeuge.

[1] Fischer war im Ersten Weltkrieg an der Seite von Hermann Göring, dem Oberbefehlshaber der Luftwaffe, geflogen. Göring holte Fischer 1934 wieder zur Luftwaffe.

Grundrisse der Typenbauten für ein Unteroffizierscasino und einen Unterkunftskasernen-Block aus dem Jahr 1935/36.

Der Bau schreitet voran

Wie fast überall im Reich, stampfte das RLM jetzt Militäranlagen aus dem Boden. Innerhalb kürzester Zeit entstanden allein über 200 Flugplätze in ganz Deutschland, rund um Lübeck wurden neben Blankensee die E-Stelle Travemünde ausgebaut und die Fliegerhorste Großenbrode (bei Heiligenhafen/Oldenburg) und Tarnewitz (bei Boltenhagen/Klütz) angelegt.

Für die Ausführung der Planungen wurde eine „Bauleitung der Luftwaffe" eingerichtet. Unter der Federführung von Regierungsbaumeister Bombach koordinierte sie den Einsatz der Baufirmen aus dem Umland, der Angehörigen des Arbeitsdienstes und der ersten Luftwaffensoldaten. Das RLM schickte Major Fischer[1] und Oblt. von Mattenklott nach Blankensee. Sie kümmerten sich bereits von 1934 bis 1936 darum, den zukünftigen Fliegerhorst betriebsbereit zu machen.

Der gesamte Ausbau sollte zunächst noch – trotz der offiziellen Bekanntgabe des Aufbaus der Luftwaffe – relativ geheim ablaufen. Baubeginn war im Sommer 1935. Erste Aufgaben der Bauleitung waren die Planierung des Flugfeldes, das Anlegen der 1.100 Meter langen, kombinierten Start- und Landebahn, Vermessungs- und Erdarbeiten für die Kasernen sowie die Errichtung von Unterkunftsbaracken für die Bauarbeiter. Außerdem hatte sie die Aufgabe, anhand der Ausschreibung des RLM die Bauten zu konstruieren. Sowohl bei den Kasernen als auch bei den Flugzeughallen wurde auf Typenbauten zurückgegriffen. Und da anscheinend wie in Schwerin der Platz für ein Stuka-Geschwader hergerichtet werden sollte, genügten vergleichsweise kleine Flugzeughallen mit den Abmessungen von etwa 51 mal 35 Metern.

Die entstehenden Bauten wurden penibel von Wachmannschaften kontrolliert, so dass auch während der wenigen arbeitsfreien Zeit niemand Unbefugtes die Baustelle in Augenschein nehmen konnte. Vielleicht auch aus dem Grund entstanden in dieser Zeit viele Gerüchte über die Anlagen. Noch heute berichten nicht nur Anwohner, sondern auch ehemalige Bedienstete von aus Luftschutzgründen versenkbaren Flugzeughallen oder riesigen, unterirdischen Tunnelsystemen. Keine dieser Bauten ist jedoch so realisiert worden; tiefe Baugruben und für Außenstehende geheimnisvolle Gräben trugen dazu bei, dass – wie auch bei anderen Fliegerhorsten – aus Unkenntnis derartige Geschichten den Glauben an eine unschlagbare Luftwaffe festigte. Herbert W., 1935 zum Arbeitsdienst eingezogen, berichtet über den Bau: *„Als ich mit anderen hier eintraf, konnte man vom Fliegerhorst nur Baugruben, erste Grundmauern der späteren Gebäude und die Wege auf dem Gelände erkennen. Auch auf dem Flugfeld wurde den ganzen Tag schwer gearbeitet. Die vielen Löcher und Bodenwellen machten den Arbeitern doch sehr zu schaffen. Nach großen Regenfällen standen oft noch Tage später große Pfützen auf dem Platz."* Dieser Zustand sollte sich nicht so schnell ändern: Auch nach der Belegung mit den ersten Einheiten wurde das Flugfeld noch vielen

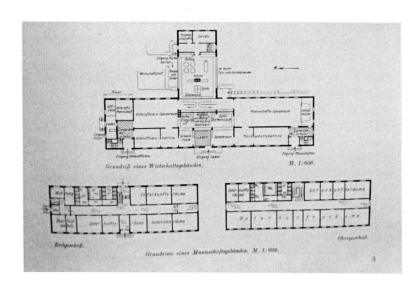

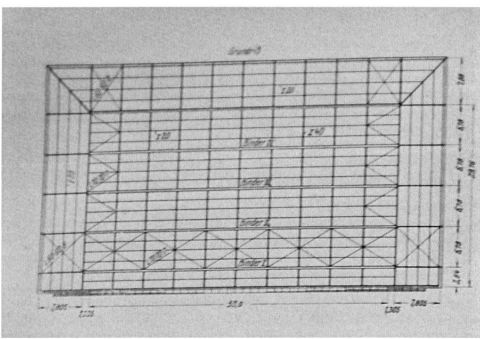

Auch bei den Flugzeughallen, heute Hangars genannt, griff die Bauleitung in Blankensee auf bewährte Typenbauten zurück. Hier zwei Übersichtsskizzen aus den Jahren 1935/36. In Lübeck-Blankensee wurden sechs dieser Stahlträger-Hallen der Größe 51x35 Metern aufgestellt, an den Seiten waren jeweils kleine Abstellräume angebaut. Hier konnten Leitern, Werkzeuge und anderes technisches Gerät untergebracht werden. Oben ein Blick in einen solchen Halle-Typ, der auch auf anderen Fliegerhorsten des Deutschen Reichs aufgestellt wurde.

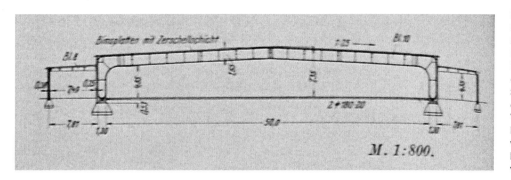

Nach der obigen Aufsicht hier die Frontansicht einer Halle aus Blankensee. Da auf dem Fliegerhorst zunächst die Unterbringung einer Stuka-Einheit, also einem fliegendem Verband mit kleineren Flugzeugen geplant war, waren die Hallen mit 50 Metern Torweite vergleichsweise klein.

Piloten zum Verhängnis. So verunglückten gerade junge Flugzeugführer bei Zwischenlandungen auf der Start- und Landebahn.

Und während die alten Gebäude bis auf das „Kriegsdepot" und die Werft abgerissen wurden, richtete man in diesem Bereich eine Warenannahme ein. Dazu wurden die Gleise erneuert und in den nördlicheren Platzbereich verlängert. Hier sollten in der Folge Munitionsbunker und weitere, zusätzliche Tanklager entstehen. Die alten wurden jedoch auch wieder in den Bau integriert. Im Hallenvorfeld wurde ein unterirdisches Tanklager angelegt, drei weitere – mit einem Fassungsvermögen von jeweils 100.000 Litern Flugbenzin – entstanden auf der gegenüberliegenden Platzseite. Die Tanks sind bis heute bunkerartig einbetoniert. Die Verrohrung war so gebaut, dass jede Pumpstation aus jedem Tank absaugen und jede Zapfstelle versorgen konnte. Die Anzahl der Anlagen pro Flugplatz war nicht standardisiert, sondern wurde anhand der geplanten Belegung festgelegt. Als Durchschnitt kann man im Grunde von vier Anlagen á 100.000 Liter ausgehen, insgesamt also 400.000 Liter. Zusätzlich soll ein Fasslager auf einer Betonfläche (Größe 150 mal 50 Metern) im Bereich des heutigen Verkehrsübungsplatzes existiert haben.

Insgesamt ist zu berücksichtigen, dass der Fliegerhorst besonders in den letzten Kriegsmonaten auch unterschiedliche Treibstoffsorten bevorraten mussten, denn nicht jedes Flugzeug – besonders die späteren Strahlflugzeuge – benötigte 87-Oktan-Benzin. Wie auf vielen anderen Flugplätzen im Reichsgebiet auch wurde der Treibstoff mit Eisenbahnkesselwagen zum Fliegerhorst transportiert. Die Kesselwagen standen auf einem kurzen Stück Gleis am Flugfeldrand und von dort wurde in Flugfeldtankwagen oder gleich in die Tanklager umgepumpt.

Dieses versteckte Erbe des Flughafens erregte im Mai 2006 Besorgnis. Waren die Tanks noch voller Flugbenzin und drohte dieses aus den maroden Tanks im Untergrund zu versickern? Eine von

Besonderheit in den Kasernen-Blöcken der fliegenden Besatzungen: außenliegende Treppenhäuser auf der Seite zum Flugfeld hin. Im Falle eines Alarmstarts hätten die Flieger nicht erst quer durch das Gebäude laufen müssen.

Auf dem Areal am Rande des Dorfes Blankensee entstanden ab 1935 insgesamt 17 Kasernenbauten, in die ab 1936 nicht nur die Fliegerhorst-Verwaltung, sondern auch die fliegenden Einheiten und die technischen Abteilungen einzogen.

Das Herzstück neben der Werft: die Fliegerhorst-Kommandantur, hier fotografiert in zwei Teilen (linker Flügel, rechter Flügel) im Juli 1939. An der Gebäudeseite prangt ein großer Luftwaffenadler; dessen Halterungen sind heute noch im Mauerwerk des Gebäudes zu sehen.

der Stadt beauftragte Fachfirma stellte in ihren Untersuchungen insgesamt 30 verdächtige Flächen mit Altlasten fest. Auf dem Flughafengelände wurden 37 unterirdische Behälter ausgemacht, auf dem Übungsgelände der Bundespolizei weitere zehn. Allesamt für Flugbenzin, Heizöl und Altöl. Fazit: Im Bereich des Flughafens sei mit einem *„beachtlichen Trinkwasser-Gefährdungspotenzial"* zu rechnen. Doch im März 2007 kam Entwarnung: Von den Altlasten auf dem Flughafengelände geht keine Gefahr aus, die dort gefundenen Gifte überschritten die Grenzwerte nicht. Dennoch bleibt Kurios: Den Inhalt der unterirdischen Tankanlagen kennt man weiterhin nicht, Probebohrungen wurden nicht angestellt.

Richtfest des neuen Fliegerhorstes

Am Mittwoch, 1. Juli 1936, konnte Richtfest in Blankensee gefeiert werden. 1.200 „Schaffende" feierten laut Lübecker Generalanzeiger die Fertigstellung der ersten Bauabschnitte. *„Fahnen, Musik halbfertige Bauten: die typische Atmosphäre eines Richtfestes"* hieß es im Bericht der LGA am 2. Juli. *„Ein schneidiger Marsch des Musikkorps des Fliegerhorstes eröffnet die Feier. Dann ergreift Regierungsbaumeister Bomberg das Wort zu kurzen Ausführungen."* Nach dem Richtspruch *„Und wie der Bau steht fest zu jeder Stund, so soll das Glas zerschmettern in tiefen Grund"* ging es auf Lastwagen zum Fischerbuden, *„wo sich 1.200 Menschen zu einem fröhlichen Richtschmaus vereinigen."*

1.200 Menschen in Lohn und Brot – nach den wirtschaftlich schweren Zeiten der voraus gegangenen Jahre war der Bau des Fliegerhorstes sicherlich zunächst einmal ein Segen für viele Menschen in und um Lübeck.[1]

Die nach und nach entstehenden Bauten wurden anschließend anhand

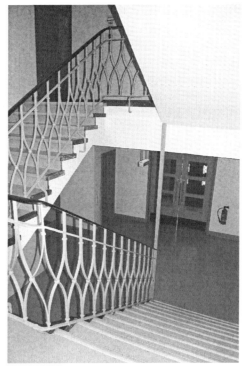

Blick in das Treppenhaus der Fliegerhorstkommandantur, im Zustand von 2008. Das Gebäude besaß zwei Eingänge, das abgebildete Treppenhaus gehört zu dem linken Eingang (siehe Foto oben links).

Der Fliegerhorstkommandant selbst wohnte direkt neben der Wache in einem Diensthaus. Gegenüber, auf der anderen Straßen, befand sich ein beinahe baugleiches Haus für den Kommandeur der Fliegereinheit.

von Unterkunftsvorschriften entsprechend eingerichtet. Hierfür war die Arbeitsgruppe Verwaltung der Bauleitung zuständig. Nachdem bereits die späteren Stabsgebäude und die Fliegerhorstkommandantur fertiggestellt waren, zog die Bauleitung von den Baracken in die neuen Räumlichkeiten. Der Fliegerhorst war nun, nach einer Bauzeit von knapp einem Jahr, zu einem Großteil vollendet. Die bebaute Fläche einschließlich der (Grün-)Flächen zwischen den Kasernen und Hallen betrug 362.000 Quadratme-

[1] Die zahlreichen Militärbauten in Lübeck und nicht nur Blankensee boten außerdem nach der Fertigstellung vielen Lübeckern einen Arbeitsplatz – nicht nur als Soldat, sondern vor allem als Zivilangestellte. Die Zahl der Angestellten ist also durchaus mit denen größerer Werke oder Betriebe zu vergleichen, im Hinblick auf die entstehende Wirtschaftskraft kein unerheblicher Faktor also in Lübeck.

Die Verwaltung des Fliegerhorstes residierte im Kasernen-Block direkt hinter der Wache, gegenüber der Fliegerhorstkommandantur. Oben im Bild ist ein Sachbearbeiter aus der Personalabteilung in Aktion zu sehen. Unten ein Lesezimmer in diesem Block.

Die Unteroffiziersmesse lag zentral auf dem Kasernengelände. Links die Vorderansicht (wiederum als Postkarte, die es 1938/39 für kurze Zeit im Fliegerhorst zu kaufen gab). Hier gab es sogar eine kl. Schankwirtschaft.

Neben der Flugleitung und der Fliegerhorstkommandantur eines der wesentlichen Gebäude des Flugplatzes: die Werft. Im Vergleich zu den kleineren Flugzeughallen war sie größer in den Abmessungen und mit zwei Kränen ausgestattet. In den seitlichen Anbauten waren wiederum die Werkstätten und Büros für das technische Personal untergebracht.

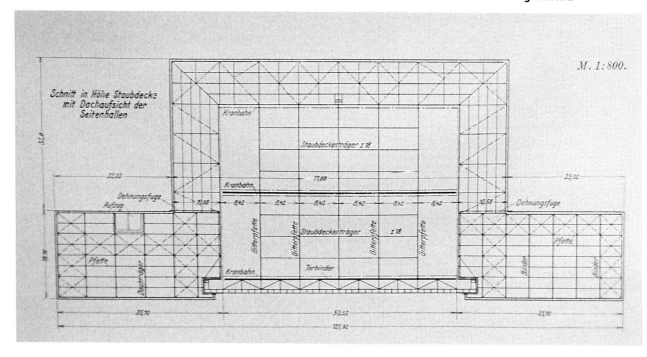

Die Flugleitung wurde direkt am Rollfeld zwischen den Flugzeughallen errichtet. Im Gegensatz zu anderen Fliegerhorsten entstand hier kein halbrunder „Tower", sondern ein eckiger Erker, von dem aus das Flugfeld überblickt werden konnte. Zunächst war das Gebäude im Mittelteil noch eingeschossig, 1939 wurde es um ein weiteres Stockwerk erhöht. Das Gebäude hat die Wirren der Zeit überstanden, wurde jedoch 2007/08 etwas umgebaut. Damit verschwand auch der charakteristische Eingangsbereich (rechts im Bild).

ter, das der Fläche von etwa 50 Fußballfeldern entspricht. Die Größe der Grundrissflächen der Unterkünfte und Hallen betrug 41.600 Quadratmeter.

Der Kasernenbereich umfasste dabei zwei eigene Heiz- und ein Wasserwerk sowie eine eigene Krankenstation mit kleinem Operationssaal. Für die auf dem Gelände untergebrachten Mannschaften gab es eine Kantine, das so genannte Uffz.-Casino. Das befestigte Hallenvorfeld bestand nunmehr aus einer Werft, den sechs Hallen und der Flugleitung. In dieser befanden sich die Wetterwarte, die späteren Befehlsstellen der untergebrachten Fliegergruppen, Räumlichkeiten für die Kommandeure, die Fliegerhorstbildstelle[1] und die Horstfeuerwehr. Zur Unterbringung des technischen Personals und der Ersatzteile, wurden an der Werft und den anderen Hallen entsprechende Räume ausgebaut. Die Werft selbst war neben der Kommandantur und der Flugleitung das Herzstück des neuen Fliegerhorstes. In der etwa 120 mal 45 Meter großen Halle und den innenliegenden Werkstätten konnten mittels Spezialwerkzeugen Flugzeuge geprüft, gewartet und repariert werden. In direkter Nähe entstand das Gebäude der Waffenmeisterei. Bis zu seinem Abriss im Zuge der Planungen des „Airport-Business-Parks" im

[1] Diese existierte lediglich bis zum 17. November 1942. Das Kriegstagebuch des Flughafenbereichs 6/XI erwähnt unter diesem Datum einen Befehl des Luftgaukommandos XI, dass mit Wirkung vom 15. November 1942 die Bildstellen in Blankensee, Großenbrode und Uetersen aufzulösen sind. Das Personal wurde zur Auffangkompanie Uetersen in Marsch gesetzt.

Die Flugleitung im Jahr 1939 von einem der vier Kasernenblöcke des fliegenden Personals aus fotografiert.

Die Schießbahn diente sowohl dem Einschießen der Flugzeug-MG als auch der Schusswaffenausbildung der Soldaten. An den Endpunkten der beiden Bahnen standen Beton-Häuschen als Kugelfang. Hier waren Zielscheiben aufgestellt. Links ein Bild aus den 1960er Jahren, rechts ein Foto aus dem Jahr 2001.

[1] Beendigung der Entwässerungs- und Planierungsarbeiten im April 1941. Siehe Schreiben der Bauleitung der Luftwaffe Lübeck-Blankensee an die Fliegerhorstkommandantur vom 1. Mai 1941.

Bombensicher: Der verbunkerte Luftnachrichtenpunkt lag etwas abseits vom Kasernengelände. Er war wie die Schießbahn auch noch zu Zeiten der Nutzung durch die Bundeswehr in Gebrauch. Hier liefen Telefon- und Fernschreibverbindungen zusammen.

Jahr 2000 sollte es wie die Flugleitung und die anderen Gebäude die Wirren der Zeit überstehen.

Hinter der Werft entstanden die unzähligen Fahrzeuggaragen. Hier stellten auch die Angehörigen der platzeigenen Luftnachrichtentruppe ihre Fahrzeuge unter. Ebenfalls wie die technische Betriebskompanie bezog sie den Platz mit der Fer-

tigstellung. Sie war für den Wetterdienst, die Nachrichtenübermittlung und die Flugsicherung zuständig. Das gesamte Flugfeld wurde mit Positionslampen ausgestattet. So konnte nicht nur die Platzgrenze für die Flugzeuge schnell erkannt werden, sondern gestaltete auch die Platzüberwachung bei diesigem Wetter einfacher.

Etwas abseits der Halle 6 lag die Kompensierdrehscheibe. Die Konstruktion war denkbar schlicht gehalten: Ein großer, hölzerner Drehteller in einem etwa ein bis zwei Meter tiefen Fundament. Die Scheibe mit einem Durchmesser von etwa acht Meter war auf massiven Holzrädern gelagert – Holz, damit es beim Kompensieren des Kompasses zu keiner zusätzlichen Ablenkung durch Metall in der Umgebung des Flugzeuges kommen konnte. Durch die Räder konnte das Ganze per Hand oder mit Hilfe eines kleinen Motors gedreht werden. Am Fundamentrand befanden sich so genannte Gradzahlenschilder, die bei der Justierung des Kompasses halfen. Von der Rollfeldringstraße führte ein kleiner Schotterweg zu ihr, dessen Reste noch heute zu finden sind. Am Ende dieses kleinen Weges lag eine Betonplatte vor der Scheibe. Zum Flugfeld hin befand sich eine weitere, daneben sogar ein kleines Siel[1], um Regenwasser abzuleiten. Ob es sich bei der Konstruktion um eine kleinere Version der weitverbreiteten „ND12 Navigationsdrehscheibe" gehandelt hat, lässt sich leider nicht mehr genau feststellen. Fotos und Unterlagen fehlen genauso wie die Reste der Konstruktion heutzutage, denn sie wurde zu einem unbekannten Zeitpunkt nach dem Krieg abgetragen. Das geschah so gründlich, dass kaum etwas von ihr übrig blieb, lediglich die beiden Betonplatten und der Weg sind erhalten geblieben. Der Bereich des Fun-

Auch sie sind heute noch in Benutzung: Die beiden Fotos aus dem Jahr 2008 links zeigen das Generatorhäuschen hinter der Fliegerhorstkommandantur, das Foto rechts eines der beiden Punpenhäuser des Fliegerhorsteigenen Wasserwerks.

daments wurde sogar so tief ausgebaggert, dass er dem Bundesgrenzschutz bzw. der Bundeswehr als Durchfahrübungsgelände für schweren Fahrzeuge dienen konnte.

Außerhalb des durch zwei Eingänge betretbaren Kasernenkomplexes entstand der Offiziersbereich. Hinter dem Dorf Blankensee am gleichnamigen See gelegen baute man hier drei Wohnblöcke für die unverheirateten Offiziere; verheiratete Beamte, Offiziere und höhere Feldwebelränge wohnten mit ihren Familien in den Häusern entlang des Wulfsdorfer Wegs. Den Dienstwohnungen am Blankensee wurde eine eigene Offiziersmesse angegliedert, zu der es in der Mittagszeit einen Fahrdienst des Fliegerhorst-eigenen Fuhrparks gab.

Zwischen dem Kasernen- und Offiziersbereich entstand außerdem eine große Schießbahn. Die noch heute erhaltene Anlage diente zum einen dem Testen der Bordwaffen und zum anderen der infanteristischen Schießausbildung der Soldaten. Insofern lassen sich auch die unterschiedlichen Bahnlängen von 200 und 400 Metern erklären. Am Ende jeder Bahn entstand ein kleines Beton-Häuschen, in dem Zielscheiben aufgestellt werden konnten.

Als militärische Anlage auch zu Friedenszeiten bereits auf Krieg ausgerichtet, richtete man beim Bau der Kasernen auch Luftschutzräume und eine verbunkerte Luftnachrichten-Stelle ein. Zum Empfang von Befehlen war die dortige Fernsprechvermittlung natürlich sehr wichtig und sollte so einem Angriff weitgehend standhalten. Die Leitungen verlegte man nicht in heute gängiger Tiefe von etwa einem halben Meter, sondern gleich von einem Meter Tiefe, um gegen die Auswirkungen von Bomben oder Granaten etwas besser geschützt zu sein. Direkte Treffer hätten da aber sicherlich dennoch erheblichen Schaden angerichtet. Wie bei vielen Friedensfliegerhorsten und Einsatzhäfen wurden außerdem in den dazugehörenden Munitionslagerbereichen geschützte Lagerhäuser errichtet.

Am Wulfsdorfer Weg entstanden Häuser für die verheirateten Offiziere, Beamte und höheren Feldwebel-Ränge. Hier Fotos aus den frühen 1940er Jahren, die sowohl die Vorder- und Rückansicht eines der Mehrfamilienhäuser zeigt, als auch wie es im Innern ausgesehen hat.

Im so genannten Seelager waren die unverheirateten Offiziere untergebracht. Rechts eine Ansicht des Offizierscasino aus heutiger Zeit, unten ein Foto eines jungen Leutnants. An den Wänden Fotos von einer He 111 und der Sinnspruch „Erwache und lache".

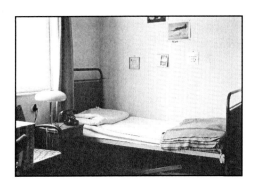

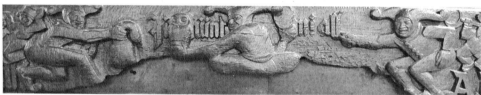

Im Keller des Offizierscasinos befindet sich bis heute ein Kaminzimmer. Mittelpunkt ist der gemauerte Kamin mit seinem Fliesenschild und dem geschnitzten Holzbalken über der Feuerstelle. Der Balken zeigt Motive von Till Eulenspiegel, einer norddeutschen Märchenfigur; die Fliesen zeigen Zitate, NS- und Luftwaffen-Motive und solche aus der Region.

Die erste Einheit in Blankensee

Während des schnellen Aufbaus der Luftwaffe wurden neben den Fliegerhorsten auch neue Geschwader der unterschiedlichsten Aufgabenbereiche „aus dem Boden gestampft". So auch das Sturzkampfgeschwader 162 „Immelmann", deren II. Gruppe (II./St.G. 162) am 1. April 1936 in Lübeck-Blankensee aufgestellt wurde, obwohl der neue Standort noch nicht vollständig ausgebaut war. Den Ursprung dieser Einheit konnte man unter anderem an der Ausstattung mit Flugzeugen vom Typ Heinkel He 51 erkennen: Die schnittigen Doppeldecker-Jagdeinsitzer wurden bereits in der „Keimzelle" dieses Geschwaders, dem Jagdgeschwader 132 „Richthofen" in Döberitz, verwendet. Aus Mangel an geeigneten Flugzeugen wurde diese Ausstattung beibehalten. Später kamen jedoch auch die für diese Geschwaderart typischen Flugzeugtypen wie die Henschel Hs 123 und die Junkers Ju 87 „Stuka" hinzu. Viele der Angehörigen der neuen Gruppe in Blankensee stammten auch aus der zuvor aufgelösten I./St.G. 165 aus Kitzingen. Sie brachten bereits teilweise die Erfahrungen mit, die es galt, an die übrigen Besatzungen weiterzugeben.

Zur Ausstattung der Gruppe gehörten neben He 51 und Hs 123 auch Fw 56 „Stößer" und Ar 76. Die frühesten Flüge lassen sich für Oktober 1936 nachweisen. Die He 51 trugen ganz nach Dienstvorschrift die Markierungen der II. Gruppe: Belegen ließen sich bisher die 1+-, 2+- und die 12+-.[1] Die Fw 56 hingegen hatten D-Kennzeichen. Hier können folgende Maschinen nachgewiesen werden: D-IZBA, D-IFHN, D-IXXO, D-IGSA, D-IKRU, D-IQKE, D-ISHA, D-ICYV, D-IGYY, D-IGYF, D-IIXN, D-IDMB, D-IMEB, D-IMUA, D-IQYI, D-IQPY und D-IHBN. Ebenso verhielt es sich mit der He 70 des StG 162 (D-USYM und D-UKIL), den W 34 (D-OHAL, D-OTAV und D-ODUE), der Fw 44 (D-EPOY), der He 72 (D-EVIA und D-EXXI), den Ar 76 (D-ITYU, D-IJYA) und den Go 145 (D-IDEE, D-IDYK). Die Hs 123 hingegen hatten laut den Flugbucheintragungen zunächst keine Kennzeichen, lediglich die Werknummer (WNr.) am Leitwerk unterschied die Maschinen. Nachgewiesen sind Hs 123 mit den WNr. 848, 932, 941, 942, 2299, 2729, 2730, 2732, 2733, 2735, 2736 in Blankensee. Ab Mai 1937 lassen sich aber auch an den „Henschel Eins-Zwei-Drei" D-Kennzeichen finden: D-IPFY, D-IVKI, D-IYLU, D-IHKI, D-IGMH, D-IHFY, D-IKLY, D-ILRO und D-IZHO. Mischformen von Markierungen lassen sich hingegen an Ju 87 feststellen: Hier sind Einheits-Kennzeichen (71+A11, 71+C13, 71+G13) *und* D-Kennungen wie D-IATH, D-IJMW, D-IFHL und D-IRLH nachweisbar.

Aus Flugbüchern geht hervor, dass zu Zeiten des Flugdienstes Übungsflüge in Ketten- oder Rottenformation in Platznähe am häufigsten an der Tagesordnung waren – sicherlich auch dadurch bedingt, dass die Reichweite der am meisten geflogenen Einsitzer nicht besonders groß war. Dennoch gab es aber auch Ausnahmen: Flüge nach Hannover-Langenhagen, nach Berlin-Johannisthal und Staaken oder auch in die nähere Umgebung wie Travemünde, Uetersen und Hamburg-Altona, bei letzterem jedoch nur zur Zieldarstellung für die Flak. Zu Schießübungen wurde auch die Halbinsel Wustrow genutzt. Diese Übungen fanden hier beispielsweise vom 4. bis zum 5. Februar 1937 statt, ohne jedoch auf dem dortigen Platz zu übernachten; am Nachmittag ging's jeweils wieder zurück nach Blankensee.

Als erste Einheit durchschritten Angehörige der II./St.G. 162 im April 1936 das Eingangstor zum Fliegerhorst. Hier ein Foto aus den 1960er Jahren, als die Wache und das Entree der Kasernenanlage noch nicht umgebaut waren.

[1] Im Flugbuch von Helmut Schlieker sind in 3-4/1937 auch He 51 verzeichnet, die eine farbigen Kreisfläche und die Nummern 1, 5, 9 und 10 trugen.

Seltene Schnappschüsse von den ersten Flugaktivitäten der II./St.G. 162 – aus Begeisterung leider leicht verwackelt. Die He 51 der Stuka-Gruppe waren die ersten Flugzeuge am Himmel über Lübeck seit langem überhaupt.

Auf die He 51, die im Grunde ein Jagdflugzeug war, folgte die Hs 123, eines der ersten Erdkampfflugzeuge der Luftwaffe. Oben sitzen Angehörige der inzwischen in I./St.G. 167 umbenannten Einheit auf dem Flugfeld. Im Hintergrund die Werft und ein paar kennungslose Hs 123. Mitte: Eine Hs 123 zusammen mit einer Fw 56 in einer der Flugzeughallen.

Die Blankenseer Fliegergruppe bekam auch Besuch von Lübecker Zeitungen. So erschienen Berichte über die Stuka-Gruppe beispielsweise im Lübecker Generalanzeiger anlässlich einer Segelflugzeugtaufe.

Zu den Piloten zählten 1936/37 unter anderem Flieger wie Lt. Arnulf Blasig und Lt. Dietrich Peltz. Lt. Blasig wurde im Juni 1941 Kommandeur der IV.(Stuka)/LG 1, bekam am 4. September 1941 für seine Leistungen als Stuka-Flieger das Ritterkreuz. Lt. Peltz kam nach fliegerischer Ausbildung an der FFS Salzwedel am 20. April 1936 nach Blankensee. 1937 wurde er Adjutant der I. Gruppe und machte im April 1938 die Verlegung nach Graz mit. Zum Ende des Krieges war Peltz – seit 14. Oktober 1940 Ritterkreuz-Träger (Schwerter am 23. Juli 1943) – kommandierender General des I. Fliegerkorps.

Um die Verbundenheit zwischen den in Blankensee stationierten Fliegern und der Ortsgruppe Lübeck-Travemünde des DLV zu festigen, taufte im Winter 1936/37 der Gruppenkommandeur Hptm. von Cramon ein bei der Ortsgruppe in Eigenarbeit hergestelltes Segelflugzeug auf den Namen „Immelmann". Die Gruppe hatte damit die Patenschaft über das neue Segelflugzeug übernommen, welches den anwesenden Gästen nach den Feierlichkeiten auch sogleich vom Segelfluglehrer Werner Sinhardt im Flug vorgeführt wurde. Der Zweck des Segelflugzeugs wurde vom Gruppenkommandeur während der Taufrede deutlich umschrieben: *„Möge auch dieses Segelflugzeug dazu dienen, das Aufbauwerk des Führers und Reichskanzlers zu vollenden."* Die noch im Aufbau befindliche Luftwaffe brauchte natürlich dringend Nachwuchs – Flieger in der Tradition eines „Immelmanns". So wurden auch viele Schulklassen eingeladen, den neuerrichteten Fliegerhorst und die II./St.G. 162 zu besuchen, um ein Interesse an der (militärischen) Fliegerei zu wecken.

Auch die Zeitung kam zu den Blankenseer Fliegern, den *„Scharfschützen unter den Bombenwerfern"*. Die Gruppe – zu dem Zeitpunkt unter dem Kommando von Major (später Oberstleutnant) Freiherr von Beaulieux – diente aber in dem ganzseitigen Artikel lediglich als Hintergrund, für den Offiziersberuf zu werben: *„Fliegeroffizier – gibt es einen schöneren Beruf"* titelte der Lübecker Generalanzeiger (LGA) am 21. November 1937. Der Eindruck des Redakteurs damals: *„Jeder Offizier hat [hier] eine schmucke Zweizimmerwoh-*

nung mit gemeinsamen Duschräumen. Gegessen wird im Offizierscasino. So nebenbei erfahren wir, dass unsere Kampfflieger gern und reichlich Milch trinken und dass viel Schlaf ihnen als Notwendigkeit erscheint." Dass Flieger stets gut und gerne tranken, wenn auch nicht immer Milch, davon zeugt beispielsweise der „Partykeller" im Offizierskasino.

Flugtag 1937

Im Juni 1937, bei dem ersten Flugtag nach dem Neubau des Fliegerhorstes, sollte die vor Ort untergebrachte Fliegergruppe, die bereits Anfang April 1937 in I./St.G. 167 umbenannt worden war (die Truppenfahne bekam die Einheit jedoch erst am 19. November 1937 in Berlin-Gatow aus den Händen von Hermann Göring, eingetroffen ist die Fahne dann feierlich in Blankensee am 20. November 1937), natürlich eine der Attraktionen sein. Der Flugtag sollte somit zu einer Demonstration des erstarkten Luftfahrtwesens in Deutschland werden, ausgerichtet wurde er jedoch vom NSFK. Flugzeuge von „Einst und Heute" wurden dem staunenden Publikum präsentiert. Die zum Teil mit Sonderfahrten aus der Lübecker Innenstadt herbeigeeilten Schaulustigen waren sich zum größten Teil gar nicht bewusst, in welchem Umfang dort vor den Toren ihrer Heimatstadt die ehemalige Fliegerstation ausgebaut worden war.

Das Flugprogramm reichte von Flugvorführungen des „Grade-Eindeckers" vom Anfang des Jahrhunderts und somit auch der Fliegerei bis hin zur Heinkel He 70 „Blitz", die ihre für damalige Verhältnisse unglaubliche Geschwindigkeit von etwa 360 Km/h unter anderem dadurch erreichte, dass sie als eine der wenigen Flugzeuge der frühen 1930er damalige Zeiten ihr Fahrgestell einfahren konnte. Ungewöhnlich für war die als Fallschirmspringerin und Pilotin bekannte Eva Schmidt. Sie wohnte den Flugvorführungen zusammen mit ihrer Kollegin Elfriede Bayer-Lippig bei. Wahrscheinlich sind die meisten der zirka 4.000 Anwesenden besonders wegen einer nicht nur damals sehr bekannten Fliegerin zum Flugtag „gepilgert": Mit Hanna Reitsch war auch der erste weibliche Flugkapitän in Blankensee vertreten. Sie bot Segelflugvorführungen dar, während Graf Hagenburg (Olympia-Sieger im Kunstflug) mit einer Bücker „Jungmeister" Kunstflug präsentierte. Der Regen und Sturm tat dem Flugprogramm nach seinem Beginn um 17 Uhr keinen Abbruch:

1. Modellvorführung der Hitler-Jugend
2. Segelkunstflug mit Hanna Reitsch
3. Formationsflüge einer Motorgleiter-Kette
4. Luftfahrt einst - Luftfahrt jetzt

Zeitungsanzeige für die Sonderzüge der Lübeck-Büchener-Eisenbahn zum Flugtag 1937. Unten die Eintrittskarte zum Flugtag.

Nicht nur die Zeitungsberichte waren im heutigen Sinne Öffentlichkeitsarbeit für die Luftwaffe in Lübeck. 1937 fand ein Flugtag in Blankensee statt, der nicht nur an die Flugshows der 1920er Jahre anknüpfte, sondern auch besonders die Jugend für die Fliegerei begeistern sollte. Unter anderem mit dabei: Flugpionier Hans Grade.

Nach der Hs 123 erhielt die I./St.G. 167 die Ju 87 und somit erstmals ein modernes Flugzeug an die Hand.

Rechts: Die „Henschel 1-2-3" wurde aber parallel zur Ju 87 noch weiter genutzt, jedoch nach und nach an Fliegerschulen abgegeben.

Unten: schriftliche Anfrage der Blankenseer Fliegergruppe, inwieweit der Ratzeburger See für Bomben-Abwürfe zu benutzen sei.

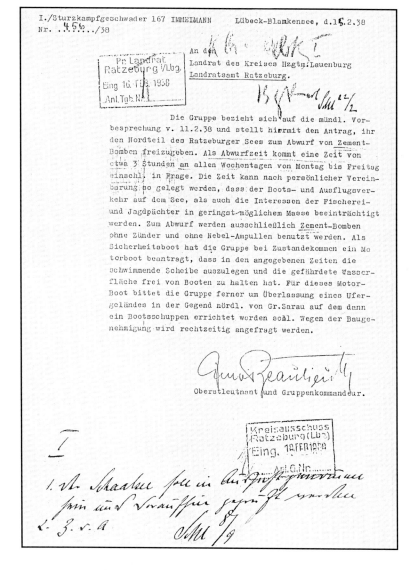

5. Motorkunstflug mit Emil Kropf
6. Luftreigen einer Segelflugzeugkette dreier „Grunau-Babys"
7. Motorkunstflug mit Eva Schmidt
8. Zwei Fallschirmabsprünge durch Eva Schmidt und Elfriede Bayer-Lippig
9. Motorkunstflug mit Graf Hagenburg

Mit zwei Ju 52 der Lufthansa konnten die Lübecker außerdem sich ihre Heimat von oben anschauen, für viele ein unvergesslicher Anblick bis heute. Zu den Rundflügen wurde bereits im Vorfeld des Flugtages in den Tageszeitungen hingewiesen.

Einsatz in Spanien

Für die ehemalige „Immelmann"-Gruppe verlief das Jahr weniger bunt und fröhlich. Der seit Juli 1936 tobende spanische Bürgerkrieg und das deutsche Engagement vor Ort ließ auch der in Lübeck-Blankensee stationierten Einheit keine Wahl. Von hier meldeten sich unter größter Geheimhaltung, da das Ausland nichts von dem Eingreifen deutscher Truppen in Spanien bemerken sollte, viele Flieger zum Einsatz im Süden Europas. Der freiwillige Dienst in der sogenannten „Legion Condor" sollte zwar sowohl die Truppen General Francos unterstützen, aber auch neue Erkenntnisse für die im Aufbau befindliche Luftwaffe der Wehrmacht bringen. Dass viele trotz des zum Teil modernen Kriegsgeräts, welches nach Spanien gebracht wurde, von diesem Einsatz nicht mehr zurückkommen sollten, verdeutlicht eine Rundfunkansprache von Bodo Uhse, damals Kriegskommissar für die republikanische Presse: So griffen am 5. Januar 1937 Flugzeuge der „Legion Condor" Madrid an. Nach dem Abschuss eines Begleitjägers zeigte sich, dass auch Flieger aus Blankensee an diesem Angriff beteiligt waren: *„Als die Interbrigadisten die Lederjacke des toten Fliegers öffneten, fanden sie einen Stempel: Fl.-Geschwader*

Drei Ju 87-Ketten über dem Flugfeld in Blankensee. Links im Bild ist die Lübecker Altstadt zu sehen.

Immelmann Groß-Lübeck/Blankensee."[1] Diese über den Rundfunk verbreitete Erkenntnis zeigte der Weltöffentlichkeit, dass es entgegen der offiziellen Darstellung eine deutsche Unterstützung von Francos Truppen gab. Die bereits Ende 1936 von Blankensee nach Alhambra bei Grenada im Süden Spaniens verlegten „Bombenflugzeuge" gelangten also tatsächlich zum Einsatz. Über den Tod des oben erwähnten Fliegers ließen die deutschen Dienststellen aufgrund der Geheimhaltung sogar die nächsten Angehörigen im Unklaren. So seien diese Piloten meistens an anderen, fiktiven Orten abgestürzt, aber nicht in Spanien. Dieses änderte sich erst nach Beendigung des Bürgerkriegs am 1. April 1939. Nach einer Siegesparade und Ordensverleihungen in Berlin kehrten auch die aus Blankensee gestarteten Flieger zurück zu ihrem Verband.

Letzte Umbenennung

Die Tage in Blankensee waren gezählt: Mit dem „Anschluss" Österreichs an das Deutsche Reich wurde die I./St.G. 167 am 1. April 1938 in I./St.G. 168 umbenannt und über Erfurt, Neubiberg und Wien-Aspern nach Graz in Österreich verlegt, wo größere Teile am 4. April 1938 eintrafen. Letzte Flüge aus Österreich nach Lübeck (wahrscheinlich zum Nachkommando) lassen sich noch am 11. April 1938 nachweisen.

[1] Wahrscheinlich eher am 6.1.1937: Zwei Piloten der J/88 fielen an diesem Tag bei den Luftkämpfen: Lt. Hans-Peter von Gallera und Uffz. Kurt Kneiding. Ihr Auftrag war der Begleitschutz von 14 Ju 52. Siehe Karl Ries: Legion Condor, Seite 47f.

Touristen-Attraktion im Herbst 1937: Eine Ju 87 der I./St.G. 167 fliegt den Travemünder Strand entlang.

Oben: Der Grund, weshalb die gesamte I./St.G. 167 auf dem Flugfeld angetreten ist, ist leider unbekannt. Am Rednerpult steht zwar ein Pastor, eine Trauerfeier ist es jedoch nicht. Flankiert wird das Ganze von zwei Ju 87 A-1, die noch eine zivile Zulassung tragen. Links die „D-IFHL", rechts die „D-IRLH" (WNr. 0091), die auf Seite 38 als Farbprofil zu sehen ist.
Zu beachten ist der abgenutzte Anstrich, wie er eigentlich nur an Einsatzmaschinen während des Zweiten Weltkriegs zu finden ist. Links im Bild ist die alte Werft der kaiserlichen Fliegerstation zu sehen, rechts daneben ein paar Baracken, ein Fußballfeld und das noch heute erhalten gebliebene so genannte Kriegsdepot. Dahinter wiederum kann man die Stadt-Silhouette ausmachen.

Unten: Letzte Flugübungen von Besatzungen der I./StG 167 im Frühjahr 1938. Die Ju 87 A-1 „71+H11" geht hier zusammen mit mindestens zwei weiteren Ju 87 A der 1. Staffel zum Sturz über.

Links: Neben Luftkampf- und Schießübungen musste auch das Bombenwerfen geübt werden. Hier wird gerade eine Ju 87 A mittels eines Hubwagens mit einer Zementbombe bestückt.

Links: Wichtiges Handwerkzeug auch für Stuka-Flieger: der Formationsflug. Hier wenige Minuten vor oder nach dem Sturz, der oben im Foto zu sehen ist. Links im Hintergrund fliegt somit wieder die „71+H11". Beachte die Werknummern an den Seitenrudern und beim Flügelmann die ausgetauschte hintere Kanzel.

Wahrscheinlich noch in Lübeck erhielten die Ju 87 der Gruppe die neue Kennung „81+...". Hier dient die „81+G11" als Hintergrund für ein Erinnerungsfoto von vier Stuka-Besatzungen. Der genaue Aufnahmeort und -zeitpunkt ist leider unbekannt. Beachte den fehlenden Zugangsdeckel für das Erste-Hilfe-Päckchen links am Balkenkreuz. Auch diese Ju 87 A-1 zeigt deutliche Abnutzungsspuren.

Eventuell der Abschiedsflug der I./StG 167 entlang der Ostsee; die Küstenlinie ist klar zu erkennen, leider nicht genau zu lokalisieren. Im lockeren Verband fliegen hier links die Ju 87 A-1 „81+A11", etwas weiter hinten die „81+F11" und die „81+E11". Alle Ju 87 tragen b ereits die neuen Kennungen der I./StG 168. Die für die Lübecker Stuka-Gruppe typischen Bemalungsmerkmale blieben auch nach der Umbennung erhalten: die Spinnerspitze und der jeweilige Flugzeugbuchstabe waren in Staffelfarbe gehalten (hier weiß für 1. Staffel. Die 2. hatte rot, die 3. gelb als Staffelfarbe).

Rechts: Anflug auf einen unbekannten Fliegerhorst, eventuell Graz, dem neuen Liegeplatz der Lübecker Stukagruppe nach dem „Anschluss" Österreichs. Im Bild die Ju 87 A-1 „81+B11" der 1./StG 168. Wie üblich wurde die Kennung der Rumpfseiten auf und unter den Tragflächen wiederholt.

Unten: Ein Auszug aus dem Flugbuch von Lt. Riecks. Es zeigt die ersten Verlegungsflüge von Maschinen der in St.G. 168 umbenannten Lübecker Einheit nach Graz in Österreich.

Junkers Ju 87 A-1 „D-IRLH" (Werknummer 0870091)

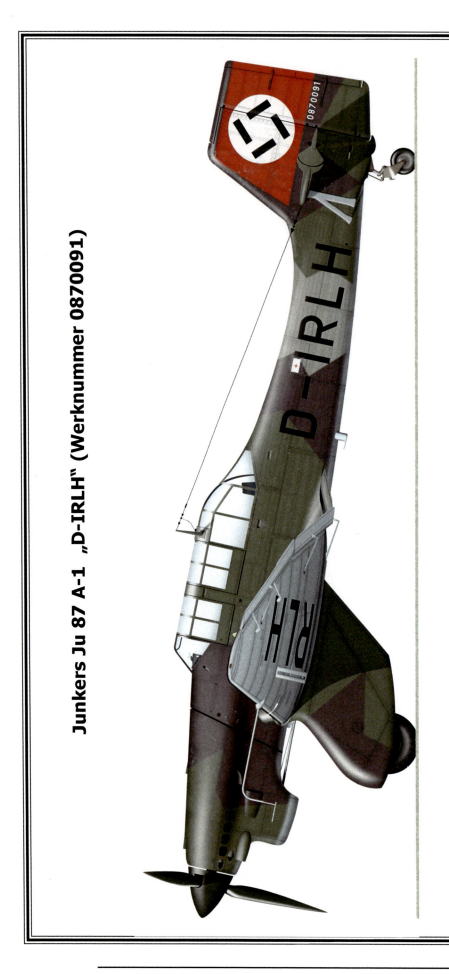

Dieser Stuka hob am 15. September 1937 zu seinem Erstflug bei den Junkers-Werken in Dessau ab und kam anschließend nach Lübeck-Blankensee. Trotz der zivilen Registrierung trägt der Stuka bereits die damals gültige Tarnung in den RLM-Farben 61/62/63/65. Welche militärische Kennung die WNr. 0091 bei der I./StG 167 in Lübeck erhielt, ist leider unbekannt. Die D-Kennzeichen wurden jedoch auch nicht sofort übermalt; durch Flugbuch-Einträge sind so gekennzeichnete Maschinen während der Anwesenheit der Stuka-Gruppe in Blankensee nachweisbar. Die WNr. 0091 erhielt 1939/40 das Stammkennzeichen „BK+AR" und flog noch im Januar 1943 bei der I./StG 101. Profil: Simon Schatz (www.rlm.at)

Der tägliche Flugbetrieb vor Kriegsbeginn

Nicht nur die in Blankensee beheimateten Flieger nutzten ihr Flugfeld. Als allgemein zugänglicher Flugplatz (und nicht für den normalen Flugverkehr gesperrt wie beispielsweise Tarnewitz und Travemünde, denn dort lagen Erprobungsstellen) war Blankensee auch Ziel anderer Einheiten. Eine Rolle hat dabei sicherlich auch gespielt, dass die Ostseeküsten-Region besonders im Sommer schon damals ein beliebtes (Ausflugs-)Ziel gewesen ist, sich also ein Flug hierher nicht nur insofern gelohnt hat, dass man die Küste von oben sehen konnte, sondern auch, dass man beispielsweise mit der Bahn schnell nach Travemünde zum Strand gelangen konnte. Ein interessantes Beispiel für diese Besuche ist Offiziersanwärter Schellhammer, der am 14. Juli 1939 (mit der He 72 „WL-EKOV"), am 20. Juli (mit W 34 „WL-OCLI") und nochmals am 17. August (mit Go 145 „WL-IILC") von der LKS Wildpark-Werder (bei Berlin) Lübeck als Ziel von Überlandflügen wählte – bei bestem Sommerwetter.

Vorrangig kamen schon allein aus Distanzgründen eher Besatzungen mit ihren Flugzeugen nach Lübeck, die in Norddeutschland stationiert waren. So beispielsweise Schulbesatzungen der FFS B Oldenburg, der FFS C Stade und die FFS A/B Salzwedel. Aber auch Flüge von der FFS B Magdeburg-Ost, der Gr. KFS Lechfeld und der Fl.Üb.Stelle Schönwalde lassen sich nachweisen. Bei einem derartigen Schulflug hatte Helmut Jaeger, späterer KG 26-Angehöriger, jedoch Pech. Am 19. August 1938 machte er als Flugschüler der FFS B Oldenburg mit der Go 145 „D-IODC" um 11.45 Uhr eine Notlandung im „Raum Lübeck".

Doch auch andere Fliegerverbände kamen nach Lübeck – meist zu Übungen. Während der Herbstmanöver 1937 verlegte für über eine Woche die 1.(F)/125 aus Landsberg nach Blankensee. Zwischen dem 17. und mindestens 24. Sep-

Der Norden Deutschlands war schon immer ein beliebtes Ausflugsziel, so auch bei den Herren Fliegern. Angesteuert wurden neben Lübeck, Travemünde und der ganzen Ostseeküste auch markante Punkte wie dem Marine-Ehrenmal in Laboe bei Kiel (links oben fotografiert aus einer Ju 52 der FFS C5) oder der Broken im Harz (oben rechts, fotografiert aus einer W 34 der I./KG 257). Oben gibt ein Fluglehrer der FFS B Bremen einem Flugschüler in der Ar 66 „D-IMZU" letzte Anweisungen zu einem Überlandflug, der den angehenden Flugzeugführer vielleicht auch nach Lübeck geführt hat...

Während des täglichen Flugbetriebs war er der Dreh- und Angelpunkt auf dem Flugfeld: der Startposten. Unter einer wetterfesten Plexiglas-Haube lag die Startkladde, in die alle startenden und landenden Flugzeuge eingetragen wurden. Später wurden diese Daten ins Hauptflugbuch in der Flugleitung übertragen.

Der Fliegerhorst Lübeck-Blankensee aus der Luft, aufgenommen im April 1938 für den Luftwaffen-Bild-Atlas. Zu sehen ist das Rollfeld in Bildmitte, links oben das nächst gelegene Dorf Wulfsdorf. Von Nord nach Süd durchschneidet die Eisenbahnlinie Lübeck-Büchen das Foto. Gut zu erkennen sind auch die eingebauten Tanks auf dem Rollfeld, vier alleine vor der Flugleitung.

Fw. Ernst Boye

[1] Lange-Gläscher flog hierbei die Do 17 P „20+H01", neben den wechselnden Begleitern ein weiteres Indiz dafür, dass hier ein Großteil der (F)/122 nach Blankensee gekommen war.

tember lassen sich Flüge rund um Lübeck mit He 70 und Do 17 F nachweisen. Nach dem Manöver ging's für die Aufklärungsflieger jedoch wieder zurück nach Landsberg.

Neben der in Lüneburg liegenden II./KG 257 war es am 19. April 1938 auch die W 34 „D-OFEP" der III./KG 253 aus Nordhausen, die Uffz. Weißgerber hier mal kurz zwischenlandete. Nicht einmal aufgetankt wurde bei dem Überlandflug: Landung um 13.02, Start retour bereits um 13.15 Uhr.

Etwas länger blieben hingegen Teile der (F)/122 in Lübeck, die Einheit, die im Herbst 1939 auch dem KG 26 Aufklärungsergebnisse von den britischen Flottenbewegungen in der Nordsee lieferte: Im Rahmen einer Übung der Gruppe verlegten Teile der Aufklärungseinheit ab Mitte Juli 1939 von Goslar nach Neumünster. Während dieser Zeit machten einige Flieger mit ihren Maschinen Station in Lübeck-Blankensee. So Uffz. Jung am 18. Juli mit der He 111 „20+P02", der um 15.32 Uhr nach einem stattlichen 1.585 Kilometer langen Flug in Blankensee landete. Der Start retour nach Neumünster erfolgte um 16.35 Uhr, die Landung dort um 17.01 Uhr. Andere hingegen blieben länger in Lübeck – vom 31. Juli bis zum 4. August 1939. Die Besatzung Lange-Gläscher traf mit ihrer Do 17 P „20+L01"

am 31. Juli bereits um 7.33 Uhr aus Neumünster kommend in Blankensee ein, die Besatzung Berthold folgte mit der Do 17 P „20+J02" um 7.40 Uhr. Am 2. August unternahm Flugzeugführer Erich Lange-Gläscher zusammen mit dem Begleiter Westhoff in der Do 17 P „20+B01" einen Fernflug nach Münster, Detmold und wieder zurück. Die 660 Kilometer lange Strecke wurde zwischen 17.58 und 20.46 Uhr in 168 Minuten zurückgelegt. Einen Tag später, am 3. August 1939, startete die Besatzung Berthold mit der Do 17 P „20+J02" zu einem Aufklärungsflug in unbekannte Richtung. Start war hier in Lübeck um 5.31 Uhr, die Rückkehr war um 9.20 Uhr. Geflogen wurden hier 1.040 Kilometer. Am 4. August hieß es für die Aufklärer jedoch endgültig Abschied nehmen von der Hansestadt: Um 11.03 Uhr ging es im Verbandsflug zurück nach Goslar,[1] wo andere Teile der Gruppe bereits seit Ende Juli schon wieder ihren Dienst versahen.

Ein anderer, besonders bei der Auswertung von Flugbüchern feststellbarer Punkt ist der Faktor der persönlichen Nähe zu Lübeck. Flieger, die hier zu Hause waren oder von hier stammten, schauten bei ihren Flügen immer wieder gerne in der alten Heimat vorbei. Ein besonderer Fall ist beispielsweise Ernst Boye. Vor Kriegsbeginn war Boye Fluglehrer an der FFS E (A/B) in Bremen-Neulanderfeld und nutzte regelmäßig Schulmaschinen, um am Wochenende nach Lübeck zurückzufliegen und seine Familie in Bad Schwartau zu besuchen. Insgesamt 31 Mal kam der spätere Oberleutnant und Fluglehrer an der FFS A/B 12 in Königsberg von 1937 bis 1939 mit Maschinen nach Blankensee – entweder alleine oder sogar mit Flugschülern, blieb von ein paar Stunden bis zu zwei, drei Tagen hier und flog wieder retour. Und bis zu seinem tödlichen Absturz am 6. August 1943 wiederholte sich das Ganze sogar noch während der Kriegszeiten.

Das Löwengeschwader

Die umbenannte „Immelmann"-Gruppe hatte gerade erst im April 1938 von Lübeck nach Graz verlegt, da nahm bereits das Vorkommando einer neuen Fliegergruppe die Örtlichkeiten in Blankensee unter die Lupe. Es war die am 1. März 1937 in Zerbst aufgestellte I. Gruppe des Kampfgeschwaders 257 (I./KG 257), die ab Frühsommer 1938 ihren Heimathorst wechselte. Erste Flüge der Gruppe nach Lübeck lassen sich für Mitte/Ende Mai 1938 nachweisen: So flog beispielsweise Uffz. Günther Lange von der 2. Staffel bereits am 23. Mai 1938 mit Hptm. Sieburg in der Ju 52 „72+E12" nach Lübeck. Insgesamt dauerte der Besuch in Blankensee knapp zwei Stunden, anschließend ging es um 14.40 Uhr wieder zurück nach Zerbst. Ob es sich hierbei um eine erste Inaugenscheinnahme oder einen „normalen" Überlandflug gehandelt hat, kann leider nicht mehr festgestellt werden[2]. Ab Mitte/Ende Juni 1938 lassen sich dann verstärkt Flüge in den Flugbüchern finden, die Verlegung also deutlich ablesen, denn Start- und Zielpunkt der Flüge war von nun an Blankensee. Zerbst wurde in der ersten Zeit jedoch immer noch wieder von den Besatzungen angesteuert; sei es, dass noch Materialien abgeholt oder ehemalige Bekannte in Zerbst besucht wurden.

Unter dem Kommando von Oberst Gerhard Conrad bezogen die drei Staffeln die neuen Lübecker Quartiere, wobei sich schnell herausstellte, dass die Kapazität der Hallenstellflächen schnell an ihre Grenzen stieß. Bei der Verlegung der Gruppe nach Norddeutschland war wahrscheinlich übersehen worden, dass die Hallen zwar für die Abmessungen der Flugzeuge der vorigen Einheit ausreichten, aber nicht für die mit über 20 Meter großen Spannweite wuchtigen Bomber des „Löwengeschwaders".

So begann man bereits im Herbst des Jahres, drei riesige Behelfszelte zur Unterbringung der Heinkel He 111-Bomber aufzustellen. Das Ganze jedoch hatte kaum Vorteile: Im Winter war es in den Zelten für die Techniker des Bodenpersonals oftmals zu kalt und so wurde jede einzelne He 111 zur Wartung in eine der beheizbaren Hallen gezogen und nach Abschluss der Arbeiten wieder in eines

Heimlich auf dem Fliegerhorst Blankensee fotografiert: die ersten, 1938 hier gelandeten He 111 B der I./KG 257 aus Zerbst. Rechts die Fw 44 „D-ETJI", eine Schulmaschine der FFS E Bremen.

[2] Teile der 3. Staffel scheinen bereits Ende Dezember 1937/Anfang Januar 1938 in Blankensee gewesen zu sein. Wahrscheinlich aber nur auf einem der vielfach unternommenen „Deutschlandflüge", so schildert es zumindest Max Sülberg, Bordmechaniker der 3./KG 257, in Briefen an seine Eltern. Die 4./KG 257 aus Lüneburg machte vor der Verlegung der I. Gruppe auch schon Bekanntschaft mit Blankensee: Am 7. Februar 1938 endete eine Nachtflugübung hier, am 17. und 18. Februar 1938 diente Blankensee als Zielpunkt eines Blindfluges einer Besatzung der 4. Staffel.

Als die I./KG 257 von Zerbst nach Lübeck verlegte, waren große Teile der drei Staffeln noch mit Ju 52-Behelfsbombern ausgerüstet. Hier die „72+F11" noch in Zerbst, davor Transportwagen für Zementbomben.

Die Flugzeughallen in Blankensee waren im Grunde für die Stuka-Gruppe maßgeschneidert worden. Während die einmotorigen Doppeldecker oder die Ju 87 noch mühelos in die Hallen passten, sah das jetzt mit den Ju 52 oder He 111 des KG 257 anders aus: Die Hallenstellflächen reichten nicht aus, Behelfszelte mussten her.

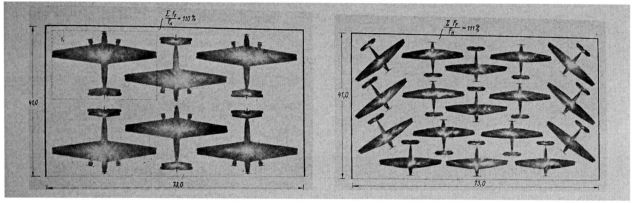

Das Löwengeschwader erhielt seinen Namen durch das Geschwaderwappen, das vom damaligen Geschwaderkommodore Oberst Wolfram von Richthofen bei einer Fahrt in die nähere Umgebung von Lüneburg „entdeckt" wurde. Es zeigt einen aufrecht sitzenden Löwen mit dem lateinischen Spruch „Vestigium leonis", übersetzt: Die Spur des Löwen. Der Hintergrund: Als Heinrich der Löwe im 12. Jahrhundert von seinem Vetter, Kaiser Friedrich II, mit einem Bann belegt trotzdem in sein Herzogtum zurückkehrte, konnte er ohne Kampfhandlungen in Lüneburg einmarschieren, nicht jedoch im Nachbarort Bardowick, das ein bedeutender Handelsplatz war. Heinrich zerstörte den kleinen Ort im Jahr 1189 bis auf die als Dom bezeichnete Dorfkirche. Dort ließ er als Zeichen seiner Macht den Spruch „Vestigium leonis" zusammen mit einem Löwenbild anbringen und förderte fortan den Aufstieg Lüneburgs, später auch Lübecks als Handelsplätze – beides im übrigen Heimathorste des KG 257 bzw. des späteren KG 26. Die Identifikation mit dem Löwen im Wappen ging sogar soweit, dass die II. Gruppe während des Krieges vom Hamburger Tierpark Hagenbeck passend zum Wappen einen jungen Löwen als Maskottchen geschenkt bekam, siehe Foto rechts. Links das Greifenwappen der III./KG 257, die jedoch im Oktober 1937 aus dem Geschwader ausschied. Damit ist dieses Wappen vergleichsweise unbekannt.

Das Wappen des Löwengeschwaders

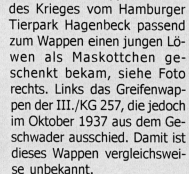

der Zelte gebracht. Kleiner Vorgriff: Kurz nach Kriegsbeginn, im Winter 1939/40, sollten jedoch diese Konstruktionen der I. Gruppe zum Verhängnis werden: Unter der Schneelast und durch den Druck eines Sturms, brach eines der Zelte in der Nacht zum 11. Februar 1940 in sich zusammen und begrub einige Maschinen unter sich, eine Ju 52 des KG z.b.V. 172 erlitt dabei 30 Prozent Schaden. Nach den Aufräumarbeiten wurden schließlich feste Seitenwände errichtet, die dem Zeltdach besseren Halt geben sollten. Dass man der gesamten Konstruktion dennoch nicht viel Vertrauen schenkte, zeigte sich im Bau der zwei zusätzlichen, großen Flugzeughallen (Halle 7 und 8, Abmessungen jeweils etwa 65 mal 30 Meter) im hinteren Bereich der alten Hallen. Mit einem großen Hallenvorfeld versehen, konnten hier genügend Maschinen des Flughafens untergebracht werden. Heute sind von den zwei großen Hallen lediglich die Fundamente und das betonierte Hallenvorfeld erhalten geblieben. Es diente bei Flugshows nach dem Krieg häufig als zusätzlicher Parkplatz für die Schaulustigen.

Die ersten Monate

Nachdem sich die Gruppe in Lübeck eingerichtet hatte, begann der Alltag. Zunächst dominierten Überland- und Verbandsflüge das Bild im Flugdienst, schließlich mussten sich die Besatzungen erst einmal rund um den neuen Standort orientieren. Und das war in Zeiten, in denen es noch kein GPS gab, besonders bei schlechtem Wetter überlebenswichtig. Zwar wurden immer wieder noch einmal Flüge nach Zerbst unternommen, aber die Flieger begannen schnell, sich in der Hansestadt wohl zu fühlen. Viele gründeten hier sogar Familien und wurden in Lübeck sesshaft. Für die Besatzungen stand schnell bereits regulärer Dienst auf dem Programm, der Flugdienst begann morgens oftmals um 7.30 Uhr und dauerte häufig auch bis in die späten Abend- und Nachtstunden an. Für die Warte hieß das natürlich Schichtdienst, da die Flugzeuge vor dem Start und nach der Landung überprüft werden mussten. Im Frühjahr 1938 wurden bereits die Staffeln umstrukturiert. Das gesamte Bodenpersonal, mit Ausnahme der ersten Warte, wurden in Flug-

Besatzungen der I./KG 257 unternahmen bereits von Zerbst aus so genannte Deutschlandflüge, die aber nicht im Zusammenhang mit den gleichnamigen Flugwettbewerben standen. Damit sollten Langstreckenflüge trainiert werden. Oben die „72+A13" in einer Linkskurve über den Alpen, Anfang Februar 1938. Links ein Blick ins Cockpit einer He 111 B, der Flugzeugführer gibt gerade Gas.

Rückkehr nach Lübeck: Landeanflug einer He 111 B in Blankensee im Frühjahr 1938. Diese Deutschlandflüge der I./ KG 257 wurden nicht nur von einzelnen Besatzungen unternommen. Belegt sind beispielsweise gemeinsame Langstreckenflüge von drei Ju 52 und einer He 111.

hafenbetriebskompanien (FBK) zusammengefasst und als selbstständige Einheiten aufgestellt. Die Kompanien rückten in den frühen Morgenstunden in die Hallen oder andere Funktionen ab und taten technischen Dienst in den Staffeln. Diese Kompanien wurden aufgestellt, um im Ernstfall auf den oder jenen Einsatzhafen zu verlegen und dort, unbeschadet des Geschwaders, aber mit gleichem

Handwerkszeug für jeden Flieger: der Tiefflug. Uffz. Alfred Reimer reizte das Ganze jedoch soweit aus, dass er während einer Übung, bei der vom 11. bis 16. Mai 1939 Tiefangriffe auf das Flakregiment 6 geflogen wurden, Bodenberührung erhielt und sich die Propellerspitzen seiner He 111 B „72+O12" verbog. Eventuell der Grund für den waghalsigen Tiefflug war Hptm. d.R. Seeburg, (siehe kleines Foto oben) der als Beobachter mit an Bord war. Reimer beschrieb den Reserveoffizier als sehr ängstlich. Seeburg sollte angeblich bei ein paar Flügen in unterschiedlichen Besatzungen Flugerfahrungen sammeln.

Flugzeugtyp, die Friedensaufgabe fortzusetzen.

Parallel ging auch der Austausch von Maschinen weiter voran. Bereits in Zerbst wurden die ersten Ju 52 Behelfsbomber gegen neue He 111 B ersetzt. Auch in Blankensee trafen regelmäßig neue Maschinen ein, die die Kennungen der Ju 52 übernahmen. Die wenigen verbleibenden Ju 52 des KG 257, die hauptsächlich zu Transportzwecken genutzt wurden, bekamen ab Sommer 1938 analog zu anderen Kampfverbänden einheitlich in allen Staffeln die Flugzeugbuchstaben V und W zugewiesen. Interessant in diesem Zusammenhang ist, dass die nach Graz verlegte I./StG 168 eine Ju 52 mit der Kennung „72+E11" erhielt und in Österreich für ihre Zwecke nutzte. Andere „Tante Jus" gingen zu Schulen oder wurden bei Transport-Einheiten genutzt. Zum Stamm der Besatzungen gehörten neben den „alten Hasen", die bereits in den Jahren vor 1935 während des geheimen Aufbaus der Luftwaffe Flugunterricht erteilt bekommen hatten, auch die gerade frisch ausgebildeten jungen Piloten, Funker, Bordschützen und Beobachter. Sie wurden in Blankensee auf das für damalige Zeiten moderne Kriegsgerät eingewiesen und absolvierten so eine große Anzahl von Flugstunden. Bereits am 18. Juli 1938 verlegten Teile der 1. Staffel nach Schleswig. Grund: das so genannte „Schießen aus der Luft" auf Erdziele. Es diente besonders der Schulung der Bordschützen – und letztlich natürlich auch dem Zusammenspiel der gesamten Besatzung. Zurück ging's für die 1./KG 257 am 21. Juli. Am 22. Juli 1938 folgte die 2. Staffel, die dann ebenfalls zum Schießen nach Schleswig flog und dort für vier Tage blieb. Die 3. Staffel absolvierte die Schießübungen ab dem 28. Juli 1938 in einer Woche. Bereits Anfang September 1938 wiederholte sich das Ganze, diesmal blieben die Flieger der 2. Staffel ab dem 6. September drei Tage, mit dabei waren ab 10. September auch wieder Teile der 3. Staffel und die 1. Staffel hatte in der Reihenfolge wieder den Anfang ab 1. September gemacht. Interessant ist in diesem Zusammenhang, dass Ende September 1938 die II./KG 257 staffelweise ebenfalls nach Schleswig verlegte.

Während die anderen Staffeln abwechselnd in Schleswig waren, standen für die anderen Gruppenteile beispielsweise Bombenwurf-Übungen in der Lüneburger Heide auf dem Programm. Die 1./KG 257 verlegte beispielsweise dazu am 25. und 26. Juli 1938 nach Lüneburg und ab 11. September nach Dedelstorf (zusammen mit der 4./KG 257!) – in der Regel aber nicht mit scharfen Bomben, sondern mit Zement- oder Betonbomben. Beim Aufschlag zerbrach meist ein Röhrchen mit einer chemisches Flüssigkeit, die dann als „Erfolgsdarstellung" eine weiße Rauchfahne verbreitete.

Vom 2. bis zum 6. August stand für einen Teil der I./KG 257 – zumindest nachweisbar für die 1. und 2. Staffel –

Großen Raum neben den Verbands- und Überlandflügen nahmen auch Übungen im Bombenwerfen ein. Links Besatzungen der 2./KG 257, rechts Angehörige der Stabsstaffel vor der He 111 B „72+COK" jeweils mit Zementbomben.

Formationsflüge von Lüben aus auf dem Programm. Aber auch Zieldarstellungsflüge – wie schon bei der StG 167 – standen auf dem Plan: So flogen einige Besatzungen der 3. Staffel im August 1938 Zieldarstellung für die Flak in Wustrow, und auch die Heeres-Einheiten um Umland griffen zu Übungszwecken auf die Blankenseer Flieger zurück: Alfred Reimer beispielsweise machte sich am 1. September 1938 mit der He 72 „D-EDEK" schon um 5.40 Uhr auf, Tiefangriffe auf Infanterie-Einheiten im Raum Eutin-Neumünster-Bad Segeberg zu fliegen. Eine Tiefflugstrecke existierte auch für reguläre Tiefflüge. Sie verlief von der Lübekker Bucht, über Mölln, danach nach Westen bis zur Nordseeküste und zurück. Geflogen wurde *„in einer Tiefflughöhe, die die heutige Bevölkerung nur zum Aufschrei und Protesten veranlassen würden. Teilweise wurden Hecken und Knicks in 5 bis 10 Meter Höhen, Ortschaften in 20 bis 50 Meter Höhen überflogen. Kirchtürme, Überlandleitungen waren die schlimmste Gefahr"*, erinnerte sich Ludwig Baum (II./KG 257). Interessant ist auch ein so genannter Scheinwerferflug der Besatzung von Alfred Reimer am 2. Mai 1939 von Schleswig aus: Ab 20.20 Uhr wurde bis 23.35 Uhr Zieldarstellung für die Rendsburger Flak geflogen. Nach Mitternacht ging es aber wieder zurück nach Blankensee.

Der gesamte Wochenplan der einzelnen Staffeln umfasste in Blankensee zusammengenommen zirka 40 Prozent fliegerische Ausbildung, 20 Prozent Theorie, 20 Prozent Ausbildung an den Waffen und 20 Prozent allgemeiner militärischer Dienst wie Exerzieren, Wachdienst oder sportliche Betätigungen. Aber auch die Freizeit wurde intensiv genutzt: Wer Ausgang bekam, machte auch Bekanntschaft mit den Vorzügen Lübecks. Aus einem Brief in die Heimat vom 5. August 1938 heißt es: *„Am Sonnabend und Sonntag war ich in Travemünde, dort ist es herrlich und bei dem herrlichen Sommerwetter ist dort ein Betrieb, unglaublich. [...] Besonders viele Dänen, Norweger und Schweden sind hier oben vertreten, und wie reizend eine Schwedin aussieht, davon wirst Du ja auch schon gehört haben. Hier kann man alles kennenlernen und wir Flieger, braungebrannt wie die*

Kommandeur der I./KG 257 war seit deren Aufstellung am 1. April 1937 Oberstleutnant Gerhard Conrad. Am 1. April 1939 wurde er durch Major Walter Loebel abgelöst. Vom 26. Juli bis 6. Oktober 1940 war er Kommodore des KG 27.

Die He 111 B „72+A13" abgestellt auf dem Flugfeld. Nicht für alle Maschinen standen Hallenplätze zur Verfügung.

Die He 111 B „72+K13" der 3./KG 257, fotografiert im Sommer 1938 während eines Verbandsfluges. Start- und Zielpunkt war Lübeck-Blankensee.

Hatten sich viele Angehörige der I./KG 257 gerade erst in Blankensee häuslich eingerichtet, mussten viele ihren Spind wieder räumen, als sie zur Legion Condor nach Spanien versetzt wurden.

[1] Bereits noch zu Zerbster Zeit hatte der Spieß, der Hauptfeldwebel, der 3./KG 257 „aus einer Kleinigkeit" heraus, wie es Max Sülberg schrieb, Anfang 1938 der ganzen Staffel den Sonntagsurlaub gestrichen.

[2] Vgl.: Kuberski, Wilhelm: Ein Jahr Freiwilliger in der Legion Condor: Der Abschluss meines Spanien-Aufenthaltes. In: Lübecker Volksbote vom 27.05.1939.

Neger, haben besonders viel Chancen bei den Mädels. Hier kann man sich direkt in jede 2. Frau verlieben. Blond, schlank, groß, blaue Augen sind die hauptsächlichsten Merkmale der Lübecker Mädels."

Wo Licht ist, ist auch Schatten, sagt der Volksmund: Einblick hinter die Kulissen der 3. Staffel gibt ein weiterer Brief in die Heimat von Max Sülberg: *„[...] Das Leben hier ist mehr wie unerträglich. Unser Spieß ist ein Teufel und fühlt sich nur wohl, wenn er uns schikanieren kann und das besorgt er uns tagtäglich. Wenn das so weitergeht, gehe ich moralisch noch vor die Hunde. [...]"*[1].

Einsatz in Spanien

Hatten die Angehörigen gerade erst nach Blankensee verlegt, gab es Unruhe auf dem Platz. Verschiedene Besatzungen wurden von einem Tag auf den anderen unter großer Geheimhaltung an einen anderen Ort versetzt. Zu diesem Zeitpunkt wussten die wenigsten – außer den Betroffenen selbst –, dass das Ziel Spanien lautete.

Wie bereits bei der II./St.G. 162 „Immelmann", wurden jeweils besonders erfahrene Besatzungen vom Kommandeur zu einem vertraulichen Gespräch gebeten, in dem unter der Voraussetzung der Verschwiegenheit, die Versetzung zur sogenannten „Legion Condor" angeboten wurde. Viele der Angesprochenen meldeten sich freiwillig und wurden bereits kurze Zeit später in Zivil und mit entsprechenden Papieren ausgestattet zur Einschiffung nach Hamburg in Marsch gesetzt – oftmals unbemerkt von den Staffelkameraden. Nach der Ankunft in Spanien und der Weiterleitung über eine Sammelstelle, verbrachten die Kampfflieger aus Blankensee ihren sechs-monatigen Dienst bei der K/88. Nachdem sie in dieser Zeit in der Regel an 100 Einsätzen teilgenommen hatten, gelangten sie nach Berichterstattung der gemachten Erfahrungen über Berlin zurück nach Blankensee. Doch zuerst gab es für viele Urlaub, später auch noch Geldgeschenke. Nach der Rückkehr zur jeweiligen Staffel wurden die Erfahrungen dann auch an die anderen Besatzungen weitergegeben. Feldwebel Wilhelm Kuberski von der 3./KG 257 berichtete später sogar im „Lübecker Volksboten" über seinen Urlaub in Spanisch-Marokko, der ihm und anderen für seinen Einsatz in der „Legion Condor" geschenkt worden war.[2]

Wie Hans Schwarz, Beobachter bei der 2./KG 257, berichtet, wie er nach Spanien kam: *„Zur Weihnachtszeit wurde ich als UvD eingeteilt, den OvD machte Lt. Rehfuss. Die meisten anderen Staffelkameraden waren bereits in den Feiertagsurlaub gegangen, als mich der Spieß in einem Flur ansprach. Er drückte mir* einen Zettel in die Hand, auf dem stand: K/88. Ich wusste nicht, was das zu bedeuten hatte und so klärte mich der Spieß auf und fragte, ob ich nicht auch nach Spanien wolle. Ich hatte in dem Moment keine andere Wahl und sagte Ja. Anschließend konnte ich gleich meine Koffer packen. Meinen Eltern durfte ich nur sagen, dass ich am nächsten Tag nach Berlin versetzt werden würde. Denn es ging zunächst zum Kommando Rügen nach Berlin. Meine Eltern konnten sich erst später einen Reim drauf machen. In Berlin wurde ich mehrfach geimpft, zivil eingekleidet und meine persönlichen Angaben wurden festgehalten. Auch neue Pässe wurden angefertigt. Für das Passfoto musste ich mir extra einen Mantel leihen, da ich nur meine Uniform und keine Zivilbekleidung mit hatte. Nach medizinischen Tests ging es am darauffolgenden Tag um 4 Uhr von Berlin-Tempelhof mit einer zivilen Ju 52 los. Die Motoren liefen bereits, als ich in die Maschine stieg. An Bord saß noch eine weitere Besatzung und man hatte viele Kisten und Gepäckstücke in die Ju geladen. Da die Maschine wohl bis zur Halskrause vollgetankt und schwer beladen war, kamen wir nur mit großen Problemen während des Fluges nach Spanien über die Alpen. Der Flugzeugführer musste sich regelrecht auf Höhe schrauben, bevor wir in Mailand landen konnten. Nach der Landung sagte er zu uns Passagieren: „Jetzt könnt Ihr alle Geburtstag feiern', da wir die Alpen doch unbeschadet überflogen hatten trotz Überlast." Der Weiterflug ging dann nach Mallorca, anschließend weiter nach Saragossa, zur 2.K/88. Hier flog Schwarz Kampfeinsätze bis zum Ende des Bürgerkrieges. Für den Einsatz gab es später neben Orden auch vier Wochen Urlaub. Der Empfang in Blankensee hingegen hatte nichts mit den Paraden in Madrid, Hamburg oder Berlin gemein, an denen Schwarz teilnahm: „Als jüngster Beobachter der Staffel und weil ich auch noch alleine und nicht mit einer Besatzung zusammen nach Spanien gegangen bin – die anderen waren ja bereits im Weihnachtsurlaub – und außerdem dort über den höheren Sold eine Menge Geld verdient hatte, gab es viel Neid bei meiner Rückkehr. Die hohen Auszeichnungen taten ihr Übriges dazu."

Die in Spanien eingesetzten Besatzungen fehlten aber nicht nur bei der I./KG 257. Auch bei den anderen Einheiten, besonders den Schulen, machte sich das Fehlen bemerkbar. So mussten die Aufgaben auf weniger Schultern verteilt werden.

Erste Probleme

Nicht nur durch den Abzug von Besatzungen nach Spanien, sondern auch durch den Mangel an Schulen und Ausbildungspersonal innerhalb der Luftwaffe mussten die Einheiten ihre Neuankömmlinge in bestimmten Disziplinen selbst ausbilden. So konnte zum Beispiel der Blindflugschein in Blankensee und nicht auf einer Blindflugschule erworben werden. Zum Abnahmeflug stieg dann so-

Die Maschinen der I./KG 257 hatten keinen weiten Weg vom Werk zur Einheit: Rümpfe und Leitwerke wurden in den Norddeutschen Dornierwerken (NDW) in Lübeck gefertigt, die Endmontage erfolgte bei NDW in Wismar. Werksneue He 111 holten sich die Besatzungen teilweise auch direkt bei Heinkel in Rostock ab. Im Bild die He 111 B-1 mit der WNr. 1517, die zur 1./KG 257 kam.

Relativ kurze Zeit existierte die Stabstaffel des KG 257, hier Fotos, die kurz nach der Aufstellung im Mai 1939 entstanden. Unter anderem flog in dieser Formation die He 111 B „72+BOK" (WNr. 173 oder 175), auch sie schaute mal in Blankensee vorbei.

Erinnerungsfoto von einigen Technikern vor der He 111 B „72+K13". Lässig am Propeller lehnt Max Sülberg, der als Bordmechaniker am 8. September 1938 einen Absturz an der Platzgrenze des Blankenseer Fliegerhorstes überlebte.

Aus Mangel an Schulflugzeugen an den Fliegerschulen mussten viele Einheiten ihre Verbindungsmaschinen abgeben. So auch die I./KG 257. Die Go 145 „D-IFMA" lässt sich beispielsweise ab Mai 1939 als „WL-IFMA" bei der Sch/FAR 52 nachweisen.

gar der Kommandeur oder einer seiner Stellvertreter in die zur Schulmaschine umfunktionierte Ju 52 oder He 111. So schulten beispielsweise Friedlieb Blauert und Herbert Moldenhauer ab November 1938 (bis in die Zeit nach Kriegsbeginn) nicht nur Besatzungen aller Staffeln im Blindflug, sondern auch Beobachter zu Flugzeugführern um. Die Blindflug- und „Nacht-ZZ"-Schulungen fanden für fast alle Besatzungen statt. Moldenhauer und Blauert waren jedoch vor dem Beginn der Ausbildung vom KG 257 zur BFS Wesendorf versetzt worden, um selbst fit genug zu sein, als Blindfluglehrer agieren zu können.

Dass dringend Flieger gebraucht wurden, führte aber sogar noch dazu, dass – auch im Hinblick auf die angespannte außenpolitische Lage – nichtfliegendes Personal wie zum Beispiel Bordfunker, Schützen oder Techniker zu Piloten geschult wurden. Erste Trainigsflüge fanden ab 23. September 1938 in Blankensee statt – ganz schulmäßig mit Platzrunden in der Gruppen-Fw 44 „D-EPMY" oder der He 72 „D-EZAH". Interessant ist, dass diese Schulflüge selbst während der Sudetenkrise am Einsatzort in Aslau nicht unterbrochen wurden. Eine abschließende Prüfung fand aber auf einer Flugzeugführerschule statt. Erschwert wurde die Situation zusätzlich durch die befohlene Abgabe von kleineren Flugzeugen der I./KG 257 wie der Ar 66 oder der Fw 44 an die Fliegerschulen im Reich. So gelangte

zum Beispiel auch die Go 145 mit der Kennung „D-IFMA" als „WL-IFMA" (analog zum geänderten Kennzeichen-System) Anfang 1939 zum Flieger-Ausbildungs-Regiment 52 nach Halberstadt. Nach und nach büßte die I./KG 257 so ihre Verbindungsflugzeuge bis auf wenige ein.

Einer der ersten schweren Flugzeugabstürze beim Löwengeschwader fiel ebenfalls in diese Zeit: Am Donnerstag, 8. September 1938, stürzte die Besatzung Oblt. Biereye mit ihrer He 111 „72+?13" im Landeanflug auf Blankensee an der Platzgrenze ab. Max Sülberg, damals Bordmechaniker in der 3./KG 257, war mit an Bord und schrieb später seinen Eltern von dem Flug: *„[...] Wir kamen von einem Fluge zurück mit einem Motor, da der linke unterwegs stehengeblieben war wegen Kerzenschaden. Kurz vor dem Flugplatz blieb nun aus unbekannten Gründen der andere Motor auch noch stehen und schon stellte sich die Maschine auf den Kopf und raste aus 250 m Höhe der Erde zu. Wir haben nun den Kopf nicht verloren, sondern bis zum letzten Augenblick unsere Pflicht getan. Meiner Geistesgegenwart ist es zu verdanken, dass die Kiste nicht gebrannt hat, sonst wäre ich nicht rausgekommen, weil ich eingeklemmt war. [...] Ich habe ja keinen Augenblick das Bewusstsein verloren und habe noch den hinzukommenden Abeitern Anweisungen geben können zur Bergung meiner Kameraden. Es ist keiner zu Tode gekommen. Ich selbst lag eingeklemmt zwischen den Trümmern und konnte mich erst nach 1 Stunde nach anstrengender Arbeit zusammen mit den Arbeitern freimachen. [...] Ist aber noch mal gutgegangen, außer einigen Kopfwunden, Hautabschürfungen und Bluterguss sowie einer Muskelprellung des rechtes Beines ist alles in Ordnung. [...]"*

Max Sülberg wird wahrscheinlich vor dem Absturz die Zündungen ausgestellt und die Brandhähne geschlossen haben. Sein Krankenhaus-Aufenthalt dauerte vier Wochen.

Ein weiterer Unfall ereignete sich am 29. November 1938: Während Blindflug-Übungen fielen an der He 111 „72+O11" beide Motoren aus. Fw. Friedlieb Blauert musste mit stehenden Motoren um 16.25

Stärke demonstrieren: He 111 B im Verbandsflug über dem Sudetenland. Im Vordergrund fliegt erneut die „72+A13", dahinter die „72+D13" und eine weitere He 111 B der 3. Staffel. Zu beachten ist, dass gemäß Vorschrift das Leitwerk neu bemalt wurde. Das Hakenkreuz befand sich nun nicht mehr auf weißer Scheibe und rotem Band.

Uhr in Blankensee notlanden und machte dabei Bruch[1].

Erste Krisen

Wie die nach Graz verlegte I./St.G. 168 hatte sich auch das „Löwengeschwader" – wenn auch noch vom vorigen Standort Zerbst aus – an einer der ersten internationalen Provokationen Hitlers, dem „Anschluss" Österreichs, beteiligt. Nicht anders sah das auch während der Sudetenkrise aus: Im Herbst 1938 standen die Zeichen auf Krieg. Nach dem Anschluss Österreichs an das Deutsche Reich hofften die Sudetendeutschen auf eine politische Lösung, die ihre Lage in der Tschechoslowakei hätte verbessern können und forderten eine Unabhängigkeit ihres Gebietes. Die Situation verschärfte sich, als die Prager Regierung am 21. Mai 1938 die Teilmobilmachung für zwei Jahrgänge ausgebildeter Wehrpflichtiger und verschiedener Spezialtruppen, insgesamt 180.000 Mann, anordnete. Die deutsche Bevölkerung sah in diesem Aufmarsch einen Versuch der Einschüchterung bei den bevorstehenden Gemeindewahlen. Anfang September verhängte die Regierung über die sudetendeutschen Gebiete das Standrecht, am 23. September 1938 ordnete sie die allgemeine Mobilmachung an.

Am 28. September verlegten die Staffeln des Löwengeschwaders schließlich nach Aslau. Ein militärisches Eingreifen im Sudetenland schien kurz bevorzustehen, denn Hitler drohte offen mit Krieg gegen die Tschechen. In dieser Krisensituation verstärkten England und Frankreich ihre Friedensbemühungen, so dass es schließlich durch Vermittlung Italiens zum Abschluss des Münchner Abkommens kam. Die Münchener Konferenz vom 29. und 30. September 1938 brachte für die Tschechen letztlich folgendes Ergebnis: Die Räumung der vorwiegend deutsch-bewohnten Sudetengebiete war bis zum 10. Oktober 1938 abzuschließen. Im Klartext hieß das: Bis zum 10. Oktober mussten die Sudetengebiete mit zirka drei Millionen Deutschen dem Deutschen Reich angeschlossen sein.

[1] Die Bemerkungen zu diesem Unfall waren in der vorliegenden Kopie des Flugbuchs aufgrund der schlechten Qualität leider nicht weiter lesbar.

Rückkehr der I./KG 257 nach Lübeck-Blankensee nach dem Einsatz im Sudetenland am Freitag, 14. Oktober 1938. Hier steigt gerade der Gruppenkommandeur, Oberstleutnant Gerhard Conrad, aus einer He 111 B und wird von Offizieren begrüßt.

Oberstleutnant Conrad (Mitte) wird nach seiner Ankunft (etwa gegen 16 Uhr) zusammen vom Fliegerhorstkommandanten und seinem Adjutanten zur Flugleitung begleitet.

Einen Tag später, am Sonnabend, 15. Oktober 1938, trifft die Truppenfahne der I./KG 257 wieder in Blankensee ein. Ein Fahnenkommando holt sie von der gruppeneigenen Ju 52 ab, die ebenfalls das Löwen-Wappen am Bug trägt.

Alfred Reimer, damals Flugzeugführer in der 2. Staffel, berichtet über den Einsatz: *„In den späten Nachmittagsstunden des 28. September verlegten wir nach Aslau. Nach einem über zweistündigen Flug landeten wir dort auf dem kleinen Flugplatz. Die Maschinen wurden gewartet und wir bei den umliegenden Bauern der Umgebung untergebracht. In den nächsten Tagen demonstrierten wir lediglich mit unseren Flugzeugen Stärke und flogen jeweils im Verbandsflug über das Land."*

Die Verbandsflüge entlang der Grenze wurden in vielen Flugbüchern später als Propaganda-Flüge bezeichnet, waren wie am 3., 5., 6., 7. und 9. Oktober reine Formationsflüge in Gruppenstärke – in den letzten drei genannten Tagen jeweils in den Morgenstunden. Zurück nach Lübeck ging es für die drei Staffeln des KG 257 am 14. Oktober via Magdeburg. Die meisten Maschinen landeten nachmittags gegen 16 Uhr wieder in Blankensee. Selbst der Lübecker Generalanzeiger meldete die Rückkehr am Sonnabend, 15. Oktober: *„Gestern herrschte ein ausgemachter Sturm. Wütend pfiff er durch die Äste der Bäume und peitschte sie wild durcheinander. Mit dem Sturm aber kamen unsere Flieger nach Lübeck zurück. So stark der Südwest tobte, den Flugzeugen konnte er nichts anhaben. In schöner Ordnung zogen sie donnernd durch die Luft und umstreiften mehrmals das Häusermeer der Stadt. Viele Augen sahen das stolze Schauspiel. Wir rufen unseren Fliegern ein herzliches Willkommen zu!"*

Am 15. Oktober traf auch die Truppenfahne mit einer Ju 52 in Blankensee ein. Aus einem Artikel des LGA vom 18. Oktober 1938 lassen sich Details der Zeremonie erfahren: *„Alle Soldaten und Zivilangestellten des Fliegerhorstes Blankensee waren am Wochenende zu einem feierlichen Appell angetreten, um die Fahne in Empfang zu nehmen. Unter den Klängen des Musikkorps marschierte die Ehrenkompanie aufs Rollfeld, wo die Ankunft des Flugzeugs mit der Fahne erwartet wurde. Nach Meldung an den Gruppenkommandeur, Oberstleutnant Conrad, schritt dieser die Front der angetretenen Kompanien ab. Inzwischen war auch schon das Flugzeug mit der Fahne am Horizont sichtbar geworden. Die Fahnenabordnung nahm die Fahne entgegen. Unter den Klängen des Präsentiermarsches nahm sie an der Spitze der Ehrenkompanie Aufstellung. Oberstleutnant Conrad führte in einer kurzen Ansprache aus, dass die Gruppe von einer wichtigen Übung zurückgekehrt sei. Dem Führer sei es durch seine kluge Politik gelungen, 3 ½ Millionen Menschen und wertvolles altes deutsches Gebiet in das Reich wieder einzugliedern. Er übermittelte Grüße und den Dank des Oberbefehlshabers der Luftwaffe, Generalfeldmarschall Göring, der in Neiße Abordnungen der Luftwaffe gesprochen habe. An der Besetzung des Sudetenlandes habe die Luftwaffe einen wichtigen Anteil. Nur durch die enge Zusammenarbeit der fliegenden Besatzungen, des Bodenpersonals, der Flughafenbe-*

Einen weiteren Tag später, am Montag, 17. Oktober 1938, wird hoher Besuch erwartet in Blankensee: Es ist der Geschwaderkommodore, Oberst von Richthofen, der mit einer Ju 52 auf dem Lübecker Fliegerhorst landet und dort von Oberstleutnant Conrad begrüßt wird. Von Richthofen wird einen Monat später zum Befehlshaber der Legion Condor ernannt.

Oberst von Richthofen schreitet zusammen mit Oberstleutnant Conrad die angetretenen Soldaten der I./KG 257 ab und hält anschließend eine Rede auf dem Flugfeld. Anschließend marschiert die gesamte I. Gruppe an ihm vorbei. Auf den Fotos sind insofern auch Einzelheiten des Platzes, wie die Hallen, die Behelfszelte und die noch teilweise eingeschossige Flugleitung zu sehen.

Oberstleutnant Conrad marschiert den Formationen der I./KG 257 voran. Im Hintergrund die Flugleitung, rechts Halle 2.

Sieg-Heil auf den Führer und Obersten Befehlshaber der Wehrmacht und dem Absingen der beiden Nationallieder schloss der Appell."

Am darauffolgenden Montag (17. Oktober) besichtigte Geschwaderkommodore Oberst Freiherr von Richthofen den Fliegerhorst. Was er zu den angetretenen Soldaten sagte, ist leider nicht überliefert, wird sich aber in einen ähnlichem Rahmen wie die Worte von Oberstleutnant Conrad bewegt haben. Interessant in diesem Zusammenhang ist die nachträgliche Einschätzung der Aktion: Conrad bezeichnete die Verlegung nach Aslau als „Übung". Unter den damaligen Fliegern hingegen war man sich jedoch der ernsten Situation durchaus bewusst. Hitlers internationale Provokation hätte auch anders verlaufen können. Ein Krieg schien für viele nochmals abgewendet und man war froh, nicht in Kriegshand-

triebskompanien, Horstkompanien und aller Arbeiter der Werft sei die Einsatzbereitschaft der Luftwaffe gewährleistet. Jeder habe an seiner Stelle mit Fleiß und Eifer seinen Dienst verrichtet. Mit einem

Neben der Flugleitung auf dem Rollfeldrand abgestellt steht die He 111 B „72+S11" der 1./KG 257. Das rote Band und die weiße Scheibe unter dem Hakenkreuz sind auch hier bereits übermalt. Im Hintergrund die Werft, davor die W 34 „D-OIOH"; rechts eines der Behelfszelte.

Zum gleichen Zeitpunkt – im Herbst 1938 – aufgenommen wurde diese Ju 52 des KG 257 neben einem der Behelfszelte. Im Hintergrund ist die alte Werft der Fliegerstation und das Kriegsdepot zu erkennen.

lungen verwickelt worden zu sein. Nach der Rückkehr gab es anschließend zwar Nachbesprechungen, aber ansonsten wurde der reguläre Flugbetrieb in Lübeck nach einer Woche wieder aufgenommen.

Die Besetzung des Sudetenlandes war jedoch nur der Anfang, der Einmarsch deutscher Truppen in die Resttschechoslowakei folgte auf dem Fuße. Am 15. März 1939 wurde das „Protektorat Böhmen und Mähren" gebildet. Die Slowakei wurde gleichzeitig ein unabhängiger Staat – zumindest auf dem Papier.

Letzter Flugtag

1939, wenige Monate vor Kriegsbeginn, gab es noch einmal einen letzten Flugtag. Am Sonntag, 19. März, lockte ein „Tag der offenen Tür" wieder viele Schaulustige raus vor die Tore der Stadt, nach Blankensee. Der Anlass: Der Tag der Wehrmacht, an dem sich das Militär entsprechend jedes Jahr präsentierte. Wieder ging es mit Sonderzügen und zusätzlichen Omnibussen zum Fliegerhorst. Der Tag begann ab 11 Uhr mit einem Eintopfessen, danach konnte die Horstanlage besichtigt werden, dazu waren extra Soldaten abgestellt, die die Besuchergruppen über das Gelände führten. Fotografieren war hingegen strengstens verboten. Im Lübecker Generalanzeiger hieß es lapidar in der Termin-Ankündigung: *„Bring aber keinen Photokasten mit, denn*

Ein seltenes Foto einer Arado Ar 66 des KG 26. Ob von der I. oder II. Gruppe, ließ sich leider nicht genau feststellen. Beachtenswert ist auf jeden Fall das Löwengeschwader-Wappen.

Flugzeugbestand der I./KG 257

Neben den He 111 und Ju 52 nutzte die I. Gruppe auch noch andere Maschinen. Es waren dies:

Typ	Kennzeichen	Staffel	Zeitraum	Verwendungszweck	Bemerkungen
Fw 56	D-IJLP	1.	02/38 - 05/38	Kunstflüge	
Fw 44	D-EPMY	1.	02/38 - 11/38	Kunst-/Überlandflüge	03/37 bei der FFS (See) Pütnitz
Fw 44	D-EXYA	2.	10/37 - 09/38	Kunst-/Überlandflüge	01/40 bei der Sch/FAR 12
He 72	D-EDEK	1./2.	01/38 - 09/38	Überland-/Kunst-/Zieldarstellungsflüge	
He 72	D-EDOM	2.	01/38 - 02/38	Verbandsflüge	
He 72	D-EZAH	1.	04/38 - 04/39	Kunst-/Überlandflüge	
Ar 66	D-IFYO	1.	06/38 - 05/39	Überland-/Nachtflüge	
Ar 66	D-IGUX	1./2.	11/37 - 07/39	Überlandflüge	
Go 145	D-IFMA	2.	07/38 - 09/38	Überlandflüge	ab 05/39 bei der Sch/FAR 52
Go 145	D-IMFU	2.	08/38 - 08/38	Überlandflüge	wahrscheinlich eher Ar 66
Go 145	D-ISYV	1.	07/38 - 07/38	Überlandflüge	
Fw 58	D-OACX	2.	08/38 - 08/38	Überlandflüge	
Fw 58	D-OCJJ	2.	05/38 - 07/39	S.a.L./Überland-/Erkundungsflüge	
Fw 58	D-OFAR	1.	03/38 - 03/38	Platzflüge	
Fw 58	D-OHFN	1.	07/39 - 07/39	Überlandflüge	
Fw 58	D-OVDM	1.	09/38 - 06/39	S.a.L./Überland-/Nachtflüge	
Fw 58	D-OZPB	2.	04/39 - 04/39	Überführungsflüge	02/38 bei AFS Braunschweig
W 34	D-OBSZ	1./2.	09/38 - 08/39	Blind-/Überlandflüge	
W 34	D-OBZP	1.	03/38 - 04/38	Blindflüge	ab 06/39 bei der Sch/FAR 24
W 34	D-OCQK	2.	03/38 - 10/38	Blind-/Überlandflüge	
W 34	D-ODOV	2.	09/38 - 09/38	Werkstattflüge	
W 34	D-OMAZ	2.	12/37 - 12/37	Überlandflüge	ab 03/40 bei der Sch/FAR 24
W 34	D-OMIN	1.	04/38 - 04/38	Blindflüge	
W 34	D-ONCS	2.	01/38 - 01/38	Werkstattflüge	
W 34	D-OSOX	1.	10/37 - 06/38	Platz-/Überlandflüge	auch bei der II./257 im Einsatz
W 34	D-OVUQ	2.	11/37 - 08/38	Überland-/Navigations-/Werkstatt-/FT-Flüge	

Der Zeitraum gibt jeweils die erste und letzte nachweisbare Nennung der Maschinen an. Es ist durchaus möglich, dass einzelne Flugzeuge über einen noch weitaus längeren Zeitraum hinweg bei der I./KG 257 bzw. KG 26 genutzt wurden. Über den genauen Flugzeugbestand der 3. Staffel lagen leider keine genaueren Unterlagen vor. Generell gilt bei dieser Aufstellung, dass einige Maschinen auch nur von anderen Verbänden/Schulen geliehen sein können, also nicht zwingend im Flugzeugbestand der I./KG 257 zu finden waren.

Die ersten neuen He 111 der Baureihe H sind eingetroffen, hier auf dem Fliegerhorst Lüneburg im April/Mai 1939. Rechts die He 111 H-1 „72+F26", links auf dem Flugfeld steht bereits ein so genannter Dreimaster, eine He 111 mit spezieller Funkausrüstung.

[1] Eine solche, womöglich abgegebene He 111 lässt sich noch mit der alten Kennung am 26. Oktober 1939 in Düsseldorf nachweisen. Mit der „72+P12" machte hier Flugzeugführer Winkler zusammen mit Prüfmeister Heinrich Schmitz von 15.29 bis 15.40 Uhr einen Werkstattflug.

[2] Der Einsatz von Luftstreitkräften über See war generell stark beeinträchtigt durch die Auseinandersetzungen zwischen dem Ob.d.L. (Göring) und dem Ob.d.M. (Raeder) um ihre Verfügungsgewalt. Nach Görings Auffassung sollten die Marine-Fliegerverbände sich auf Aufklärungs-, Geleit-, und Seenotrettungs-Aufgaben beschränken. Dass Schiffe auch aus der Luft bekämpft werden müssten, stand nicht zur Debatte, bzw. bis vor Kriegsausbruch nicht auf dem Traningsplan der Luftwaffe.

abgeben musst Du ihn doch." Verständlich also, dass es von diesem Ereignis keine Fotos zu geben scheint. Wer wollte, konnte sich an diesem Tag im Flieger-MG, Tontauben- oder Kleinkaliberschießen messen. Und natürlich standen ein paar Flugzeuge für die neugierigen Blicke bereit. In Aktion gab es die Maschinen jedoch auch zu sehen: Einige He 111 des Löwengeschwaders stiegen zu Flugvorführungen auf, bekämpften zusammen mit Fallschirmspringern ein Attrappen-Dorf auf dem Flugfeld. Der Abend klang dann mit einem Fliegerball aus.

Filmkulisse

Unter der Regie von Herbert Maisch entstand ab Februar 1939 der Flieger-Propagandafilm „D III 88" der „Tobis-Filmkunst GmbH" in Berlin. Der Film wollte ein *„Hohelied auf die deutsche Luftwaffe"* anstimmen und den Piloten des Ersten Weltkriegs ein Denkmal setzen, so dass sie Vorbild für die neue, heranwachsende Fliegergeneration werden sollte.

Neben Greifswald-Ladebow war Blankensee einer der fünf Drehorte. Viele der hier stationierten Flieger hatten Freude daran, mit ihrer He 111 in diesem Film mitzuspielen. So auch in Blankensee, als das Filmteam hier Mitte Mai 1939 eintraf. Um Szenen des von NS-Filmstellen mit *„staatspolitisch besonders wertvoll"* beurteilten Propagandastreifens besonders imposant darzustellen, stieg sogar am Nachmittag des 17. Mai beinahe die gesamte I. Gruppe zu Formationsflügen auf.

Kleinere Flug-Szenen wurden zum Teil mit erheblichen Aufwand am Boden nachgestellt. Der Kinofilm sollte schließlich bei Produktionskosten von 1,273 Millionen Reichsmark seit seiner Premiere Ende Oktober 1939 allein bis März 1941 insgesamt über 3,4 Millionen RM einspielen. Zu diesem Ergebnis verhalf wahrscheinlich auch das Prädikat *„Jugendwert"*. Der Film darf heutzutage nicht mehr öffentlich verkauft bzw. vorgeführt werden.

Neue Aufgaben

Mit der Umstrukturierung der Luftwaffe per 1. Mai 1939 erhielt das KG 257 nun eine neue Bezeichnung, unter der es später für Furore sorgen sollte: als KG 26. Außerdem wurden dem Geschwader ab Frühsommer 1939 auch vermehrt die modernere Baureihe „H" der He 111 zugeführt, die anfänglich sogar noch nach dem alten Kennzeichen-System in den Flugzeugbestand eingegliedert wurden. Doch ab Juli/August 1939 kann neben dem alten Code „72+..." bereits der neue „1H+.." nachgewiesen werden. Die ausgetauschten He 111 B wurden anschließend bei Schulverbänden weitergeflogen[1]. Die erste Baureihe der He 111 H, die H-1, war in der Lage, bis zu 32 Bomben zu jeweils 50 Kilogramm oder acht 250-Kilo-Bomben zu tragen – übliche Beladungspraxis auch beim KG 26. Die noch zuvor geflogene B-Reihe konnte gerade einmal 1.500 Kilogramm tragen.

Größtenteils zum Unverständnis der Besatzungen wurden die Flugübungen zunehmend auf die Ost- und Nordsee hinausverlagert. Der spätere Einsatzzweck der Gruppe kristallisierte sich somit heraus: die Schiffsbekämpfung besonders im Hinblick auf die britische Flotte.[2]

Dieser Vorgang ging schleichend vor sich, wie sich ehemalige Gruppenangehörige bei Interviews für dieses Buch erinnerten. Eine offizielle Abkehr vom reinen Bombengeschwader „Land" habe es nicht gegeben. Ludwig Baum (II./KG 26) erinnert sich zur schleichenden Umkehr vom reinen Land-Bombengeschwader: *„Die Gruppe wurde [...] immer stärker mit ehemaligen Offizieren der Reichsmarine versorgt. Daraus war zu entnehmen, dass der Generalstab das KG 26 für besondere Aufgaben vorgesehen hatte. Erst später stellte sich heraus, dass wir ein ‚Zwittergeschwader' werden sollten. Einmal Einsatz auf Landziele, ein andernmal auf Seeziele, später Torpedogeschwader. Dabei fehlten mit Ausnahme der Peil- und Blindflugausbildung jegliche Ausbildung über See oder Schulungsangriffe auf Seeziele in den verschiedensten Höhen. Ich kann mich nicht erinnern, dass wir eine Zusammenarbeit mit der Kriegsmarine übten, dass wir eine Seenavigation übten, oder dass man uns mit Karten und eingetragenen Planquadraten vertraut machte. So war der spätere Ernstfall praktisch die Ausbildungszeit mit den entsprechenden Fehl- oder Glückswürfen."*

Um die Flüge zumindest ansatzweise mit den Anforderungen der Marine zu verzahnen und natürlich auch, um überhaupt ein Gefühl für das Maritime zu bekommen, gingen einzelne Besatzungen an Bord von Kriegsschiffen. Gefreiter Max Sülberg berichtet Ende März 1939 in einem Brief an seine Eltern von seinem Besuch bei der Marine in Swinemünde: *„[...] Ich habe die Tage viel gesehen und erlebt. Sonntags sind ein Feldwebel von der 1. Staffel und ich mit einer Ju 52 nach Sw[inemünde] geflogen[3], sind abends zum Hafen gegangen und haben uns bei dem Adjutanten der Zerstörerflottille gemeldet. Ich wurde auf den Zerstörer 33 ‚Friedrich Eekoldt' verwiesen, mit dem ich am Montag früh um 8 Uhr in die Ostsee fuhr. Das Wetter war sehr unruhig und das Schiff hat wüst geschaukelt. Aber das hat mir nichts ausgemacht. Ich habe mich an Bord sehr gut eingelebt und war bemüht, mir alles zu zeigen. Ich kann Dir sagen, für mich war das sehr lehrreich. Ich habe dann auch eine Nacht auf der Kommandobrücke gestanden. [...] Am Mittwoch Mittag sind wir wieder in Swinemünde eingelaufen, weil die Schiffe alle nach Memel weiterlaufen sollten. Da habe ich auch all die großen Schiffe wie ‚Deutschland', ‚Admiral Scheer' u.s.w. gesehen. Um 18.15 Uhr kam dann Adolf Hitler an und fuhr mit seinem Zug ganz langsam zum Hafen, schiffte sich ein und eine ½ Stunde später setzten sich etwa 40 Schiffe in Be-*

Die neuen He 111 H wurden nach der Ankunft in Lübeck gleich auf Herz und Nieren geprüft - Verbandsflug gehörte natürlich auch dazu. Unten überqueren die He 111 H der 2./KG 26 auch die Reichsautobahn 1.

[3] Wahrscheinlich Fw. Herbert Moldenhauer, Flug mit Ju 52 „72+V13" am Sonntag, 19. März, ab Lübeck um 16.05 Uhr, Landung in Garz/Swinemünde um 16.50 Uhr. Als Flugzeugführer fungierte Oblt. Overweg.

Der He 111-Verband der 2./KG 26 schwenkt in Richtung Blankensee ein (kl. Foto) und überfliegt vor der Landung den Platz (großes Foto). Dabei überfliegen sie die nördliche Platzgrenze. Links ist die alte Werft der Fliegerstation zu sehen, in der Bildmitte ein Überrollweg über die Blankenseer Straße. Dort befanden sich nach Kriegsbeginn rückwärtige Abstellplätze.

wegung Richtung Memel. Ich wäre gerne mitgefahren, aber mich rief die Pflicht bei meiner Fliegerei und so fuhr ich wieder nach Lübeck."

Im Zuge dieser schrittweisen Abkehr von reinen Flügen über Land wurden ab Sommer 1939 auch andere Übungsflüge absolviert. Um den Seeflug zu üben, flog man die Küsten der Nord- und Ostsee entlang und prüfte bei Flügen auf die offene Nordsee sogar, wie weit der Funkkontakt zum Heimathorst in Richtung England aufrecht erhalten werden konn-

te. Verstärkt Seeflüge, teilweise sogar in Verbandsstärke, lassen sich ab Juni 1939 neben den üblichen Nachtlandeübungen und Höhenflügen in den Flugbüchern finden. Im Juni 1939 standen aber auch wieder die üblichen Schießübungen für die Bordschützen auf dem Plan. Die 2./KG 26 verlegte dazu am Freitag, 2. Juni 1939, diesmal aber nicht nach Schleswig, sondern nach Königsberg – bis zum 8. Juni. Einen Monat später, im Juli 1939, verlegte die 1. Staffel zum Bombenwerfen und zum Schießen aus der Luft vom 16. bis 22. Juli nach Ostpreußen, nach Gabbert. Von diesem Platz aus sollte die II./KG 26 ab 1. September Angriffe auf Polen fliegen.

Eine Besonderheit war auch eine Versetzung zum Luftnachrichtenversuchsregiment nach Köthen. Hier wurden neue Funkverfahren getestet, die später bei den Angriffen auf England zum Einsatz kommen sollten. Dabei gab es auch extreme Langstreckenflüge. Otto Poser aus der 1./KG 26 hat dabei Flüge von Merseburg aus nach Debrecen/Ungarn (am 14. Juli 1939) und nach Tripolis/Libyen (am 19. Juli) absolviert.[1]

Bereits am Montag, 31. Juli, ging es für die 1./KG 26 zu Verbandsflugübungen nach Störmede und Marx (bis Donnerstag, 3. August 1939). Abwechslung brachte für einige Blankenseer Flieger wie die Besatzung Alfred Reimer der Flugtag in Stade am Sonntag, 2. Juli 1939. Mit zwei weiteren Maschinen, Reimer flog die He 111 „72+B12", wurden in Ketten-Formation mittags (Tief-)Angriffe auf den dortigen Fliegerhorst geflogen. Anschließend ließen sich die Bomberbesatzungen und ihre Maschinen von den Schaulustigen vor Ort am Boden bewundern.

Außerdem sparte man beim Flugdienst aber auch nicht mit Bombenzielwürfen. Absprungplatz für eine dieser Übungen war im Juli 1939 der Fliegerhorst Bonn-Hangelar. Teile der I. Gruppe verlegten am Donnerstag, 20. Juli, für eine Woche dorthin, nachdem wenige Tage zuvor bereits die II./KG 26 hier geübt hatte. Hier ereignete sich auch ein schwerer Unfall, an den sich Hans Schwarz erinnert: „Beim Bombenwerfen flogen zwei He 111 direkt untereinander den Abwurfplatz an. Als beide Maschinen gleichzeitig ihre Zementbomben abwarfen, fielen die der oberen He 111 in die untere. Die wiederum stürzte ab, niemand überlebte." Eventuell handelt es sich hierbei um die He 111 H „72+E12", die laut den Vorkriegsverlusten aus dem Bundesarchiv im Juli 1939 (ohne genaueres Datum) verloren ging: Grund: Abmontiert, Aufschlagbrand, 4 Tote. Ort unbekannt.

Bei der großen Luftflotten-Übung ab Montag, 31. Juli 1939, wurden dann auf Juist wie schon in Bonn-Hangelar erstmals scharfe Bomben verwendet, teilweise wurden Abwürfe aus einer Höhe von 7.000 Metern geübt. Wie sich ehemalige Flieger später erinnerten, waren derartige Zielübungen für die späteren Angriffe auf Schiffsverbände vollkommen nutzlos. Nach Kriegsbeginn mussten sich die Staffeln erst umgewöhnen, Tiefangriffe auf Schiffe zu fliegen. Einsatzhafen für diese Übung war Münster-Handorf, teilweise auch Marx und Störmede. Hintergrund waren auch hier Angriffsübungen auf Schiffsverbände.

Wenige Details sind von einem weiteren Flugzeugabsturz bekannt geworden, der sich als Notiz im Flugbuch von Friedlieb Blauert finden lässt: Am Donnerstag, 13. Juli 1939, verzeichnet der Flugzeugführer der 1./KG 26 den Absturz der He 111 „72+X11". An diesem Tag standen Nachtflüge ab 21.30 Uhr von Lübeck aus auf dem Programm. Die Maschine scheint vermisst gewesen zu sein, denn noch in den frühen Morgenstunden des 14. Juli machte sich Blauert mit der He 72 „WL-EZAH" auf, die „72+X11" zu suchen – insgesamt 47 Minuten lang (zurückgelegte Distanz: 131 Kilometer). Was den fünf Insassen, darunter auch ein Hauptmann, zustieß, liegt derzeit noch im Dunkeln. Das Kreuz hinter ihren schlecht lesbaren Namen im Flugbuch von Friedlieb Blauert deutet aber auf ihren Tod hin.

Uffz. Richard Hilland – ein typisches KG 26-Schicksal: Beobachter in der 2. Staffel seit 1938, zusammen mit der Besatzung Uffz. Reimer interniert in Dänemark im Januar 1940, danach wieder bei der Staffel. Wurde 1943 und 1944 im Mittelmeer bei Einsätzen abgeschossen. Verbleib unbekannt.

[1] Auch Herbert Moldenhauer absolvierte ähnliche Langstrecken-Flüge bereits während einer Kommandierung zur BFS Wesendorf im Oktober/November 1938. Dabei ging es am 25. Oktober ebenfalls nach Tripolis.

Verbandsflug einiger He 111 der 2./KG 26, hier über der Trave. In den letzten August- und ersten September-Tagen des Jahres 1939 war das Wetter morgens und abends gekennzeichnet von vielen Nebelfeldern. Demnach ist dieses Foto hier entweder am frühen Vormittag oder am späten Nachmittag entstanden.

He 111 der 1./KG 26 warten kurz nach Kriegsbeginn auf die Startfreigabe in Lübeck-Blankensee, rechts die „1H+TH". Zur besseren Kenntlichmachung wurden in den ersten Wochen nach dem Angriff auf Polen die Balkenkreuze auf und unter den Tragflächen überdimensioniert aufgemalt, um beim Überflug von eigenen Flakbatterien und bei Erscheinen eigener Jäger gleich als deutsches Flugzeug erkennbar zu sein. Unten fliegt die ähnlich gekennzeichnete „1H+KK" an der Lübecker Stadtsilhouette vorbei. Beachte den weiß lackierten Antennenmast.

Kriegsausbruch

Die letzten Tage vor Kriegsbeginn am Freitag, 1. September 1939, waren sehr hektisch. Eiligst unternahmen die Staffeln letzte Übungsflüge (Instrumentenflug bzw. Bombenwurfübungen). In Westerland auf Sylt übten Teile der 2. Staffel selbst noch am 23. August Bombenwürfe. Start und Zielpunkt der Übungsflüge war jedoch Blankensee. Uffz. Alfred Reimer machte dabei seine erste Bruchlandung seines Fliegerlebens: Am Mittwoch, 23. August 1939, flog der Flugzeugführer mit der Ju 52 „1H+TK" um 16.45 Uhr von Lübeck nach Westerland (Landung dort um 17.54 Uhr), um wahrscheinlich dort verbliebenes Personal nach Lübeck zu fliegen. Um 19.13 Uhr ging es mit 13 Mann an Bord zurück. Reimer notierte später in seinem Flugbuch: „Kein FT an Bord, Bodennebel, zu hoch abgefangen" – über das Schadensausmaß liegen jedoch keine weiteren Angaben vor. Die unsanfte Landung fand aufgrund der Wettersituation um 20.20 Uhr in Lüneburg statt.

Am Abend des 25. August 1939, einem heiteren, sommerlichen Freitag, trafen die ersten Mobilisierungsbefehle bei den Dienststellen im Flughafenbereich Lübeck-Blankensee ein. Im selben Atemzug gab es die ersten Besprechungen zwischen den Kommandeuren und ihren Offizieren. Waffen, Munition und Ausrüstungsgegenstände wie Gasmasken wurden an das Horstpersonal ausgegeben, Verdunklung angeordnet, beginnend ab 22 Uhr. Außerdem verhängten die Kommandeure eine sofortige Urlaubssperre und eine Rückberufung von Urlaubern, die allen Beteiligten zeigte, wie ernst die Lage war. Etliche Zivilangestellte erreich-

ten Einberufungsbefehle. Als Ersatz kamen ältere Zivilisten auf den Fliegerhorst, meist aus den selben Berufsgruppen. Während die II./KG 26 vom Heimathorst Lüneburg aus bereits in Richtung Gabbert in Marsch gesetzt worden war, verblieb die I. Gruppe in Lübeck; ihr dachte man eine Schutzaufgabe der Nordseeküste gegen britische Schiffe zu; dazu sollte der Absprungflughafen Westerland genutzt werden.

In den letzten Tagen des Augusts trafen dann auch vermehrt geheime Befehle in der Luftnachrichtenstelle des Fliegerhorstes ein, die die nötigen Leuchterkennungssignale für die Flugleitung und Funkcodes enthielten. Außerdem kam ein Landesschützenzug auf den Fliegerhorst, um die Bewachung der militärischen Anlage weiter zu verstärken. Weiterhin wurden die Feuerschutzeinrichtungen überprüft, leichte MG zur Fliegerabwehr aufgestellt und Schützengräben angelegt.

Ein Auszug aus einem Brief, verfasst in Blankensee am 29. August 1939, schildert die letzten Tage vor dem Kriegsbeginn:

„Liebe Mama! [...] Ich hatte leider in den letzten Tagen überhaupt keine Zeit zum Schreiben, warum wirst Du Dir ja schon denken können. [...] Augenblicklich ist nun mal wieder der Krieg das Tagesgespräch, aber ich glaube nicht, dass es soweit kommt, denn ich habe zum Führer viel zu viel Vertrauen als dass er uns ins Verderben schickt. Ein Krieg bedeutet das Ende für uns alle. [...] Sonst kann ich Dir nichts Neues mitteilen, da wir ja nicht in die Stadt können. Nun will ich schließen in der Hoffnung, dass auch dieses Mal alles gut enden wird. [...]"

Am Vorabend des Angriffs auf Polen erreichte dann die Einheiten im Flughafenbereich Lübeck-Blankensee ein denkwürdiger Befehl vom Luftgaukommando XI: Fernmündlich wurde um 23 Uhr mitgeteilt, dass *„Feuer frei ist auf englische, französische und polnische Flugzeuge, soweit es sich um 9 oder mehr Flzg. handelt."*

In der Schreibstube des Stabes der I./KG 26 in der Flugleitung gingen die Einsatzbefehle ein. Es harrten der Dinge, die da kommen sollten (v.l.): Ofw. Kurt Madalinsky, Obgefr. Siegfried Stanitz und Uffz. Karl Dentmark.

Nachdem dann am 1. September nach Hitlers Meinung seit „5 Uhr 45 zurückgeschossen" wurde, begann der Zweite Weltkrieg. Seit 3.30 Uhr waren sämtliche MG-Stände besetzt, um 10 Uhr verfolgten alle im Fliegerhorst über Radio die Rede Hitlers aus dem Reichstag. Und nach Auflösung der morgendlichen Nebelfelder – kennzeichnende Wettersituation in den Tagen vor Kriegsbeginn – verlegten eingeteilte Besatzungen der I. Gruppe wie befohlen nach Westerland.

Eine Stärkemeldung der I./KG 26 ist in der Aufstellung „Gliederung der fliegenden Verbände" vom 1. September 1939 erhalten geblieben: Unter dem Befehl des Luftflottenkommandos 2 Braunschweig (General der Flieger Felmy) bzw. als Teil der 4. Fliegerdivision meldete die Lübecker Gruppe unter dem Kommando

Die Geschäftsräume der I./KG 26 befanden sich im ersten Stock der Flugleitung.

Gelandet! Gleich nach Kriegsbeginn verlegten eingeteilte Besatzungen nach Westerland, um Einsätze in der Deutschen Bucht zu fliegen. Hier steht die „1H+LK" auf dem Fliegerhorst Westerland/Sylt.

[1] Die II./KG 26 unter Major von Busche hatte unter dem Befehl des Luftflottenkommandos 1 insgesamt 35 Maschinen gemeldet, von denen 31 einsatzbereit waren. Beim Stab/KG 26 unter Generalmajor Sieburg sah waren es 6 He 111, davon 5 einsatzklar.

[2] Verlegung dorthin und nach Schleswig (meist 2. und 3. Staffel) ab 22. September, am 26. September war das Angriffsziel ein großer britischer Flottenverband aus Schlachtschiffen, Kreuzern und Zerstörern sowie einem Flugzeugträger, der Ark Royal – Friedlieb Blauert konnte sogar einen Treffer auf der Hood vermelden – am 27. September war Firth of Forth das Ziel für Teile der 1. Staffel, einige Besatzungen der 2./KG 26 flogen auch bewaffnete Aufklärung im Moray Firth. Und die 4. Staffel war ebenso auf der Nordsee unterwegs.

von Major Loebel 36 He 111 als Bestand, von denen 32 einsatzbereit waren[1].

Bereits zwei Wochen später kehrten diese Besatzungen am Sonnabend, 16. September, im Verbandsflug wieder nach Blankensee zurück. Andere waren – trotz des herrschenden Krieges – zum regulären Flugdienst eingeteilt, das heißt, es standen Verbands- und Überlandflüge auf dem Programm (wie auch bei der II./KG 26 in Lüneburg). Jedoch nicht nur in Blankensee, wie ein folgender Auszug aus einem Feldpostbrief eines Angehörigen der 3./KG 26, geschrieben in Lübeck am 6. September 1939 verdeutlicht:

„Liebe Mama! [...] Ich war bis gestern im Manöver und da die ganze Sache geheim war, durften wir nicht schreiben. Ich bin die letzten Tage in Rheinland und Westfalen gewesen ohne Gelegenheit zu haben, einen kleinen Abstecher nach Hause zu machen. [...] Nun haben wir Gott sei dank wieder etwas Ruhe und man kann sich endlich wieder etwas gönnen. [...] Nach den Strapazen der letzten Tage muss sich mich nun wieder ein wenig erholen. [...]."

Am 26. und 27. September 1939 flogen die eingeteilten Besatzungen erstmals von Westerland auf der Insel Sylt aus Feindflüge[2].

In Westerland wurden die Maschinen auch erst mit Bomben beladen und die MG aufmunitioniert. Blankensee stand zusammen mit den Plätzen Uetersen, Stade und natürlich Westerland nachtlandeklar zur Rückkehr der Flieger bereit.

Aber nicht alle Besatzungen der Staffeln flogen die Einsätze mit. Während einige nach England flogen, kehrten die restlichen Besatzungen im Verbandsflug auch nach Lübeck wieder zurück. Einige Besatzungen wurden schließlich sogar noch im Glauben an das baldige Kriegsende in Polen eingesetzt, wo bereits die II./KG 26 zum Einsatz kam. Nach dem Ende der Kampfhandlungen dort verlegte die II. Gruppe wieder zurück nach Lüneburg, der Geschwader-Stab und die Stabsstaffel hingegen kamen am Dienstag, 12. September 1939, nach Lübeck-Blankensee und blieben bis zum Sonntag, 24. September, anschließend ging es für die Geschwader-Leitung bei zunehmend herbstlicherem Wetter, das heißt starke Nordwestwinde, stärkere Bewölkung, weiter nach Westerland.[3]

Das Pendeln zwischen Lübeck und der Insel Sylt ging für die I./KG 26 auch den ge-

Auf den Absprungplätzen wurden die Maschinen aufgetankt und dann erst mit Bomben beladen. Die ersten scharfen Bomben dienten vielen Angehörigen des technischen oder fliegenden Personals für aus heutiger Sicht makaberen Fotos. Hier einige Warte mit einer 250-Kilo-Bombe vor der He 111 H-1 „1H+KL" auf dem Fliegerhorst Westerland. Unter der Tragfläche ist der Rest eines Überführungskennzeichens zu erkennen.

Die He 111 H-1 „1H+AB" des Gruppenkommandeurs der I./KG 26 im Flug. Beachtenswert auch hier wieder die überdimensionierten Balkenkreuze und das KG26-Wappen auf dunklem nicht auf weißem Grund.

samten Oktober so weiter: mit Feindflügen von Westerland aus am 8., 9. und 10. sowie am 17. Oktober – jeweils waren englische Schiffe das Angriffsziel, wenn auch teilweise keine angetroffen werden konnten. Nicht nur die englische Küste hatten die Flieger im Auge: Am 9. Oktober, einem diesigen, 12 Grad frischem Montag, beispielsweise ging es für die eingeteilten Besatzungen der I./KG 26 bei mäßigen Ostwinden ab etwa 11 Uhr an die norwegische Küste, auf die Höhe der Stadt Bergen – Rückkehr gegen 19 Uhr. Insgesamt waren an diesem Tag 127 He 111 des X. Fliegerkorps (teilweise von I. und II./KG 26 sowie III./LG 1) in Richtung England unterwegs. Der Hintergrund: Ein deutscher Flottenverband sollte vor der Südküste Norwegens die britischen Marine in den Aktionsbereich der Luftwaffe ziehen. Das Ganze endete jedoch für beide Seiten ergebnislos.

Bei der Verlegung nach Sylt am Montag, 16. Oktober, machte aufgrund eines Fehlers von Lt. Streubel (2./KG 26) die gesamte von ihm geführte Kette, die Flugformation, in der meistens die Angriffe geflogen wurden, Bruch in Westerland. Das Wetter an diesem Tag konnte nicht unbedingt die Ursache gewesen sein: Wind der Stärke 3-4 aus Nordwest, auflockernde Bewölkung, einzelne Schauer, gute Sicht. Niemand wurde jedoch bei dem Unfall verletzt[4]. Den Feindflug am nächsten Tag flogen die betroffenen Besatzungen insofern mit Ersatzmaschinen der Staffel mit. Anschließend ging es wieder retour nach Blankensee, wo auch während der gesamten Abwesenheit das persönliche Hab und Gut der Besatzungen zurückblieb.

Das Verweilen in Lübeck dauerte jedoch nicht lange: Immer größer wurden die Abstände zwischen einer Verlegung an die Front und der Rückkehr zum Heimathorst. Im Herbst 1939 nutzte auch die Lüneburger Gruppe die Plätze Blankensee, Neumünster und Schwerin während Verlegungen ebenfalls nach Westerland oder Schleswig; sei es zum Übernachten oder zum Auftanken. Und von hier aus griff auch diese Gruppe des KG 26 die britische Flotte an. Wie die Flieger selbst das Ganze erlebten, berichtet Ludwig Baum (4./KG 26): *„Wir verlegten in*

[3] Eine Verlegung der I./JG 1 im Zeitraum vom 5. bis 15. September 1939 ließ sich bisher nicht weiter verifizieren. Die Jagdgruppe soll mit Bf 109 E aus Mlawa nach Lübeck gekommen sein und anschließend weiter nach Vörden verlegt haben. Interessanter Weise ist auf einem Foto in Meyer/Stipdonk: „Die Deutsche Luftwaffe" Band, 1 Seite 146 bei der II./ZG 1 zwischen vielen Städte-Wappen auch das von Lübeck auszumachen. Vielleicht ein Indiz dafür, dass diese Zerstörergruppe kurzfristig hier gelegen hat.

[4] In den Listen des Generalquartiermeisters findet sich für diesen Tag jedoch nur eine He 111 der I./KG 26, die in Westerland beim Ausrollen gegen ein Hindernis zu 40% beschädigt wurde.

Am Dienstag, 17. Oktober 1939, stürzte eine He 111 der I./KG 26 kurz nach dem Start im Nebel in eine der Blankenseer Flugzeughallen. Für vier Flieger kam jede Hilfe zu spät, sie starben in den Trümmern. Einer aus der Besatzung wurde verletzt. Wenige Tage später gab es eine Trauerfeier auf dem Fliegerhorst.

Nach der Trauerfeier in Halle 3 wurden die Särge auf Opel-Blitz-Lkw geladen und abtransportiert. Das Foto wurde aus der Flugleitung aufgenommen und zeigt erneut eines der Behelfszelte.

Abständen Staffel für Staffel auf die Einsatzhäfen, die reichlich primitiv waren, lagen in Bereitschaft oder wenn das Wetter es nicht zuließ, selbst auf diesen Plätzen einen Innendienst vollführten wie im Frieden."

Am Dienstag, 17. Oktober 1939, während 13 He 111 der I./KG 26 zusammen mit vier Ju 88 der I./KG 30 von Westerland aus einen Einsatz nach Scapa Flow flogen, ereignete sich ein schwerer Unfall in Blankensee, der vielen ehemaligen Gruppenangehörigen noch lebhaft in Erinnerung geblieben ist: der Absturz einer He 111 in eine der Blankenseer Hallen unmittelbar während des Startvorgangs. Dazu berichtet Hans Schwarz: *„Wir saßen an diesem Vormittag zusammen mit anderen Besatzungen gerade bei einer Besprechung mit dem Staffelkapitän, als wir lautes Motorengeräusch und einen dumpfen Knall hörten, der besonders den Staffelchef aufschrecken ließ. Wir rannten aufs Flugfeld und sahen, was passiert war: Bei aufliegendem Nebel hatten drei He 111 einen Kettenstart aus Richtung Groß Grönau versucht. Eine der startenden Maschinen muss nach links weggezogen haben, denn sie war in eine Halle zwischen der Flugleitung und der Werft gestürzt. Es herrschte eine große Aufregung auf dem Platz, besonders, weil das Gerücht die Runde machte, dass sich angeblich zwei Spione mit einem Pkw auf dem Platz befunden haben sollten. Noch ehe die Wache verständigt werden konnte, sollen die beiden schon verschwunden gewesen sein."*

Hans-Heinrich Hatlapa, Beobachter bei der 1./KG 26, erinnert sich an die Situation nach dem Absturz: *„Die Maschine stammte aus der 1. Staffel. Deshalb mussten wir alle auch beim Aufräumen helfen. Ich fand zwischen den Trümmern die Reste eines Beines und einen Schuh. Darin befand sich ein Namensschild mit der Aufschrift ‚Netze."*

Aus der Besatzung sind Ehemaligen drei Namen bis heute in Erinnerung geblieben: Thiel, angeblich Bordmechaniker, Lutter, angeblich Flugzeugführer. Ein weiterer toter Flieger mit Namen Kramer soll später in Kellen- oder Kellinghusen begraben worden sein.

Die He 111 soll laut Hatlapa jedoch bei Nachtflugübungen in eine der drei

Hallen in Richtung des Schießstandes gestürzt sein, nach Angaben von Siegried Stanitz (Stab I./KG 26) in Halle 2 (zwischen Flugleitung und Werft). Die Verlustmeldung des Generalquartiermeisters lautet einfach nur: *„Absturz auf Halle nach Blindstart im Nebel. 1 Verletzter, 4 Tote"*. Der Absturz muss somit noch nachts oder in den Morgenstunden passiert sein, denn Wettermeldungen für diesen Tag besagen: Morgennebel, anschließend wolkig bis heiter, gute Sicht, südwestliche Winde der Stärke 2-3, Temperatur 12 Grad.

Für die Absturzursache gibt es unzählige Versionen: Von beim Start eingeschalteter Kurssteuerung bis hin zu einer Irritation des Piloten durch die Lichter der Signalanlagen der am Platzende vorbeilaufenden Eisenbahnstrecke ist die Rede. Aber auch von fehlender Blindstart-Erfahrung des Piloten und Vermutungen, er habe die Klappen zu früh eingefahren, ist die Rede. Das Problem mit der sich selbstständig einschaltenden Kurssteuerung gab es bereits zu früheren Zeitpunkten: Ludwig Baum erinnerte sich an einen Vorfall bei der II./KG 257 im Sommer 1937, bei dem eines der überlebenden Besatzungsmitglieder der abgestürzten He 111 genau dieses Phänomen berichtete.

Sofern nicht ein Untersuchungsbericht auftaucht, wird der Unfall in Blankensee aber nie endgültig zu klären sein. Für die Flieger fand jedoch eine Trauerfeier in der Halle neben der Flugleitung statt.

Doch das Unglück änderte nichts an der Tatsache, dass weitergeflogen werden musste. Einen Eindruck von den Flügen gegen die britische Flotte vermittelt folgender Auszug eines Feldpostbriefs aus Lübeck vom 1. November 1939:

„Liebe Mama! Deinen lb. Brief mit den Bildern habe ich in Westerland dankend erhalten. Nun bin ich Gott sei Dank wieder in Lübeck. [...] Die letzten 14 Tage standen wir mal wieder an vorderster Front gegen Englands Flotte, aber die Tommies haben die Nase gestrichen voll nach den schweren Verlusten. [...] Bei unseren Flügen gegen England fliegen wir 6-8 Stunden und 2/3 unseres Fluges haben wir nichts wie Wasser unter uns. Das sind Nervenproben das kannst Du mir glauben. [...] Du brauchst aber keine Angst um mich zu haben, ich habe einen Schutzengel, meine kleine Braut."

Die im Brief genannten Umstände decken sich auch mit Flugbucheinträgen: Die Flugzeiten variierten tatsächlich zwischen sechs und acht Stunden. Was während eines Feindflugs in den Köpfen der Besatzung vorging, versucht Ludwig Baum zusammen zu fassen: *„[...] Nach 3 bis 4 Stunden Anflug, Angriff, 3 bis 4 Stunden Rückflug, je nach Wind, über schäumende See, bedecktem Himmel, vielleicht auch prasselndem Regen. Was ging im Inneren jeden Besatzungsmitglieds vor, was dachte jeder, hatte er Angst, dachte er an seine Eltern, seine Frau, seine Verlobte, während zu gleicher Zeit die Herren des X. Fliegerkorps vielleicht gerade im Hotel*

Wie gesehen liefen nicht alle Unfälle so glimpflich ab wie diese Notlandung der He 111 H-1 „1H+GH" kurz vor oder bereits nach Kriegsbeginn. Die Maschine, die noch einen Vorkriegs-Splitter-Tarnanstrich trägt (eher selten zu sehen an He 111 H), wird gerade von Technikern zur Bergung vorbereitet. Beachtenswert und typisch für frühe H-1-Modelle ist die sehr weit hochgezogene hellblaue Tarnung an den Rumpfseiten.

Im Gegensatz zur „1H+GH" im obigen Foto kommt diese „1H+E?" im typischen RLM 70/71/65-Anstrich daher - zwei Grün- und ein Blau-Ton. Auch bei dieser Notlandung in der Nähe von Lübeck kam niemand zu Schaden. Beachtenswert ist die kleine Aufschrift unterhalb der Tragflächenwurzel: „Es gibt keine Inseln mehr", ein Ausspruch Hitlers, der an vielen He 111 im Herbst 1939 zu sehen ist.

Nervenaufreibend für die Besatzungen war der stundenlange Tiefflug über der Nordsee. Kam schlechtes Wetter oder gar Nebel auf, kehrten viele Flieger wieder zum Absprungflugplatz zurück, ohne ein britisches Schiff gefunden zu haben.

Die englische Küste! Dicht unter der Wolkenuntergrenze entlang fliegen hier He 111 der 2./KG 26 auf der Suche nach der britischen Home-Fleet. Da die Schiffsverbände oftmals im Zick-Zack-Kurs unterwegs waren, musste ein durch Aufklärer gemeldeter Standort wenige Stunden später nicht unbedingt mehr richtig sein.

Vertrauter Anblick für viele Lübecker: He 111 des Löwengeschwaders im Flug. Viele Familien-Angehörige, die entweder am Fliegerhorst oder direkt in der Stadt wohnten, zählten bei Start und Rückkehr die Maschinen. Kamen alle wieder zurück, konnte man aufatmen...

Auch nach Kriegsbeginn wurde weiterhin in der so genannten Ketten-Formation geflogen: jeweils drei Maschinen in einem Keil. Dadurch konnte bei eventuellen Angriffen feindlicher Jagdflugzeuge auch das Abwehrfeuer der drei Maschinen gebündelt werden.

‚Esplanade' in Hamburg einen Tee einnahmen, und uns nach einer Meldung des Fernaufklärers, die 5 bis 6 Stunden zurücklag, in irgendein Planquadrat – meist auch noch in ein falsches – gejagt hatten? Hörte der Flugzeugführer mehr auf den ruhigen Lauf seiner Motoren, sahen sie mehr auf den Kraftstoffmesser, um den Verbrauch zu kontrollieren, sucht man schon jetzt das Peilzeichen des Funkfeuers in Westerland? Was geschieht, wenn es uns doch erwischt? Schneiden wir gleich unter oder kommen wir noch in unser Schlauchboot, werden wir rausgefischt? Reicht der Brennstoff bis zum Einsatzhafen? Ist dort Nebel? Treffen wir einen solch großen Pott und alle Halsschmerzen sind behoben? [...] Es war nicht nur eine physische, sondern oft auch eine psychische Belastung des Einzelnen, nach tagelanger oder stundenlanger Bereitschaft, welche nur durch soldatische Erziehung und Selbstdisziplin übertüncht und nach außen nicht gezeigt wurde."

Die größte Schwierigkeit nach dem Überfliegen der Küste war das Navigieren über See, da es hier keinerlei Orientierungshilfen gab. Das war die Stunde des Beobachters (Navigators), der mit dem Dreieckrechner, nach seinem Erfinder auch Knemeyer genannt, den Spritverbrauch und die Windabdrift vom Kurs errechnete, während der Funker versuchen musste, eine Peilung zu verschiedenen Funkfeuern zu bekommen. Und besonders den Spritverbrauch richtig einzuschätzen (Gegenwind!), machte den Besatzungen zu schaffen.

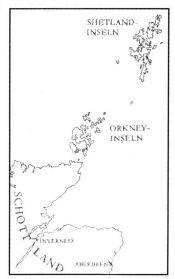

Das Hin- und Herpendeln blieb den Besatzungen auch im November erhalten, denn Heimathorst blieb weiterhin Lübeck-Blankensee – schließlich dachten viele, auch die Luftwaffenführung, an ein schnelles Kriegsende. Liegezeiten in Lübeck wechselten sich also ab mit Feindflügen von Westerland aus. Von hier aus flogen die „Lübecker Flieger" wiederum am Mittwoch, 22. November, bei schwachem bis mäßigem Westwind, aber bester Sicht (30 Kilometer) und Temperaturen knapp über dem Gefrierpunkt zur Schiffsbekämpfung vor der schottischen Küste (ein Angriff von sechs He 111 der 2./KG 26), am 25. November so genannte bewaffnete Aufklärung in der nördlichen Nordsee mit ei-

Vorrangiges Ziel des Löwengeschaders waren Schiffsverbände an der englischen Küste, im Bereich der Shetland- und Orkney-Inseln oder auch in den Gewässern vor Norwegen. Ziele im britischen Innenland anzugreifen, war in der ersten Zeit nach Kriegsbeginn streng verboten. Bei der Suche nach britischen Schiffsverbänden kamen die Besatzungen nicht nur an physische und psychische, sondern stießen auch an technische Grenzen: Viel weiter als 2.000 Kilometer konnte man mit der He 111 nicht fliegen.

Nicht alle Notlandungen waren auf technische Probleme zurückzuführen, vielfach waren es Beschussschäden, die eine Bauchlandung zur Folge hatten – oder gar einen Absturz. Am 25. November 1939 erwischte es die He 111 H-2 „1H+DK" der 2./KG 26. Etliche Einschusslöcher verraten die Schwere der Flak-Abwehr auf den britischen Schiffen.

Die „1H+DK" kam mit Müh und Not nach Westerland zurück. Die Schiffsflak hatte unter anderem das Fahrwerk beschädigt, es konnte nicht ausgefahren werden. Bei der Bauchlandung auf Sylt entstand an der He 111 insgesamt 40 Prozent Schaden.

[1] Die 72. Squadron meldete zwei He 111 südöstlich von Montrose um 12.30 Uhr abgeschossen, die 603. Sqn. will zur selben Zeit drei He 111 beschädigt haben.

Für die Verlegungen zu den Absprungflugplätzen Westerland und Schleswig wurden auch die gruppeneigenen Ju 52 benutzt. Auch sie trugen das Löwen-Wappen.

nem Angriff auf einen englischen Flottenverband bestehend aus zwei Schlachtschiffen und vier Kreuzern. Dieser Angriff wurde aus 2.800 Metern Höhe geflogen, unter schwerer Flakabwehr der beiden Schlachtschiffe – kein Wunder, denn auch an diesem Tag betrug die Sicht trotz vereinzelter Schauer im Tagesverlauf bis zu 20 Kilometer. Die insgesamt 18 He 111 der I./KG 26 sowie die 21 Ju 88 der I./KG 30 konnten jedoch keine Treffer landen.

Im Gegenteil: Eine He 111 wurde durch Schiffsflak beschädigt.

Es zeigte sich recht schnell, dass das Löwengeschwader erhebliche Probleme beim Angriff auf Schiffsverbände hatte. Häufig wurde beobachtet, wie die Bomben ein Schiff zwar trafen, aber dann vom Deck abprallten und wenig später im Meer detonierten. Die 6./KG 26 kam zwischen den Feindflügen am Mittwoch, 15. November 1939, aus Westerland nach Lübeck. Nach kurzer Pause und Auftanken ging es ab 10.15 Uhr weiter zu Bombenwurfübungen in der Ostsee. Eigentlich war an diesem Tag kein gutes Flugwetter: Südwestliche Winde der Stärke 6 bis 7, diesig, nachmittags Regen, Temperaturen knapp unter der 10-Grad-Marke. Gelandet wurde jedenfalls anschließend bereits um 10.45 Uhr wieder in Schwerin.

Ein Bordmechaniker schreibt am 29. November 1939 aus Lübeck in die Heimat: *„Liebe Mama! [...] Ja, ich kann Dir sagen, die letzten Tage waren wieder ein bisschen mulmig. Wir sind verschiedene Male nach den Orkney- und Shetland-Inseln geflogen, um den Engländern ein bisschen einzuheizen. Na die Erfolge sind ja auch nicht ausgeblieben. Augenblicklich ist das Wetter sehr schlecht, deswegen können wir nicht viel machen. Es ist aber auch ganz schön, wenn man mal einige Tage Ruhe hat. [...] Du fragst, ob wir auch nach London geflogen sind. Nein – wir fliegen ein anderes Revier, wo es mehr lohnt. Du hast sicher gelesen, das engl. Kriegsschiffe in der nördl. Nordsee angegriffen worden sind; das war unser Werk. [...]"*

Für die ersten Feindflüge gab es auch die ersten Auszeichnungen. Viele Besatzungen trugen das Bändchen des EK II im Knopfloch, manche erhielten bereits nach vier Feindflügen und entsprechenden Versenkungen das EK I. Im Glauben, dass der

Krieg bald beendet sein würde, versuchten manche möglichst hoch dekoriert wieder nach Hause zu kommen. Hans Schwarz erinnert sich an den Staffelkapitän der 1./KG 26, Hptm. Vetter: *"Vetter hat sich stets die schnellste Maschine der Staffel ausgesucht. Im Verbandsflug mit ihm Schritt zu halten, war eine Höchstanstrengung. Schnell schmolzen die gut kalkulierten Benzinvorräte dahin, wenn wir an ihm dran bleiben mussten."* Auch Ludwig Baum von der 4./KG 26 erinnert sich an Vetter, der ab dem 6. April 1940 Kommandeur der II./KG 26 wurde und am 16. Mai 1940 das Ritterkreuz erhielt – als einer der ersten Kampfflieger der Luftwaffe. Vetter galt *"als Irrsinnsflieger, weil ihm kein Flakfeuer zu dick, kein Tank zu leer sein konnte. Auch war er altersmäßig mit ca. acht Jahren mehr nur wenig älter als wir, umgänglich und kameradschaftlich."*

Im Dezember 1939 gab es wieder vermehrt Übungsflüge, immer im Wechsel mit den Staffeln der I. und II./KG 26, die gerade in Bereitschaft lagen und dabei auf einen Einsatzbefehl warteten. Der kam am Donnerstag, 7. Dezember – einem sehr böigen Tag (Wind aus Nordost), einer Wolkenuntergrenze von 600 Metern, Schnee- und Regenfällen sowie Temperaturen knapp über dem Gefrierpunkt: Sieben He 111 der 1./KG 26 starteten zur Geleitzugbekämpfung vor der schottischen Küste. Die englische Jagdabwehr schoss zwei He 111 ab[1], die Besatzungen Fw. Alfred Fick und Lt. Adalbert Lüneburg starben. Und die Maschine, in der Hans-Heinrich Hatlapa als Beobachter flog, hatte nach der Rückkehr 75 Treffer. Wie ein Wunder wurde an Bord jedoch niemand verletzt.

Am Dienstag, 12. Dezember, verlegten bei Temperaturen um den Gefrierpunkt und leichten östlichen Winden sogar wieder Teile der 2. Staffel zum Schießen auf Schleppscheiben nach Kiel (Rückkehr noch am selben Tag). Auch Baken- und Überlandflüge wie in der Vorkriegszeit kennzeichneten den täglichen Flugdienst in den letzten Tagen vor der ersten Kriegsweihnacht. Die vorweihnachtliche Stimmung wurde aber jäh von neuen Einsatzbefehlen unterbrochen: Am Sonnabend, 16. Dezember, wurde es wieder ernst, es ging für Teile der I. Gruppe

Der Geschwaderstab war mit seinen Maschinen ebenfalls bei den Feindflügen dabei, war im September 1939 sogar in Blankensee untergebracht. Hier die „1H+DA" vom Stab/KG 26 mit einer auffälligen Rumpfbemalung: „Hosenbrummer 08/15. Sowas Dummes!". Neben dem Einstieg wurde ein kleines Kleeblatt gemalt, es sollte der Besatzung Glück bringen.
Auch die Maschinen der 1. und 2. Staffel (links) waren bunt bemalt. Die Bemalung „Zwerg-Zausdürrer" geht auf gleichnamigen Ausspruch Hptm. Vetters zurück, den er in Momenten des Unmutes von sich gab.

Hptm. Martin Vetter, Staffelkapitän der 1./KG 26, galt als „Irrsinnsflieger".

Und wieder kam die Zeitung zu den Lübecker Fliegern: Am 6. Oktober 1939 berichtete der „Lübecker Generalanzeiger" über die Verleihung der ersten Eisernen Kreuze. In der Bildmitte mit Schnauzbart Hptm. Vetter.

Rückflug nach Lübeck-Blankensee. So einen Ausblick auf die Insel Sylt hatte nach dem Start in Westerland nur der Bordschütze. Zu sehen ist nicht nicht nur die Insel im Hintergrund, sondern auch der Hindenburgdamm.

diesmal nach Schleswig, am nächsten Tag starteten die Besatzungen der I. Gruppe morgens zur bewaffneten Aufklärung vor die Küste von Sunderland und trafen auf englische Schiffe. Bei den anschließenden Kampfhandlungen konnte beispielsweise Uffz. Reimer bei diesem Flug einen 3.000-Tonnen-Frachter versenken. Weiterhin wurden zwei kleine Trawler Opfer des Angriffs von insgesamt 20 He 111 der Lübecker Gruppe, der zeitgleiche Angriff der 6./KG 26 brachte keinen Erfolg, zumal das Wetter an den beiden Tagen als typisch norddeutsch zu bezeichnen war: östliche Winde der Stärke 4, Temperaturen bei Minus 4 Grad, Wolken in 500 Metern Höhe, die Sicht betrug etwa 10 Kilometer.

Da das Wetter weitere Feindflüge zuließ, blieben die Besatzungen in Schleswig, um auch am 18. und 19. Dezember englische Schiffe, meistens Vorpostenboote, im Rahmen der bewaffneten Aufklärung anzugreifen. Am Dienstag, 19. Dezember, kehrten die Besatzungen teilweise wieder um, da die Wetterlage ein weiterfliegen nicht zuließ: Die Wolken lagen auf See auf, Temperaturen um den Gefrierpunkt, einzelne Regenfälle westliche Winde 3-4. Das X. Fliegerkorps meldete für den Zeitraum vom 17. bis zum 19. Dezember 1939 die Versenkung von zehn Schiffen, meist kleinere Fischdampfer, mit einer Tonnage von insgesamt 2.949 BRT.

Nur kurz vor Weihnachten 1939 schauten die Flieger der I./KG 26 in Lübeck vorbei. Die Feiertage blieben sie in Schleswig, wo die Besatzungen auch der Winter überraschte. Ludwig Baum erinnert sich, wie die 4./KG 26 in Westerland die Weihnachtszeit verlebte: *„Nun war auf einmal eine besondere Ritterlichkeit eingezogen: Am Heiligen Abend und den beiden Weihnachtsfeiertagen sollte nicht geflogen werden, in Erwartung, dass der Tommy sich genauso verhalten würde – was auch tatsächlich erfolgte. Der Krieg hatte drei Tage Pause. Im dortigen Speiseraum wurde Weihnachten gefeiert, was mit einem grimmigen Rum-Besäufnis endete."*

Nach Lübeck retour ging es für die Besatzungen erst am Mittwoch, 27. Dezember, einem fast windstillen, klaren Frosttag mit geringer Bewölkung in 300 bis 500 Metern Höhe. Doch der strenge Winter 1939/40 mit teilweise sehr ergiebigem Schneefall brachte letztlich den Flugbetrieb zum Erliegen.

Blankensee im „totalen Krieg"

Der Platz verändert sein Gesicht

Seit Kriegsbeginn hatten sich auch die Verhältnisse auf dem Platz geändert: Die Gebäude und selbst die Betonstraßen erhielten einen Tarnanstrich, die Flugzeughallen eine künstliche Bewaldung. Hier wurden unterschiedlich lange Stangen auf den Dächern befestigt, die dann mit Tarnnetzen versehen, aus der Luft den Eindruck erweckten, dass diese Fläche bewaldet sei. An der Flugfeld abgewandten Seite hängte man ebenfalls Netze so auf, dass die Konturen der Gebäude möglichst verschwanden. Auf den Hallenvorfeldern stellte man direkt vor die Hallen fahrbare schräge Tarnwände auf, die ebenfalls die eckigen Konturen der Hangars auflösten.[1]

Die Baracken auf dem Fliegerhorst-Gelände, in denen hauptsächlich die Landesschützenzüge untergebracht waren, gestaltete man zu Bauernhäusern um. Diese Baracken waren von etwa ein Meter hohen Mauern umgeben, da sie ansonsten zu wenig Schutz vor Bombensplittern geboten hätten.

Auch die abgestellten Maschinen wurden entsprechend getarnt. So deckte man besonders helle Kennungen oder auch die zu Spiegelungen neigenden Kanzeln ab, damit sie aus der Luft nicht erkannt werden konnten. Gleichzeitig wurden die Flugzeuge, die nicht zum Flugdienst eingeteilt waren, außerhalb des Flugfelds abgestellt. Dieses geschah zum einen neben der Schießbahn als auch auf der Seite zur Blankenseer Straße. Zusätzlich begann man mit dem Bau von Splitterschutzwänden, die besonders den Maschinen Schutz bei Fliegerangriffen bieten sollten. Hierzu beauftragte der Fliegerhorst die umliegenden Bauern zur Herstellung von Faschinen (Reisigbündel), die im Bau der Wälle und Abstellboxen Verwendung fanden. Und zwischen den gepflegten Grünanlagen des Kasernenbereichs wurden Splitterschutzgräben gezogen.

Wie auf einigen anderen Flugplätzen auch, wurden nach Kriegsbeginn je nach Wichtigkeit des Platzes, Bunker für die Flugleitung bzw. die Einsatzführung des fliegenden Verbandes gebaut. In Lübeck entstand ein derartiger Bau direkt neben der Flugleitung. Der massive Betonbau hat die Wirren der Zeit bis heute überlebt. Ähnliche Anlagen lassen sich auch noch in Venlo, Schwäbisch-Hall, Jever und Groß-Ostheim nachweisen.

Alle diese Bautätigkeiten wurden von der „Bauleitung der Luftwaffe Lübeck-Blankensee" geleitet, unterstützt teilweise von der Betriebstechnischen Gruppe des Fliegerhorstes. Waren zum Bau des

Zügig nach Kriegsbeginn wurden alle Gebäude des Fliegerhorstes getarnt. So sollten Baracken beispielsweise den Eindruck von Bauernhäusern erwekken und ...

... dazu wurden Tarngestelle als Spitzdächer aufgesetzt, die Gebäudeseiten im Mittelteil in Grüntönen gestrichen, während die Vorder- und Hinterteile der Baracken einen weißen Anstrich erhielten.

[1] Lediglich an Halle 3 wurde sie im Januar 1942 wieder entfernt, da für die Flugleitung die Sicht auf das Flugfeld durch die Tarngestelle eingeschränkt wurde.

Trotz des Tarnanstrichs wurden Flugzeuge zusätzlich getarnt abgestellt. Entweder mittels Ästen und Zweigen oder unter Tarnnetz-Boxen.

Zwischen diesen Fotos liegen 65 Jahre: Links der Befehlsbunker des Fliegerhorstes Anfang der 1940er Jahre, rechts im Jahr 2008. Er war damals mit Matten und Netzen intensiv getarnt, fast nicht mehr zu erkennen; heute: Betreten verboten.

Fliegerhorstes noch viele private Firmen und ziviles Personal eingesetzte, wurden seit den letzten Monaten vor Kriegsbeginn in verstärktem Maße RAD-Abteilungen herangezogen. Mit Kriegsbeginn wandelte man viele zu Lw. Bau-Kompanien bzw. Bataillonen um, ab 1941 zu Lw.-Bau-Regimentern und von Fall zu Fall zu Lw.-Bau-Brigaden. Ihre Angehörigen rekrutierten sich aus Arbeitsdienstmännern und aus älteren, handwerklich geschulten Jahrgängen sowie aus Kriegsgefangenen und Hilfswilligen, den so genannten Hiwis. Die Lw.-Baueinheiten unterstanden unmittelbar den Kommandanten der Flughafenbereiche, nachweisbar in Blankensee ist das LW-Bau-Batl. 13/XI bis September 1942. Am Mittwoch,

Und so sah es im Inneren des Bunkers neben der Flugleitung aus: Rechts Belüftungsanlagen, die über ein Rohrsystem jedes Zimmer erreichten. Im Flur des Befehlsbunkers liefen diese Rohre zentral in Kopfhöhe entlang. Oben Einblick in die Flugmeldeauswertestelle.

Im Falle eines Angriffs konnte der Fliegerhorst vom Befehlsbunker aus weiter geleitet werden. Rechts die Fernschreibstelle der Wetterstelle, links die Luftschutzbefehlsstelle – im fensterlosen Bunker ausgestattet mit Sonnenstühlen!

14. Oktober 1942, verlegte es nach Goldap.

Aus erhalten gebliebenen Schriftverkehr mit der Fliegerhorstkommandantur geht hervor, dass die Bauleitung allein im März 1941 an 18 Stellen im Horst und an Scheinanlagen in der Umgebung Arbeiten ausführte. Darunter waren so umfangreiche Arbeiten wie der bereits erwähnte Bunkerbau, aber auch der Abriss der alten Werft und der Waffenmeisterei der kaiserlichen Fliegerstation. Dieser zog sich bis in den Frühsommer 1941 hin, denn wahrscheinlich behinderte die alte Werft (Abmessungen: 66 Meter breit, 22 Meter tief. Torspannweite 18 Meter, Höhe vier Meter.) die Durchfahrt zu den hinter der Blankenseer Straße gelegenen Abstellbereichen. Nach dem Abriss waren die Restarbeiten wie das Einebnen der Wege um die alte Werft herum im September 1941 abgeschlossen; als letztes wurde der dortige Sportplatz nach Kabelschachtarbeiten wieder mit Mutterboden abgedeckt.

Hinzu kam auch der Neubau der hölzernen Flugzeughallen 7 und 8 im rückwärtigen Bereich der bereits bestehenden Hallen. Im September 1941 waren die Rolltore in Halle 8 eingebaut, Restarbeiten an beiden Hallen wurden selbst noch im Frühjahr 1942 ausgeführt: Im März 1942 wurde an der Anrollstraße gearbeitet *„und beim Einlauf in das Rollfeld ein Stück von etwa 70 cm Länge straßenmäßig befestigt, [...] in Halle 8*

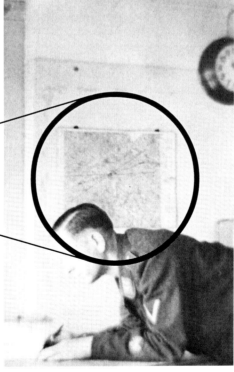

Ein gutes Beispiel dafür, wie die Gebäude mit Farbe getarnt wurden, ist der Peiler am Ende der Start- und Landebahn. Die Fenster sind fast vollständig mit Farbe übermalt, lediglich kleine Gucklöcher sind geblieben. Das Haus existiert heute noch, wenn auch zum Wohnhaus umfunktioniert.

Blick in den Innenraum. Die beiden Luftwaffensoldaten arbeiten gerade an einer Karte, der Soldat links hält einen Dreieckrechner, genannt Knemeyer, in der Hand. Die Ausschnittsvergrößerung zeigt die Karte an der Wand im Detail.

Bauleitung der Luftwaffe Lübeck-Blankensee

Lübeck-Blankensee, den 15. Juni 1941
Postschließfach 287 Lübeck
Fernruf 2 18 65

wurden Splitterkästen aufgestellt und Stemm- und Asphaltarbeiten zur Angleichung des Betonvorfeldes nach der Halle hin ausgeführt."

Die Bauleitung war aber neben der Tarnung des Platzes auch zuständig für die Elektro- und Umbau- bzw. Neubauarbeiten an Baracken oder Gebäude im Fliegerhorst. Bis zum vorläufigen Ende der Tätigkeiten im Januar 1943 lag der Schwerpunkt der Arbeiten in der Tarnung der Hallen, Gebäude und der insgesamt vier Abstellflächen. Interessante Details ergeben sich aus dem Schriftverkehr mit der Kommandantur. So heißt es am Montag, 1. September 1941: *„Die laufenden Tarnungsarbeiten an Gebäuden, Liegeplätzen und auf dem Rollfeld wurden weiter durchgeführt. Auf letzterem ist die Überstreuung der bisher durch Farbe markierten Knicks mit dunkler Moorerde in Angriff genommen worden."* Per 16. September wurde ergänzt, dass nun die *„Überdeckung und Verbreiterung der Scheinfeldwege durch Aufbringen von Sandboden in Angriff genommen"* wurde[1]. Und selbst die Rollfeldringstraße wurde durch eine Schlackenschicht unkenntlich gemacht. Aus den Tätigkeitsberichten des Platzlandwirts werden die Tarnmaßnahmen ebenfalls deutlich. Im Bericht für August 1942 heißt es: *„Auf dem Rollfeld wurden zwei Felder mit gelber Farbe getarnt, um Erntefelder vorzutäuschen."*

Die Tarnmaßnahmen umfassten aber nicht nur die Gebäude und Anlagen: Selbst die Eisenbahnstrecken innerhalb des Fliegerhorstes und die dort abgestellten Kesselwagen sowie die Fliegerhorst-Lok mussten getarnt werden. Dafür wurde im Winter 1941/42 ein Lokschuppen errichtet (Fertigstellung im Mai 1942), außerdem Kesselwagenboxen, ähnlich den Abstellboxen für Flugzeuge mit entsprechenden Tarnnetzen.

Bis September 1941 wurde die Fliegerhorst-Werft durch die hauptsächlich italienischen Arbeitskräfte umgebaut[1]. Über Details, was dort genau umgebaut wurde, liegen zurzeit keine Angaben vor, parallel errichtete die Bauleitung jedoch auch einen Propellerauswuchtstand und einen Lagerkeller bei der Werft.

Außerdem versuchte man, dem Problem der Unebenheiten auf dem Platz Herr zu werden: Dazu waren bis September 1941 Arbeiten im Gange. Im April 1941 waren beispielsweise die Drainage-Arbeiten im Bereich der Tankanlagen beendet, per 31. Juli 1941 hieß es in einem Schreiben an die Fliegerhorstkommandantur unter Punkt Rollfeldentwässerung: *„Fertigstellung der*

Schreiben des Luftgau XI an den Flughafenbereich 6/XI über die Verleihung des Ehrenschildes „Für hervorragende Tarnung".

Hintergrund für die Auszeichnung des Luftgaus: die sehr gute Tarnung. Hier beispielsweise die getarnte Tankerbaracke an der Blankenseer Straße.

Auch der Sanitätsbereich des Fliegerhorstes erhielt einen eigenen Schutzbunker. Dieser ist auch noch heute an Ort und Stelle, wenn auch voller Wasser.

Arbeiten in den Drainagegräben. Inangriffnahme der Entwässerung der in der Mitte des Rollfeldes gelegenen Senken." Zu allen diesen Arbeiten wurde auch der Platzlandwirt herangezogen. Aus dessen Tätigkeitsberichten geht hervor, dass er regelmäßig mit Trecker bzw. Pferdegespannen Erde zur Ausbesserung des Rollfeldes gefahren hat. Der Landwirt verfügte im März 1941 insgesamt über zwei Trecker und drei Gespanne, ab Januar 1942 über fünf Gespanne mit zehn Pferden. Als im Mai 1942 der Treibstoff knapp wurde, gab es zwei, ab 28. Oktober 1942 sechs neue Pferde. Gesamtbestand damit 18 Pferde. Seine Hauptaufgaben reichten von regulären landwirtschaftlichen Arbeiten – Ackerbau, kleine Viehzucht – bis hin zu Transportdiensten innerhalb des Horstes, aber auch das Mähen, Walzen und Eggen des Rollfeldes und der Anlagenpflege innerhalb der Kasernenanlage. Im Winter stand Schneeräumen mit den Pferdegespannen auf der Start- und

[1] Dieser Punkt geht allein daraus hervor, dass im Schreiben vom 13. Februar 1942 sich damit gerechtfertigt wird, dass Arbeiten nicht ausgeführt werden konnten, weil neben der *„von der Regierung allgemein angeordneten Baustille [...] die Italiener bis zum 17. [Januar] in ihre Heimat gesandt worden, da ihnen die ½-jährliche Heimfahrt zustand."*

Eine He 111 H des KG 26 in Blankensee im Frühjahr 1940. Beachte die Tarngestelle neben der Maschine. Sie dienten dazu, Konturen von Gebäuden, Flugzeugen oder selbst der Splitterboxen auf dem Flugfeld aufzulösen.

73

Oben: Erinnerungsfoto von drei Angehörigen der 10./FBK KG 26 (rechts Obgefr. Hans Möller) vor einem Blankenseer Kasernenblock. Beachte den Tarnanstrich und Kennzeichnung des Blocks per Schild über der Tür. Rechts: Das gleiche Gebäude heute. Der rückwärtige Ausgang sieht immer noch so aus wie vor 70 Jahren.

[1] Ob weitere Abstellflächen im Bereich Klempau, also südlich des Fliegerhorstes, existierten, konnte bisher nicht belegt werden. Aus einem Schreiben der Gruppe Verwaltung vom Sonnabend, 5. September 1942, an die Fliegerhorstkommandantur geht hervor, dass „auf Grund des Reichsleistungsgesetzes (§10) [...] in der Gemarkung Klempau-Vorwerk 26ha 84a 65qm Land für militärische Zwecke in Anspruch genommen" wurden.

Landebahn, dem Rollfeld und dem Hallenvorfeld an. Im Januar 1942 wurde dafür sogar sonntags gearbeitet. Seit Anfang Dezember 1942 waren acht Ukrainerinnen beim Platzlandwirt eingesetzt. Zusätzliches Personal wurde auch dringend benötigt, zumal die Gärtnerei und die Landwirtschaft in dieser Zeit zur Selbstversorgung des Fliegerhorstes vergrößert wurde.

Interessant sind im Schriftverkehr zwischen der Bauleitung und der Fliegerhorstkommandantur Hinweise rund um die vier abseits des Rollfeldes liegenden Abstellflächen, zu denen vom Platz aus betonierte „Anrollstraßen" von der Bauleitung in Auftrag gegeben wurden.[1] Die Abstellbereiche waren komplett eingezäunt (Restarbeiten dazu im Juli 1941) und verfügten über Schiebetore im Bereich der Anrollstraßen. Außerdem wurde am Abstellplatz III, dessen Lage leider aus dem Schriftverkehr nicht genau hervorgeht, bis in den Herbst 1941 hinein eine 4.000 Quadratmeter große Abstellfläche betoniert. Dabei war auch die Firma Heilingbrunner eingesetzt, sie wird zumindest als einzige namentlich genannt. Im Juli 1941 wurden außerdem neue Splitterschutzwände gebaut und abgetarnt. Welche „Ju-Maschinen" dort abgestellt werden sollten, geht aus den Schreiben an die Fl.H.Kdtr. nicht hervor. Es ist zu vermuten, dass es sich hierbei um die ersten Ju 88 der IV./KG 26 handelte. Im April 1942 waren jedenfalls 14 solcher Boxen fertiggestellt.

Für die flächenmäßige Vergrößerung des Fliegerhorstes bedingt durch die Abstellflächen musste anscheinend Land enteignet werden. Eine Anzeige im Lübecker Volksboten am 9. Oktober 1939 gibt darüber zwar Hinweise, erwähnt aber nicht, wo genau sich die Flächen im Stadtteil Blankensee befanden. 1943 gab es erneut Landabtretungen an den Fliegerhorst: Aus einem Auszug vom Amtsgericht Lübeck vom 6. Dezember

Zum Vergleich drei anzutreffende Eingänge Blankenseer Kasernen: Links Gebäude gegenüber der Kommandantur. Mitte: Block gegenüber der Uffz-Messe. Rechts einer der vier Blöcke für die fliegenden Besatzungen.

1942 geht hervor, dass die Hansestadt *„lastenfrei an das Reich"* (vertreten durch die Fliegerhorstkommandantur) insgesamt über fünf Hektar Grundstücke in der Gemarkung Blankensee und Wulfsdorf für genau 5.000 RM verkaufte. Als Tag der *„Besitzeinweisung"* wurde der Mittwoch, 1. Oktober 1941, festgehalten. Sobald die Luftwaffe die Flächen nicht mehr nutzen wollte, hatte die Stadt ein Vorkaufsrecht – für ebenfalls 5.000 RM.

Von Lübeck aus an die Front(en)

Der Lübecker Fliegerhorst war als Leithorst also gut gerüstet für den Kriegseinsatz. Nicht verwunderlich, dass der Platz somit auch als Einsatzbasis dienen sollte. Doch zunächst brachte der Jahreswechsel 1939/40 einen bitterkalten Winter mit sich, teilweise lagen die Temperaturen im Januar 1940 unter Minus 15 Grad. Der Flugbetrieb war auf ein Minimum, sprich ein paar Werkstattflüge, reduziert, auch wenn das KG 26 Ende Januar 1940 noch versuchte, hier einige Besatzungen im Blindflug nachzuschulen. Trotz des eingeschränkten Flugbetriebs stellte der Fliegerhorst die befohlene Nachtlandebereitschaft täglich sicher: Dazu fuhr abends eine Mannschaft mit dem so genannten Leuchtpfad-Wagen hinaus. In einem festgelegten Radius verlegten sie Kabel und Lampen, der Leuchtpfad entstand, um heimkehrenden Maschinen den Weg zum Platz zu zeigen. Im Morgengrauen bauten die Soldaten die Beleuchtung wieder ab.

Mitte Januar 1940 legte das strenge Winterwetter zunächst einmal eine Verschnaufpause ein – beste Gelegenheit für die Anfang Januar nach Blankensee verlegte 3./KüFlGr. 906, sich mit der He 111 vertraut zu machen. Die 3./906 hat-

Die II./KG 26 kommt immer häufiger nach Lübeck. Hier zwei Maschinen der 4. Staffel, oben die He 111 H „1H+CM" auf der Kompensierscheibe, links die „1H+HM", ebenfalls im Winter 1939/40.

te seit Kriegsbeginn mit He 59 Wasserflugzeugen britische Schifffahrtswege vermint, jetzt sollte die Einheit auf Landflugzeuge umgerüstet werden. Dazu wurde die Staffel in 7./KG 26 umbenannt; es bestanden also zeitgleich zwei 7. Staffeln: Die neue in Blankensee, die im Anschluss an die Umrüstung als KGr. 126 nach Fassberg verlegte, die alte, die zusammen mit den anderen zwei Staffeln der III./KG 26 in Jesau einsatzbereit gemacht wurde.

Am 9., 10. und 11. Januar 1940 starteten erstmals im neuen Jahr wieder Besatzungen des Löwengeschwaders zum Einsatz. Diesmal wurde bei der I./KG 26 auf eine Verlegung nach Westerland oder Schleswig verzichtet, am 10. Februar 1940, einem wolkenlosen, klirrend kalten (Temperaturen unter Minus 10 Grad) Sonnabend, ging es direkt von Lübeck aus ab etwa 14 Uhr zur bewaff-

Die kalten Temperaturen sorgten zusätzlich für Probleme im Flugbetrieb des KG 26. Hier hat es Anfang 1940 eine Maschine der I./KG 26 erwischt, das Fahrwerk ließ sich nicht ausfahren.

Gerieten als eine der wenigen Besatzungen in dänische Internierung: (v.l.) Ofw. Walter Schmidt (BM), Fw. Karl Wiedmeyer (BF) und Uffz. Alfred Reimer (FF). Fehlend, da der Fotograf, Uffz. Richard Hilland (BO). Links steht die komplette Besatzung im Januar 1940 vor „ihrer" He 111 „1H+EK", der Maschine, mit der sie am 10. Februar 1940 in Dänemark notlanden mussten.

Eine He 111 H der II./KG 26 unter einem Tarnnetz im Winter 1939/40. Die „1H+BN" ist keine normale He 111, es ist ein so genannter Dreimaster, ausgestattet mit spezieller Funkausrüstung.

neten Aufklärung zur Humber-Mündung. Hierbei erhielt Alfred Reimer Flak-Beschuss von einem englischen Vorpostenboot, nachdem er ein anderes in Brand geworfen hatte. Der rechte Motor der „1H+EK" fiel aus und dem Unteroffizier der 2. Staffel gelang mit Müh und Not gegen 21.46 Uhr eine Notlandung in Skerbek, im damals noch neutralen Dänemark. Die Besatzung setzte ihre He 111 in Brand und wurde von dänischer Polizei festgenommen, anschließend interniert. Richard Hilland, Carl Wiedmeyer,

Walter Schmidt und Alfred Reimer kamen erst nach der Besetzung Dänemarks durch deutsche Truppen am 9. April 1940 wieder zum KG 26 zurück. Die ersten Flüge zur „Wiedereingewöhnung" fanden ab 20. April 1940 statt – interessanter Weise auf „abgelegten" Maschinen des zuvor aufgelösten KG 28.

Doch zurück zu den Flügen des Löwengeschwaders: Am 29. Januar 1940 flogen 18 Maschinen des KG 26 und drei Ju 88 des KG 30 erneut gegen Schiffe vor der britischen Ostküste. Dabei wurden vier Schiffe als versenkt und vier als beschädigt gemeldet. Einen Tag später – das Wetter zeigte sich noch winterlicher als am Vortag: wolkig, Temperaturen um Minus 10 Grad, Wind aus östlichen Richtungen mit Stärke 3-4 – griffen nochmals 35 He 111 des X. Fliegerkorps an: Zwei Schiffe wurden versenkt und acht beschädigt. Die Feindflüge verliefen aber nicht immer so erfolgreich für die Deutschen. Mancher Flieger wurde verletzt oder gar getötet. Beobachter Ludwig Baum (II./KG 26) erinnert sich in diesem Zusammenhang daran, weshalb die I. Gruppe Blankensee verließ und dafür die II./KG 26 den Platz als neue Heimat benutzte (zumal die II. Gruppe ebenfalls seit Ende September 1939 nicht mehr dauerhaft in Lüneburg, sondern zunächst in Schwerin lag): *„Mitte Januar 1940 erfolgte eine Verlegung der II./KG 26 von Schwerin nach Lübeck-Blankensee. Dies war der Friedensstandort der I. Gruppe, die teilweise von diesem Platz zum Einsatz eingesetzt wurde. Jedes Mal beim Start konnten die Familienangehörigen im Horst oder am Horst die Maschinen zählen und bei der Rückkehr war dies ebenso. Um menschliche Belastungen der Familien auszuschließen, wurde daher die Gruppe verlegt und an ihrer Stelle kam unsere Gruppe auf den Platz als Ausgangshafen nach den Plätzen Westerland, Schleswig und Neumünster."*

Vielleicht liegen hier auch die Wurzeln dafür, dass das Geschwader im Verlauf des Krieges Lübeck-Blankensee als Heimathafen ansah, auch wenn die einzelnen Staffeln auf Plätzen quer durch ganz Europa lagen. Viele Maschinen der I. und II./KG 26 lassen sich während des Krieges hier nachweisen, sei es, zur Reparatur oder da ihre Besatzung auf Urlaub in die Heimat gebracht wurde. Der

Fliegerhorst wurde auch neben der Instandsetzung der geschwadereigenen Flugzeuge (siehe Seite 88ff) dafür genutzt, die Versorgung des Personals an allen Kriegschauplätzen sicherzustellen. So wurde zum Beispiel die gesamte Post über Blankensee abgewickelt, und es starteten mehrmals in der Woche Ju 52 oder auch He 111 zu den Einsatzorten in ganz Europa.

Die meiste Zeit verbrachten die drei Staffeln der II./KG 26 jedoch in Schwerin, verlegten dann jeweils nach Westerland oder Schleswig. Eine Ausnahme ist Neumünster, das am 22. und 23. Februar als Feindflugbasis dienen sollte[1]. Auf dem Hinweg machten die Staffeln von Schwerin zwischen 10 und 13.30 Uhr Station in Lübeck (Weiterflug gegen 15 Uhr), auf dem Rückweg blieben Teile der 6. Staffel am Freitag, 23. Februar, um 16.45 Uhr in Blankensee. Erst am 1. März, einem Freitag mit einzelnen Schauern, guter Sicht und Temperaturen knapp unter dem Gefrierpunkt, ging es von hier aus für Teile der II./KG 26 zu Feindflügen weiter nach Westerland, dabei wurde der norwegische Dampfer „Vestfoss" (1.388 BRT) durch He 111 des KG 26 süd-östlich der Insel Copinsay versenkt.

Am 2. März 1940 flogen Maschinen des KG 26 einen ersten Angriff auf Schiffsziele im Kanal. Bei der Insel Wight wurde der britische Passagierdampfer „Domala" (8.441 BRT) ein Opfer der deutschen Fliegerbomben. Am gleichen Tag versenkten He 111 des Löwengeschwaders das niederländische Motorschiff „Elziena" (197 BRT) östlich Coquet Island. Und auch der dänische Trawler „Vilhelmine" (30 BRT) wird vermutlich ebenfalls von deutschen Bombern in der Nordsee versenkt.

Andere Besatzungen hingegen (wie die Besatzung Helmut Jaeger, 4./KG 26) überführten ab dem 2. März 1940 Maschinen nach Lübeck und blieben bereits hier, während Teile der 5. Staffel erst am Mittwoch, 20. März, aus Schleswig nach Lübeck kamen, und Teile der 6./KG 26 bereits am 16. März aus Lüneburg nach Blankensee gekommen waren. Jedoch fanden vom 6. bis 9. März 1940 Feindflüge statt (Auftrag: Bewaffnete Aufklärung in der Nordsee und an der englischer Ostküste) durch Maschinen des Fliegerkorps X.

Am 7. März wurde der italienische Dampfer „Amelia Lauro" (5.335 BRT) nordöstlich Smith´s Knoll beschädigt sowie der belgische Fischdampfer „Yolande Margerite" (26 BRT) von He 111 des KG 26 in der Nordsee versenkt. Am 20. März starteten einige Besatzungen der II. Gruppe am Nachmittag (gegen 16 Uhr) von Lübeck aus zu einem Feindflug in

Warte aus Blankensee bergen am 6. Februar 1940 eine He 111 bei Einfeld im Norden Neumünsters – „bei 18 Grad Kälte", so die originale Beschriftung der Fotorückseiten. Es kann sich bei der Maschine um eine He 111 des Geschwaderstabes handeln, die bei Neumünster am 30. Januar Bruch (30 Prozent) machte. Oder um eine der beschädigten Maschinen des Einsatzes am 3. Februar 1940. Unten die „1H+AC" vom Stab II./KG 26, Winter 1939/40.

[1] Donnerstag, 22. Februar 1940: Nachteinsatz für Teile der 4./KG 26 im Bereich Themse und Humber, für die 6. Staffel das Seegebiet nördlich davon. Die Besatzung von Feldwebel Helmut Jaeger – Uffz. Schräpler (BO), Uffz. Schneider (BF) und Uffz. Döring (BS) – konnte mit der He 111 „1H+JM" [Start war um 17.55 Uhr, Rückkehr um 22 Uhr] dabei einen Versenkungserfolg melden. Dass es sich dabei um die deutschen Zerstörer Leberecht Maas und Max Schultz handelte, konnte die Besatzung nicht wissen und erfuhr es erst, nachdem die Vier ins Hauptquartier des X. Fliegerkorps nach Hamburg befohlen wurden. Ein Untersuchungsausschuss gab der Besatzung später jedoch keine Schuld am Verlust der beiden Zerstörer, denn da die beiden Zerstörer zusammen mit anderen durch einen breiten Minengürtel in der Nordsee fuhren, wurde die endgültige Versenkung auch der Mineneinwirkung zugesprochen. Im Flugbuch wurde der „Erfolg" trotzdem verzeichnet: „1 Schiff versenkt. 4.000-Tonnen". Insgesamt 578 Marine-Leute verloren ihr Leben durch die mangelhafte Kommunikation zwischen Marine und Luftwaffe. Ein genauer Bericht ist bei Rudi Schmitt „Achtung – Torpedo los!" in der Anlage 10 nachlesbar.

[1] Ähnlich verlaufen auch die Feindflüge am 17. und 18. März 1940 gegen Vorpostenboote in der Nordsee, denn dabei konnte lediglich der niederländische Fischdamfer „Prontius" (202 BRT) durch Besatzungen des KG 26 bei Middle Rough Bank versenkt werden.

Richtung Moray Firth. Rückkehr in Lübeck für die meisten Flieger: gegen 22.30 Uhr.

Die anderen, nicht zu Feindflügen eingeteilten Besatzungen waren im März hingegen meist mit Werkstattflügen, Überführungen oder Überlandflügen beschäftigt. Jedoch wurden am 16. März 1940 erneut deutsche Flugzeuge auf die britische „Home-Fleet" angesetzt: Es waren neben 18 Ju 88 insgesamt 16 He 111 des KG 26, die versuchten, Schiffe in Scapa Flow anzugreifen. Nebenbei sollen auch Flakstellungen und die Flugplätze Stromness, Barthhouse und Kirkwall Ziele gewesen sei. Der Erfolg war mäßig: Nur das gestrandete alte Schlachtschiff „Iron Duke" und der Schwere Kreuzer „Norfolk" wurden beschädigt.[1]

Ende März 1940 lebte der Einsatzbetrieb zumindest bei der II./KG 26 wieder verstärkt auf. Und dass britische Stellen den Funkverkehr abhörten, beweisen Unterlagen des RAF Wireless Intelligence Service. Exemplarisch hier ein Auszug aus dem Summary No. 907 vom Sonnabend, 23. März 1940, über „North Sea Activity": *„From an examination of logs it is certain hat aircraft of KG26 took part in the North Sea activity on 4820 Kcs. WUS (LUBECK) and MUC (DELMENHORST) were heard working on 438 Kcs. with aircraft of 1H- - type callsign (KG26). Aircraft apparently landed at LUBECK and DELMENHORST. The activity of 4820 Kcs. lasted until 0016/29. [...] A number of aircraft 6RED, 6REA, 6REC, etc. were observed to be operating with A9YU (D/F and callsign indicated LUBECK) on 4420 Kcs. at 2147 hours. 6REA was observed to use callsign 1HAP, thus compromising the fact that he belonged to 3 Staffel of II/KG26. Aircraft 6REK was also heard to work WUS (LUBECK) on 439 Kcs. at 1759. Homing bearings suggesting previous activity in the North Sea area. The activity with 6RE-type aircraft lasted until 2350 and although D/F bearings could not be obtained it is felt certain that they were operating over the North Sea. At 0227/39 LUBECK asked STADE if 1HAP had landed. It appeared that 1HAP had made several navigational errors during latter stage of homeflight and may have been damaged thus accounting for latenesss of arrival at STADE."*

Willibald Klein, 1939/40 Bordfunker in der 1./KG 26, erläutert den damaligen Funkbetrieb: *„Wir arbeiten im Telegrafie-Funkverkehr auf KW mit mindestens einmal täglich wechselnden Frequenzen und Rufnamen. Zum Beispiel lautete das Rufzeichen der Bodenstelle = nrz, dann wurde der erste Buchstabe fortgelassen und der Buchstabe der Staffelmaschine angehängt. Also zum Beispiel rza, rzb, und so weiter. Verschlüsselung täglich wechselnd nach Signaltafeln, die schnell zu handhaben waren. Mit den UKW-Lorenz-Geräten waren damals meines Wissens alle He 111 unserer Staffel ausgerüstet."*

Es ist jedoch zu erkennen, wie genau britische Stellen über die Flugbewegungen der Lübecker Flieger Bescheid wussten. Und nicht verwunderlich ist es auch, wenn Verhör-Offiziere gefangen genommenen KG 26-Angehörigen mit vielen Details über ihre Einheit entgegentraten.

„Operation Weserübung": Die Besetzung Dänemarks und Norwegens

Parallel dazu zeichnete sich Ende März, Anfang April 1940 ein Überfall auf ein weiteres europäisches Land ab: Dänemark und Norwegen, beides neutrale Länder, gerieten ins Visier Hitlers. Militärisches Ziel der Invasion war die Besetzung der norwegischen Häfen, um Großbritannien zuvorzukommen, womit einerseits eine Seeblockade verhindert und andererseits die Eisenerz-Versorgung der deutschen Rüstungsindustrie aus Kiruna (Schweden) über Narvik gesichert werden sollte. Und Dänemark erschien neben der Funktion als Flankenschutz auch als Nachschubweg für das Erz un-

Eine He 111 H der I./KG 26 im Frühjahr 1940. Die „1H+BH" der 1. Staffel ist bereits beladen mit einer Bombe. Auch vom Lübecker Flugplatz aus wurden Einsätze geflogen, auch wenn das heute keiner mehr wahr haben möchte.

verzichtbar. Dass englische und französische Landungstruppen hier durch einen eigenen Einmarsch die Erzzufuhr des Reiches unterbinden und den eigenen Nachschub an Lebensmitteln aus Dänemark und Erzen aus Schweden (via Norwegen) sichern wollten, kam Hitler gerade recht. Auch aus strategischen Gründen war ein Eingreifens Englands nördlich des Deutschen Reiches nicht zu verantworten. Und Lübeck erhielt wie andere Fliegerhorste in Norddeutschland eine Schlüsselfunktion als Absprungsplatz für die deutschen Truppen und Flieger-Verbände. Die Einsatzbefehle des X. Fliegerkorps für den „Wesertag" wurden am Mittwoch, 20. März 1940, geschrieben[2].

Ludwig Baum, inzwischen zum Stab der II./KG 26 versetzt, erinnert sich an die Angriffsvorbereitungen[3]: „*Es kam der 7. April 1940. Major Vetter zusammen mit Hansen, Kaupisch und mir wurden nach Hamburg in das Hotel Esplanade befohlen. Mit dem Fahrer des Kommandeurs, Feldwebel Rebner fuhren wir nach dort, ohne zu wissen und zu ahnen, was uns dort erwartete. Die Stimmung war auf der Hinfahrt nicht gerade gehoben, weil man ja nicht wusste, was wieder anlag, was man evtl. plexiert hatte. Hansen, Kaupisch und ich saßen in der Hotelhalle, während der Kommandeur verschwand. Nach ca. 2 Stunden erschien der Kommandeur wieder mit einem dikken Packen Kuverts, die er uns übergab und zurück ging es nach Blankensee. Auf der Fahrt wurde nicht gesprochen. Hansen und ich wussten zu diesem Zeitpunkt noch nichts. In Lübeck angekommen, befahl der Kdr., uns 3 Betten in den Gefechtsstand (der Flugleitung) bringen zu lassen, wir selbst mussten uns schnellstmöglich Nachtzeug, Wäsche und Uniformen packen und uns wieder auf dem Gefechtsstand einfinden. Hier wurde uns erklärt, dass wir ab sofort in Quarantäne befänden. Das Essen wurde uns vor den Gefechtsstand gesetzt und wir verloren jeden Kontakt zur Außenwelt, zu den Staffeln und Kameraden. Dort wurden dann die Kuverts geöffnet und uns der Einsatz auf Dänemark und Norwegen erklärt. Je Staffel wurden die Unterlagen auf einen evtl. Angriff auf Aalborg, Christiansand, Bergen, Stavanger und Oslo sortiert, die Einsatzbefehle geschrieben, die Funkunterlagen ausgegeben. Alles war staffelmäßig vorbereitet. Am 8. April wurden die Staffeln in Bereitschaft befohlen, betankt und mit Bomben beladen. Am Abend des gleichen Tages wurden die Kapitäne zur Einsatzbesprechung befohlen, um den Start auf die befohlene X-Zeit des Korps am 9. April vorzubereiten. In den frühen Morgenstunden des 9. dröhnten die angelassenen Maschinen, wurden abgebremst, die Staffelkapitäne unterrichteten ihre Besatzungen und es wurde in Richtung Aalborg gestartet.*"

Über den Flug nach Dänemark berichtet Ludwig Baum: „*Aus Friedenszeiten kannte man als Flieger nahezu jede Gegend und Landschaft im Reich, kannte die Mittelgebirge, den Oden- und Schwarzwald, ja man kannte auch die Struktur der bäuerlichen Arbeitsweise, die Anlage der Felder auf Hügeln und Flachland. Nicht wenig erstaunt waren wir beim Überfliegen der dänischen Grenze. Wie an einer Schnur gezogen verliefen die geraden Straßen, rechts und links die genauso ausgerichteten Felder mit der frischen Frühjahrssaat. Noch nie sahen wir so etwas Akkurates und Geordnetes und bewunderten die Dänen.*"

Für den Angriff auf Dänemark standen dem X. Fliegerkorps 13 He 111-Einheiten mit insgesamt 190 Maschinen zur

He 111 H der 2./KG 26 auf Feindflug. So eng aufgeschlossen konnten die Bordschützen bei Angriffen von feindlichen Jagdflugzeugen ihr Abwehrfeuer konzentrieren.

[2] Siehe dazu Rudi Schmitt „Achtung – Torpedo los!" Anlage 11 und 12.

[3] Von diesen bekamen die Zivil-Angestellten, darunter auch viele Zwangsverpflichtete Handwerker, die Arbeiten für die Bauleitung in Blankensee ausführten, kaum etwas mit. Bereits drei Tage vor Angriffsbeginn wurden die Arbeiter zwar auf den Platz, jedoch nicht wieder vom Fliegerhorst-Gelände gelassen. Übernachten mussten sie in den Kfz.-Hallen auf bereitgestellten Matratzen. Den Grund für die Ausgangssperre wurde nicht mitgeteilt. Erst drei Tage später durften die Männer den Flugplatz wieder verlassen.

Bereits sehr früh nach Kriegsbeginn wurde damit begonnen, Flugzeuge etwas entfernt vom Flugfeld abzustellen. Auf dem Bild sind neben Ju 52, He 111 auch eine Do 17 P der 1.(F)/120 zu sehen, die von Blankensee aus Aufklärung im Vorfeld des „Unternehmen Weserübung" flog.

Das Kofferwappen der I./KG 26 ist heute weitgehend unbekannt. Die ständigen Verlegungen der Staffeln ließen wenig Zeit, sich an den Standorten „häuslich" einzurichten. Laut Aussagen ehemaliger Gruppenangehöriger lebten sie sprichwörtlich aus dem Koffer – die Idee zum Wappen-Zusatz war geboren.

[1] Landung der Besatzung Peneter mit der He 111 „1H+EP" beispielsweise um 23.36 Uhr. Die Besatzung Lt. Zumpfort kehrte mit der He 111 „1H+EC" jedoch bereits schon um 22.20 Uhr nach Blankensee zurück.

Von Lübeck nach Stavanger: mit der Ju 52 „P4+CA" der Transportstaffel Nord (Ost): Gefr. Reig, Uffz. Stanitz, Obgefr. Petermann und Obgefr. Herzlieb vom Stab I./KG 26. Und entladen mussten sie die Tante Ju selbst.

Verfügung. Die Stärke-Meldung für Anfang April 1940 verzeichnete für die in Lübeck liegende

Stabsstaffel KG 26: 5 He 111 (davon 5 einsatzbereit)

II./KG 26: 36 He 111 (davon 35 einsatzbereit)

III./KG 26: 26 He 111 (davon 19 einsatzbereit).

Die *I./KG 26* lag in Marx mit 36 He 111, von denen 30 einsatzbereit waren.

Rückblick: Erste Vorboten der „Weserübung" waren die Einsätze gegen britische Schiffe Ende März 1940. Am Donnerstag, 28. März, starteten Teile der II./KG 26 am Nachmittag (gegen 15.30 Uhr) von Lübeck aus erneut zum Feindflug gegen England. Das Ziel waren britische Schiffe südlich der Shettland-Inseln und ein Geleitzug im Bereich der Orkney-Inseln. Die Besatzung Oblt. Link kehrte mit seiner He 111 H „1H+GP" wegen eines Steuerschadens quasi auf halben Weg um. Landung in Blankensee um 17.20 Uhr im letzten „Büchsenlicht". Alle anderen kamen teilweise erst nach 23 Uhr nach Blankensee zurück[1]. Der nächste Feindflug, ebenfalls wieder von Lübeck aus, stand am Sonntag, 31. März, an: Diesmal ging es für die eingeteilten Besatzungen bereits ab 5 Uhr morgens zur bewaffneten Aufklärung ins Planquadrat 16W1113-060 0113, die Rückkehr war erst gegen 12 Uhr.

Das da etwas „im Busch" zu sein schien, konnte in Blankensee aber nicht nur an dem Zusammenziehen der KG 26-Staffeln abgelesen werden. Auch Teile der Aufklärungsstaffel 1.(F)/120 wurde nach Lübeck-Blankensee verlegt. Von Anfang bis Mitte April 1940 flogen die Besatzungen Aufklärungseinsätze von hier und ebenfalls von Hamburg-Fuhlsbüttel aus. Am Mittwoch, 24. April, verlegten die letzten Besatzungen schließlich nach Stavanger, später nach Sola.

Lübeck blieb auch in den folgenden Tagen Einsatzbasis und war damit zum ersten Mal und für lange Zeit überhaupt damit Start- und Endpunkt für die knapp 2.000 Kilometer langen Feindflüge. Die Maschinen wurden in Blankensee aufmunitioniert und mit Bomben beladen.

Entweder noch in Lübeck-Blankensee oder bereits in Norwegen wurde die He 111 H „1H+AB" des Gruppenkommandeurs Oberstleutnant Hans Alefeld fotografiert. Beachtenswert ist der gesetzte Stander auf der Kanzel. Bei allen Flugzeugen des Stabes der I./KG 26 wurde der letzte Buchstabe der Kennung (B) weiß eingefasst; der Grund dafür ist jedoch unbekannt. Entgegen der in der Luftwaffe üblichen Markierungspraxis sind die Propellerspinner auch nicht blau wie bei den anderen Stabsflugzeugen, sondern weiß lackiert, die Gruppenfarbe der I./KG 26.

Besatzungen der drei Staffeln der II. Gruppe flogen nachweisbar auch am 3, 8. und 9. April aus Blankensee Angriffe auf britische Schiffe.

Die Besatzung Lt. Zumpfort hatte beispielsweise am 3. April 1940 mit der He 111 „1H+JN" im Pl.Qu. 15W2611 einen 1.000-BRT-Zerstörer angegriffen – Bordfunker Zädow notierte sich jedoch nichts über das Ergebnis dieses Angriffs in sein Flugbuch (Start um 10.45 Uhr in Blankensee, Landung um 16.50 Uhr). Was die Besatzungen vor Ort erwartete, zeigen die Notizen im Flugbuch von Helmut Jaeger: Beim Feindflug am Montag, 8. April, als insgesamt 20 He 111 des KG 26 ohne Erfolg, dafür aber mit vier eigenen Verlusten Scapa Flow angriffen (Start in Blankensee gegen 17.30, Landung hier gegen 1.30 Uhr), notierte sich der Flugzeugführer der 4./KG 26: „*8. Feindflug. Scapa Flow. Starke Flak- und Jagdabwehr. Viele Treffer in Maschine.*" Wahrscheinlich durch diese Beschädigungen startete die Besatzung Jaeger am nächsten Tag, 9. April, auch mit der 1H+EM und nicht mit der 1H+JM. Über die Abwehr an diesem Tag notierte sich Jaeger jedoch nichts, insgesamt waren nach offiziellen Angaben 88 Maschinen auf der Nordsee unterwegs, um britische Schiffe zu bekämpfen, die wiederum die deutschen Marinekräfte vor der norwegischen Küste, speziell um Narvik, angriffen. Der britische Verband wurde zum Rückzug gezwungen, als südwestlich von Bergen insgesamt 47 Ju 88 des KG 30 und 41 He 111 des KG 26 die Schiffe angriffen und den Zerstörer „Gurkha" versenkten, die leichten Kreuzer „Southampton" und „Glasgow" durch Naheinschläge beschädigten. Das Schlachtschiff „Rodney" und der schwere Kreuzer „Devonshire" ziehen sich ebenfalls leicht beschädigt aus dem Kampf zurück. Vier Ju 88 stehen dem als Verluste auf deutscher Seite gegenüber.

Ende März 1940 verlegte auch die „unbekannte, ungeliebte Schwester" des KG 26 nach Lübeck: Die III. Gruppe entstand aus der Umbenennung der I./KG 28 und war in den Monaten zuvor nicht im Einsatz gewesen, sondern hatte die meiste Zeit mit Schulflügen verbracht. Vor der Umbenennung in III./KG 26 lagen die Besatzungen der I./KG 28 in Jesau, ab Mitte Februar 1940 ging es dann weiter nach Gotha, bevor es am 17. März nach Schwerin ging, dem neuen Heimathorst der III./KG 26.

Viel Zeit hatten die Besatzungen hier aber nicht. Bereits am 29. März ging es weiter nach Blankensee, von wo aus am Mittwoch, 3. April 1940, der Feindflug zusammen mit den Staffeln der II./KG 26 auf dem Plan stand. Am 5. April folgte die Verlegung zurück nach Schwerin, von hier aus wurden die nächsten Einsätze gegen die Briten geflogen.

Bei der Landung in Christiansand verunglückten nach einem Feindflug gleich drei He 111 H der 1. Staffel. Die „1H+AH", „1H+BH" und die „1H+CH" stießen auf dem Flugfeld zusammen. Aus den defekten Maschinen bauten Techniker der 5. FBK/KG 26 unter dem Kommando von Hptm. Gustav Paustian durch Ausschlachten der Dritten wieder zwei Flugfähige. Not machte erfinderisch.

[1] Diese Aufstellung ist keinesfalls vollständig, sondern soll lediglich aus den bisher zugänglichen Unterlagen einen Einblick geben, welche Ziele angegriffen wurden und welche Flugzeiten dabei anstanden.

[2] Zumindest durch Zeitzeugen belegt ist die Landung ein einem großen Ju52-Verband am Vortag des Angriffs. Parallel soll in Blankensee eine Pionier-Einheit eingetroffen sein, die ihr Gerät in die Transporter luden. Am darauffolgenden Morgen starteten sie bereits um 4 Uhr in der Früh.

Obwohl seit dem Sonnabend, 13. Mai 1939, ein Nichtangriffspakt zwischen Deutschland und Dänemark bestand, überschritten deutsche Truppen am Morgen des 9. April 1940 die deutsch-dänische Grenze in Jütland – die so genannte „Weserübung-Süd". Gleichzeitig war ein Kommandounternehmen erfolgreich, das die Zitadelle in Kopenhagen besetzte. Hier befand sich das Hauptquartier der dänischen Streitkräfte. Dänemark kapitulierte bereits am Mittwoch, 10. April. Die zeitgleiche Besetzung Norwegens, die so genannte „Weserübung-Nord", gestaltete sich erheblich schwieriger, denn hier war der Widerstand erheblich größer.

Gleichzeitig wurde auch die 5. FBK des KG 26 in Marsch gesetzt. Sie sollte die Besatzungen und vor allem die Maschinen des KG 26 auf den besetzten Flughäfen versorgen. In Aalborg wurde ein provisorischer Gefechtsstand eingerichtet, von dem aus zunächst die weiteren Einsätze nach Norwegen hinauf koordiniert wurden.

Nicht alle flogen sofort nach Dänemark bzw. Norwegen. Teile der II. Gruppe blieben zunächst in Lübeck, zumal die kleinen Flugplätze in Norwegen bereits an der Kapazitätsgrenze angelangt waren. So flogen Teile der II./KG 26 am 10. April einen Angriff auf Seestreitkräfte bei den Shetland-Inseln.

Der Lagebericht West Nr. 218 vom 10./11.4.1940 geht unter Punkt g) auf den Einsatz näher ein: *„[...] g) Die II./KG 26 in der Zeit von 12.38 bis 13.39 Uhr zum Gefechtsvorstoß in die nördl. Nordsee. Auf Grund der [...] Meldungen über feindliche Seestreitkräfte ostwärts und südostw. der Orkney-Inseln wurde die Gruppe auf dieses Ziel eingesetzt. Der größte Teil der Flugzeuge hatte keine Kampfberührung, da die Peilzeichen des Führungshalters nicht gehört wurden und die feindlichen Seestreitkräfte in ein Schlechtwettergebiet hineinliefen. Es wurden die folgenden Angriffe durchgeführt:*

18.40 Uhr aus 700 m Höhe überraschend aus den Wolken auf einen Zerstörer, dessen Heck durch die Bombendetonation von zwei SC 500 um 30 Grad nach Backbord geworfen wurde.

Übersicht über die Feindflüge Anfang April 1940 von Lübeck-Blankensee aus:[1]

Einsatz am Mittwoch, 3. April 1940:

Besatzung	Maschine	Ziel	Startzeit	Landezeit
FF Peneter	1H+EP	Scapa Flow	09.51	17.42
FF Zumpfort	1H+JN	Zerstörer im Pl.Qu. 15W 2611	10.45	16.50
FF von Besser	1H+JS	unbekannt	10.51	19.57

Einsatz am Montag, 8. April 1940:

FF Jaeger	1H+JM	Scapa Flow	17.30	01.30
FF Peneter	1H+BC	Scapa Flow	17.40	00.42
FF Zumpfort	1H+EN	Scapa Flow	17.45	01.50

Einsatz am Dienstag, 9. April 1940:

FF Zumpfort	1H+JN	schwerer Kreuzer im Pl.Qu. 060 4111	12.45	19.25
FF Jaeger	1H+EM	engl. Homefleet westl. Bergen	12.45	20.45
FF Peneter	1H+BC	Bergen	12.50	19.05

Einsatz am Mittwoch, 10. April 1940:

FF Jaeger	1H+EM	unbekannt	13.45	21.00
FF Zumpfort	1H+EN	Flugzeugträger	13.47	21.12
FF Peneter	1H+BC	Dänemark	12.40	14.05
FF Link	1H+GP	Seestreitkräfte in Pl.Qu. 66 Ost 0028 und Shetland Inseln	12.30	18.50

18.50 Uhr auf einen Kreuzer ohne Erfolg, da vier Feindflugzeuge zum Angriff ansetzten

18.55 Uhr Erfolgloser Angriff von zwei Flugzeugen auf eine schwere Einheit. Der Angriff musste der Wetterlage wegen abgebrochen werden (Wolken in 70 m Höhe, ansinken bis 50 Metern mit Schauern und Sichtrückrückgang auf 1 Km.)

Zunächst zwei Flugzeuge vermisst. Die Besatzung eines dieser Flugzeuge wurde am 11.4. nach Notlandung bei Stavanger gerettet.

h) Einsatz der I./KG 26 mit 19 Flugzeugen – Start etwa 18.20 Uhr – zum Angriff auf die gemeldeten Seestreitkräfte ostwärts der Orkney-Inseln. Der größte Teil der Flugzeuge kam wegen hereinbrechender Dunkelheit und schlechter Sichtverhältnisse sowie wegen Blendung durch die Scheinwerferabwehr nicht zum Angriff. Infolge dieser Blendung konnte auch die Lage der Bomben am Ziel nicht beobachtet werden.

Beim Angriff auf ein größeres Kriegsschiff um 22.30 Uhr mit einer SC 250 wurde ein Treffer wahrscheinlich, aber nicht einwandfrei beobachtet. Innerhalb einer Flakbatterie und einer Scheinwerferbatterie mehrere Einschläge, die Batterie schwieg, drei Scheinwerfer erloschen nach den Bombeneinschlägen. Starke Flakabwehr von Schiffen und Dampfern, etwa 200 Scheinwerfer sowie Jagdabwehr. Ein feindliches Gladiator-Flugzeug wurde abgeschossen. Eigene Verluste: 1 Flugzeug mit Kommandeur I./KG 26, Oberstlt. Ahlefeld vermisst."

Erst am Donnerstag, 11. April, verlegten ab mittags diese Teile der II./KG 26 nach Trondheim. Anschließend wurden Einsätze von Aalborg aus geflogen. Die Besatzung Jaeger beispielsweise flog – aus welchem Grund auch immer – einige Werkstattflüge in Blankensee, während die anderen zum größten Teil in Norwegen lagen.

Die III./KG 26 flog von Schwerin aus am 9. April nach Oslo. Während der Rückverlegung und der Wartezeit auf die nächsten Feindflüge wurde am Sonnabend, 13. April, wieder Lübeck angeflogen, einige nicht eingeteilte Besatzungen waren auch gleich in Lübeck geblieben. Zuvor konnten zehn He 111 der III./KG 26 gegen den britischen Flottenverband nordwestlich Trondheim am 11. April 1940 den Zerstörer „Eclipse" durch zwei Treffer beschädigen.

Während Plätze wie Uetersen, Hamburg-Fuhlsbüttel, Kiel-Holtenau oder auch Neumünster als Absprunghäfen für Ju 52 mit Nachschub und Soldaten nach Skandinavien dienten, blieb Lübeck vorrangig den Bombern vorbehalten. Dennoch flogen einzelne Besatzungen den Lübecker Platz an[2]; kein Wunder, schließlich wurden für das Unternehmen Weserübung aus dem gesamten Reichsgebiet von C-Schulen oder anderen Einheiten über 400 Transporter – meistens vom Typ Ju 52 – zusammengezogen, zu Kampfgruppen zur besonderen Verwendung zusammengefasst (KGr.z.b.V.) und von Plätzen in Norddeutschland aus eingesetzt. Es ging also eng zu auf den bereits erwähnten Fliegerhorsten. So flog die Besatzung von Fw. Friedlieb Blauert (ehemals 1./KG 26, jetzt KGr.z.b.V. 106) noch am Vortag der Weserübung von Uetersen nach Blankensee. Nachdem die Besatzung mit der Ju 52

Der Stab der I./KG 26

Oberstleutnant von Ahlefeld, Gruppenkommandeur vom 13. September 1939 bis zum 20. April 1940, kurz nach seiner Verwundung.

Oberleutnant Müller, Adjutant des Gruppenkommandeurs.

Leutnant Pape, so genannter Ib der Gruppe, also für die Versorgung der Gruppe zuständig. Dazu gehörten auch Quartiermeisterangelegenheiten und techische Belange.

Leutnant Müller, so genannter Ia der Gruppe, also der Operationsoffizier, der für die Einsätze, Führung und Belange der Gruppe zuständig war.

Nicht nur materielle Verluste waren zu beklagen. Hier das Grab (auf dem Ehrenfriedhof von Narvik) von Oblt. Hans-Ludwig von Plato, Offizier der ersten Stunde bei der 2./KG 26, gefallen zusammen mit zwei weiteren Mann aus seiner Besatzung beim Abschuss ihrer He 111 H-3 „1H+LK" (WNr. 5682) am 29. Mai 1940.

[1] Auch im weiteren Verlauf des Jahres 1940 sind kaum Flüge nach Lübeck festzustellen.

„RM+AC" am Montag, 8. April, um 8.26 Uhr hier gelandet war, ging es erst um 17.01 Uhr zurück nach Uetersen (Landung dort um 17.19 Uhr). Was genau hier ge- oder verladen wurde, vermerkte Blauert in seinem Flugbuch leider nicht. Ebenso hat es Uffz. Ernst Bayer (KGr.z.b.V. 102) gehalten, der zusammen mit Flugzeugführer Schwarz mit der Ju 52 „RM+AU" am Wesertag, dem 9. April, um 15.23 Uhr in Lübeck landete und außer „Transportflug" nichts weiter vermerkte. Retour nach Neumünster ging es bereits wenige Stunden später, um 17.45 Uhr (Landung dort um 18.10 Uhr). Bei den Flügen könnte es sich um den Transport der 1./FBK KG 26 handeln. Zwei Betriebszüge sollten laut KTB des X. Fliegerkorps in Lufttransport von Uetersen mit KGr.z.b.V. 106 verlegen, ein weiterer von Stade mit dem KGr.z.b.V. 104.

Von Lübeck aus wurden erst später direkte Transportflüge nach Norwegen unternommen. So beispielsweise am Dienstag, 30. April 1940, als das KG.z.b.V. 108 mit zehn Ju 52 insgesamt 160 Mann der Nachrichtentruppe nach Trondheim brachte.

Aus unbekannten Gründen sammelte sich die III./KG 26 Ende April 1940 erneut in Blankensee. Von hier aus verlegten die „neuen" Löwengeschwader-Angehörigen am Freitag, 3. Mai 1940, (Start gegen 16 Uhr) über Aalborg (Landung gegen 17.15 Uhr) weiter nach Trondheim (Start am 4. Mai gegen 6.15 Uhr, Landung dort zirka 9.15 Uhr), um von hier aus Angriffe auf England zu fliegen. In der Folgezeit wurden aber auch die reparaturbedürftigen Maschinen wieder nach Lübeck oder Schwerin geholt, um die Schäden der Feindflüge instandzusetzen. Auch die II. Gruppe machte dies so.

Ende April kamen ebenfalls wieder Teile der II./KG 26 nach Blankensee. Am Mittwoch, 8. Mai, ging es für sie ab 13.30 Uhr bereits via Aalborg weiter nach Stavanger. Von hier aus wurden ab 11. Mai Einsätze in die mittlere Nordsee, ab dem 12. Mai nach Narvik geflogen.

Die I. Gruppe war nur noch selten in Lübeck zu finden. Im Mai und Juni 1940 lagen Teile in Hagenow, lediglich wenige Überführungsflüge zwischen Rechlin und Lübeck lassen sich von hier aus nachweisen.

Von hier aus ging es – wieder zur üblichen Bereitschaftsliegezeit – nach Kristiansand in Norwegen. Und reparaturbedürftige Maschinen wurden teilweise nicht nach Lübeck, sondern an den letzten Standort Hagenow überführt.[1]

Ab Mitte Mai 1940 ging es für Teile der II./KG 26 von den Kämpfen um Norwegen wieder zurück nach Blankensee, ab dem Freitag, 10. Mai, lief bereits der

Diese He 111 H mit der Kennung „1H+KM" wurde bereits einmal mit schwarzer Farbe für Nacheinsätze bemalt. Dieser temporäre Anstrich ist jedoch bereits wieder teilweise abgewaschen.

Angriff auf Holland, Belgien und Frankreich. In der „Gliederung der fliegenden Verbände" vom 10.5.1940 stand die II./KG 26 (Hptm. Vetter) unter dem Kommando des Oberbefehlshaber der Luftwaffe/X. Fliegerkorps nicht gut da: Von den gemeldeten 36 He 111 im Bestand waren gerade einmal sieben Maschinen am Liegeplatz in Aalborg einsatzbereit[2].

Erste Besatzungen der 4. Staffel kamen bereits am Sonnabend, 25. Mai, (nach mehreren Feindflügen in Folge zwischen dem 20. und 24. Mai), die der 6. Staffel folgten als letzte am 16. Juni 1940 nach Lübeck, nachdem die Briten die letzten Truppenteile ihrer Invasionsstreitkräfte aus Norwegen über See evakuiert hatten (Kapitulation der Norweger am 10. Juni 1940). Für viele Besatzungen gab es das erste Mal seit Kriegsbeginn echten Fronturlaub. Viele der Besatzungen hatten zu diesem Zeitpunkt etwa 50 Feindflüge hinter sich gebracht. Neue Besatzungen kamen in Blankensee zum Geschwader, ebenfalls neue Maschinen. Aber der Krieg ging weiter. Im Turnus wurde wieder nach Westerland oder Trondheim verlegt, von dort aus bewaffnete Aufklärung über der Nordsee geflogen.

Vielen Besatzungen war aber auch klar geworden: Die He 111 war am Rande der Leistungsfähigkeit. Die Reichweite war nicht weiter steigerbar, die Bombentragkraft ebenfalls. Außerdem waren die Trefferlagen der eingesetzten Gruppen nicht übermäßig erfolgreich. Vielleicht auch deswegen standen während dieser ersten „Auffrischung" der Gruppe auch wieder Schulflüge auf dem Programm, um das Letzte aus der He 111 herauszuholen. Diese Flüge sind nicht leicht von denen zu unterscheiden, die die Ergänzungsstaffel bereits in dieser Zeit unternahm. Die Besatzung Ofw. Horn war eine der neuen Besatzungen, die zur II./KG 26 kamen. Während ansonsten – wie noch gezeigt werden soll – zunächst Platzflüge und kleinere Orientierungsflüge rund um Lübeck geflogen wurden, ging es für diese neue Besatzung (Funker Uffz. Herbert Kionke kam beispielsweise gerade frisch von der Gr. KFS 4 Tutow) am Montag, 24. Juni 1940, mit der He 111 „1H+NN" gleich zu Bombenwurfübungen nach Dedelstorf. Am 26. wurde das Training mit der He 111 „1H+FP" am Nachmittag fortgesetzt, jedoch ohne Zwischenlandung in Dedelstorf selbst wie am 24. Juni. Abends wurden Nachtlandungen geübt (Zeit: 21.41 bis 22.15 sowie von 0.19 bis 0.39 Uhr). Und damit nicht genug, auch am 27. Juni ging es los wieder zu Bombenwurfübungen, diesmal für zwei Tage nach Anklam. Erstmals wurde hierzu ein Zielschiff in der Ostsee angegriffen. Nach weiteren Nachtlandeübungen in Blankensee am Montag, 1. Juli 1940, (von 21.53 bis 22.30 Uhr mit der He 111 „1H+FP") waren zumindest für den Funker Kionke erst einmal die einführenden Übungen zu Ende: Er wurde für zwei Monate zur 9./KG 26 versetzt, wurde dazu sogar von Fw. Kotowski mit einer Ju 52 „N3+GX" um 16.10 Uhr von Blankensee aus zur Einheit nach Schwerin geflogen (Landung dort um 16.23 Uhr).

Die Besatzung Möller/Gairing erhielt ab Mittwoch, 10. Juli, ihre Einweisung in Blankensee auf die He 111, nachdem sie von der ErgKGr. 2 aus Quedlinburg hierher versetzt wurden. Vom 11. bis 13. Juli standen Bombenwurf-Übungen in Anklam auf dem Plan, ebenso Überlandflüge nach Königsberg und Parow. Von Lübeck aus flog beispielsweise auch die Besatzung unter Oblt. Schüler (6./KG 26) Übungsflüge. Mit der He 111 „1H+LP" (stürzte am 24. Juli 1940 in der Ostsee ab, siehe Foto) wurden am 23. Juli 1940 ab 8.30 Uhr Übungsangriffe mit Zementbomben auf eine See(ziel)scheibe in der Ostsee geflogen. Außerdem übten die Bordschützen an diesem Tag Seeschießen. Die Be-

Wahrscheinlich das letzte Foto der „1H+LP" vor ihrem Absturz, aufgenommen in Travemünde im Sommer 1940. Die He 111 H-3 stürzte in die Ostsee vor der Insel Mön am Mittwoch, 24. Juli 1940. Für die Besatzung rund um Leutnant Karros stand ein Übungsflug auf dem Programm, unterwegs gab es Motorprobleme, so dass beschlossen wurde, nach Lübeck zurückzukehren. Wenige Kilometer südöstlich des Hafens von Klintholm schlug die He 111 jedoch auf dem Wasser auf. Karros und zwei weitere Besatzungsmitglieder schafften es noch, aus dem Wrack herauszukommen und wurden von einem Fischer gerettet. Unteroffizier Leo Kasnitz und Gefreiter Ferdinand Köhling hingegen starben beim Absturz.

[2] Die I./KG 26 unter Major Schaeper meldete aus Stavanger (Luftflottenkommando 5/Fliegerführer Trondheim) 36 He 111, davon 27 einsatzbereit. Der Stab/KG 26 unter Oberst Fuchs hatte ebenfalls in Trondheim weiterhin fünf von 6 He 111 einsatzklar. Die III./KG 26 unter Major Lerche hatte auch in Trondheim liegend 26 der 33 Maschinen klar.

Eine notgelandete He 111 H „1H+K?" der II./KG 26 während der so genannten Luftschlacht um England. Die Verluste der deutschen Luftwaffe waren sehr hoch, auch in den Reihen des KG 26. Viele der notgelandeten Maschinen kamen auch zur Reparatur zurück nach Blankensee. Beachte die beiden senkrechten Balken am Leitwerk. Im Fall eines Auseinanderbrechens des Verbandes sollten sie das Auf- und wieder Zusammenfinden der einzelnen Maschinen erleichtern. Bemerkenswert auch hier: Das Geschwaderwappen war zu disem Zeitpunkt für I. und II. Gruppe noch gleich. Erst mit Einführung der IV./KG 26 wurden die Wappenschilde farbig.

[1] Diese waren „im Umkreis von 3 Kilometern Entfernung vom Landeplatz mit 80 Grad Erhöhung gleichmäßig langsam drehend aufzustellen."

[2] Weiter heißt es im Zusatz für die Flugleitung Lübeck-Blankensee: „Das Einschalten des Streckenfeuers Grove (Schwarzenbeck Nr. 219) erfolgt nur auf Anforderung der Flugleitung Lüneburg."

satzung Möller deklarierte das Ganze als Verbandsflug. Sie machten mit der He 111 „1H+EM" außerdem eine Zwischenlandung in Travemünde (Landung 9.07 Uhr, Start 9.17 Uhr). Auch Blindflug stand noch bis weit in den August hinein auf dem Programm – wieder mit ganz regulären He 111 der Staffeln. Vom 7. bis 10. August diente Anklam dann wieder einmal als Basis für erneute Bombenwurfübungen – wahrscheinlich nur für die 6. Staffel, denn die 5. Staffel flog hier bereits vom 1. bis zum 3. August. Über die 4./KG 26 liegen zurzeit keine Unterlagen aus dieser Zeit vor. Das Besondere bei diesen Flügen von Anklam aus: Diesmal wurden Seeziele angegriffen, das Zielschiff „Westen" musste für die Übungsflüge herhalten.

Eine Anekdote aus dieser Zeit berichtet Ludwig Baum (Stab II./KG 26): *„Beim Rückflug von Haffkrug bewog ich meinen Freund Werner, über Haffkrug in der Lübecker Bucht zu fliegen, weil ich wusste, dass dort meine Cousine gerade einen Fronturlaub als Krankenschwester absolvierte. Im ersten Anflug, schon in fliegerischer Unzucht mit 50 m Höhe, machte ich ihn auf das Gut Kallmorgen aufmerksam, wo uns Gäste zujubelten. Beim zweiten Anflug von See her ging er noch tiefer und so zog er gerade über die alten Bäume des Gutes hinweg und ich warf ein Päckchen mit Schokolade ab, das ohne Lotfe vor die Füße der Gäste fiel. Nach unserer Landung rief uns der Gutsherr an und verlangte mich an den Apparat. Er sagte nur: ‚Herr Baum, wenn die ganze Luftwaffe ihre Bomben mit der gleichen Zielgenauigkeit trifft, wird der Krieg bald ein siegreiches Ende nehmen.'"*

Die Gliederung der Luftangriffsverbände vom Dienstag, 13. August 1940, zeigt große Teile des KG 26 im Einsatz in Norwegen unter dem Befehl von Generaloberst Stumpf beim Luftflottenkommando 5 in Stavanger: Der Stab/KG 26 unter Oberst Fuchs meldete 6 He 111 (alle einsatzbereit), die I./KG 26 unter Major Busch hatte 30 im Bestand (davon nur eine unklar) und die III./KG 26 unter Major von Lossberg hatte 26 Maschinen, alle einsatzklar – insgesamt ein für spätere Zeiten seltenes Bild.

Nachdem im August noch die gruppeneigenen Funker ihre Kenntnisse auffrischen konnten (Übungsflüge von Lübeck aus von 13. bis 20. August) ging es für Teile der II./KG 26 ab Mittwoch, 21. August 1940, via Aalborg wieder nach Norwegen, nach Stavanger. Teile der 6. Staffel folgten am 25. August, jedoch nach Kristiansand. Doch da die englische Flotte mittlerweile die Gewässer um Norwegen mied, ging es für die Gruppe nach acht Tagen wieder zurück nach Lübeck. Von hier aus weiter am Sonntag, 1. September 1940, nach kurzem Auftanken und Mittagessen nach Maldegem in Belgien. Endpunkt der Verlegung war Gilze-Ryan. Von hier aus nahm die Gruppe im Zusammenspiel mit der I./KG 26, die in Wevelghem lag, bis in den Herbst 1940 an der so genannten Luftschlacht um England teil.

Während der (Nacht-)Angriffe auf England ab August 1940 ordnete das Luftgaukommando am 8. des Monats auch an, dass *„für die vom Feindflug zurückkehrenden Verbände oder Einzelflugzeuge des X. Fl. Korps folgende Fl.H. bzw. E-Häfen einsatzbereit sind: Leck, Flensburg, Blankensee, Lübeck, Schwerin, Aalborg-West, Aalborg-Ost, Grove, Kastrup-Kopenhagen, Husum, Neumünster, Westerland, Oldenburg, Jever."* Das bedeutete für die entsprechenden Flugplätze, dass ab dem befohlenen Zeitpunkt, Randbefeuerung, Leuchtpfad, Hindernisbefeuerung, Richtungsscheinwerfer[1], Peiler und Landefunkfeuer in Betrieb sein mussten.

Im Oktober 1942 waren neben Lübeck-Blankensee die Fliegerhorste Travemünde-Land und -See, Uetersen und Neumünster im Flughafenbereich 6/XI nachtlandeklar. Aus der Verfügung des Kommandos des Flughafenbereichs 6/XI über die Sicherung von in Luftnot befindlichen eigenen Flugzeugen vom 27. November 1942 geht außerdem hervor, dass bei befohlender Nachtlandeklarheit die Blankenseer Flugleitung das sofortige Einschalten des Behelfsstreckenfeuers Nusse (Nusse Nr. 311) zu veranlassen hatte.[2]

Es gibt auch Hinweise darauf, dass bereits im November/Dezember 1940 der Geschwaderstab in Blankensee lag. Zumindest sind in dieser Zeit viele Maschinen mit „1H+..A"-Kennung in der Werft zugegen. Zumindest dauerte es bis zum März 1944, bis der Stab/KG 26 hier offiziell nachzuweisen ist. Die Männer und ihre Ju 88 A blieben bis Juni 1944 in Lübeck-Blankensee.

Ab Januar 1941 stand dann das Mittelmeer als Haupteinsatzraum zunächst für die II./KG 26 fest, denn dort sollte der Schiffsverkehr – besonders die Versorgung der britischen Truppen in Nordafrika – bekämpft werden. Dazu verlegte die II. Gruppe am Donnerstag, 2. Januar 1941, von Frankreich nach Lübeck. Bis zum Start nach Catania/Sizilien am 6. Januar 1941 (Flugweg mit Zwischenstation in München-Riem) brachten die Techniker die 22 Maschinen auf Vordermann, den Besatzungen und ihrem neuen Kommandeur, Major Bertram, gönnte man noch ein paar Tage Ruhe in der Heimat.

In Lübeck wurde es mit dem Verlegen der Einsatzgruppen an die Front(en) weitgehend ruhig. Lediglich zur Reparatur kamen einige Besatzungen mit ihren He 111 nach Lübeck oder um dort neue Maschinen abzuholen, wie beispielsweise die Besatzung Cescotti von der I./KG 26, die am Freitag, 15. November 1940, ihre neue He 111 H-5 „1H+LK" einflog (zwischen 16.49 und 17.40 Uhr) und am 16. November um 13.54 Uhr nach Beauvais startete (Landung dort um 17.46 Uhr). Erst Ende Februar 1941 kam die Besatzung wieder nach Blankensee: Während eines Überlandfluges mit der He 111 H-5 „1H+LK" vom neuen Liegeplatz Aalborg aus, also eventuell noch mit der gleichen Maschine, die sie wenige Monate zuvor frisch aus Lübeck abgeholt hatten. Auch nach einem Urlaub scheint der Dienst wieder in Blankensee aufgenommen worden zu sein: Am Dienstag, 1. April 1941, macht Cescotti[3] einen Sicherheitsflug mit der He 111 H-5 „1H+HK", anschließend ging es nach einem Werkstattflug um 17 Uhr wieder nach Aalborg und am 2. April weiter nach Stavanger. Letztlich nur bei Verlegungen wie auch

Schwere Beschädigungen an einer He 111 H wahrscheinlich bei der II./KG 26. Der genaue Hergang des Unfalls ist leider nicht bekannt. Beachte, dass der große Flächentank aus der Tragfläche gerissen wurde.

Ein weiteres Foto des Unfalls offenbart weitere Einblicke in die Beschädigungen, so ist zu erkennen, dass der linke Motor zurzeit des Unfalls gelaufen haben muss, denn die Propeller sind verbogen. Beachte Werknummern-Rest „15" vor dem Wappen.

Weitere Beschädigungen eines Unfalls, hier an der He 111 „1H+AC" vom Stab II./KG 26. Die Flugzeugbuchstaben sind an der Tragflächenvorderkante wiederholt. Diese Maschine ist anscheinend nur im Bereich der Motoren demoliert.

[3] Roderich Cescotti wurde am 11. Dezember 1942 Führer der Stabskette (Führungskette). 1980 schied er im Rang eines Generalmajors aus der Bundeswehr aus.

Nach dem Start in Lübeck-Blankensee fotografiert: die He 111 H „1H+HL" der 3./KG 26. Wie üblich beim Löwengeschwader wurde die Kennung konsequent auch auf den Unterseiten aufgemalt. Beachtenswert sind die starken Verrußungen der Tragflächenunterseiten und des Leitwerks.

Blankensee als Frontschleuse

Die Werft in Lübeck bestand nicht nur aus der größten Flugzeughalle am Platz. Als Kernstück der Technischen Leitung mit ihren Werkstätten gehörten aber ebenso das technische Büro, die Geräteverwaltung, die Fallschirm- und Gerätelager sowie die Prüfgruppe dazu. Diese bestand aus je einem Prüfer für Triebwerke, für Zelle und Geräte. Insgesamt kümmerte sich das Technische Personal um die Wartung der am Platz stationierten Flugzeuge, sprich für die Flugzeuge des Löwengeschwaders. Die Werft in Blankensee diente aber nicht nur als Reparatur-Basis für das KG 26. Auch um den „Feinschliff" an werksneuen Maschinen kümmerte sich das Lübecker Werftpersonal. Erste Überführungen von nagelneuen He 111 vom Luftzeugamt Sagan-Küpper nach Blankensee lassen sich im November 1940 nachweisen. Es sind dies die He 111 „CF+YE" (Überführung nach Lübeck am 13.11.1940) und die „GC+CG" (Überführung nach Lübeck am 16.11.1940). Über die genauen Arbeiten an diesen He 111 liegen für diesen frühen Zeitraum keine Unterlagen vor; es kann sich dabei gegebenenfalls nur um die letzten Arbeiten handeln vor der Übergabe an das KG 26.

Auch Besatzungen des KG 26 waren dabei involviert, holten sich beispielsweise neue Maschinen in Blankensee ab oder brachten ihre „alte Kiste" zur Reparatur bzw. Umrüstung hierher. So beispielsweise die He 111 H-6 „GM+PE", die die Besatzung Cescotti am Mittwoch, 28. Mai 1941, von Uetersen nach Lübeck brachte. Im Gegenzug wurde einen Tag später die He 111 H-6 „1H+NK" von Lübeck nach Rostock-Marienehe zu den Heinkel-Werken gebracht.[2] Nach einer Reparatur, einer Nachrüstung oder einem Sondereinbau ging es nach einem Werkstattflug weiter nach Aalborg. Während der Liegezeit in Aalborg wurde im Juni 1941 wiederholt Lübeck bzw. Marienehe angeflogen.[3]

Deutlicher werden die Werft-Arbeiten erst später beim Namen genannt: Zur Unterstützung der Heinkel-Werke und zur Modifizierung von werksneuen He 111

im November 1942 macht ein Großteil der I./KG 26 Zwischenstation in Blankensee[1]. Ansonsten bestand aber für die I./KG 26 kaum dauerhafter Kontakt zur alten Heimatbasis. Im Kriegstagebuch Nr. 5 des Flughafenbereichs 6/XI ist am Mittwoch, 29. April 1942, das Eintreffen der 3./KG 26 verzeichnet. Mit insgesamt fünf He 111 H-6 kamen zwei Offiziere, ein Beamter, 22 Unteroffiziere und ein Mann von München-Riem nach Lübeck-Blankensee. Interessanterweise ist der Weiterflug der Besatzungen nicht im KTB festgehalten worden. Umgekehrt verhält es sich mit der III./KG 26, die einen Tag zuvor, am 28. April 1942, per Bahntransport von Lübeck-Blankensee zum Einsatzhafen Kirowograd verlegte (Dort wurde sie dem KG 27 unterstellt.). Wann die zehn Offiziere, 54 Unteroffiziere und Mannschaften nach Blankensee kamen, geht aus dem ab 16. April 1942 geführten KTB Nr. 5 nicht hervor, kann zeitlich also vor diesem Datum liegen.

In der selben Quelle findet sich die ehemals in Lübeck beheimatete I./KG 26 jedoch nochmals wieder: Am Montag, 9. November 1942, fielen 27 He 111 der I. Gruppe von Norwegen aus kommend gegen 16 Uhr bei sehr schlechtem Wetter in Blankensee ein. Die Besatzungen hatten zuvor eine Zwischenstation in Trondheim bzw. Aalborg gemacht und verließen Lübeck wieder am Mittag des 10. November in einer Stärke von 18 He 111 in Richtung München-Riem und Wiener Neustadt, um letztlich nach Grosetto zu verlegen.

---

[1] Von Bardufoss bzw. Aalborg kommend: Landung in Lübeck am 9. November gegen 17.30 Uhr, Weiterflug nach Wiener-Neustadt und schließlich nach Grosetto am 10. November gegen 13.30 Uhr.

[2] Bereits am 26. Mai hatte Cescotti von Uetersen via Lübeck die He 111 H-5 „1H+CA" dorthin gebracht. Und auch Prüfmeister Offermann war mit einer He 111 der I./KG 26 unterwegs: Am 22. Mai 1941 machte er einen Kurssteuerungsflug mit der He 111 „1H+GH" WNr. 3674 in Blankensee.

[3] So am 18. Juni mit der He 111 H-6 „1H+KH", am 29. Juni 1941 war Lübeck Ziel eines Überlandfluges mit der He 111 H-5 „1H+BK".

[4] Hierzu waren seit dem 24. Juli zwei und ab dem 29. Juli 1941 nochmals fünf Heinkel Monteure zur Blankenseer Werft abkommandiert. Allein im Monat Juli 1941 waren zehn He 111 der II./KG 26 in der Lübecker Werft, an denen neben der Reparatur von größeren Beschussschäden hier auch die Änderung N347 zuteil wurde.

[5] Hierzu stellte seit dem 27. März 1941 Heinkel Monteure für die Blankenseer Werft ab. Die Rückkehr zum Werk erfolgte am 22. April 1941.

H-6 als Torpedo-Flugzeuge diente die Werft des Lübecker Fliegerhorstes ab Anfang 1942 als Frontschleuse für die Heinkel-Bomber. Heinkel lieferte, wie andere Flugzeugwerke auch, die meisten Typen nur mit einer Grundausstattung aus. Jeder Verband hatte besondere Ausrüstungsmerkmale, die sich im Anstrich, in der Waffen- und Funkausrüstung, bei einer leistungssteigernden Einspritzanlage, Notausrüstung oder auch Sondereinbauten zeigen konnten. Das wurde dann entsprechenden Frontschleusen überlassen. Dafür bekamen die Frontschleusen laufend technische Änderungsanweisungen, um auf dem aktuellen Modernisierungsstand zu bleiben.

Für die Lübecker Werft bedeutete dies laut Werftbericht von Februar 1942: *„Auf Befehl des RLM-LE Gen.Stb.6.Abt. ist die Werft beauftragt mit dem Umbau von werksneuen He 111 (N370 Tp.) in Zusammenarbeit mit dem LZA Küpper für die RLM-Reserve."* Und mit der Änderung N370 war die Umrüstung von He 111-Bombern zu Torpedoflugzeugen gemeint. Wichtigstes Bauteil dafür: die beiden PVC 1006, die Trägergestelle zur Aufnahme der beiden Torpedos unter dem Rumpf. Hintergrund dieser Umbauten: Das Löwengeschwader wurde Zug um Zug zum Torpedogeschwader der Luftwaffe umstrukturiert, damit für den Seekrieg noch weiter spezialisiert. Die II. Gruppe begann im Februar 1941 auf He 111-Torpedo-Bomber umzurüsten, den Anfang machte die 6./KG 26. Der Rest der Gruppe erhielt die neuen Einsatzmaschinen bis April 1942 in Grosetto. Die Umrüstung der I. Gruppe folgte im Januar 1942, hier machte die 3./KG 26 den Anfang.

An vielen Maschinen wurden auch die bereits erwähnten Änderungsanweisungen der Heinkel-Werke umgesetzt. Aus den Werftberichten geht hervor, dass in Lübeck-Blankensee im Zeitraum von April 1941 bis Dezember 1942 insgesamt 29 Änderungen an He 111 vorgenommen wurden. Hauptsächlich umgesetzt wurde dabei die Änderungsanweisung N360 (Umbauten für He 111 H-5 für Sondereinsatz, Tropenausrüstung[4], N347 (Einbau eines zweiten Rumpfbehälters und einer Kraftstoffablassanlage mittels Laderluft, einem so genannten Schnellablass[5], sowie N370 und N380 (Einbauten für Torpedo-Einsatz).

Zu Einweisungsarbeiten rund um die Änderung N370 bekam die Lübecker Werft ab Donnerstag, 5. Februar 1942, Unterstützung von drei Monteuren und einem Vorhandwerker der Firma Heinkel und weiteres, nicht näher erläutertes militärisches Personal in einer Stärke von

Lübeck-Blankensee im Juli 1942. Auf dem Flugfeld stehen vor der Werft (beachte Flak-Plattform) diverse werksneue He 111, darunter auch die He 111 H-6 „CQ+WF" (WNr. 7272, also aus Leipziger ATG-Produktion). Sie lässt sich im August und im November 1942 in der Blankenseer Werft jeweils zu Zelleninstandsetzungsarbeiten nachweisen. Am 8. Februar 1943 wird sie bei der I./KG 26 auf dem Fliegerhorst Elmas bei einem Bombenangriff zu 80 Prozent beschädigt, im November 1943 finden britische Truppen sie im abgerüsteten Zustand auf Sardinien mit dem Kennzeichen „1H+KL" der 3./KG 26 vor. Auf dem Foto steht hinter ihr wahrscheinlich die He 111 H-5 „BK+CM" (WNr. 3889) oder die H-6 „SF+CM" (WNr. 4950).

1941 schätzte man die Gefahr von feindlichen Fliegerangriffen im Reichsgebiet – zumindest tagsüber – noch nicht so hoch ein. Die Maschinen wurden insofern auch lediglich zwischen den Splitterboxen auf dem Flugfeld abgestellt und abgeplant.

Am Flugfeld abgestellte He 111 H-3 im Sommer 1942, vorne die „DC+CO" (WNr. 3266). Da das Stammkennzeichen weder in der Heinkel-typischen Schriftart ausgeführt noch in weiß, sondern in schwarz ist, kann das evtl. ein Indiz dafür sein, dass die He 111 von einem Einsatzverband jetzt an eine Schule abgegeben werden sollte. In Blankensee wurden erforderliche Ein- bzw. Umbauten vorgenommen. Beachte den Erdanker im Vordergrund. Diese „überdimensionierte Schraube" diente zum Sichern der Flugzeuge gegen Sturm.

[1] Die Heinkel-Monteure wechselten jedoch: bis 6. März 1942 waren vier Mann in Blankensee gemeldet, bis zum 31. März waren es nur noch zwei.

[2] An den He 111 WNr. 2332, 2445, 3198, 3351, 3585, 3966, 4190, 4429, 4432, 5397, 6875, 6933, 6940.

Blick auf die Torpedos und die dazugehörigen Aufhängungen PVC 1006. Letztere waren Hauptbestandteil der Umrüstungen in Blankensee. Es ist also davon auszugehen, dass auch die hier abgebildete „1H+AK" in Lübeck modifiziert wurde.

22 Mann zugewiesen.[1] Die zukünftigen Torpedobomber kamen direkt vom Heinkel-Werk Oranienburg. Die in Blankensee so umgebauten He 111 H-6 wurden dann dem LZA Küpper zur weiteren Verfügung gemeldet.

Doch auch, wenn der Umbau keine großen Schwierigkeiten für die Werft darstellte, im Werftbericht für Februar 1942 heißt es, dass Mängel an den gelieferten Teilen festgestellt wurden: *„An den PVC-Verkleidungsblechen ist verschiedentlich das Material an den Bohrungen für Befestigungsschrauben eingerissen [...], was zusätzlich eine Mehrbelastung für die Werft bedeutet."*

Ein besonderer Mangel wurde beim Luftzeugamt (LZA) Küpper jedoch im Monat März 1942 angemahnt: Bei der Anlieferung von Änderungsmaterial vom Luftzeugamt mussten die Werftangestellten feststellen, dass *„die Teile, welche zu einer Änderung gehören und in Papiertüten verpackt, aber nicht beschriftet sind [...] eine Mehrbelastung für Lager und Prüfstelle bedeuten. So ist z.B. Anfang dieses Monats eine Sendung mit Änderungsmaterial vom LZA Küpper hier eingetroffen, zu deren Sichtung und Zusammenstellung der verschiedenen Änderungssätze ein Prüfer 2 ½ Tage benötigte."*

Doch für andere Mängel arbeitete die Werft in Lübeck an Problem-Lösungen. Im Frühsommer 1942 wurde beispielsweise die Verbindung zwischen Einstell-Einrichtung und dem Lufttorpedo überarbeitet. Heraus kam ein neues Musterflugzeug mit verbesserter Einstelleinrichtung im Cockpit. Denn die Einstellungen an den Torpedos fanden erst im Flug statt: über Spindeln, die auf Wellen arbeiteten, an einem Winkelschussgerät. Ein Techniker von Heinkel ist für Änderungen an den Betätigungsspindeln seit dem 23. Juni 1942 in der Werft tätig gewesen.

Desweiteren wurden in Blankensee viele kleinere, an den Maschinen nicht auf den ersten Blick erkennbare Änderungen umgesetzt. So wurde an einer ganzen Reihe von He 111[2] beispielsweise der Lagerbock für den Landeklappen-Umlenkhebel im linken Flügel verstärkt (Änderungsanweisung N412). Und an der He 111 WNr. 4190 musste im Oktober 1942 ein Erkennungsschild angebracht werden (N404) und das Schutzblech für Höhentrimmung und Quertrimmung (N382).

Hierbei wurden einige He 111 auf einen neueren Stand gebracht, insofern lässt sich auch erklären, dass einzelne He 111 gleich von mehreren Änderungen betroffen sein konnten. An der He 111 H-6 mit der WNr. 5301 waren es im November 1942 beispielsweise:

N116 Einbau einer Raste am Landeklappenschalter und andere kleinere Änderungen

N161 Einbau einer neuen Entnahmeleitung am Schmierstoffbehälter

N197 Gewebe-Lippenringe des Schalters für Kühlereinziehzylinder, Führersitzverstellung und Landeklappen gegen Lippenringe aus Buna auswechseln.

N202 Austausch der Flugzeugmusterkarten

Werft-Monatsbericht

Dienststelle: Fl.H.Kommandantur Lübeck-Blankensee, Technische Leitung					Berichtsmonat: November 1942				
Baumuster	Bauausführung	Baureihe	Werf-Nr. Zelle	Werf-Nr. Motor	Art der Arbeit	Baumuster	Bauausführung	Baureihe	Werf-Nr. Zelle / Motor / Art der Arbeit
He 111	E	H6	5301		Z.-TÜ Juno211				

N218 Auswechseln der oberen Sichtscheiben in der Kanzel gegen optisch einwandfreie

N242 Kugelventilsitz im Schalter für Kühlereinziehzylinder, Führersitzverstellung und Landeklappen auswechseln

N256 Austausch der Wickelschläuche aus der Kraftstoffdruck-Messleitung gegen Buna-Schläuche

N276 Abzweigstück zwischen elektrischer Pumpe und Handpumpe aus „Eburit" in der Umpumpanlage gegen Schlauchmuffen „Conti M" auswechseln

N303 Metallreißverschluss am Abdecknetz für Antennenhaspel gegen solchen aus Isolierstoff auswechseln

N310 Einbau eines Rückspiegels am Schiebedach beim Führer

N368 Verbesserung der Gerätebrettbeleuchtung

N382 Schutzblech für Höhentrimmung und Quertrimmung

Aber auch einige He 111 der IV./KG 26 mussten Änderungen über sich ergehen lassen: So waren es an der He 111 P-1 bzw. D „1H+QU bzw. CV" mit der WNr. 2445 im Dezember 1942 die Änderungen: N222 (Lagerbock für den Landeklappen-Umlenkhebel im linken Flügel verstärken) und N382 (Schutzblech für Höhentrimmung und Quertrimmung). An der He 111 H-3 „1H+EU" WNr. 6940 gab es im Dezember 1942 auch etwas zu ändern: N239, die Reparaturanweisung vom 4.10.1939. Und an der He 111 H-3 „1H+AV" mit der WNr. 6875 waren es im Dezember 1942 die Änderungen: N253 (Versetzen und Neuinstallieren von Raum- und Geräteleuchten) und N385 (Einbau von Zusatzleuchten (Kennlichtern) unter dem Rumpf).

Außerdem kamen zu den Änderungsein- bzw. umbauten He 111 von fremden Verbänden nach Blankensee. Nachweisbar sind im Winter 1942 Maschinen der KGr. z.b.V. 5. Die erst im Februar 1942 aus Schulbesatzungen und Schulmaschinen – vorrangig He 111 – aufgestellte Transporteinheit brachte Versorgungsgüter an die (Ost-)Front, im März 1942 in den Kessel von Cholm, Ende 1942 nach Stalingrad. Durch die hohen Ausfälle bei den Maschinen, sei es durch Beschuss, sei es durch den mangelnden technischen Klarstand, befand sich ein Großteil des rund 40 Maschinen starken Flugzeugbestands entweder unklar an Frontflugplätzen oder in Werften im Reichsgebiet abgestellt. Aus dem KTB Nr. 1 der Gruppe geht hervor, dass beispielsweise am Sonntag, 5. April 1942, von 41 He 111 gerade einmal fünf in den Einsatz geschickt werden konnten. Elf Maschinen waren unklar in Riga gemeldet, 25 He 111 waren in Werften zur Reparatur, 20 davon im Reichsgebiet. Auch in Lübeck wurden somit Reparaturen, Motorüberholungen bzw. fällige Werksänderungen vorgenommen. An der He 111 P-2 „L5+BK" mit der WNr. 1706 waren es im Dezember 1942 die Änderungen:

N161 Einbau einer neuen Entnahmeleitung am Schmierstoffbehälter

N200 Gummiseile des Sporns gegen Stahlfedern auswechseln

N242 Kugelventilsitz im Schalter für Kühlereinziehzylinder, Führersitzverstellung und Landeklappen auswechseln

N253 Versetzen und Neuinstallieren von Raum- und Geräteleuchten

N310 Einbau eines Rückspiegels am Schiebedach beim Führer

N333 Anbringen von Schutzhüllen vor die Sichtscheiben der Bola

N367 Einbau von Gewichtsausgleichfedern für Bola-Klappe

N368 Verbesserung der Gerätebrettbeleuchtung

N382 Schutzblech für Höhentrimmung und Quertrimmung

N385 Einbau von Zusatzleuchten (Kennlichtern) unter dem Rumpf

N405 Verstärken des Ansaugschachtes am Anschlussflansch des Laders

Heinrich
Fl. Haupt-Ing.
u. Techn. Leiter

*) Z-TÜ = Zellen-Teilüberholung M-TÜ = Motoren-Teilüberholung
Z-Inst. = Zellen-Instandsetzung M-Inst. = Motoren-Instandsetzung

Auch sie gehörten spätestens ab 1943 zur Standardausrüstung der Torpedo-Versionen der He 111: die Flammenvernichter über den Auspuffreihen. Auch sie wurden in Blankensee nachgerüstet. Im Bild eine He 111 der 2./KG 26 in Salon, 1943.

[1] Bei den Flügen stellte sich im Januar 1942 jedoch auch heraus, dass nur eine absolute Höhe von zirka 40 Metern über Grund einwandfrei angezeigt wurde. Der Grund: *"Die nähere Untersuchung hat ergeben, dass den für die Luftversorgung des Schallsenders eingebauten Luftpressers ein Öldurchtritt zu den Leitungen zustande gekommen ist und somit eine Störung in der Anlage eintreten musste."*

FuG 27 der Firma Atlas AG, ein früher akustischer (Fein-)Höhenmesser, der in Lübeck-Blankensee in einige ausgewählte He 111 eingebaut wurde.

[2] Meistens wurden lediglich Zelleninstandsetzungen und Motorüberholungen detailliert festgehalten, jedoch keine Umbauten.

Bei gutem Wetter und besonders im Sommer ließ es sich das Werft-Personal nicht nehmen, die Maschinen auch im Freien zu warten. Hier arbeiten einige Techniker an den Luftschrauben einer He 111 H-6 im Sommer 1942.

An der He 111 P-2 bzw. D „L5+KM" mit der WNr. 2491 waren es im Dezember 1942 die Änderungen: N103 (Einbau einer neuen verbesserten Heizung und Austausch der Auspuffstutzen gegen Flammendämpfer) und N257 (Einbau einer Kaltstartanlage unter gleichzeitigem Ausbau der Anschlüsse zur Warmbetankung). Anschließend machte Prüfmeister Offermann am Dienstag, 8. Dezember 1942, noch einen Kurssteuerungsprüfflug mit der Maschine in Blankensee.

Neben den Änderungen des Heinkel-Werkes setzte die Lübecker Werft außerdem auch die „Technischen Anweisungen für das Fl. Gerät der Luftwaffe", kurz TAGL, des Chefs der Technischen Luftrüstung beim Oberkommando der Luftwaffe um. So im Oktober 1942 die Änderung „TAGL II He 111 E7a Nr. 1/42, lfd. Nr. 470/42" an der He 111 H-6 mit der Werknummer 7784.

Aber auch Änderungen an anderen Maschinen nahm die Werft vor: So im Oktober 1942 die Änderung „TAGL Kennz. II Ar 66 B6, lfd. Nr. 648/42" sinniger Weise an Ar 66 mit den WNr. 201, 764, 1207, 2165. Im Dezember die Änderung N30 an der Ar 96 WNr. 4012, das Flugzeug des Flughafenbereichskommandanten.

Unter den Sondereinbauten, die in den Monatsberichten genannt wurden, lassen sich explizit auch im September und Oktober 1941 der Einbau von Echolot-Anlagen in eine He 111 des Fliegerführer Nord und in zehn He 111 H-6 der II./KG 26 finden. Hierbei handelt es sich um die so genannte Atlas-Anlage, den Höhenmesser FuG 27. Auch als Lande-Höhenmesser bezeichnet, war das FuG 27 der Firma Atlas AG ein akustischer Höhenmesser, dessen Nachfolger später der Feinhöhenmesser FuG 101 wurde als frequenzmodulierter Höhenmesser. Die Echolot-Messung des FuG 27 war nämlich problematisch, da der Motorenlärm die Schallmessung des Gerätes im Flug erschwerte. *„Da die Einbauteile für die Anlagen am Lager nicht vorhanden waren, wurden diese zum Teil von der E-Stelle Rechlin und zum Teil vom Hersteller abgerufen"*, heißt es im Monatsbericht September 1942 von Fl.-Stabs-Hpt.-Ing. Heinrich. Der Einbau bereitete keine Schwierigkeiten, das Ganze geschah jedoch mehr im Verfahren „learning-by-doing", wie man heute sagen würde, denn *„die beim Einbau der Anlagen und bei den durchgeführten Justier- und Abnahmeflügen gemachten Erfahrungen wurden beim Einbau weiterer FuG 27-Anlagen verwendet."*[1] Als weiterer Sondereinbau, der nicht ohne weiteres in einer He 111 vermutet wird, ist der Einbau von schwenkbaren Revis ab Mai 1942. Hierbei wurde im Bericht des Monats Juni 1942 bemängelt, dass *„beim Hochfahren des Führersitzes derselbe das Revi beschädigt."*

Aber nicht nur He 111 wurden von der Blankenseer Werft betreut. Im Bericht für den Monat Dezember des Jahres 1942 werden erstmals Umbauten an Ju 88 genannt. Hierbei bauten die Techniker fünf Ju 88 zu Beleuchtern um. Hugo Wieland, Motorenprüfer der Werft, erinnert sich an eine Beinahe-Katastrophe nach einem Motorwechsel an einer Fw 190 an einem Morgen im Jahr 1945: *„Ich hatte angeordnet, morgens gegen 8 Uhr die Fw 190 um etwa 25 Meter von der Werft zurückzuschieben, um einen Probelauf des Motors durchzuführen. Ich stieg in den Führersitz, um den Motor anzulassen, und kam dabei mit der rechten Hand an den Feuerhahn und habe*

Roter Faden in den Werftberichten: Wesentliche Teile für die Umrüstung und Wartung der He 111 fehlten.

mit den Waffen die gesamte Hallenspitze von unserer Werft abgeschossen. Wäre die Maschine an ihrem vorherigen Platz vor der Werft stehen geblieben, hätte ich in die Büroräume, die voll besetzt waren, reingeschossen, das Unglück wäre fürchterlich gewesen. Die Waffenmeisterei hätte die Munition bereits vor Beginn des Motorwechsels herausnehmen müssen." Folgen hatte der Vorfall jedoch nicht: Wieland schrieb einen Bericht, die Luftschraube musste an der Fw 190 gewechselt werden, da sie nicht mit den Waffen synchronisiert war und wie die Hallenspitze ebenfalls durch die Schüsse beschädigt wurde. Nach etwa einer Stunde konnte der Besitzer der Fw 190, ein rothaariger Oberleutnant – ein Jagdflieger, wie sich Hugo Wieland erinnert – seine Maschine jedoch wieder in Empfang nehmen.

Der Werft standen für diese Reparatur- und Umrüstarbeiten bis April 1941 ein Werftkommando in Stärke von 72 Mann zur Verfügung. Dieses wurde aber mit Wirkung vom 10. April mit unbekanntem Ziel abberufen. Bis dahin betrug die durchschnittliche Tages-Ist-Stärke 32 Mann Werftpersonal. Die durchschnittliche Belegschaftsstärke lag im April 1941 bei 145 Mann. Zum Bereitschaftsdienst wurde jeweils ein diensttuender Meister (Vorarbeiter), fünf Flugzeugschlosser, fünf Motorenschlosser, zwei Klempner und jeweils ein Tischler, Sattler, Maler, Feinmechaniker und Elektriker eingeteilt.

Entgegen den detaillierten Aufstellungen[2] wird in den Monatsberichten der Werft für April 1941 von einer Instandsetzung von 164 Flugzeugen vorrangig des Typs He 111 gesprochen, einen Monat später waren es sogar 208 Flugzeuge – das Werftpersonal musste dafür auch 5.784 bzw. 8.181 Überstunden leisten. Aufgrund der Arbeitsbelastung wurden *„Arbeitsbeurlaubungen, Wehrbetreuung, Schulung und Sport [...] zurückgestellt."*[3]

Blankensee als Ausbildungsbetrieb

Bis heute relativ unbekannt ist, dass in der Zeit von 1942 bis 1945 auf dem Fliegerhorst Lehrlinge im Flugzeugbau ausgebildet wurden; eine Segelfliegerausbildung inklusive.

Aufgrund eines Erlasses von Luftwaffen-Chef Göring mussten Fliegerhorste mit einem eigenen Werft-Betrieb ab 1. April 1942 Lehrlinge ausbilden. Angelegt war das Ganze auf dreieinhalb Jahre. Zu den ersten drei angehenden Metallflugzeugbauern gehörte auch Karl-Heinz Heitmann. *„Mein Vater hatte den Kontakt zur Werft hergestellt, weil ich mich als Schüler seit einer Besichtigung des Fliegerhorstes im Jahr 1937 sehr für die Fliegerei interessierte. Was folgte war ein kurzes Vorstellungsgespräch beim Werftleiter Heinrich und schon hatte ich den Lehrvertrag in der Tasche. Anfangs waren wir drei Lehrlinge, doch einer erschien bereits am zweiten Tag der Ausbildung nicht mehr. Später kamen weitere Lehrjahre dazu. Es waren alles Jungs aus der näheren Umgebung Lübecks. Das erste Jahr wurde ich jedoch nicht in der Werft, sondern bei den Norddeutschen Dornierwerken ausgebildet. Erst 1943 kam ich nach*

[3] Außerplanmäßig eng wurde es im Juli 1942: von der 155 starken Werftreserve waren 83 Mann mit Arbeiten in der Werft beschäftigt, zehn Mann arbeiteten in der Technischen Verwaltung und 35 Mann waren zum Erbsenpflücken eingesetzt. Der Rest fiel aus wegen Urlaub, Krankheit, Kommandierung. Ab August 1942 fehlten der Werft außerdem 104 Zivilangestellte, die jeden Dienstag eine infanteristische Abwehrausbildung erhielten. Insgesamt fielen 1.872 Arbeitsstunden im Monat August dadurch aus; 4,5 Prozent der Gesamt-Monatsleistung. Im Monat September lag dieser Wert aufgrund einer erhöhten Angestelltenzahl von 110 bei 5,4 Prozent. Im Dezember 1942 Tiefststand bei gerade einmal noch 1,8 Prozent.

Lehrvertrag

Das 1. und 2. Lehrjahr der Blankenseer Werft versammelt zum Gruppenfoto vor der Lehrwerkstatt im Sommer 1943. In der Mitte Ausbildungsleiter Walter Schlohbohm, ganz rechts Hannes Martens. 1944 kamen auch die Lehrlinge der Werften von Hagenow und Ludwigslust nach Blankensee. Der Grund hierfür ist bis dato leider unbekannt.

Oben: Neben praktischen Übungen stand auch die Theorie auf dem Plan. Berufsschul-Lehrer Krüger unterrichtete 1x/Woche in der Lehrlingswerkstatt. Rechts: Analog zu den Militärschülern trugen die Lehrlinge Uniformen. Hier der Lehrling Hans-Jürgen Appell.

Blankensee, dort wurden die bisher erlernten Kenntnisse vertieft."

Der Lehrbetrieb fand jedoch nicht in der Werft direkt statt. Im Sommer 1942 wurde extra eine eigene Lehrwerkstatt eingerichtet. Sie befand sich auf dem der Werft gegenüberliegenden Platzende, in einem eingeschossigen Flachbau nahe dem Bahnübergang zum Wulfsdorfer Weg. Dort gab es im linken Gebäudeteil eine Dreherei/Fräserei, im Mittelteil die eigentliche Lehrlingswerkstatt mit vielen Werkbänken zum Üben und im rechten Teil des Gebäudes einen Aufenthalts- sowie einen Unterrichtsraum, der vor allem dem Berufsschulunterricht diente, denn einmal pro Woche kam ein Lehrer (Herr Krüger) raus zu den Lehrlingen. Das Gebäude wurde übrigens nach dem Krieg zum ersten Clubheim des Lübecker Verein für Luftfahrt und steht noch heute. Eventuell existieren unter den diversen Farbschichten des Aufenthaltsraums auch noch die Luftwaffen-Malereien, die dort 1943 großflächig ein Lehrling aufgebracht hatte...

Untergebracht waren die Fliegerhorst-Lehrlinge zunächst in den Kasernen-Blöcken, in denen auch das militärische Werftpersonal untergebracht war. Karl-Heinz Heitmann erinnert sich daran, in einem Zwei-Mann-Zimmer gewohnt zu haben. Etwa um die Jahreswende 1943/44 mussten die Lehrlinge jedoch ihre komfortablen Quartiere verlassen. Sie zogen um in das leerstehende Barackenlager am Wulfsdorfer Weg. Dort gab es nur noch 10-Mann-Zimmer.

Der Tagesablauf war militärisch geregelt: 6.30 Uhr war Wecken, anschließend wurde nach der Morgentoilette das Frühstück in der Kantine der Zivilangestellten eingenommen. Diese befand sich in der Straße links von der Wache gegenüber dem Stromhaus. Dorthin, wie auch zur Werkstatt, wurde in geschlossener Formation marschiert, stets mit einem Lied auf den Lippen. Anschließend erledigten die Lehrlinge technische Vorarbeiten wie Hobeln, Feilen oder auch Bleche biegen. Und nach Dienstende wurden sich gegenseitig die Tricks und Kniffe erzählt.

Im Sommer 1944 durften die Lehrlinge auch einmal an einem richtigen Flugzeug arbeiten. Es war eine Ju 88,

die kurz zuvor in den Uferbereich des Ratzeburger See gestürzt war und geborgen werden konnte.[1] In der Werft sei sie gereinigt und wieder repariert worden, so Karl-Heinz Heitmann. Dort wurden per Kran die Tragflächen angesetzt und die Fahrwerke bzw. der Sporn wieder eingebaut. An der Maschine mit dem Kennzeichen „1H+IU" durften die Lehrlinge entsprechend ihrer Fähigkeiten mitarbeiten. Später wurde die Ju 88 im Zuge der ersten Probeflüge im Abstellbereich hinter der Lehrlingswerkstatt abgestellt. Hier prüften die Lehrlinge dann Luft- und Öldrücke. Karl-Heinz Heitmann erinnert sich außerdem daran, dass viele Teile, die für die Werft angeliefert wurden, in Sandbraun lackiert waren. Sie wurden vor dem Einbau erst in der Lackiererei neben der Werft in Grüntönen umgespritzt.

Als sich das Kriegsende abzeichnete, wurde die Ausbildung der jungen Männer beschleunigt. Blankensees erste Lehrlinge erhielten im Dezember 1944 ihren Facharbeiterbrief. Anschließend ging es für sie noch für kurze Zeit zum Reichsarbeitsdienst. Und anschließend weiter zum Militär. Sie sollten – nicht nur aufgrund der parallel zur Ausbildung stattgefundenen Segelflug-Einweisung – zu Fliegerschulen versetzt werden, woraus jedoch aufgrund des nahen Kriegsendes nichts mehr wurde. Viele von ihnen kamen zu Bodeneinheiten und mussten teilweise sogar noch in den Kriegseinsatz und kurz vor dem Ende in der Lüneburger Heide gegen britische Truppen kämpfen.

Das Werftpersonal

Unterstützung bei diesem hohen Arbeitsaufkommen erhielt das Werftpersonal ab Montag, 28. Juli 1941, auch durch das Werftzusatzkommando 22/XI mit einer Stärke von 1 Feldwebel und 56 Mann.[2]

Damit verfügte die Werft insgesamt über eine Personalstärke von über 300 Mann. Im einzelnen aufgeschlüsselt wurde das in einem Bericht an den Flughafenbereich 6/XI:

Fl.Techn. Gruppe: Lohnempfänger (Zivilangestellte): 141, Soldaten: 74,

Die Lehrlinge der Blankeseer Werft waren ab 1943/44 in Baracken am Wulfsdorfer Weg untergebracht. Auf dem Appellplatz wurde morgens auch der Frühsport absolviert. Oben ein Foto der kleinen Weihnachtsfeier der Lehrlinge im Jahr 1943. Als Geschenk vom Ausbildungsbetrieb gab es Wundertüten.

[1] Laut Erinnerungen von Anwohnern des Ratzeburger Sees hatte die Besatzung über Sprechfunk von einem Funk-Lkw aus noch kurz vor dem Absturz Anweisungen bekommen, tiefer zu gehen. Anschließend berührte sie die Wasseroberfläche. Per Kran und Seilwinden holte man sie aus dem See. Fotos der „1H+IU" auf Seite 122.

[2] Stärke im August 1941 57 Mann, ab Januar 1942 55, im Februar 1942 48 Mann, im März 93 Mann, 6 Unteroffiziere und zwei Offiziere. Im Juni 1942 hatte das Kommando dann nur noch die Stärke von 1/6/50.

Unterstützung erhielt das Stammpersonal der Lübecker Werft auch durch das Werftzusatzkommando 22/XI. Hier arbeitet ein Angehöriger dieser Einheit im Sommer 1942 am linken Motor einer Ju 52.

[1] Insgesamt konnte die Blankenseer Werft 19 rückgeführte Flugzeuge der drei Einsatzgruppen des KG 26 im April 1942 reparieren. Die weiteren beschädigten Maschinen des Löwengeschwaders mussten an das LZA Küpper weitergeleitet werden.

Das Luftdienst-Kommando 11 war mit den unterschiedlichsten Flugzeugtypen ausgestattet. Hier steht eine W34 hi zur Wartung in einer der Flugzeughallen. Es könnte sich dabei um die KS+NQ, die PF+NY oder die TI+NM der 1/11 handeln. Beachte die Scheibenschlepp-Vorrichtung unter dem Rumpf. Links im Bild eine Bf 110 einer unbekannten Einheit.

Kraftfahrgeräteverwaltung: Lohnempfänger (Zivilangestellte): 7, Soldaten: 11

Nachrichtengeräteverwaltung: Lohnempfänger (Zivilangestellte): 7, Soldaten: 6

Waffenmeisterei: Lohnempfänger (Zivilangestellte): 7, Soldaten: 13

Betriebstechn. Gruppe: Lohnempfänger (Zivilangestellte): 55, Soldaten: 1

Erschwerend für die Personaldecke kam hinzu, dass vielfach Techniker zu Lehrgängen abkommandiert wurden. So erhielten im Juni 1941 drei Lübecker Motorenschlosser innerhalb einer Woche eine Einweisung auf Jumo 211 F und auf die dazugehörigen Verstellluftschrauben VS 11 bei Junkers in Dessau. Das Ganze wiederholte sich auch für neu zur Werft versetztes Personal in unregelmäßigen Abständen ebenfalls in den Folgemonaten.

Den ganzen Januar und Februar 1942 über standen der Werft zudem zwei Junkers-Monteure zur Einweisung auf Teilüberholungen an Jumo 211 F zur Verfügung, im September 1942 kam noch mal ein Jumo-Monteur nach Blankensee, um die hiesigen Prüfer und Motorenschlosser in die Einheitseinspritzpumpe für den Jumo 211 einzuweisen.

Aus dem Werftbericht des Monats März 1942 geht außerdem hervor, dass aber nicht nur Flugzeuge der I., II. und IV./KG 26 repariert und instandgesetzt wurden, sondern auch Flugzeuge der aus von der Ostfront zurückgekehrten III. Gruppe[1] sowie die Maschinen des Luftdienstkommandos 1/11.

Einschub: Der Luftdienst in Lübeck-Blankensee

Von vielen eher unbemerkt in Blankensee blieben einzelne Besatzungen des Luftdienst-Kommandos 11 mit seinem Teilkommando 1/11. Auch ihre Maschinen wurden in der Lübecker Werft gewartet, erhöhten das Arbeitsaufkommen rund um das KG 26 also noch erheblich. Die Aufgabe des Luftdienstes lässt sich am besten mit „Mädchen für alles" bezeichnen. Die Aufgaben so eines Kommandos reichten von der Zieldarstellung – auch mit Scheibenschlepp – über Versorgungseinsätze, der Eis-Erkundung bis hin zur Suche nach Seenotfällen. In Flugbüchern findet man aber noch ein erweitertes Spektrum: Demnach gehörten auch besonders Kurierflüge, Flak- und Scheinwerferflüge – was wiederum als Teil der Zieldarstellung zu sehen ist – und sofern keine Wettererkundungsstaffeln in der Nähe einsetzbar waren auch Wetterflüge und die Tarnüberwachung zu den häufigen Flugaufträgen. Bei letzterer wurde aus der Luft geprüft, inwieweit die Tarnmaßnahmen an Gebäuden und Anlagen ausreichend waren.

Der Flugzeugbestand reichte von Ar 66, Ar 96, Fw 58, He 70, He 72 und W 34, aber auch ehemalige Kampfflugzeuge wie B.71, Ju 86, He 111, Ju 88 und Do 17 waren im Bestand des Luftdienstes zu finden.

In Lübeck-Blankensee ist offiziell keine Belegung der Luftdienst-Teilkommandos 1 und 2/11 nachzuweisen. 1/11 lag in Hannover-Vahrenwalde (von Januar bis Mai 1939) und in Hamburg-Fuhlsbüttel (von Mai 1939 bis Dezember 1943). 2/11 hingegen in Celle-Wietzenbruch (von August 1940 bis Dezember 1943). Dennoch ist eine Belegung in Blankensee durch die Monatsberichte der Werft im Zeitraum von September 1941 bis Dezember 1942 nachzuweisen. Hierbei wird die Ersatzteilbevorratung der He 70 angesprochen und auch die Wartung anderer Flugzeuge, die wahrscheinlich dem LD-Kdo. 11 zuzusprechen sind wie einer Do 17 E-3 (WNr. 2013), lassen sich nachweisen. Außerdem musste am 27. Oktober 1942 die Ju 88 „GF+MA" (WNr. 880701) vom Platz geborgen werden. Die Maschine des LD-Kdo. 1/11 hatte dort Bruch gemacht, die Schadenshöhe ist aber nicht bekannt. Die Ju 52 „RB+AS" (WNr. 5238) des LD-Kdo. 2/11 war im Mai und Juni 1941 zu Reparaturarbeiten in der Lübecker Werft. Prüfmeister Offermann machte am 27. Mai und am 25. Juni jeweils Instrumenten- und Messflüge. Eine Maschine, die typisch für den Luftdienst ist, nämlich die Avia B.71, ist zwar in den Werft-Unterlagen genannt, kam aber von der E-Stelle Travemünde. Die B.71 A „SE+DZ" (WNr. 166) machte ihren Erstflug bei Avia am 21. Juni 1940. Anschließend kam die Maschine zur E-Stelle in Travemünde.

Im Dezember 1943 gingen die Kommandos in den Fliegerzielgeschwadern auf. Dass davon auch Teile in Lübeck blieben, ist im Moment nicht nachzuweisen, aber anzunehmen.

Bergekommando der Werft

Aber nicht nur das LDKdo. 1 und 2/11 wurde von der Lübecker Werft betreut: Mit zunehmender Intensität des Luftkriegs über dem Reichsgebiet musste ein 20 Mann starkes Bergekommando auch zu notgelandeten oder abgestürzten Maschinen ausrücken – das erhöhte zusätzlich die Arbeitsbelastung des Werftpersonals. Und das nicht nur in der direkten Umgebung: Die Techniker fuhren mit Fahrzeugen und Bergegerät bis in die Bereiche von Neumünster, Bad Segeberg und ins Hamburger Umland. Als Beispiel einmal ein Blick in den Monat Juli 1942: Insgesamt vier britische Vickers-Wellington-Bomber musste die Werft bergen, von denen zwei am 27. Juli in Neumünster und bei Großenaspe, die zwei anderen am 29. Juli 1942 in Flotthof bei Neumünster und in Glinde bei Hamburg nach Abschuss abgestürzt waren. Hinzu kam noch die am 27. Juli 1942 in Havekost bei Schwarzenbek abgestürzte Bf 110 E-2 mit der WNr. 4000. Der zweimotorige Nachtjäger mit der Kennung „D5+FT", also eine Maschine der 9./NJG 3, war infolge eines Motorbrandes abgestürzt, die Besatzung blieb

Ein Fall für das Bergekommando der Werft: Eine Ju 88 ist nach einer Notlandung im Winter 1943 schrottreif.

Je nach Beschädigungsgrad der Maschine konnte das Flugzeug entsprechend wieder flott gemacht werden. Bei dem Bruch dieser Ju 88 dürfte der Beschädigungsgrad jedoch bei mindestens 90 Prozent gelegen haben; ein Wiederaufbau der Maschine wäre folglich kaum möglich. Insofern kümmert sich das Bergekommando um die verwertbaren Reste.

Was gar nicht mehr zu gebrauchen war, wurde in kleine Stücke zerhackt, um anschließend einfacher abtransportiert werden zu können. Dass dabei auch Spitzhacken zum Einsatz kamen, ist eher selten fotografisch festgehalten worden.

unverletzt. Der 100-prozentige Bruch wurde jedoch erst am 12. August 1942 durch das Blankenseer Bergekommando geborgen.

Die so geborgenen deutschen oder alliierten Maschinen wurden mit zum Horst genommen und je nach Beschädigungsgrad entweder wieder hergerichtet oder per Bahn zu einem Zerlegebetrieb weitergeleitet. Manches kam so beispielsweise auch zum Luftzeugamt 2/XI in Tra-

Der Chef der Lübecker Werft: Fl.-Stabs-Haupt.-Ing. Netzeband.

Erhebliche Probleme bereiteten die Jumo 211 nicht nur an der Front, wie hier in Frankreich. Auch in Blankensee fehlten viele Ersatzteile, hier selbst für die He 111, die mit dem Jumo 211 ausgerüstet war. Dennoch wurden viele wartungsbedüftige Maschinen des KG 26 zurück in die Heimat geflogen. Verbunden wurde das Ganze meist mit einem kleinen Urlaub für die Besatzung.

vemünde/Pötenitz. Das dortige Personal sortierte die unterschiedlichen Materialien, baute aus, was noch zu gebrauchen war; der Rest ging ansonsten wieder per Bahn zur Schmelze.

Werftausstattung

Keine Frontschleuse ohne die dazugehörige Ausstattung: Die ab April 1941 erhaltengebliebenen Monatsberichte sprechen vom Wunsch der Technischen Fliegerhorst-Leitung unter Fl.-Stabs-Haupt.-Ing. Heinrich, für die Überholung der Jumo 211 D und H einen Motorenbremsstand in Form einer Bruchzelle zu bekommen. Bereits seit Februar 1941 müssen laut den Aufzeichnungen dazu erste Ideen geschmiedet bzw. die Überholungsaufträge an die Werft erteilt worden sein.

Erschwerend für die Aufgabe, die Motoren, die hauptsächlich in der He 111 und Ju 88 zum Einbau kamen, teilzuüberholen, kam zum Fehlen des Bremsstandes das Fehlen von Spezialwerkzeugen und Prüfgeräte hinzu. Hierfür waren die Luftzeugämter Liegnitz und Schwerin beauftragt. Im April 1941 wies Haupt-Ing. Heinrich darauf hin, dass im Moment *„nur dann Motoren in Teilüberholung genommen werden, sofern die Gewähr gegeben ist, dass der teilüberholte Motor am hiesigen Platz durch Einbau in ein Flugzeug wieder Verwendung finden wird."* 15 Motoren sollte die Werft zu diesem Zeitpunkt überholen, nur sieben konnten davon aufgefrischt werden. Dieses war jedoch sehr notwendig, denn wie die Berichte erkennen lassen, stockte der Nachschub an Motoren und kam im April 1941 sogar zum Erliegen. Dadurch konnten zwei Maschinen (He 111 „1H+FL" WNr. 3689 und He 111 „1H+GU" WNr. 5379) nicht wieder flugklar gemeldet werden. Im September 1941 wurde der Mangel aktenkundig für Jumo 211 H für He 111 H-5 und Jumo 211 D-1 für He 111 H-3. Auch an der Front sah es zu diesem Zeitpunkt nicht besser aus: Beispielsweise ergaben sich bei der II./KG 26 Versorgungsprobleme mit Austausch-Motoren und Luftschrauben in Sizilien und vor allem in Eleusis, die es nötig machten, die Maschinen selbst nach Blankensee zurückzufliegen und die Motoren hier wechseln zu lassen – sofern welche zur Verfügung standen. Die Schwierigkeiten mit den Jumo-Motoren betraf aber nicht nur die Lübecker Werft. Im Kriegstagebuch Nr. 1 der KGr. z.b.V. 5 ist am 19. April 1942 ein interessanter Eintrag zu finden: *„Technische Lage nach wie vor schwierig in der Gruppe. Zum Motorwechsel muss die Luftflotte 1 Anweisung geben, woher Motor geholt werden soll, z.B. musste eine He 111 zum Motorwechsel nach Parow überwiesen werden. Der Motor wurde für diese He 111 am 31.3. aus Straßburg abgeschickt und war am 18.4. noch nicht in Parow eingetroffen. Die in einer Hand liegende Zentralisation der Motorbeschaffung und der werftmäßigen Zuteilung zu Teilüberholungsarbeiten wirkt sich für die Gruppe bei dem starken Anfall unklarer Flugzeuge sehr ungünstig aus. Je weiter die Flugzeuge sich vom Gefechtsstand entfernen, um so weniger Einfluss hat die Gruppe auf beschleunigte Heranschaffung der Ersatzteile und Durchführung der Arbeiten."*

Für die Besatzungen waren die mit den Verzögerungen verbundene Wartezeit jedoch meist ein willkommener kleiner Urlaub in der Heimat.

Da der Bremsstand in Form einer Bruchzelle in Blankensee noch auf sich warten ließ, löste man in der Werft dann das Problem auf seine eigene Weise: Man baute nach Eingang von Zeichnungsunterlagen einen Einlaufprüfstand nach RLM L C3-IV. Die Bauleitung begann mit Ausschacht- und Fundamentarbeiten für den Prüfstand – für die Bauleitung ein Propellerauswuchtstand – am

7. Juli 1941, die langersehnte Fertigstellung verzögerte sich aufgrund Materialmangels bis in den Februar 1942. Am 15. des Monats war es dann soweit, der hinter der Werft aufgebaute Prüfstand wurde erstmals in Betrieb genommen. Er bestand im Grunde nur aus einem Holzgestell, der Aufhängung für den Motor und einer kleinen Kabine, dem Leitstand für die Testläufe.

Ab diesem Zeitpunkt liefen die Teilüberholungen an den Jumo-Triebwerken jedenfalls reibungslos – bis auf die Beanstandungen an den angelieferten Motoren, denn entweder fehlten Teile an den angelieferten Triebwerken oder sie mussten, wie aus den Lebenslaufakten der Motoren hervorging, gar nicht teil-, sondern grundüberholt werden.

Mit dem Bau des Prüfstandes waren die Schwierigkeiten in Blankensee nicht zu Ende: Der ausbleibende Nachschub an Ersatzteilen brachte ab September 1941 die Arbeiten teilweise zum Erliegen. So fehlten laut dem Werftbericht dieses Monats selbst Kleinteile wie Bowdenzüge für die Sandfilter. Aber auch größere Komponenten fehlten: *„Sehr große Schwierigkeiten bereitet die Beschaffung von vollständigen Ikaria-Heckständen für He 111 H 5 und H 6, Scheiben für den Ikaria-Heckstand, Scheiben für Kanonenlagerung in der Liegewanne L-FF/2 und vollständige Liegewannen (C-Stand). Sie sind infolge der Bauchlandungen sehr stark dem Verschleiß ausgesetzt. Die Beschaffung ist darum so schwierig, weil diese Scheiben in keiner Ersatzteilliste enthalten und auch keine Ersatzteil-Nr. bekannt sind"*, so Fl.-Stabs-Ing. Heinrich. Im Oktober 1942 monierte die Technische Leitung unter Fl.-Stabs-Ing. Netzeband die langen Lieferzeiten bei Ersatzteilen, auch wenn die LZGr. 11 bereits seit Sommer 1942 straffere Maßnahmen zum Nachschub von Flugzeugzellen- und Motorersatzteilen eingeführt hatte. Durch die längeren Lieferzeiten sei es jedenfalls zu Terminverzögerungen bei der Fertigstellung

Aufgrund von Versorgungsengpässen wurden die KG26-Maschinen selbst aus den entlegendsten Gegenden nach Lübeck zurückgeflogen. Oben ein Auszug aus dem Flugbuch Seefeldt, der eine derartige Überführung belegt. Links die He 111 H „1H+BC" vom Stab/ II./KG 26. Auch sie ist im Sommer 1941 in Blankensee zu Gast gewesen.

Durch den langersehnten Motorenprüfstand konnte die Blankenseer Werft die Teilüberholung von Motoren abschließend vornehmen.

Nach Blankensee kamen auch erfolgreiche Besatzungen mit ihren Maschinen zur Überholung. Warte ließen es sich nicht nehmen, vor den Leitwerken mit den Versenkungsbilanzen zu posieren. Rechts die He 111 H-6 mit der WNr. 4986 im Sommer 1942. Diese He 111 wurde später von der Einsatzgruppe an die IV./KG 26 abgegeben, hatte in Lübeck als „1H+YU" am 12. Juni 1943 einen Rollschaden (15%).

Eine weitere He 111 mit Versenkungsbilanz, die jedoch nicht alltäglich waren (im Gegensatz zu derartigen Erfolgsbilanzen an den Seitenrudern der Jagdflieger). Es ist die He 111 H „1H+BK" der 2./KG 26, aufgenommen im Sommer 1941.

[1] Im Bericht für den November 1942 wird immer noch von den drei nicht fertiggestellten He 111 gesprochen. Inzwischen konnte jedoch eine davon „durch Abrüsten eines anderen Flugzeuges fertiggestellt werden. Die restlichen 2 Flugzeuge können erst nach Eingang von Ersatzteilen fertiggestellt werden. Die fehlenden LT-Ersatzteile sind bei der Fa. Heinkel-Rostock in Auftrag gegeben und sollen Mitte Dezember zur Auslieferung kommen."

Noch zwei Bilanzen am Leitwerk, konserviert in einem Fotoalbum eines KG 26-Angehörigen: Links die He 111 H-6 (WNr. 4384) „1H+KK" der Besatzung Frank im Juni 1942 in Norwegen. Rechts die He 111 H-6 (WNr. 7128) „1H+AK" wahrscheinlich des Staffelkapitäns der 2./KG 26, Hptm. Gerhard Fischbach, ebenfalls im Sommer 1942 in Norwegen. Auch diese Maschinen wurden vor Abgabe ans KG 26 in Blankensee aufgerüstet.

von Flugzeugen gekommen. *„Zurzeit liegen 3 He 111 in der Werft und können nicht fertiggestellt werden. [...] Es fehlen hauptsächlich PVC-Aufhängungen und innenverzahnte Rohre für die Einstellspindeln. Die betreffenden Fehlteile sind nirgends bevorratet und auch aus der Industrie nicht zu beschaffen. Entsprechende Auskunft konnte von RLM nicht erteilt werden."*

Und ein weiterer Faktor machte sich erschwerend bemerkbar: die Fliegeralarme, auch wenn es keine Angriffe auf Blankensee gab. Im Monatsbericht September 1941 heißt es, dass dadurch insgesamt eine Arbeitszeit verloren ging, die *„dem Arbeitsstundenaufwand von zwei Teilüberholungen He 111 entspricht."*[1] Hinzu kam die einsetzende Treibstoffknappheit: Im Werftbericht des Monats Mai 1942 merkt Fl.-Stabs-Ing. Heinrich[2], dass *„die für den 15.5.42 zur Abgabe an die Front von Generalstab VI. Abt. bestimmten Flugzeuge nicht überführt werden [konnten], da kein Kraftstoff vorhanden war. Die Überführung der o.a. Flugzeuge konnte, da erst am 17.5.42 Kraftstoff angeliefert wurde, erst am 18.5.42 durchgeführt werden."* Auch in den Folgemonaten sollte

sich das nicht bessern, der Nachschub wird in den Folgeberichten als „schleppend" bezeichnet.

Es ist sehr wahrscheinlich, dass alle He 111 für das KG 26 in Blankensee umgerüstet wurden. So lässt sich beispielsweise ab März 1943 beinahe der gesamte Stammkennzeichen-Block VI+UA bis UZ sowie PB+QA bis QZ – jeweils Maschi-

nen der Baureihe He 111 H-11 – in der Lübecker Werft nachweisen. Der Großteil findet sich später in den Verlustlisten des Generalquartiermeisters wieder: Es waren Maschinen vorrangig der I. und II./KG 26. Doch es gibt auch Ausnahmen, die ebenfalls in Blankensee nachweisbar sind: Die „PB+QE" ist zum Beispiel in diesem Zeitraum nicht beim KG 26 geflogen: Sie lässt sich mindestens von März bis September 1943 bei der BFS 7 in Radom nachweisen. Die „PB+QA" war im März 1943 beim Ln.Vers.Rgt. Köthen eingesetzt, die „PB+QI" im Sommer 1943 bei der E-Stelle Werneuchen.

Die Flugausbildung in Blankensee

Mit Forcierung der Ausbildung der Besatzungen auf den Fliegerschulen relativ schnell nach Kriegsbeginn, erkannte auch die Luftwaffenführung, dass die neuen Piloten, Funker, Beobachter und Bordschützen nicht ausreichend genug auf die speziellen Bedürfnisse – wie beispielsweise beim Löwengeschwader der Einsatz über See, später der Einsatz als Torpedogeschwaders – hin ausgebildet waren. Und das obwohl die personelle Auffüllungsarbeit durch die spezifische Ausbildung auf den Flugzeugführer-, Luftnachrichten-, Fliegerwaffen- und Blindflugschulen gewährleistet gewesen sein sollte. Die spezifische Einweisung in das spätere Verwendungsgebiet gab es anschließend bei den Aufklärungs-, Jagdflieger- oder den Kampffliegerschulen. Hier wurden auch die Besatzungen zusammengestellt, die dann nach Abschluss der Ausbildung den Befehlsbereich des Chef AW (Ausbildungswesens) erstmals verließen und zu einem Einsatzverband kamen.

Letztlich fehlte den neuen Besatzungen aber die verbandsspezifische Erfahrung. Bereits ab Sommer 1940 stellte das KG 26 in Lübeck eine Ergänzungsstaffel auf, also eine eigene Schulstaffel; auch bei anderen Geschwadern gab es zu diesem Zeitpunkt diese Schulstaffeln. Der Vorteil: Hier bestand nicht nur die Möglichkeit, vollständige Besatzungen ins Geschwader hineinwachsen zu lassen, sondern auch einzelne Besatzungsmitglieder, die beim Abschuss ihres Flugzeuges und nach dem Tod oder Verwundung der anderen Besatzungsmitglieder übrig geblieben waren oder sich freiwillig zu einem Kampfverband meldeten, konnten nun ebenfalls beim Geschwader mit anderen mit anderen „Einzelgängern" wieder zu vollständigen Besatzungen zusammengestellt werden.

Das Ganze hatte aber einen anderen Hintergrund: Vor Kriegsbeginn wurden die neuen Bordschützen, Flugzeugführer, Funker und Beobachter von den einzelnen Staffeln selbst in den Flugdienst und in die Abläufe im Verband eingewiesen. Das übernahmen alte, erfahrene Besatzungen. Jetzt, mitten im Krieg, stellte man fest, dass die erfahrenen Besatzungen besonders während der Einsatzphasen nicht die Zeit oder auch die Kraft aufbringen konnten, nebenher noch „neue" anzuleiten. Jedoch wurden durch die zunehmenden Verluste und die damit verbun-

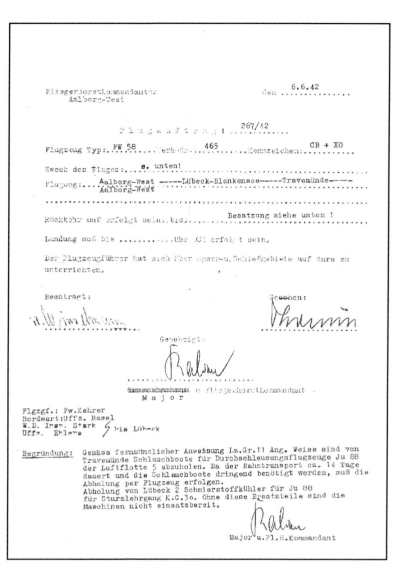

Schlauchboote aus Travemünde, Schmierstoffkühler für Ju 88 aus Blankensee: Dieser Flugauftrag der Fliegerhorstkommandantur Aalborg-West zeigt, wie wichtig neben den Luftzeugämtern auch Fliegerhorste wie Blankensee sein konnten, wenn es um den Nachschub ging.

[2] Heinrich verließ am Montag, 27. Juli 1942, die Technische Leitung „Zwecks Einsatz im Osten", sein Nachfolger als Technischer Leiter wurde Fl. Stabs-Ing. Netzeband per 20. Juli 1942. Netzeband kam von der Fl.H.Kdtr. Lüneburg.

Blick aus der Blankenseer Flugleitung, heute würde man sagen aus dem Tower. Beachtenswert sind die Tarnmaßnahmen an den Hallen: Es sind Seile gespannt, an denen Netze am Gebäude hochgezogen werden können. Direkt neben der Flugleitung hatte der Meteorologe seine Messstation, zu erkennen an dem kleinen weißen Häuschen (Das kleine Foto rechts zeigt eine weitere Messeinrichtung des „Wetterfrosches", wie der Meteorologe von den Fliegern despektierlich genannt wurde, auf dem Dach der Flugleitung, in Blickrichtung zum Befehlsbunker). Und fast wie zu Friedenszeiten stehen mehrere He 111 auf dem Flugfeld.

dene stärkere Wiederauffüllung mit neuen Besatzungen eine gezielte Einweisung nötig.

Dafür wurden ältere, aber auch oftmals abgeflogene Besatzungen der anderen KG 26-Gruppen aus dem Frontdienst herausgezogen und dienten nun als Ausbilder in Blankensee. Gleichzeitig zog man daraus Nutzen, dass sich die Frontflieger so etwas „in der Heimat" erholen konnten. In gewissen Zeitabständen wurden sie dann gegen andere Lehrbesatzungen ausgewechselt und konnten zu ihrer Staffel zurückkehren.

Viele dieser Ausbildungsbesatzungen ereilte anschließend jedoch ein tragisches Schicksal: Nachdem sie einige Zeit in Lübeck-Blankensee verbracht hatten, kam ihr Versetzungsbefehl zurück an die Front. Durch den Aufenthalt im mehr oder weniger friedlichen Reichsgebiet hatten sie aber viel fliegerisches Gespür eingebüßt und insofern wurden viele Besatzungen nach ihrer Rückversetzung zum Einsatzverband oftmals während des ersten oder zweiten Einsatzes abgeschossen. Deshalb war die Stimmung auf dem Fliegerhorst vor derartigen Rückverlegungen auch meist mehr als gedrückt, erinnert sich Paul Köster, der 1943 zur IV. und anschließend zur III./KG 26 kam. Jedoch nicht alle Besatzungsmitglieder durchliefen die Lübecker Schule. Der Bordschütze Gefreiter Bartelsgergner beispielsweise kam ohne Umwege im Februar 1941 direkt zur III./KG 26 nach Amiens in die Besatzung Jacobi – zu späteren Kriegszeiten eher die Ausnahme.

Ein Problem war jedoch generell, dass nicht genügend front-erfahrene Staffelkapitäne und Staffeloffiziere zur Verfügung standen, denn sie wurden weiterhin in den drei Einsatzgruppen gebraucht, und kein Staffelkapitän gab sie gerne her – viele Besatzungen rissen sich auch nicht darum, quasi in die „Provinz" abgeschoben zu werden. Ein weiteres Problem, besonders im weiteren Kriegsverlauf, waren die unterschiedlichen Einsatzorte der Gruppen und die dadurch resultierenden unterschiedlichen Einsatztaktiken vor Ort: Die eine Gruppe flog auf England, während die II. Gruppe von Sizilien oder Griechenland aus Einsätze in Afrika flog, während die dritte teilweise an der Ostfront im Einsatz stand. Insofern gab es zunächst ein „Standardprogramm" für die Besatzungen, die Einweisungen am späteren Einsatzort Ort übernahmen schließlich die Staffeln selbst. Die Ausbildung in Blankensee war aber auch nicht nur bloßes Flugtraining wie noch gezeigt werden soll: Es gab weiterhin intensiven theoretischen Unterricht für die Besatzungen – hierzu gehörte zum Beispiel das Erlernen der verschiedenen Schiffstypen oder der weiteren Funknavigationsausbildung – und praktisches Üben an technischen Geräten wie Zieleinrichtungen und Bordwaffen. Nur zu speziellen Lehrgängen wurde zu anderen Flugplätzen verlegt: So gab es zum Beispiel einen Lehrgang zum Schiffssuchradar FuG 200 „Hohentwiel" in Dievenow bei der LNS 6 oder auch anschließende Versetzungen zur Torpedoschule in Großenbrode oder der KSG 2, später KG 102 in Riga, bei denen speziell die Angriffe mit Torpedos geübt wurde.

Damit sich die von den Schulen kommenden Nachwuchsbesatzungen sowohl an die Situation in einem Einsatzverband als auch an die moderneren Flugzeuge gewöhnten, wurde nach strengem Dienstplan vorgegangen. Morgens nach dem Wecken, der Morgentoilette und dem Frühstück standen oftmals bereits ab 7.30 Uhr Flugübungen auf dem Ausbildungsplan. Damit der Platz optimal ausgenutzt werden konnte, hatten die einzelnen Ausbildungsgruppen jeweils im Wechsel Flugdienst oder bekamen Unterricht in den Schulungsräumen.

Der Aufenthalt in der Hansestadt stieß für die gerade von den Ausbildungsschulen der Luftwaffe kommenden Besatzungen auf ein geteiltes Echo. Zum einen wollten die Flieger in der Regel schnell an die Front und wurden durch den mitunter bis zu drei Monaten dauernden Aufenthalt in ihrem Vorhaben gebremst. Zum anderen aber gefiel es den Besatzungen sehr gut in der Hansestadt. Die meisten kamen aus dem gesamten Reichsgebiet und freundeten sich schnell mit „lübschen Deerns" an, zumal es in der Umgebung und in der Stadt viele Tanzlokale und Cafés gab.

Da sich die ersten Schulflüge der Erg.St./KG 26 auch während der Liegezeiten der II. Gruppe nachweisen lassen, ist es nicht verwunderlich, dass auch deren He 111 und sogar Maschinen des Geschwaderstabes zu Übungszwecken herhalten mussten.[1] Mindestens ab September 1940 finden sich aber auch die ersten Kennzeichen der späteren IV./KG 26 in den Flugbüchern; da es sich jedoch zunächst nicht um eine Gruppe, sondern nur um eine Staffel handelt, ist es nicht verwunderlich, dass es erst einmal beim Buchstaben U der späteren 10./KG 26 blieb. Die Buchstaben V und W für die Staffeln 11 und 12 folgten 1941 mit der Aufstockung zur Gruppe.

Früheste Aufzeichnungen stehen durch das Flugbuch von Lt. Rolf Oepen zur Verfügung, der Mitte August 1940 nach bestandener Blindflugprüfung an der BFS 1 in Brandis zur Ergänzungsstaffel des KG 26 kam. Die ersten Umschulungsflüge fanden zunächst mit He 111

Das Geschwaderwappen erhielten die neuen Besatzungen in Blankensee als Anstecknadel überreicht. Es zeigt den sitzenden Löwen auf blauem Grund, der Gruppen-Farbe der IV./KG 26 (weiß = I./26, gelb = II./26, rot = III./26).

[1] Über die Lüneburger Erg.St. (II.)/KG 26, die von August 1940 bis zum 21. März 1941 existiert haben soll, gibt es außer bei Sven Carlsen und Michael Meyer „Die Flugzeugführerausbildung der Deutschen Luftwaffe 1935-1945" Band II keinerlei Unterlagen. Vielleicht ist das Verwenden von Einsatzmaschinen der II./KG 26 ein Indiz für die Existenz und Schulung der Staffel in Blankensee und nicht wie angegeben in Lüneburg.

Besatzungen wurden in Blankensee zusammengestellt, oder besser: fanden sich zusammen. Oben testet ein Bordschütze für die Kamera sein MG 15 (Schießübungen fanden aus dem Abwehrstand eher in der Luft statt), links wartet ein Beobachter in der He 111 WNr. ??53 auf den Rest seiner Besatzung.

[1] Es kann wie bereits geschildert nicht genau getrennt werden zwischen reiner Auffrischung der II./KG 26 und Flügen bei der Ergänzungsstaffel, da dazu die Maschinen der II./KG 26 verwendet worden sind.

[2] He 111 „1H+AU" bis „1H+EU" und „1H+MU", wobei nicht ausgeschlossen werden kann, dass es weitere gegeben hat.

Gegen Fliegersicht geschützt abgestellt ist diese He 111 H „1H+EU" im Frühjahr 1941. Im Gegensatz zu den festen Splitterboxen kamen hier einmal Sandsäcke zum Einsatz.

der II./KG 26 statt[1]. Selbst Maschinen des Geschwaderstabes und vom Stab der III. Gruppe mussten dazu herhalten, bevor die ersten Maschinen mit Kennung der Ergänzungsstaffel im September 1940 zur Verfügung standen. Ob dies ein Zeichen dafür ist, dass der Ergänzungsstaffel nicht genügend Maschinen zur Verfügung standen, lässt sich daraus aber nicht ableiten. Nachweisbar sind sechs Maschinen[2] in diesem frühen Stadium.

Das Übungsprogramm der Schulstaffel sah für Lt. Oepen zunächst ein paar Platzflüge, anschließend Ziellandungen in Blankensee vor. Ab Montag, 9. September 1940, standen dann bis zum 13. September die ersten Bombenanflüge von Anklam aus auf dem Programm, die obligatorischen Verbandsflüge folgten anschließend Mitte/Ende September 1940 wiederum in Blankensee. Zu Beginn des Oktobers wurden in Lübeck Nacht- und Dämmerungslandungen geübt. Aufgrund der zu dieser Zeit schon früh einsetzenden Dunkelheit begannen diese Trainingseinheiten bereits ab 18.30 Uhr. Vor der Versetzung zur III./KG 26 flog Lt. Oepen am Freitag, 11. Oktober 1940, noch Tiefangriffe auf Infanterie in der Lübecker Umgebung mit der He 111 „1H+DU".

Der übliche Werdegang in der Ergänzungsstaffel konnte Anfang 1941 auch so aussehen: Die Besatzung Kramer flog beispielsweise nach ihrer Versetzung von der Erg.KGr. 2 in Quedlinburg am Mittwoch, 26. Februar 1941, zunächst nur Platzflüge und drehte von 10 bis 13.22 Uhr unentwegt Platzrunden, 19 Stück an der Zahl. Einen Tag später stand ein Höhenflug auf dem Programm (6.500 Meter), Anfang März 1941 folgten dann die ersten Verbandsflüge und Tiefangriffe mit Zementbomben (Abwurfhöhe 30 Meter). Auch Ende März 1941 wechselten sich Verbandsflüge, Bombenwurf-Übungen und Überlandflüge ab. Letztere waren meistens eher „Überseeflüge". Insgesamt verbrachte eine Besatzung mindestens acht Wochen hier. Es gab aber auch Ausnahmen: Ofw. Wilhelm Tünnesmann kam am Sonnabend, 2. August, nach Blankensee. Und bereits am 22. August verlegte er als Flugzeugführer der 5./KG 26 nach Stavanger. Inwieweit Tünnesmann bereits geschickter war im Fliegen als andere Besatzungen, ließ sich leider nicht mehr feststellen. Möglich wäre aber auch ein dringender Personalbedarf innerhalb der 5. Staffel.

In den Meldungen des Generalquartiermeisters sind zwischen September 1940 und März 1941 insgesamt fünf größere Unfälle der Ergänzungsstaffel dokumentiert, bei denen zwei Mann getötet wurden.

Aus der Staffel wird eine Gruppe

Die Schulstaffel diente am 22. März 1941 zur Aufstellung einer Ergänzungsgruppe, der IV. Gruppe, um unter dem Kommando von Major Franz Ziemann (Adjutant Oblt. Rolf Bergholter) die Nachschulung und Einsatzvorbereitung der Besatzungen zu übernehmen. Die steigenden Verluste machten es notwendig, zusätzlich zur 10.(Erg.)/KG 26 noch zwei weitere Staffeln aufzustellen.

Die ersten Staffelkapitäne (genaue Aufstellung im Anhang)
10./KG 26   Oblt. Jochen Lüdtke
11./KG 26   Oblt. P. Schäfer
12./KG 26   Hptm. Hendrik von Heemskerck

Technischer Offizier der Ergänzungsgruppe wurde Hptm. Harald Link, ein ehemaliger Staffeloffizier der I./KG 26. Von 1941 bis 1944 übernahm Link auch das Kommando über die 10. FBK des KG 26, die ebenfalls speziell für die Wartung der IV. Gruppe in Lübeck aufgestellt wurde.

Die 10. FBK war für die technische Betreuung der IV. Gruppe zuständig und half der Werft bei der Instandsetzung der Flugzeuge der Einsatzgruppen.

Major Ziemann hingegen blieb jedoch nicht lange: Bereits am 7. Oktober 1941 übernahm Major Fritz Gehring das Kommando der neuen Lübecker Löwengeschwader-Gruppe und blieb ihr Kommandeur bis Februar 1944. Das Flugzeugmaterial bestand weiterhin aus älteren He 111 H-Versionen, viele davon wurden „auf dem kleinen Dienstweg" aus den eigenen Einsatzgruppen an die Ergänzungsgruppe abgegeben.

Da von der IV./KG 26 kaum offizielle Unterlagen erhalten geblieben sind, hier vergleichsweise ein Blick auf den Dienstplan der 10./KG 53 für Freitag, 4. April 1941:

Eine He 111 H der IV./KG 26, wahrscheinlich der 10. Staffel, 1941 in Lübeck-Blankensee. Im normalen Flugdienst flogen die Maschinen zu diesem Zeitpunkt unbewaffnet – außer bei Flügen über die Ostsee oder natürlich zu Schießübungen.

07.00 Uhr	Wecken (U.v.D.)
08.00 Uhr	Frühstück (Speisesaal)
08.30 Uhr	Antreten (Hptfw.)
12.00 Uhr	Mittagessen (Speises.)
13.45 Uhr	Antreten (Hptfw.)
18.00 Uhr	Abendessen (Speises.)

Techn. Personal und Heckschützen
08.45 Uhr Abfahrt zum Platz
09.00 bis 11.30 Uhr Techn. Dienst
13.45 Uhr Abfahrt zum Platz
14.00 bis 17.00 Uhr Techn. Dienst

Fliegendes Personal
09.30 bis 11.30 Uhr Techn. Exerzieren: Flugzeugführer
09.30 bis 11.30 Uhr Peilen: Bombenschützen und Bordfunker
14.00 bis 14.50 Uhr Funken: Flugzeugführer und Bombenschützen
15.00 bis 16.00 Uhr Gebrauch von Signaltafeln: Flugzeugführer, Bombenschützen und Bordfunker
16.15 bis 17.00 Uhr Sport: Flugzeugführer, Bombenschützen und Bordfunker

Manchmal wurden Übungsflüge dazu genutzt, Besatzungen zu ihrem Fronturlaubsort zu bringen oder auch, um neue Besatzungsmitglieder abzuholen. Ein Beispiel für letzteres ist Anton Hönninger. Flugzeugführer Holz holte Hönninger, ebenfalls Flugzeugführer, am Sonntag, 2. März 1941, mit der He 111 „1H+HU" aus Krakau ab. Hönninger bekam von Holz dann auch am Dienstag, 13. Mai 1941, einen einweisenden Platzflug um 9.02 Uhr auf der He 111 „1H+CW" in Blankensee. Anschließend flog die Besatzung Hönninger Platzrunden bis 10.39 Uhr. In den darauffolgenden Tagen standen ebenfalls Platz- und Einmotorenflüge auf dem Programm, ebenfalls mit der He 111 H-4 „1H+CW". Höhenflüge folgten am 17. und 20. Mai (mit der He 111 H-4 „1H+CW" und mit der He 111 H-2 „1H+DW"). Mit der „CW" flog Hönninger dann auch am Montag, 26. Mai, seinen ersten Überlandflug von Blankensee aus: Ab 8.56 Uhr ging es nach Karlsruhe. Zurück waren die Flieger um 20.18 Uhr. Flüge nach Greifswald, Zwickau und Märkisch-Friedland folgten am 9. und 12. Juni 1941. Mit der He 111 „1H+AW" standen dann noch am Dienstag, 17. Juni, Bakenanflüge an, bevor es am Abend des gleichen Tages ab 22.50 Uhr Dämmerungsflüge waren, die die Besatzung Hönninger mit der „1H+CW" absolvieren musste. Hierbei hatte Hönninger Pech, die He 111 mit der WNr. 3351 machte um 23.50 Uhr in Blankensee bei der Landung aus unbekannten Gründen Bruch. An der Maschine entstand zehn Prozent Schaden. Auch wenige Tage später hatte Hönninger kein Glück: Bei einem Überlandflug mit der He 111 „1H+DW" fiel, nachdem er in Kölleda zwischengelandet war, auf dem Rückweg der rechte Motor aus, Hönninger musste um 12.30 Uhr in Unterschlauersbach notlanden. Ob hierbei an der He 111 ein Schaden entstand, ist unbekannt. Die Besatzung saß daraufhin hier fest. Erst am Sonnabend, 28. Juni, ganze zehn Tage später, ist ein Werkstattflug in Unter-

Hptm. Hendrik von Heemskerck, Staffelkapitän der 12./KG 26 von November 1941 bis Mai 1942, anschließend von Juli 1942 bis November 1942 Staka der 10./KG 26.

Unfälle blieben nicht aus, hier hat es 1941 die He 111 H „1H+FW" erwischt. Ob dabei auch die Besatzung zu Schaden kam, ist nicht überliefert. Die Werft hat die 111 komplett ausgeschlachtet, die Reste warten hier auf den Abtransport.

[1] Eigentlich drei: Hier zeigt sich wieder, wie wenig die „nachgewachsene" III./KG 26 für die alten Löwengeschwader-Flieger zum Geschwader gehörte.

Souvenir aus Blankensee: ein Stempel im Flugbuch eines Besatzungsgmitgliedes.

„Viel Schnee" lautet die Beschriftung dieses Fotos. Die Warte hatten ihre Mühe, nicht nur im harten Winter 1941/42 die Maschinen vom Schnee zu befreien.

schlauersbach im Flugbuch zu finden. Doch auch jetzt ging es noch nicht zurück nach Blankensee: Nach einem erneuten Werkstattflug am 29. Juni ging es zunächst nach Fürth, dort fand – wahrscheinlich nach einem weiteren Werftaufenthalt – ein weiterer Abnahmeflug statt, bevor die Besatzung Hönninger endlich am Montag, 30. Juni, um 21.10 Uhr wieder in Blankensee eintraf. Nach ein paar Tagen, am 3. Juli 1941, ging es für Hönninger dann wieder in die Luft: Zu Bombenzielwürfen ab Blankensee von 10.42 Uhr an. Dabei brach jedoch ein Kühlerzylinder, so dass die „1H+DW" bereits 18 Minuten später wieder in Blankensee landete. Die Bombenflüge wurden schließlich am 8. Juli 1941 mit der He 111 „1H+BW" nachgeholt. Und auch Nachtflüge standen wieder auf dem Plan: Am Mittwoch, 16. Juli, wurde ab 22.12 Uhr mit der He 111 H-5 „1H+FW" in sieben bis acht Minuten Abständen in Blankensee um den Platz geflogen. Nach erneuten Bombenwurf- und Nachtflugübungen am 18. Juli 1941 war die Lübecker Zeit für die Besatzung Hönninger vorbei. Insgesamt machte die Besatzung 82 Flüge. Nun ging es sofort per Bahn nach Frankreich, am 25. Juli 1941 flogen die vier das erste mal von Poix aus bei der 7./KG 26 Einsatzmaschinen.

Da der Winter 1941/42 dem des Jahreswechsels 1939/40 wettermäßig in nichts nach stand – Ende Januar 1942 lagen in Lübeck 30 Zentimeter Schnee und es herrschten Temperaturen von bis zu minus 28 Grad – musste der Flugbetrieb auf ein Minimum reduziert werden. Wenn dann Schulflüge möglich waren, wurde die Zeit entsprechend intensiv genutzt. Auch der monatliche Werftbericht vom Februar 1942 geht auf die schlechte Wetterlage ein, die „Überführungsflüge der Reparaturflugzeuge wie auch der Schulungsbetrieb am Platz unmöglich" machte. Doch auch nach der Wetterbesserung musste der Flugbetrieb eingeschränkt werden: Im April 1942 stockte der Treibstoffnachschub. Das Kommando des Flughafenbereichs 6/XI meldet am Mittwoch, 29. April, dem Laufgaukommando XI in Hamburg, dass sich die Ausbildung von Besatzungen der IV./KG 26 verzögern würde, da kein Fl.-Kraftstoff zur Verfügung stehe; gleiches galt für den Zeitraum 20. bis 23. Juni 1942: Hier stand kein Flugbetriebsstoff B4 zur Verfügung.

Im März 1942 gab es einen Führungswechsel in der IV./KG 26. In diesem Zuge kam auch Oblt. Ludwig Baum nach Blankensee, zum neuen Kommandeur, Major Fritz Gehring. *„Nach einer kurzen Besprechung mit dem Kommandeur wurde ich IA und Henner Kaufmann IB, Adolf Hansen erhielt eine Staffel (11.). [...] Beim Durchforsten der vorhandenen Unterlagen fand ich so gut wie nichts, außer den üblichen abgehefteten Vorschriften, Erlassen, Verboten etc. Über die Ausbildung selbst nichts. [...] Ich war mir darüber im Klaren, dass wir von Anfang an eine gewisse Trennung in der Ausbildung nach den Erfordernissen des Kampfgebietes der beiden*[1] *verschiedenen eingesetzten Gruppen vornehmen mussten. Hierzu bat ich die Kapitäne zu mir und legte mit diesen einen ungefäh-*

ren Plan fest. Nachdem ich diesen ausgearbeitet hatte, wurde dieser dem Kommandeur vorgelegt, der wiederum ein Konzil mit den Kapitänen und dem Stab durchführte. Ein gewisser Gesamtrahmen für alle Staffeln wurde eingeführt, aber daneben eben für die Nordsee und das Mittelmeer getrennte Ausbildungsrichtlinien. Es war eine vorzügliche Zusammenarbeit. Alle 14 Tage kamen wir, die Kapitäne und ich zusammen, um dies oder jenes zu ändern, aber auch die verschiedensten Beanstandungen an die Schulen, von denen wir die jungen Be-

Nach den ersten Platzrunden in Blankensee standen sehr schnell Übungsflüge über See auf dem Programm. Zunächst über dem Ratzeburger See, später aber dann auch hinaus auf die Ostsee. Dazu flogen die Besatzungen von Lübeck aus zu anderen Plätzen entlang der Ostseeküste. Dabei fanden auch Übungen zusammen mit der Kriegsmarine statt, wie die obigen Fotos zeigen. Mindestens zwei Besatzungen der 10./KG 26 verlegten dazu vom 27. bis 29. April 1942 nach Danzig-Langfuhr und flogen dort Scheinangriffe auf den Kreuzer „Lützow". Oben ist zu sehen, dass diese Anflüge mindestens von zwei He 111 unternommen wurden; nur wenige Meter über Masthöhe geht es an der Lützow vorbei. Auf dem Foto links schaut ein Besatzungsmitglied in sein Kartenmaterial vor der He 111 H-4 „1H+FU" (WNr. 3214); daneben die He 111 H-5 „1H+AU" (WNr. 3779).

Im Sommer 1942 ist eine Handvoll Ju 88 der frisch wieder aufgestellten 12./KG 26 nach Angriffsübungen auf ein Zielschiff in Schleswig gelandet. Links steht die „1H+DW", dahinter die „HW", rechts steht die Ju 88 A-5 „1H+EW". Alle tragen das KG26-Wappen.

[1] Die vorherige 12./KG 26 bestand nur vom 22. März 1941 bis zum Mai 1942. Aus unbekannten Gründen wurde sie dann aufgelöst, das Personal und die He 111 auf die anderen verbliebenen zwei Staffeln verteilt. Inwieweit die Staffel überhaupt vollständig ausgerüstet war, lässt sich kaum nachweisen. In Werft- und Prüfunterlagen lassen sich meistens Maschinen der 10. und 11. Staffel feststellen. Flugbücher, die einen Flugbetrieb der 12./KG 26 zu diesem frühen Zeitpunkt nachweisen, sind bisher noch nicht aufgetaucht.

[2] Eine Fw 44 F gehörte ebenfalls zum Bestand der 12. Staffel: Im Oktober 1943 lässt sich die WNr. 3/566 mit dem Kennzeichen „1H+PW" in Blankensee nachweisen. Außerdem eine Fw 58, siehe unten.

Minimalistisch getarnt wurde diese Ju 88 A-14 „1H+BW" im Sommer 1942 abgestellt.

satzungen erhielten, weiterzugeben. [...] Im nachhinein glaube ich auch, dass nach kurzer Zeit besser ausgebildete und vorbereitete Besatzungen zu den Gruppen kamen."

Insofern lassen sich auch Verluste der IV./KG 26 an anderen Orten als der Lübecker Umgebung erklären. So starben im August 1942 gleich zwei Besatzungen bei Abstürzen in Grosseto. Und auch in der Folgezeit sind Personal- wie Materialverluste in Italien nachweisbar. Eine Reihe von Besatzungen kam beispielsweise bei den Bombenangriffen am 25. April, am 20. Mai und am 26. Juli 1943 in Grosseto um, wurde verletzt oder blieb nach den Angriffen vermisst.

Die ersten Ju 88 – Bereicherung des Flugzeugparks

Bis Juni 1942 blieb es auch bei reinen He 111-Staffeln. Erst nachdem die ErgSt/KüFlGr. 506 in die 12./KG 26 umgewandelt wurde, erhielt die IV. Gruppe erstmals eine Ju 88-Staffel.[1] Die ErgSt/KüFlGr. 506 hatte zuletzt in Westerland den Personalnachschub der Küstenfliegergruppe sichergestellt und dafür Besatzungen im Seeflug ausgebildet. Da die KüFlGr. 506 offiziell am 4. Juni 1942 in III./KG 26 umbenannt wurde, war es logisch, dass die Ergänzungsstaffel ebenfalls zum Löwengeschwader kam. Sie hatte vier Ju 88, eine W 34, eine He 70 und eine He 111 im Bestand (Stand: Januar 1942). Während die He 70 nicht in die 12./KG 26 übernommen wurde, flog die W 34 nach der Umbenennung mit dem Kennzeichen „1H+OW" noch bis Mai 1944 bei der 12. Staffel weiter. Die einzelne He 111 erhielt das Kennzeichen „1H+LW" zugewiesen, die bis Sommer 1943 dort nachweisbar ist.[2]

Der Liegeplatz Westerland wurde ebenfalls zunächst noch beibehalten. Nach zwei Wochen verlegte man die Staffel jedoch am 17. Juni 1942 offiziell nach Lübeck, wobei trotzdem weiterhin von Sylt aus geübt wurde. Außerdem lassen sich einige Flüge von Grosseto und Rahmel, wahrscheinlich im Rahmen der Torpedoerprobung beim Torpedowaffenplatz Gotenhafen-Hexengrund, nachweisen. Staffelkapitän der 12./KG 26 wurde Hptm. Josef Wißborn. Die Technische Leitung des Fliegerhorstes unter Fl-Stabs-Ing. Netzeband mahnte jedoch erst im November 1942 eine Grundausstattung an Wartungsgeräten für die Lü-

becker Werft, um die Ju 88 der 12. Staffel zu warten, an. Der Hintergrund wird aus den Aufzeichnungen im Kriegstagebuch des Flughafenbereich 6/XI deutlich, denn die 12. Staffel scheint im November 1942 ihre Rückkehr aus Grosseto angekündigt zu haben. Schließlich heißt es am Montag, 7. Dezember 1942, im KTB Nr. 5: *„[...] Heute auf dem Fliegerhorst von der 12./KG 26 eingetroffen: 13 Offiziere, 75 Unteroffiziere, 50 Mannschaften mit 7 Ju 88, 1 W 34 und 1 Fw 58. Unterstellung: IV./KG 26."*

Der erste Verlust einer Ju 88 der IV./KG 26 ist bereits am Freitag, 28. August 1942, in den Verlustlisten des Generalquartiermeisters verzeichnet: An diesem heiteren Sommertag mit Temperaturen bis 30 Grad, einer Sicht von sechs Kilometern und einem lauen Lüftchen aus Süd-Süd-Ost stürzte die Ju 88 A-5 (WNr. 8222) der 12./KG 26 knapp zwei Kilometer östlich des Fliegerhorstes Esbjerg aus unbekannten Gründen ab. Hierbei starb die gesamte Besatzung rund um den Flugzeugführer Obgefr. Ernst Jurcsa.

Der Flugzeugbestand der IV./KG 26

Die 10. und 11. Staffel erhielten erst ab Sommer 1943 die ersten Ju 88 zugewiesen, die He 111 verschwand außerdem mit der Umrüstung der Einsatzgruppen zunehmend auch aus der IV./KG 26. Die ersten „Flugzeugbestand- und Bewegungsmeldungen" der IV./KG 26 liegen leider erst für Januar 1943 vor. Demnach verfügte die Gruppe über eine He 111 D-1, zwei He 111 H-2, acht He 111 H-3, drei He 111 H-5, sechs He 111 H-6, zehn Ju 88 A-5 und eine Ju 88 D-1. Die ersten zwei He 111 H-11 tauchten im Februar 1943 auf, desgleichen kamen drei Ju 88 A-4 und eine A-14 dazu. Im März konnte die IV./KG 26 noch fünf weitere He 111 H-11 aufnehmen, dagegen ältere Versionen abgeben. Im April 1943 kamen sechs Ju 88 A-4 zum Ausbau der Ju 88-Schulungen nach Lübeck. Einen ersten Höchststand an Ju 88 konnte die Gruppe im Juli 1943 verzeichnen: Zeitweilig waren 31 Ju 88 in Blankensee, darunter auch die ersten Ju 88 A-7 mit Doppelsteuer – gegenüber zeitweise 25 He 111 im selben Monat.

Wie lange teilweise Maschinen innerhalb der Luftwaffe genutzt wurden, lässt sich erahnen, wenn man sich die Lebensläufe einiger Maschinen genauer anschaut (Siehe dazu besonders die Aufstellung der „Flugzeuge in Blankensee" im Anhang): Eine der ältesten Maschinen war die He 111 P-2 mit der Werknummer 2443. Der Heinkel-Bomber wurde als P-1 wahrscheinlich Ende 1939 bei Arado in Brandenburg oder bei Heinkel in Rostock produziert, kam anschließend zur II./KG 54. Am 21. April 1940 flog die Besatzung unter Flugzeugführer Obgefr. Hans Vaessen mit ihr bei der 4./KG 54 einen Einsatz von Aalborg aus auf die Bahnlinie Steinkjer-Trondheim. Die Maschine mit dem Kennzeichen „B3+JM" erhielt über Südschweden, wohin der kleine Flugzeug-Verband der 4. Staffel aufgrund falscher Windangaben abgedriftet war, Flakbeschuss. Trotz geringer Beschä-

Blick auf die Kanzel einer Ju 88 A-4 der 12./KG 26. Die Rückseite des Original-Fotos trägt sinniger Weise die Aufschrift: „Unser Geschwaderwappen".

Im Gegensatz zu den Ju 88 eine eher betagte Maschine, diese He 111 H-1 „1H+B?" der IV./KG 26. Interessant ist, dass das Hakenkreuz noch in der Mitte des Leitwerks sitzt, dafür jedoch ein gelbes Rumpfband aufgemalt wurde, ein Zeichen dafür, dass das Foto nach dem Angriff auf die Sowjetunion aufgenommen wurde, also nach dem 22. Juni 1941.

taxiert. 1944 wiederum lässt sie sich über erneute Beschädigungen bei Flugzeugführerschulen nachweisen: So am 15. Januar 1944 bei der FFS B 15 in Mannheim. Jetzt allerdings als P-3-Version, also mit einem Doppelsteuer. Sie erlitt hier 60 Prozent Schaden bei einem Unfall. Zehn Prozent Schaden gab es dann nochmals am 19. Mai 1944 bei der FFS B 37 in Bayreuth. Hier wird sie als He 111 P-9 bezeichnet, war also nun zusätzlich zur Doppelsteuerung voll blindflugtauglich. Über ihr weiteres Schicksal liegen dann jedoch keine weiteren Informationen vor.

Während die He 111 ab Mitte Dezember 1943 in den Schulstaffeln der IV./KG 26 nicht mehr nachgewiesen werden können, wurden im Gruppenstab bis mindestens Mitte 1944 ein paar He 111[1] weitergeflogen.

Umschulung in Blankensee

Der damalige Uffz. Günther Schulz erinnert sich, wie er nach der letzten Station der Flugzeugführer-Ausbildung bei der BFS 4 in Kopenhagen zusammen mit vier weiteren Flugschülern nach Blankensee im Oktober 1942 versetzt wurde: *"Bevor ich nach Lübeck kam, wusste ich nicht, was hier für eine Einheit lag. Eigentlich wollte ich zu den Nachtjägern. Auf dem Fliegerhorst schaute ich mich zunächst bei den Hallen um. Die Ju 88 dort gefielen mir gut, ich hatte auch schon gehört, dass sie im Einsatz schnell zu fliegen waren. Noch am selben Tag musste ich mich beim Kommandeur melden. Dieser fragte mich, was ich fliegen wolle. Ich antwortete einfach: ‚Was gibt's denn?'. Zur Auswahl wurden mir die He 111 und die Ju 88 gestellt. Für letztere entschied ich mich und kam in die 12./KG 26."* Die anderen vier Flieger, die mit Schulz bereits auf der FFS C 13 geflogen haben, wählten die He 111-Staffeln 10 und 11 und kamen später zur I./KG 26. Weder Uffz. Gühne, noch Uffz. Söldner, Uffz. Pehlmann oder Uffz. Kuballa überlebten die Einsätze im Mittelmeerraum.

In Blankensee stellte sich Schulz seine Besatzung zusammen. Frei nach Sympathie fanden sich so Uffz. Leo Haberstroh (Bordschütze), Uffz. Horst Behmel (Bordfunker) und Uffz. Emil Altrock (Beobachter) zusammen. Und auch Leo

Eine leider unbekannte Besatzung der 10./KG 26 in ihren Kapock-Schwimmwesten wahrscheinlich Ende April 1942 in Danzig-Langfuhr vor dem Start zu Übungsflügen über der Ostsee. Die Motoren der He 111 H-4 „1H+FU" (WNr. 3214) laufen bereits. Beachte, dass der Flugzeugbuchstabe „F" an der Tragflächenvorderkante wiederholt wurde. Und wie bei allen Maschinen des KG 26 trägt auch die „1H+FU" die gesamte Kennung unter den Tragflächen.

digungen musste die Besatzung auf der Insel Gotland notlanden. Die Maschine wurde von schwedischen Truppen demontiert, zum Ort Wisborg Plain gebracht und dort wieder flugfähig gemacht. Am 8. Juni 1940 wurde die He 111 im Austausch gegen eine in Pommern notgelandete, schwedische Ju 86 K von einer in Schweden internierten deutschen Besatzung zurück nach Deutschland geflogen. Im April 1941 taucht die He 111 dann bei der IV./KG 26 im Bestand auf: Durch einen Unfall auf dem Blankenseer Rollfeld am 24. April 1941 wurde die WNr. 2443 in den Generalquartiermeistermeldungen aktenkundig. Der Unfall wurde mit einem Schaden von zwölf Prozent

Die Gefahr einer Notwasserung – sei es infolge technischer Probleme oder eines feindlichen Angriffs – war bei Flügen über See stets allgegenwärtig. Nicht alle Besatzungen kamen in den Genuss von Übungen mit den Rettungsbooten, wie sich bei den zu diesem Buch geführten Interviews herausstellte. Dass es derartige Übungen jedoch gegeben zu haben scheint, belegen diese beiden Fotos, aufgenommen im Juni oder Juli 1942 am Ratzeburger See bei Groß Sarau. An dieser Stelle exisitiert heute noch eine Badestelle.

Haberstroh wusste ebenfalls nicht, was ihn in Lübeck erwarten würde, als er von der Fliegerschützenschule 1 in Rahmel und der Aufklärungsfliegerschule 1 Großenhain nach Blankensee versetzt wurde. *„Ich war ursprünglich Flak-Soldat und war froh, zum fliegenden Personal versetzt worden zu sein."*

Beide erinnerten sich, dass ein großes Gewicht in der Ausbildung auf die Flüge See gelegt wurde – nicht verwunderlich war das KG 26 mittlerweile das einzige Torpedo-Geschwader der Luftwaffe geworden. Und es gab Einweisungen in die Schiffstypenkunde und zusätzlich Vorträge über Marine-Themen[2].

Für den Flugdienst standen meist zwei bis drei Maschinen bereit. Und sofern erstmals Seetiefflug geübt werden sollte, ging es zum Nordufer des Ratzeburger Sees, ab dort ging es meistens in etwa fünf Metern Höhe über die Wasseroberfläche hinweg in Richtung Ratzeburg. (Startrichtung in Blankensee in Richtung Groß Grönau). Kurz vor der Domstadt wurde die Maschine wieder hochgezogen und in einer Runde um den See zum Nordufer zurückgeflogen. Eine Hilfe am Ufer gab es nicht, auch keine Funksprechverbindung[3]. Einzige Hilfe, um die Flughöhe über dem Wasser zu schätzen, waren die anderen Besatzungsmitglieder (sprich Funker/Bordschütze) die hinten aus der Maschine schauen mussten: Machten die Propeller Wellen, zog die Maschine also eine Spur auf dem Wasser hinter sich her, war es Zeit, etwas höher zu gehen...

Der Besatzung Kurth wurde das jedoch zum Verhängnis. Das Schicksal von Flugzeugführer Christian Kurth, Beobachter Willi Riemann, Bordschütze Moritz Wagner und dem Funker Georg Kreile bewegt noch heute, denn immer noch tauchen Reste der Ju 88, mit der die vier am Dienstag, 23. Februar 1943, abstürzten, aus dem See auf.

[1] Nachweisbar sind die He 111 H-5 1H+AF (WNr. 4049), He 111 H-2 1H+BF (WNr. 2649), He 111 1H+CF, und He 111 1H+GF.

[2] Belegt ist ein Vortrag des vorübergehend zur IV./KG 26 kommandierten Kptlt. Jansen am Donnerstag, 23. Juli 1942, im KTB des Fl.H.Ber. 6/XI: Um 19.30 Uhr sprach Jansen vor Offizieren der IV. Gruppe, des Flughafenbereichs und der Fl.H.Kdtr. im Offiziersheim über *„Fragen neuzeitlicher Seekriegsführung und die gegenwärtigen militärpolitische Lage insbesondere an der deutsch-russischen Front und im Nahen Osten"*.

[3] Zumindest nicht bis 1944. Ab diesem Jahr lassen sich durch Zeitzeugen-Berichte eine Boden-Bord-Funkstelle (Lkw) nachweisen, die am Ufer aufgebaut war. Über sie wurde dem Piloten Anweisungen zur Höhenkorrektur gegeben.

Eine der ersten Besatzungen, die im Sommer 1942 zur neu aufgestellten 12./KG 26 versetzt wurden: Fw. Helmut Fischer, Obgefr. Wolfgang Hamacher, Lt. Werner Konrad und Obgefr. Walter Fritzel. Alle vier kamen am 26. Januar 1944 bei Nettuno in Gefangenschaft.

Todesfalle Ratzeburger See

An den Absturz der Besatzung Kurth am 23. Februar 1943 erinnert sich Günther Schulz: *„Wir waren zum ersten Flugdienst des Tages eingeteilt. Drei bis vier Besatzungen wechselten sich mit dem Fliegen ab. Es sollte Seetiefflug über dem Ratzeburger See geübt werden. An diesem Tag wurde über Ratzeburg eingekurvt. Schnell wurde klar, dass eine Besatzung überfällig war. Wie wir noch am selben Tag erfuhren, soll die Ju 88 bei einer Kehrtkurve Wasserberührung bekommen haben und war dann im See versunken."*

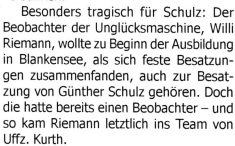

Besonders tragisch für Schulz: Der Beobachter der Unglücksmaschine, Willi Riemann, wollte zu Beginn der Ausbildung in Blankensee, als sich feste Besatzungen zusammenfanden, auch zur Besatzung von Günther Schulz gehören. Doch die hatte bereits einen Beobachter – und so kam Riemann letztlich ins Team von Uffz. Kurth.

Außer dem Bordfunker Georg Kreile überlebte niemand den Absturz. Christian Kurth, Willi Riemann und Moritz Wagner wurden geborgen, in die Heimatorte überführt und dort beigesetzt. Ihre Ju 88 A-5 mit der Werknummer 6005 wurde zu großen Teilen noch zu Kriegszeiten geborgen, Kleinteile verblieben jedoch im See, denn die Maschine hatte beim Absturz im See eine etwa 300 Meter lange Trümmer-Spur hinterlassen. Insofern kommen bis heute immer wieder Reste der Maschine ans Tageslicht. So zuletzt ein Stück von der Höhenflosse, ein paar beim Aufprall abgebrochene Propellerblätter, der Hilfssteuerknüppel, der Langwellenempfänger vom FuG X und ein Schmierstoffkühler eines der beiden Jumo 211-Triebwerke. Da es Teile aus dem Führerraum, dem Rumpf und dem Motorbereich waren, kann man vermuten, dass sich im Uferbereich damals die Endposition des Wracks befunden haben muss. Die Teile haben sich dann bei der Bergung vom Wrack gelöst und sind zurückgeblieben.

Ein weiterer dokumentierter Absturz ereignete sich am Freitag, 14. Mai 1943: Ebenfalls zu Tiefflugübungen über dem Ratzeburger See startete die Besatzung von Uffz. Burghofer mit einer He 111 H-11 (WNr. 8408) der 11./KG 26. Nachdem sie um 14.12 Uhr in Lübeck abgehoben hatten, hatten sie bereits um 14.26 Uhr Wasserberührung. Während sich die Besatzung unverletzt retten konnte, versank die Maschine im See und soll erst nach dem Krieg von Fischern bei Buchholz geborgen und anschließend verschrottet worden sein.

Ausbildung nach Dienstplan

Während der Umrüstungen der II./KG 26 auf die Ju 88 ab Mai 1943 und der I. Gruppe ab Mai 1944 wurden sogar die erfahrenen Besatzungen dieser Einsatzgruppen in Blankensee bzw. durch Lehrer-Besatzungen der Ergänzungsgruppe geschult.

Wie die Ausbildung forciert wurde, um den stetig steigenden Bedarf an Besatzungen zu decken, kann aus nachfolgender Schilderung von Gerhard Schroller entnommen werden: *„Als Wart habe ich auch einige Platzrunden mitfliegen müssen, weil ich u.a. beauftragt war, die Signalmunition in den Flugzeugen auszutauschen. Die Signalkennung wechselte*

Stürzten am 23. Februar 1943 bei Tiefflugübungen mit der Ju 88 A-5 WNr. 6005 in den Ratzeburger See: oben Obgefr. Moritz Wagner (BS), Mitte Uffz. Wilhelm Riemann (BO) und unten Uffz. Georg Kreile (BF). Von Christian Kurth (FF) lag leider kein Foto vor.

wöchentlich, teilweise täglich zu einem bestimmten Termin und dann hatte die entsprechende Farb-Kombination an Bord zu sein. Aus zeitlichen Gründen musste also der Austausch der Patronen auch während des regulären Flugbetriebes stattfinden."

Der Flugbetrieb wurde also nicht wegen derartiger Dinge unterbrochen, obwohl diese Munition für jede Maschine sehr wichtig war, wenn sie in eine Notlage gekommen wäre und eine bestimmte Erkennungskombination hätte schießen müssen.

Horst Hampel schildert, wie er Mitte April 1943 von der BFS 4 in Kopenhagen zur IV./KG 26 kam: *„Die vierte Gruppe in Lübeck-Blankensee war meine erste Berührung mit dem Luftkrieg. Irgendwann waren wie nach unseren Wünschen gefragt worden. Viele wollten Jagdflugzeuge, andere Bombenflugzeuge und ich Aufklärungsflugzeuge fliegen. Es kam anders und ich merkte, wo ich gelandet war, einem Geschwader, das mit Lufttorpedos Schiffe bekämpfen sollte. [...] Nun war es also passiert und merkwürdigerweise hat es mich nicht sonderlich berührt, wenigstens war ich nicht bei einer Truppe gelandet, die mit Jagdflugzeugen bestückt war. Hier in Lübeck-Blankensee stellten wir uns zu Besatzungen zusammen und ich erhielt meinen Beobachter Theisinger, Funker Schout und Bordmechaniker Schole. Mit diesen Dreien bin ich mit Ausnahme des Mechanikers bis zum Ende zusammengeblieben. Schole wurde wegen Unverträglichkeit bei Höhenflügen abgelöst und durch Amann ersetzt. Bei einem späteren Flug über die Savoyer Alpen musste ich nämlich in der Gegend des Mount Viso auf über 4.000 Meter gehen und dabei bekam Schole blaue Fingernägel und litt unter der Höhe. Wir hatten in unseren Maschinen keine Sauerstoffgeräte, weil wir immer tief flogen."*

Hampel kam zur 12. Staffel, der Ju 88-Staffel, die den Nachwuchs der III./KG 26 ausbildete. Den Junkers-Bomber hatte er bereits zuvor auf der C- und Blindflugschule geflogen. Lediglich um sich in Lübeck einzugewöhnen, gab es am Freitag, 16. April, die obligatorischen Platzrunden ab 10.57 Uhr mit der Ju 88 A-4 (WNr. 2657) „1H+CW" – und um den Lehrern Oblt. Prinz[1], Oblt. Rögner[2] und Ofw. Czech einen ersten Eindruck vom Zusammenspiel der neuen Besatzung zu geben, denn sie flogen ebenfalls mit. Um 11.53 Uhr waren die ersten fünf Flüge auch schon wieder vorbei. Nächste Runden standen am Sonntag, 18. April, mit der Ju 88 A-5 (WNr. 2143) „1H+BW" an, einen Tag später durfte Hampel dann zu einem Überlandflug in Richtung Erfurt mit der Ju 88 A-4 „1H+AW" starten. Nach weiteren Technik- und Überlandflügen wurde es dann ernst für die neue Besatzung: Am 28. April 1943 wies Oblt. Rögner Hampel zwischen 13.50 und 14.30 Uhr in den Seetiefflug auf der Strecke zwischen Lübeck und Fehmarn ein. Nach Verbandsflügen von Lübeck aus am 30. April, am 1. und 2. Mai 1943 sowie Ladestarts am 3. Mai wurden die Seetiefflug-

Eines der wenigen Dokumente eines Absturzes in den Ratzeburger See: das Flugbuch des Bordfunkers Herbert Kionke. Leider ist die Eintragung für den 14. Mai 1943 nicht vollständig, Kionke hatte sich das genaue Kennzeichen der He 111 nicht notiert. Die Maschine hatte jedenfalls die WNr. 8408, wie aus der Schadensmeldung des Generalquartiermeisters hervorgeht. Die Besatzung kam der Notwasserung mit dem Schrecken davon.

Fw. Horst Hampel

[1] Walter Prinz war von Juli 1943 bis August 1944 Staffelkapitän der 12./KG 26. Ab dem 18. September 1944 wurde er Staffelkapitän der 8./KG 26. Diese Funktion behielt er bis Kriegsende. Bei einem der letzten Einsätze des KG 26 am 23. Februar 1945 versenkte Prinz den Frachter Henry Bacon (7.177 BRT), das letzte von deutschen Flugzeugen im Zweiten Weltkrieg versenkte Schiff.

[2] Rudolf Rögner wurde ab 1. August 1944 Staffelkapitän der 6./KG 26. Er fiel am 10. Februar 1945.

Die Ju 88 A-5 „1H+EW" der 10./KG 26 schwebt zur Landung ein.

In der Ju 88: (v.l.) Gefr. Karl-Heinz Schole (BM), Uffz. Jan Schout (BF) und Fw. Horst Hampel (FF). Fehlend, da der Fotograf, Uffz. Richard Theisinger (BO). Zu Torpedo-Wurfübungen verlegten sie zur II./KG 102 nach Riga, dort entstand auch das Foto vom Anflug auf das Zielschiff „Bukarest". Hampel und seine Besatzung mussten am 6. November 1943 mit der Ju 88 A-4 „1H+BT" (WNr. 142358) bei Mallorca notwassern und kamen in spanische Internierung. Nach der Zwangspause kamen sie zurück zur III. Gruppe und flogen bis Kriegsende Torpedo-Einsätze.

[1] Walter Prinz war seit Juli 1943 Kapitän der 12./KG 26. Am 18. September 1944 wurde er im Zuge der Umrüstung der III. Gruppe auf Ju 188 Staffelkapitän der 8./KG 26.

übungen am 5. Mai mit der Ju 88 A-4 (WNr. 140323) „1H+JW" fortgesetzt. Diesmal ging es zwischen 11.30 und 13.58 Uhr auf eine weitere Strecke: Über Fehmarn, Gedser, Bornholm, Rügen und wieder retour nach Lübeck. Das Gleiche wiederholte sich am 7. Mai mit der Ju 88 A-4 „1H+QW" von 14.43 bis 17 Uhr. Am 10. Mai wurde das Ganze noch etwas erschwert, denn nun wurde mit der Ju 88 A-4 (WNr. 0755) „1H+HW" beladen nach Gedser und um Fehmarn herum die Strecke geflogen.

Und dass sich der Einsatz der KG 26-Gruppen mittlerweile vorrangig in der Dämmerung abspielte, zeigte sich daran, dass bereits am Mittwoch, 12. Mai, die ersten Dämmerungsflüge von Lübeck aus auf dem Programm standen. Die Platzflüge ab 21 Uhr dauerten im Schnitt genauso lange wie die Runden am Tag: Jeweils 8 bis 10 Minuten. Sie wurden wenige Stunden später, am 13. Mai, noch intensiviert: Zum ersten Nachtstart um 1.38 Uhr flog sogar Hptm. Prinz[1] eine Platzrunde mit. Dienstende an dem Morgen war für Hampel und seine Crew erst um 3.17 Uhr. Auch am Sonnabend, 15. Mai, wurden Flüge zu dieser Tageszeit geübt.

Die Kombination aus Seetiefflügen und Nachtflügen als letzte Konsequenz daraus fand aber nicht in Lübeck statt. Dazu übte man in Prowehren am 26. und 27. Mai mit der „1H+VW" und der „1H+WW". Bereits am Donnerstag, 1. Juli 1943, wurden Hampel und seine Besatzung nach Riga zur Torpedoschule versetzt. Das Rüstzeug für Torpedoeinsätze hatten sie in Lübeck bekommen, jetzt bekamen sie auf Ju 88 nur noch abschließende Einweisungen in den zielsicheren Abwurf der Torpedos.

Rückblickend sagt Horst Hampel: *„Die Ausbildung in Lübeck war unproblematisch und sie erstreckte sich in der Hauptsache auf Seetiefflugübungen. Wir flogen zu diesem Zweck von Lübeck nach Gedser und zurück oder nutzten den Ratzeburger See dazu. [...] Mir gefiel diese Art zu fliegen gut. Einmal bin ich über Dahme, dem langjährigen Urlaubsort meiner Eltern, geflogen und habe mit unseren Gastgebern Grüße ausgetauscht, indem ich mit den Flächen wackelte und sie mit Betttüchern antworteten."*

Nicht zur Tagesordnung gehörte auch ein simulierter Luftkampf mit einer Bf 109, an den sich Horst Hampel erinnert: *„Wir sollten üben, Jägerangriffe abzuwehren. Es war eine wüste Kurbelei, wir mussten viele Abschwünge und Stürze fliegen. Ich war ständig nur am Trimmen. Nach der Landung brauchte ich lange, um die Anspannungen der Muskeln auszukurieren."*

Die alliierte Luftaufklärung hatte ein Auge auf Lübeck-Blankensee. Über 20 Fotoflüge unternahmen britische und amerikanische Aufklärer bis Kriegsende zum Fliegerhorst. Hier eines der ersten Luftbilder vom 9. Oktober 1943 - die Gesamtansicht entstand aus insgesamt sieben Einzelfotos.

Verbandsflugübungen zweier Ju 88 der 12./KG 26 über der Ostsee im Sommer 1943. Hier im leichten Steigflug die Ju 88 A-4 „1H+CW".

[1] Weiterhin werden in der Anlage zum Papier „Drohende Gefahr Nord" des Ob.d.L. vom 6. Januar 1944 auch die III./KG 30 in Leck und deren IV. Gruppe in Aalborg als Kampfverbände mit in die Planungen einbezogen, die IV. Gruppen jeweils verstärkt durch Besatzungen von der Gr. KFS Tutow, der Beobachterschule Thorn und der Waffentechnischen Schule Großenbrode.

Auch die Besatzung Mang kam nach der Versetzung zur II./KG 26 im Zuge der Umrüstung von He 111 auf Ju 88 nach Blankensee zurück. Nach ersten Platzrunden ging es weiter nach Großenbrode. Dort stand sogar ein „Erfrischungswagen" auf dem Flugfeld bereit.

Horst Hampel kam schließlich nach 70 Flügen bei der IV./KG 26 am Dienstag, 10. August 1943, nach Montpellier zur III./KG 26. *„Von den 15 Besatzungen, mit denen ich hierher kam, blieben am 13. August 1943 sofort sieben Besatzungen weg."*

Ab Mai 1943 rüstete auch die II./KG 26 von der veralteten He 111 auf die modernere Ju 88 um und da die Verluste im Mittelmeerraum sehr hoch gewesen waren, mussten viele neue Besatzungen her. Dazu verlegte die Gruppe also Ende Mai 1943 vom Liegeplatz Salon in Südfrankreich zunächst nach Blankensee; die Bodeneinheiten, sprich die FBK, verlegte direkt nach Großenbrode, denn hier soll-

te die Umrüstung auf die Ju 88 von statten gehen. Die Besatzungen wurden dazu von Ausbildern der IV./KG 26 geschult. Jedoch nutzte man dazu nur anfänglich den Blankenseer Platz, später dann Großenbrode – für Flieger quasi gleich um die Ecke. Die II. Gruppe hielt sich bis zur alliierten Invasion am Dienstag, 6. Juni 1944, in Großenbrode auf. Hier kam es im Verlauf der Umschulung zu insgesamt etwa zehn Unfällen, teilweise kamen dabei auch Besatzungen ums Leben. Während bei der Bruchlandung mit der He 111 H-6 WNr. 4533 niemand aus der Besatzung der 4./KG 26 verletzt wurde (am Flugzeug entstand durch Bedienungsfehler bei der Landung 35 Prozent Schaden), verloren Ofw. Gerhard Mischke (FF) und sein Bordmechaniker Uffz. Franz Mache ihr Leben, als sie mit der Ju 88 A-4 WNr. 4265 am Montag, 21. Juni 1943, zu ihrem dritten Alleinflug starteten. Das Flugzeug brach aus, raste in eine Abstellbox, beide waren sofort tot. Die restliche Besatzung blieb jedoch unverletzt. Rudi Schmidt, damals Hauptmann und Staffelkapitän der 4./KG 26, erinnert sich dazu: *„Das war für alle ein mächtiger Schock. Gehörten doch diese Flieger bereits zu den ‚jungen Alten', die schon über 50 Feindeinsätze mitgemacht hatten."*

Anfang 1944 sollte die II./KG 26 mit ihren einsatzbereiten Teilen zusammen mit der IV. Gruppe als Einsatzgruppe[1] gegen die „Drohende Gefahr Nord" eingesetzt werden. Zu der befürchteten Invasion alliierter Truppen in Norwegen und Dänemark kam es jedoch nicht.

Dass der Aufenthalt bei der IV./KG 26 für Schulbesatzungen generell auch langwieriger sein konnte, ist bei Uffz. Paul Köster zu erkennen, der Mitte April 1943 von der 1./KüFlGr. 906 zur 12./KG 26 versetzt wurde. Köster flog am Montag, 19. April 1943, mit Hptm. Peukert[2] am Vormittag Platzrunden mit der W34 „1H+OW", am Nachmittag wurde mit der W34 noch Blindflug zwischen 13.34 und 17.10 Uhr geübt – mit einer Zwischenlandung in Westerland. Am nächsten Tag drehte Köster Platzrunden mit der He 111 H-6 „1H+LW" der Staffel. Dann war erst einmal Pause, aus für ihn bis heute unbekannten Gründen, bis zum Montag, 31. Mai 1943, als Paul Köster dann erneut

Platzrunden drehen konnte, diesmal mit der Ju 88 „1H+HW" nach entsprechender Einweisung durch Ofw. Czech. Die Platzflüge wurden auch in den darauffolgenden Tagen fortgesetzt, vom 1. bis 9. Juni 1943. Erst anschließend hatte die Besatzung Köster andere Flugaufträge zu erfüllen: Technik- und Überlandflüge vom 10. Juni bis zum 12. Juli 1943. Eine Zeitspanne von knapp vier Wochen, dennoch wurden in diesem Zeitraum lediglich zehn Flüge absolviert, darunter auch der erste Seetiefflug am 6. Juli mit Lehrer Ofw. Czech auf der Ju 88 A-4 (WNr. 0755) „1H+HW" in der Zeit von 15.05 bis 16 Uhr. Die Seetiefflugübungen, auch im Verband, wurden zusammen mit Dämmerungsflügen dann in der Zeit vom 14. Juli bis zum 25. August von Blankensee geflogen. Und ebenfalls wie Hampel zunächst in der Dämmerung am Donnerstag, 19. August, (zwischen 20 und 21 Uhr) und am 22. August (zwischen 21 und 23 Uhr). Weitere Nachtflüge wie sie bereits Horst Hampel geflogen hatte, gab es dann am Mittwoch, 25. August 1943, mit der Ju 88 A-4 (WNr. 2657) „1H+CW" von 1.35 Uhr bis 2.53 Uhr in Blankensee – die heutigen Anwohner würden sich bei derartigen Nachtflugbewegungen bedanken. Da für Paul Köster eine Verlegung nach Gerdauen bereits bevorstand, nutzte er einen letzten Verbandsflug zusammen mit fünf anderen Maschinen am 26. August 1943, um über seinem Heimatort Sprenge (Kreis Stormarn) eine Runde zu drehen – schließlich war er als Verbandsführer eingeteilt. *„Meine Eltern saßen im Garten als wir über meinem Elternhaus eindrehten. Sie winkten und beim letzten Anflug gingen wir mit dem kleinen Verband sogar tiefer runter, das war eigentlich gar nicht erlaubt"*, erinnert sich Paul Köster an diesen Flug. Der Eintrag in seinem Flugbuch lautete lapidar: *„Verbandsflug mit 6 Maschinen nach Sprenge. Die Eltern haben dieses beobachtet."*[3]

Paul Köster vermutet, dass der nächtliche Seetiefflug weiter im Osten geübt wurde, um die Kurgäste – und Verwundeten in den dortigen Lazaretten – in den Ostseebädern der Lübecker Bucht nicht zu stören. Denn derartige Nacht- und See-Dämmerungsflüge fanden vom 12. bis 15. September 1943 in Gerdauen statt. Hierfür standen die Ju 88 mit den

Die Ju 88 wurde allmählich zum Standardflugzeug des KG 26. Oben rollt die Ju 88 A-4 „1H+AW" auf dem Hallenvorfeld, links steht eine unbekannte Besatzung vor der Ju 88 A-14 „1H+TW", ebenfalls von der 12./KG 26 wie die obige Ju 88.

Kennzeichen 1H+KW, 1H+EW, 1H+VW, 1H+CW und 1H+DW zur Verfügung. Nach Gerdauen ging es für die Besatzung Köster jedoch mit der Bahn, auf dem gleichen Weg anschließend nach Riga zum KG 102.

Große Bedeutung, besonders im Hinblick auf die spätere Verwendung in der Schiffsbekämpfung, kam also den umliegenden Gewässern zu gute. Zur damaliger Zeit war es besonders schwierig, die wenigen Meter über der Wasseroberfläche ohne die vorhandenen Messinstrumente einzuschätzen. Erst im späteren Kriegsverlauf schaffte man mit dem Feinhöhenmesser FuG 101 zuverlässige Abhilfe. Trotzdem bleibt sogar bis heute das Einschätzen der Höhe aufgrund der schimmernden Wasseroberfläche schwierig.

Unfälle in Blankensee

Während der Ausbildung der Besatzungen in Blankensee sind über 150 Angehörige des fliegenden Personals umgekommen. Neben den Abstürzen in den Ratzeburger See verlor die IV./KG 26 aber auch Maschinen in der Ostsee oder direkt in der Nähe des Fliegerhorstes Lübeck-Blankensee. Einer der Unfälle ist vielen ehemaligen KG26ern besonders in Erinnerung geblieben: Am Montag, 11. Januar 1943, einem wolkenlosen Wintertag mit leicht böigem Wind (30 km/h aus Süd-Ost), Temperaturen knapp unter dem Gefrierpunkt und einer 10-Kilometer-Sicht

Uffz. Paul Köster, hier fotografiert nach der Verleihung des EK 2.

[2] Eberhard Peukert war der ehemalige Staffelkapitän der 1./KüFlGr. 906, die im Juli 1943 zur 8./KG 26 wurde, deren Staffelkapitän Peukert vom 10. September bis 6. November 1943 war. An diesem Tag stieß Peukert bei einem Angriff auf ein Geleit im Mittelmeer nach dem Torpedowurf mit der Maschine von Ofw. Opitz zusammen und gilt seitdem als vermisst.

[3] Flug mit der Ju 88 „1H+CW", Start in Blankensee um 8.47 Uhr, Landung in Blankensee um 13.10 Uhr. Es war Kösters 100. Flug bei der 12./KG 26.

Wie bei vielen anderen Schulen und Ergänzungseinheiten gab es auch in Lübeck eine Menge „Blechschaden". Oben ein Überschlag einer Ju 88 A-5. Rechts hat He 111 H-6 „1H+KP" (WNr. 4471, Stammkennzeichen: DO+BM) im März 1942 bei den Kämpfen auf der Krim Beschussschäden erlitten. Vielfach wurden diese Schäden in Blankensee repariert, vielfach blieben die Flugzeuge dann gleich bei der IV. Gruppe – als Ersatz für dortige Brüche wie der obige.

stießen beispielsweise zwei He 111 – die WNr. 3351 und die 6933 – im Norden des Platzes zusammen und stürzten im Bereich St. Hubertus (heutige Gegend rund um den Eichhörnchenweg) ab. Günther Schulz erinnert sich an den Absturz: *„Zur Abschreckung aller Flugschüler mussten alle Angehörigen der IV./KG 26 an den Trümmern und den Toten vorbeimarschieren."*

Auch Rolf Linow nahm an dem Marsch teil. Der Flugzeugführer erinnert sich: *„Der Kommandeur rief uns nach dem Absturz alle zusammen. Er hielt eine aufgeregte Rede und ließ uns zur Absturzstelle marschieren. Wir sollten alle die im Landeanflug verunglückten Flieger sehen und ihren Tod als Warnung verstehen."*

Weshalb diese drastische Maßnahme angeordnet wurde, erschließt sich selbst aus den Verlustlisten des Generalquartiermeisters nicht. Eine Häufung von schweren Unfällen ist vor diesem Zusammenstoß der beiden He 111 nicht zu erkennen, lediglich am 27. Dezember 1942 starb beim Absturz der He 111 H-6 (WNr. 4382) bei Tannenwalde die gesamte Besatzung, am 20. Oktober 1942 hatte es jedoch einen ähnlichen Zusammenstoß bei Leba gegeben; niemand überlebte in den beiden He 111.

Die letzten Flüge in Blankensee

Die zunehmenden Einflüge von alliierten Flugzeugen über das Reichsgebiet beeinträchtigten zunehmend den Ausbildungsbetrieb. Dennoch wurde versucht, auch trotz weniger zur Verfügung stehenden Flugbenzins das Ausbildungsschema aufrecht zu halten.

Uffz. Kurt Siebert ist einer der letzten Flugzeugführer, die im März 1944 noch in Blankensee anfingen, bei der IV./KG 26 zu schulen. Zuvor hatte der gebürtige Lübecker gerade die Blindflugprüfung an der BFS 1 in Brandis bestanden und kam nun zurück in seine Heimatstadt. Wie üblich, begann der Flugbetrieb für die neue Besatzung mit ein paar Einweisungsflügen mit der Ju 88 „1H+LV" und „1H+BV" am 20. und 22. März 1944. Bei letzterem schlossen sich am Nachmittag Platzrunden an, die auch am 25. in der Mittagszeit und 27. März in den Morgenstunden fortgesetzt wurden. Erste Einweisungen in Technik- und Überlandflüge gab es am Ende des Monats. Vom 12. bis zum 21. April 1944 flog Siebert ausschließlich Verbandsflüge – insgesamt acht mal ging es dafür mit jeweils unterschiedlichen Ju 88 der 11. Staffel von Blankensee aus in die Luft, die Flüge dauerten meist etwa eine Stunde. Ebenfalls am Freitag, 21. April, stand für Kurt Siebert und seine Besatzung das erste mal der Seetiefflug auf dem Plan. Ofw. Czech gab dazu eine Einweisung auf der Ju 88 „1H+GW" von 11.46 bis 12.17 Uhr. Bevor es jedoch für die Besatzung am Nachmittag des Mittwoch, 26. April, mit der Ju 88 „1H+FV" alleine über den Ratzeburger See ging, standen Landtiefflüge am 24. und 25. April 1944 auf dem Programm. Tiefflugübungen über der Ostsee fanden schließlich am 29. April (von 7.20 bis 11.20 Uhr) und 3. Mai 1944 (von 7.21 bis 10 Uhr) jeweils mit der Ju 88 „1H+GV" statt. Am Nachmittag wurde erneut zu gleichen Übungen mit der „1H+NV" gestartet – dieser Flug dauerte allein schon 5 Stunden und 47 Minuten. Auch am 6. Mai 1944 wurde wieder auf die Ostsee hinausgeflogen; diesmal

Uffz. Kurt Siebert kam über die FFS A/B 123, die C 14 und die B 31 nach Blankensee zur IV./KG 26.

Mit dieser Ju 88 A-5 sollten die Besatzungen ein Gefühl dafür bekommen, was es heißt, später mit zwei Torpedos zu fliegen. Dazu wurden zwei hölzerne Torpedo-Attrappen mit Betonkern unter die Maschine gehängt.

aber ab 7.02 Uhr nur für 3 Stunden und 48 Minuten. Der 9. Mai 1944 stand dann ganz im Zeichen des Luftschießens (zwei Flüge). Das Ende der Ausbildung – nach 94 Flügen bei der IV./KG 26 – erlebte die Besatzung Siebert in Kolberg, wohin die IV. Gruppe Mitte Mai 1944 verlegte.

Das Ende der IV./KG 26

Als sich 1944 die Angriffe amerikanischer und britischer (Tief-)Flieger mehrten, den Flugbetrieb störten und selbst der Nachtflugbetrieb aufgrund feindlicher Nachtjäger nicht durchgeführt werden konnte, wurde die IV. Gruppe ab Mitte Mai 1944 schrittweise nach Kolberg verlegt. Hier ging der Schulbetrieb nach Abgabe von weiterem Personal für Fronteinheiten (auch Heer!) zunächst noch weiter, doch die zunehmend schlechte Versorgungslage mit Benzin machte einen regulären Flugbetrieb wie anfänglich in Blankensee nicht mehr möglich. Mit der Verlegung nach Kolberg im Mai 1944 gab die Gruppe auch offiziell ihre He 111 ab und hatte laut den „Flugzeugbestands- und Bewegungsmeldungen" nun nur noch Ju 88 im Bestand.

Den „Umzug" der Ergänzungsgruppe dokumentierten die Besatzungen in ihren Flugbüchern durch Überführungen von Maschinen nach Kolberg. So flog beispielsweise Kurt Siebert am Mittwoch, 17. Mai 1944, die Ju 88 „1H+BV" nach Kolberg und flog anschließend ausschließlich nur noch von dem neuen Platz aus.

Siebert meinte rückblickend, die Verlegung nach Pommern sei nur deswegen erfolgt, weil hier besser Nachtflug geübt werden konnte. Zwar lassen sich in seinem Flugbuch ab 31. Mai 1944 hauptsächlich Nacht- und Dämmerungsflüge (auch über See) finden, jedoch stand die Verlegung auch noch in einem weiteren Zusammenhang, wie noch gezeigt werden soll. Nach dem Ende der Ausbildungeinheit am Mittwoch, 21. Juni 1944, ging es ebenfalls für die Besatzung Siebert von der IV./KG 26 nach Riga bzw. nach Gotenhafen-Hexengrund zum KG 102.

Über die Verluste im Jahr 1944 – auch noch aus den Monaten, in denen noch in Blankensee geflogen wurde – liegen leider keine Unterlagen des Generalquartiermeisters vor. Lediglich die personellen Verluste[1] zeigen, dass bis Ende September 1944 noch 20 Mann der IV./KG 26 verletzt, vermisst oder getötet wurden. Hinweise darüber, dass Anfang Juni 1944 eine Besatzung bei Übungsflügen vermisst wurde, ergeben sich aus dem Flugbuch von Bordfunker Herbert Kionke: Wahrscheinlich am 13. oder 14. Juni – das Datum und die Uhrzeit verzeichnete Kionke leider nicht – startete er in der Besatzung von Oblt. Ziegert[2] mit der Ju 88 „1H+AU" zu einer Suchaktion. An diesen beiden Tagen sind bis heute zwei Besatzungen vermisst.

Am Donnerstag, 27. Juli 1944, flogen Teile der IV./KG 26 sogar selbstständig mit Torpedos auf die Ostsee. Bei einer

[1] Siehe Rudi Schmitt: „Achtung – Torpedo los!" Seite 369.

[2] Ziegert war aus gesundheitlichen Gründen im Januar 1943 als Fluglehrer zur IV./KG 26 gekommen. Ziegert hatte zuvor in der 5./KG 26 Einsätze im Mittelmeer geflogen, hatte dabei insgesamt sieben Schiffe versenkt. Er überlebte den Krieg und wohnte bis zu seinem Tod im Juni 2000 in Lübeck.

Major Klaus Nocken war letzter Kommandeur der IV./KG 26 von 18. Februar bis 6. September 1944.

Fw. Martin Gillmann (links) kam im Januar 1944 zur IV./KG 26 nach Blankensee. Zuvor war der Bordmechaniker bei der 2. Kp. Lw. Bau Batl. 11/VII tätig und wurde 1943 zum fliegenden Personal versetzt. Gillmann kam zur 10. Staffel, dort in die Besatzung von Lt. Franz Dülberg. Ab dem 21. Januar 1944 standen wie üblich zunächst Platzrunden für die neue Besatzung auf dem Plan, wenn auch kriegsbedingt stark reduziert. Dazu benutzte man die Ju 88 „1H+UU". Bis zum 22. März 1944 blieb Lübeck-Blankensee Dreh- und Angelpunkt der Flüge, wobei auffällig ist, dass außer einem Flug nach Berlin-Staaken (am 8. Februar mit der Ju 88 „1H+PU") und nach Stade (am 19. März mit der „1H+UU") keine anderen Plätze angeflogen wurden. Vom 27. März bis zum 14. April standen letztlich Nachtflugübungen in Kolberg auf dem Programm. Bei der Rückkehr nach Lübeck mit der Ju 88 „1H+DU" (WNr. 2176) machte die Besatzung um 15.45 Uhr in Blankensee eine Bruchlandung (siehe Flugbuch-Auszug unten, Flug 119). Grund war ein Bruch des linken Fahrgestells, es entstand ein Schaden von 45 Prozent an der Ju 88 A-4. Gut zu sehen ist auf den vier Fotos oben, wie durch den Unfall der Holzpropeller zersplitterte. Außerdem wühlte sich der Propeller dabei in die Erde, schleuderte Dreck gegen den Rumpf der Ju 88. Insofern sind nur wenige Details, außer dem gelben Rumpfband, erkennbar.

Oben und rechts: Mehrere Ju 88 der 10./KG 26 bei Verbandsflugübungen (in Ketten-Formation, sprich mit drei Flugzeugen, siehe rechts) am 22. oder 23. Februar 1944. Zu beachten sind die Spinnerspitzen in der Staffelfarbe weiß und das gelbe Rumpfband. Kennungen sind leider nicht auszumachen. Ab dem 25. Februar 1944 standen für die Besatzung Dülberg Seetiefflugübungen auf dem Ausbildungsplan. Eine erste Einweisung dazu erhielt sie in der Ju 88 A-4 „1H+HU" (WNr. 2255) über dem Ratzeburger See. Gestartet wurde dazu um 8.37 Uhr, nach einer halben Stunde waren die vier wieder zurück.

Rechts: Die Besatzung Dülberg vor einem ihrer letzten Flüge. Von Links: Uffz. Gustav Adolf Hink (Beobachter), Gefr. Günter Lohrmann (Bordfunker), Lt. Franz Dülberg (Flugzeugführer) und Fw. Martin Gillmann (Bordmechaniker/-schütze). Beachte: Lohrmann und Gillmann tragen noch die alten Kapok-Schwimmwesten, die anderen beiden die moderneren aufblasbaren Westen.

Nach den Nachtflugübungen in Kolberg ging's wie für viele andere Besatzungen der IV./KG 26 nach Riga zum KG 102 (siehe Flugbuch-Auszug li.). Hier wurden Angriffe mit Übungstorpedos geflogen. Hier beispielsweise im Bild festgehalten das Beladen der Ju 88 A-4 „A8+HN" am 2. Mai 1944. Die Besatzung Dülberg kam per 31. Mai zur 7./KG 26 und wurde am 22. Juni an der französischen Atlantik-Küste abgeschossen. Alle vier kamen in alliierte Kriegsgefangenschaft.

Eines der letzten Flugzeuge der IV./KG 26 in Blankensee: Die Ju 88 „1H+IU" machte im Juli 1944 eine Notlandung am Rand des Ratzeburger Sees. Die Maschine (ohnehin ein Reparatur-Flugzeug, siehe „R" vor der WNr. am Bug, die leider teilweise von der Mäander-Tarnung übernebelt ist) wurde in der Lübecker Werft wieder aufgebaut. Maßgeblich daran beteiligt: die Blankenseer Lehrlinge. Links schaut der direkte Vorgesetze der Lehrlinge, Gefr. Josef Rogalski, nach dem Rechten, während im unteren Bild Lehrling Friedel Ahrendt den Bremsdruck prüft und die Azubis Solotschek und Hennings (v.l.) ebenfalls mit Wartungsarbeiten beschäftigt sind.

Einer der letzten Toten der IV./KG 26: Fw. Paul Hauschild. Er und seine Besatzung von der 10. Staffel wurden am 2. März 1944 wenige Kilometer östlich vor Dahmeshöved - bekannt durch seinen Leuchtturm, gelegen zwischen Kellenhusen und Dahme – über der Ostsee von feindlichen Flugzeugen abgeschossen.

Flotten-Übung flog die Besatzung von Oblt. Ziegert mit der Ju 88 „1H+DU" einen Torpedoangriff auf die Marine-Schiffe in der Ostsee. Dazu wurde in Kolberg um 18.59 Uhr gestartet und um 22.30 Uhr in Wormditt gelandet. Erst am nächsten Tag ging es um 7.57 Uhr retour nach Kolberg.

Im Herbst 1944 hörte die IV./KG 26 auf zu bestehen: Aus ihr entstand am 7. September die „Ergänzungskampfgruppe LT" mit denselben Aufgaben wie zuvor. Aus dem Stab IV./KG 26 unter Major Klaus Nocken wurde der Stab/Erg.KGr. LT, aus der 11./KG 26 wurde die 2./Erg.KGr. LT, die 12. Staffel wurde zur 3./Erg.KGr. LT. Die 10./KG 26 löste man auf. Mit der letzten erhaltengebliebenen Flugzeugbestand- und Bewegungsmeldung verfügte die LT-Gruppe über sieben Ju 88 A-4, 21 Ju 88 A-4, acht Ju 88 A-7, fünf Ju 88 A-12, 28 Ju 88 A-17, drei Ju 88 A-14, vier Ju 188 A-2, vier Ju 188 A-3 und wiederum eine He 111 H-2, zwei He 111 H-6, sechs He 111 H-11 und zwei He 177 A-5, die jedoch bereits im Dezember wieder an einen anderen Verband abgegeben wurden. Eine der beiden He 177 stand in Blankensee getarnt neben den Hallen 7 und 8 und zog dort die Blicke auf sich. Geflogen ist sie während des Aufenthalts angeblich nicht.

[1] So flog beispielsweise Fw. Kurt Springer mit der Fw 44 „1H+YK" am 20. September 1944 mit Zwischenlandungen von Memmingen, wo sich nach dem Rückzug aus Südfrankreich die Reste der I. Gruppe zurückgezogen hatten, nach Lübeck (Landung dort am 27. September 1944 um 12.15 Uhr).

Auffrischung im Reichsgebiet

Mit dem Fortgang der IV./KG 26 war das Kapitel „Löwengeschwader" für Lübeck aber nicht abgeschlossen: Die I. Gruppe war beim Einsatz im Mittelmeer komplett aufgerieben worden. Ähnlich hohe Verluste hatte auch die I./KG 77. Die Reste beider Gruppen wurden im Spätsommer zur I./KG 26 zusammengeworfen. Als neuer Gruppenkommandeur fungierte nun Major Willi Sölter, ehemals Chef der I./KG 77. Die Zusammenlegung der Gruppenreste erfolgte teilweise in Leck, zum Großteil jedoch in Lübeck. Erste Flüge von ehemaligen KG 77-Angehörigen nach Lübeck lassen sich Ende September 1944 nachweisen[1], Platzrunden und Übungsflüge Mitte Oktober 1944[2]. In einer Aufstellung vom 25. September 1944 über die Dislozierung der Tag- und Nachtjagdverbände sind alle drei Einsatzgruppen in Schleswig-Holstein gemeldet: Stab und I./KG 26 lagen in Lübeck, die II. weiterhin in Großenbrode und die III./KG 26 schulte bereits seit längerem in Leck auf die Ju 188 um. Das offizielle Dokument lässt dabei jedoch die staffelweisen Verlegungen während der Umschulung außen vor. So lag die 7./KG 26 zeitweise in Großenbrode, flog dabei auch den Fliegerhorst Blankensee mit ihren Ju 188 an[3]. Während dieser Zeit nutzte man auch eine Wiese am Wardersee bei Pronstorf, um hier Flugzeuge abzustellen, damit sie auf dem stark genutzten Flugfeld in Großenbrode nicht Opfer von Tiefangriffen würden. Diese Maßnahme – im Luftwaffen-Jargon auch Blindschleiche genannt – begann im Sommer 1944[4]. Dazu wurden in einem angrenzenden Waldstück, im Eckmöhl, Schneisen geschlagen. Dort wurden die Flugzeuge mit dem Heck in den so entstandenen Abstellplatz gezogen und mit Netzen getarnt. Das Flugfeld selbst war kaum als solches zu erkennen, die Start- und Landebahn war lediglich durch kleine Fähnchen markiert. Die kleine Gruppe des Betriebs- und Wachpersonals wurde in den umliegenden Dörfern untergebracht, im Pronstorfer Krug gab es ein Dienstzimmer mit einer Fernsprechverbindung zum Fliegerhorst Blankensee und Großenbrode. Größerer Flugbetrieb ist auf diesem Schattenplatz nicht nachweisbar, die wenigen Aktivitäten sind bisher lediglich durch Zeitzeugenberichte – wie beispielsweise von Leo Haberstroh, einem ehemaligen Unteroffizier und Bordschützen in der 7./KG 26 – belegbar. Ob auch Maschinen der I. und II. Gruppe in diese Verlegungen involviert waren, bleibt aufgrund der Platzgröße am Wardersee eher fraglich.

Am Sonnabend und Sonntag, 21. und 22. Oktober 1944, hieß es jedenfalls endgültig Abschied nehmen von Lübeck[5]: Jeweils gegen 10 Uhr verlegte die I./KG 26 schrittweise mit einzelnen Flugzeugen nach Aalborg, Ende des Monats schließlich weiter nach Trondheim und Bardufoss. Hier wurden zusammen mit den anderen beiden KG 26-Gruppen noch Einsätze gegen alliierte Convois im Eismeer geflogen. Interessant ist, dass „Nachzügler" der Gruppe, sprich frisch ausgebildete Flugzeugführer und Besat-

[2] Ab dem 19. Oktober sind verstärkte Aktivitäten zu verzeichnen. Grund war sicherlich die bevorstehende Verlegung nach Norwegen.

[3] So beispielsweise die Besatzung Fw. Günter Schulz, die am 27. Juli 1944 die Ju 188 „BT+HE" von Ludwigslust nach Blankensee überführte (Start 21.02, Landung um 21.26 Uhr).

[4] Vergleiche auch mit dem Kapitel „Blindschleiche nach Büchen" auf Seite 157.

[5] Diese Daten sind belegt durch Flugbuch-Eintragungen. Laut KTB des Fluko Aalborg wurden 60 Ju 88 gemeldet, die am bereits 20. Oktober 1944 ab 10.30 Uhr von Lübeck aus über Dänemark nach Norwegen verlegten. Geflogene Höhe: 200 m. Vorkommandos der einzelnen Staffeln machten sich jedoch auch schon am 19. Oktober auf den Weg, dies belegt ein Flugbuch eines Angehörigen der 2./KG 26 (Start in Lübeck-Blankenesee 10.42, Landung in Vaernes um 14.10 Uhr. Maschinen der II./KG 26 flogen übrigens am selben Tag von Großenbrode nach Norwegen; letzte Maschinen vom StabII./KG 26 von dort noch am 25. Oktober 1944.

Im Spätsommer 1944 fotografierten sich Blankenseer Werft-Lehrlinge vor zwei Ju 88 der I./KG 26 auf dem Flugplatz. Oben eine stark getarnte Ju 88. Beachte die Kennzeichnung „CH+B?" auf dem Flammenvernichter und die Geschwaderkennung „1H" in kleiner Ausführung vor dem Balkenkreuz. Unten sitzen Werft-Azubis Hans-Jürgen Appell und Karl-Heinz Heitmann (v.r.) vor der Ju 88 A-17 „1H+AH", die ein FuG 200 Schiffssuchradar am Bug trägt und vor der Werft auf weitere Wartung wartet. Beachte jeweils die starke Mäandertarnung.

Nicht nur von außen wurden die Ju 88-Torpedo-Maschinen interessiert beäugt. Hier ein Blick ins Cockpit. Links: Steuerhorn, Instrumentenbrett und typische Details wie die Kuvi-Spinne im Bug, Revi und UV-Lampe. Rechts: die Einstellspindeln für die Torpedos.

Fertigmachen zum Abflug nach Norwegen: Ein Wart schließt an dieser Ju 88 A-17, eine ehemalige Maschine der I./KG 77 (siehe Spinner-Bemalung), die Einstiegsluke. Vorne am Bug sind die Antennen des FuG 200 zu sehen. Auch diese Maschine trägt den Wellen-(Mäander-)Anstrich, die die Ju 88 im Tiefflug über See fast unsichtbar werden ließ.

Fliegerhorstbewachung und -verteidigung

Für die Bewachung der Fliegerhorste wurden nach Kriegsbeginn so genannte Landesschützenzüge aufgestellt. In ihnen taten junge Männer Dienst, bevor sie zur Wehrmacht eingezogen wurden. Unterstützt wurden sie von älteren, nicht mehr fronttauglichen Soldaten. Für Blankensee waren beispielsweise die Züge 146/XI und 61/XI abgestellt, um besonders die im Nordbereich liegenden Munitionsdepots und Abstellflächen zu bewachen. Aus Unterlagen der Waffentechnischen Gruppe geht hervor, dass beide Züge im Januar 1942 über jeweils 19 Karabiner verfügten.[2] Der Landesschützenzug hatte im Alarmfall – Parole: „Luftgefahr 15", dem Fliegeralarm – die beiden MG-Stände F und G zur Erdabwehr zu besetzen; aus den Monatsberichten des Jahres 1942 geht weiterhin hervor, dass die Teilnahme an der „Kampfschule" am Mittwoch und Sonnabend wegen des Wachdienstes nur unregelmäßig möglich war. Gleiches galt für den Unterricht der jungen Männer: das Exerzieren (wöchentlich vier Stunden) litt darunter, ebenso die theoretischen Einweisungen in den Karabiner 98, in die Kampfstoffe und die politischen Schulungen.

Im August 1942 kam noch eine weitere Einheit hinzu, der Bewachungszug 68/XI. Dabei handelte es sich um eine erst am 17. Juli 1942 in Neumünster aufgestellte Einheit[3], deren Personal dafür vom Fl.Ers.Batl. XI Hohenaspe nach Neumünster verlegt worden waren. Als erste Aufgabe musste die neue Einheit in Neumünster vom 20. Juli bis 1. August eine abgeschossene englische Maschine bewachen – mit immerhin 1 Uffz. und 8 Mann. Der Bewachungszug wurde am

zungen, mit Maschinen aus Blankensee nach Norwegen flogen. So beispielsweise Uffz. Kurt Siebert, der im Oktober 1944 nach der Schulung beim KG 102 zur I./KG 26 versetzt wurde. Am Donnerstag, 9. November 1944, machte Siebert einen Probeflug mit der Ju 88 „1H+HH"[1], um am nächstes Tag mit ihr um 12.23 Uhr nach Aalborg zu starten (Landung dort um 14 Uhr). Weiter nach Norwegen ging es dann für ihn und seine Besatzung erst am 16. November.

Ende Februar 1945 wurde die I./KG 26 überraschend aus dem Einsatz genommen, die Ju 88 an die II./KG 26 abgegeben, viel Personal zu den Fallschirmtruppen versetzt. Einige Flugzeugführer und anderes Personal – insgesamt 379 Mann – erlebte das Kriegsende jedoch im dänischen Vejle. Dort sollte noch auf die Torpedo-Version der Fw 190 umgerüstet werden, wozu es aber nicht mehr kam.

---

[1] Start um 10.17, Landung um 10.47 Uhr. Die „1H+HH" (WNr. 801600) ging am 10. Februar bei einem Einsatz verloren; die Besatzung Lt. Georg Hübner gilt seitdem als vermisst.

[2] Auch die Fl.H.Kdtr. und die Ln-Stelle waren bewaffnet: Im Januar 1942 gab es bei letzterer 35 Karabiner und bei der F.H.Komp. waren es 99 Karabiner, 108 Pistolen 08, 12 Maschinenpistolen sowie 11 Pistolen 7,65.

[3] Auf Befehl des LGKdos XI durch Flugstützpunktkommando 2/XI Neumünster, Leiter der Aufstellung war dort Hauptmann Tischpirek.

Mittwoch, 5. August, in der Stärke von 1 Feldwebel, 3 Unteroffizieren und 23 Mann nach Lübeck-Blankensee verlegt; Einheitsführer war Feldwebel Rüppel. Aus dem ersten Monatsbericht der Einheit für August 1942 geht hervor, dass einen Tag später, am 6. August, noch ein weiterer Uffz. und 1 Mann Nachkommando in Lübeck eintrafen. Der Bewachungszug 68 verfügte über 28 französische Gewehre und eine Pistole 08, hatte dazu insgesamt 1.500 Schuss französische Munition und 16 Schuss für die Pistole.

Nach dem Überfall auf die Sowjetunion wurden nach und nach die deutschen Waffen gegen Beutestücke eingetauscht, um damit Einheiten im Osten auszustatten. Dadurch änderte sich der Waffen-Bestand der Einheiten in Blankensee: Bei der Fliegerhorstkompanie standen lediglich noch zehn Karabiner 98k zur Verfügung, dafür aber 34 Karabiner M12/34, 70 Gewehre p, drei holländische Gewehre, 55 französische, 53 Pistolen 08, zwölf MP 38/40, fünf MG 07/24 und neun MG 24/29[4]. Und auch die Ln-Stelle sowie der Landesschützenzug 146/XI hatten nun ihre Karabiner gegen französische Modell eingetauscht. Die Ln-Stelle hatte davon nun 60 Stück, der Landesschützenzug 35. Im Monatsbericht Oktober 1942 hieß es dann: *„Die wiederholte Umbewaffnung in den letzten Monaten erwies sich als nachteilig. Der Oktober brachte statt der französischen Gewehre belgische Karabiner. Das Anschießen erfolgte am 16.10. Es zeigte mit dem folgenden Übungsschießen, dass die Waffen im allgemeinen recht hoch schießen und starke Streuung besitzen, also keinen Vergleich mit unseren deutschen Waffen aushalten."*

Im Monatsbericht des Landesschützenzuges 146/XI vom 1. September 1942 heißt es über den Bewachungszug: *„Ab 10.8. konnte durch das Bewachungskommando 68 der Posten und Streifendienst ganz wesentlich erweitert werden. Damit war wieder die Möglichkeit gegeben, einen Tag um den anderen den Zug geschlossen zum Exerzieren und Unterricht antreten zu lassen."* Die neue Einheit war also eine willkommene Unterstützung bei den Wach- und Sicherheitsdiensten in Blankensee. Dazu wechselte sich der Bewachungszug mit dem Landesschützenzug täglich ab[5]. Aus dem Mo-

Die Anfänge der Fliegerhorstverteidigung: Am Flugplatzrand aufgestellte MG auf einem Dreibein.

natsbericht des Bewachungszuges 68 für August 1942 gehen die Stärken der eingeteilten Wachen hervor: An der Alten Wache waren 1 Uffz. und 9 Mann, an der Wache zum Muni-Bereich 1 Uffz. und 14 Mann. Die Wache dauerte von 12 bis 12 Uhr, ab September 1942 von 17 bis 17 Uhr. Das Essen wurde den Männern durch einen Wagen des Platzlandwirts gebracht. Die Zeit in Blankensee währte für den Bewachungszug aber nicht lange: Bereits Ende September 1942 wurden für Neuaufstellungen 1 Uffz. und 11 Mann nach Lüneburg und zum Sonderstab nach Varel abkommandiert. Das KTB Nr. 5 des Fl.H.Ber. 6/XI erwähnt am 23. Oktober 1942 weiterhin die Auflösung des Bewachungszuges aufgrund eines Quartiermeister-Befehls vom Mittwoch, 21. Oktober. *„Die verbleibenden Soldaten werden zum Bewachungszug 111 in Stade in Marsch gesetzt."*

Zur Fliegerhorst-Verteidigung konnten die Einheiten in Blankensee aber nicht nur auf ein paar Gewehre und Maschinenpistolen zurückgreifen. Die Wehrmacht hatte 1940 in Frankreich insgesamt 3.000 Renault UE Raupenschleppen er-

[4] Die letzte erhalten gebliebene Meldung vom Waffen-Feldwebel von Aspern zeigt im Dezember 1942 eine noch weiter fortgeschrittene Durchmischung der Waffenherkunft: Nun gab es in der Fl.H.Komp. auch noch polnische und belgische Karabiner, desgleichen Gewehre. Waffenbestand der Kompanie allein per 28. Dezember 1942: 399 unterschiedliche Waffen von der Pistole bis zum MG. Der gesamte Fliegerhorst verfügte durch seine Einheiten über 507 Waffen.

[5] Im Monatsbericht des Bewachungszuges 68/XI für September 1942 wird außerdem noch eine zivile Streife für den Abstellplatz I erwähnt.

Im Winter 1939 treffen weitere Flakgeschütze ein. Hier begutachten einige Soldaten auf dem Kfz.-Hof die 2cm-Waffen.

Im Fall der Landung feindlicher Fallschirmtruppen hätten die Fliegerhorst-Verteidiger auch auf so ein so genanntes „Sicherungsfahrzeug UE(f)" zurückgreifen können. Es wurde 1942 im Blankenseer Kfz.-Bereich aus einem französischen Renault-Schlepper umgebaut und entsprechend bewaffnet. Es trägt am Bug das Wappen des technischen Bereichs. Die Personen auf dem rechten Bild sind: 2.v.l. Obgefr. Rudi Dietze, 3.v.l. Meister Paul Rosenow, 3.v.r. Uffz. Emil Faasch, 5.v.r. Ofw. Willi Hinz.

[1] Abkürzung für Kommandeur des Schutzbezirks. Dieser hatte seine Befehlsstelle im Divisionsstabsgebäude am Moltkeplatz in Lübeck.

beutet. Konstruiert wurde er zur Motorisierung der französischen Infanterie und sollte als gepanzertes Gefechtsfeld-Versorgungsfahrzeug dienen. 1942 wurde mindestens eines dieser leichten, gepanzerten Fahrzeuge zu einem so genannten „Sicherungsfahrzeug UE(f)" umgebaut. Diese Umbauten sind auch auf dem Fliegerhorst Grove (Dänemark) nachweisbar. Dort soll sie angeblich der dortige Landesschützenzug zur Platzverteidigung benutzt haben, viele andere wurden ansonsten auf Flugplätzen als Munitionsschlepper eingesetzt.

Das Blankesser Fahrzeug soll direkt in den Fahrzeugwerkstätten des Horstes umgebaut worden sein, so die Erinnerung von Herrmann Schwerdtfeger, der seit Kriegsbeginn als Kraftfahrzeugmechaniker im Kfz.-Bereich arbeitete. Zu Übungen sei man mit dem Schlepper auch gefahren, ansonsten eher nicht, so Schwerdtfeger. Wie wirksam ein solches kleines Sicherungsfahrzeug im Einsatz gewesen wäre, lässt sich abschätzen. Bewaffnet war es mit drei 7,92 mm MG 34 oder ausgebauten Flieger-MGs. An der Rückseite hatten viele dieser Schlepper eine kleine gepanzerte Plattform für den Schützen, der Fahrer schaute weiterhin aus seiner Luke heraus, denn bei den Abmessungen von 280 Zentimetern Länge, 174 cm Breite und eine Dachhöhe von knapp einem Meter war nichts mit Abtauchen bei feindlichem Beschuss.

Zum Einsatz gekommen wäre das Sicherungsfahrzeug bei der Bekämpfung von gegnerischen Fallschirmjägern. Denn die Angst vor Landungen alliierter Fallschirmtruppen wie im Fall des Landungsunternehmen am Strand von Dieppe, bei dem Fallschirmjäger wichtige Punkte im Hinterland besetzen oder zerstören sollten, bestand auch im Reichsgebiet. Dazu wies das Luftgaukommando am Montag, 30. März 1942, u.a. den Flughafenbereich 6/XI darauf hin, dass *„bei englischen Landungsversuchen an der franz. Westküste [...] zur Ablenkung gleichzeitig Fliegerangriffe im Angriffsobjekt oder in der Nähe durchgeführt [wurden]."*

Um die Abwehr feindlicher Truppen zu üben, fand unter Federführung des Inf. Ers. Rgt. 30 durch den Kommandeur Oberstleutnant von Holtzendorff am Mittwoch, 30. September 1942, eine große Übung für alle Lübecker (Boden-)Einheiten rund um den Fliegerhorst – inklusive Flak- und Luftnachrichten-Einheiten statt. Die Ausgangslage stellte man sich in Abstimmung mit dem Flughafenbereich 6/XI so vor: Feindliche Fallschirmjäger – gespielt von Soldaten des Inf.Res.Rgt. 30 – seien gegen 5 Uhr zwischen Vorrade und Wulfsdorf gelandet. Die 50 Mann, 5 Uffz. und 1 Offz. des Haupttrupps und die 24 Mann, 3 Uffz. und 1 Offz. des Ablenkungstrupps sollten demnach die Montagehalle und den Munitionsbereich zerstören, sich anschließend zum Ratzeburger See durchschlagen und dort auf die „Abholflugzeuge" warten. Der Fliegerhorst wiederum könne nicht auf größere Unterstützung durch Lübecker Truppen bei der Abwehr rechnen und müsse sich selbst verteidigen. Dazu bezogen die Truppen des Fliegerhorstkommandanten bereits vorher festgelegte Stellungen rund um das Platzgelände. Während der Übung wurde auch an den Ernstfall gedacht: So heißt es in den Einsatzbefehlen vom 24. September 1942: *„Bei tatsächlichem Flieger-*

oder Fallschirmalarm ist sofort Verbindung mit KSB.[1] Lübeck [...] aufzunehmen und erforderlichenfalls die Übung selbständig abzubrechen."

Die Übung war um 9 Uhr zu Ende, im Anschluss daran fanden Nahkampfübungen der beteiligten zwei Züge des Fliegerhorstes statt. Dabei ging es um die Abwehr von Würgegriffen, Pistolen und Seitengewehre, aber auch um Handgranatenwurf und Schießübungen. Das Ende der groß angelegten Übung war um 11.30 Uhr.[2] Anschließend wurden am 1. Oktober 1942 die Ergebnisse ausgewertet, größere Beschwerden hielt man jedoch nicht fest, lediglich kleinere Verbesserungsvorschläge für die Abläufe. Dabei fällt aber der Punkt ins Auge, was mit den Flugzeugen der IV./KG 26 bei einem Großangriff passieren sollte. Die Frage *„Ist ein Herausziehen aus den Liegeplätzen zwecks Start noch möglich?"* blieb jedoch von den betreffenden Stellen unbeantwortet.

Im Rahmen der Übungen ist auch eine Übung der Gasspür- und Entgiftungstrupps dokumentiert. Dabei wurde am Mittwoch, 25. November 1942, ein Bombenangriff auf den Fliegerhorst simuliert, bei dem an zwei Stellen 100 Kilogramm schwere Kampfstoffbomben (mit Lost) niedergegangen waren. Als Zuschauer dieser Übung mit dem Spürtrupp I[3] waren vom Kdo. Fl.H.Ber. Oberst Prestien, Oberstleutnant von Hammerstein und Hauptmann Hansy; von der Fliegerhorstkommandantur Kommandant Oberstleutnant Grosse.

Fliegerabwehr

Die befürchteten feindlichen Fallschirmtruppen blieben aus, dafür aber gab es Tief- und leichte Bombenangriffe auf Blankensee. Die bereits seit 1941 aufgestellten zwei Vierlingsgeschütze sollten diese Angriffe abwehren. Bedient wurden sie von den Technikern der 10. FBK/KG 26, aber auch vom Personal der Fl.H.Kompanie. Dazu wurden beispielsweise einige Flugzeugtechniker im Oktober 1942 zu zehntägigen Flak-Lehrgängen nach Büsum geschickt.

Das Aufstellen der Geschütze führte dazu, dass im Wechsel die „Vierlinge" auch nach Dienstende um 18 Uhr besetzt sein mussten. Eines der Flak-Ge-

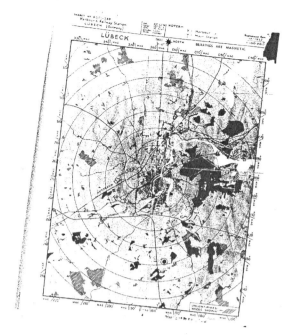

Verkleinerung einer Karte von Lübeck 1:100.000 mit Eintragung der Anlagen des Fliegerhorstes Lübeck-Blankensee bei ⊙. Geborgen aus einer am 16.5.42. bei der Halbinsel Sengö (Dänemark) abgeschossenen Wellington III der 9.B.Sqd (Honington)

schütze befand sich auf der Werft auf einer Plattform, das andere wurde hinter der letzten Flugzeughalle in einem Abstand von etwa 50 Metern von den Gebäuden entfernt installiert. Hierzu wurde jeweils eine ein Meter tiefe Grube ausgehoben und der Aushub an den Seiten als Schutzwall aufgeschüttet. Die Geschütze selbst wurden drehbar befestigt; das hinter der letzten Halle stand auf einem Betonsockel. Zur Unterbringung der Bedienungsmannschaft wurde jeweils eine Baracke in der nächsten Umgebung aufgestellt. Während der Wartezeit in der Unterkunftsbaracke vertrieben sich die Soldaten die Zeit damit, für die regelmäßigen Skatturniere zwischen den Angehörigen der Luftnachrichtentruppe aus der Kaserne in St. Hubertus und des KG 26 zu trainieren.

Schon kurz nach Kriegsbeginn flogen britische Flugzeuge nach Schleswig-Holstein ein, kamen auf ihrem Flugweg auch nach Lübeck. In Feldpostbriefen wurde dieses festgehalten: *„Lübeck, d. 13.6.40: [...] Die feindlichen Flieger sind jetzt jede*

---

[2] Bereits wenige Tage zuvor, am 19. September 1942, gab es in Lübeck eine so genannte Horstverteidigungsübung im Zusammenspiel mit dem Inf. Batl. 6 unter dem Kommando von Oberstleutnant Pötschat. Dabei wurde angenommen, dass sich feindliche Truppen bei Vorrade und bei St.Hubertus gesammelt hätten. Auch die anderen Fliegerhorste übten die „Erdbekämpfung luftgelandeter Feindkräfte": So Großenbrode am 23. März 1942, im Fliegerhorst Uetersen am 10. Juli 1942 und am 25. August im Bereich des Priwalls bzw. im Bereich des LZA- und der E-Stelle-Travemünde.

[3] Bestehend aus Soldaten, die *„erst 6 Tage an den Ausbildungen teilgenommen"* hatten und dem Entgiftungstrupp II aus *„Zivilpersonen der Werft"*.

Als großes militärisches Objekt geriet der Fliegerhorst Blankensee selbstverständlich auch ins Visier der Alliierten. Neben diversen MG-Stellungen rund um den Platz gab es ebenfalls auf der Werft einen Flak-Stand, von dem aus auch der Luftraum überwacht wurde.

Der schwere Bombenangriff auf die Altstadt von Lübeck Palmarum 1942 hatte auch Auswirkungen auf das Leben im Fliegerhorst. Bei Fliegeralarm wurden die Zivilangestellten vom Platz gebracht, zusätzlich die wertvollsten Fahrzeuge. Die Flugzeuge zog man vom Flugfeld auf die angrenzenden Abstellbereiche.

Nacht in Lübeck. Nennenswerten Schaden haben sie aber nicht angerichtet. [...]." Und ein paar Wochen später heißt es am 19. Juli 1940: „[...] Die Flieger kommen auch nicht mehr jede Nacht. Heute Nacht hat die Flak hier ein engl. Flugzeug abgeschossen. [...]." Meist blieb es bei geringem Sach- oder Personenschäden. Der große Paukenschlag kam für Lübeck jedoch in der Nacht zum Sonntag, 29. März 1942.

Das englische Bomber Command unter der Leitung von Sir Arthur Harris hatte zuvor seine Nachtangriffe im Winter 1941/42 stark reduziert. Im Frühjahr 1942 sollten die in der Zwischenzeit entwickelten neuen Einflugtaktiken, Flugzeugtypen und Abwurfwaffen im scharfen Einsatz getestet werden. Ziel sollten nun die in den Stadtzentren wohnenden Arbeiter der Rüstungsindustrien werden. Erstes Ziel war die aufgrund der vielen Gewässer der Umgebung auch in der Dunkelheit leicht aufzufindende Hansestadt Lübeck. So starteten am späten Abend des 28. März 1942 nach britischen Angaben 234 Bomber und nahmen Kurs auf die Stadt an der Trave. Hier heulten um 23.16 Uhr die ersten Luftschutzsirenen. In drei Angriffswellen über das nördliche Schleswig-Holstein einfliegend warfen die Wellington-, Lancaster- und Stirling-Bomber insgesamt über 140 Tonnen Bomben ab. Erst um 03.35 Uhr erfolgte die Entwarnung. Nach dem Angriff waren 320 Tote und 800 Verletzte zu beklagen. Das Stadtbild war nicht wiederzuerkennen. Wie die Menschen damals den Angriff empfunden haben, mögen die zwei nachfolgenden Auszüge von Feldpostbriefen eines in Blankensee arbeitenden Technikers verdeutlichen: „Lübeck, den 6.4.42. [...] Einzelheiten von dem Angriff selbst lassen sich schwer schildern, [...] Alles in Allem zusammengefasst, es sieht in Lübeck verheerend aus, Du würdest die schöne Stadt nicht wiedererkennen. [...] Die unschuldigen Opfer, die bereits beerdigt sind, sind erst ein Teil, es liegen noch viele Menschen unter den Trümmern. Wir haben bis heute weder Licht, Gas noch Wasser, aber es muss so gehen und es geht auch so. Die allgemeine Stimmung ist tadellos, und man kann sich nur wundern, mit welch einem Opfergeist alles ertragen wird. [...] Aber hier ist der Hass unendlich groß geworden, und auch ich brenne darauf diesen Lumpen alles heimzahlen zu können. [...]". Am 17. April 1942 heißt es weiter: „[...] Man muss sich hier in Lübeck nur immer wieder wundern, alles ist eine große Kameradschaft und vor allen Dingen wird für die Bombenbeschädigten in ganz großzügiger Weise gesorgt. [...] In der Stadt selbst wird schon feste gesprengt und aufgeräumt, und der Geschäftsbetrieb geht seinen gewohnten Gang, wenn auch vorerst notdürftig. [...] Ganze Straßenzüge sind dem Erdboden gleichgemacht. In der Innenstadt sieht es wüst aus. Aber alles kann man unmöglich beschreiben, es ist eben viel zu viel kaputt. [...]".

Die Abwehr in Lübeck war relativ bescheiden. Rund um die Stadt gab es lediglich fünf schwere und vier leichte Flak-Batterien, in Blankensee lagen keine Nachtjäger, nur die IV./KG 26. Die wenigen Nachtjäger waren zum Zeitpunkt des Angriffs in Schleswig (5./NJG 3), Stade (II./NJG 1) und Lüneburg (7./NJG 3) stationiert. Die Handvoll Nachtjäger konnte dem Bomber Command gerade einmal zwölf Flugzeug-Verluste beifügen.[1]

Nach dem großen Bombenangriff auf Lübeck in der Nacht zum 29. März 1942 fielen auch die ersten Bomben auf den Blankenseer Fliegerhorst. Am Donnerstag, 16. Juli 1942, einem grauem Sommertag mit einer Wolkenuntergrenze von 400 bis 800 Metern, wurde anscheinend

---

[1] Im Zusammenhang mit der Führung der Nachtjäger waren diesen Maschinen aber Räume an der Nordseeküste, um Kiel und um Hamburg zugewiesen worden. Das Hinterland sollte vornehmlich durch die Flak geschützt werden.

nachts ein viermotoriges britisches Flugzeug von den eingeschalteten Signalanlagen der Bahnstrecke entlang des Platzes an den Fliegerhorst gelockt, ohne jedoch diesen wahrscheinlich bemerkt zu haben. Der Bericht vom 17. Juli 1942 (siehe nebenstehendes Dokument) schätzt, dass der Angriff dem Bahnhof Blankensee gegolten haben wird. Durch die Bomben entstand erheblicher Sachschaden am Rande des Rollfeldes.

Erkennbar wird jedoch, dass der Bombenangriff auf Lübeck dazu geführt hat, dass auch auf dem Fliegerhorst die Sorge wuchs, Ziel eines Angriffs zu werden. Wurden die Maschinen bis dato auf dem Flugfeld abgestellt, mussten Techniker sie nun in den Abendstunden zu den vier Abstellflächen bringen und am Morgen wieder aufs Flugfeld zurückholen. Im Werftbericht für den Monat März 1942 wird jedoch die Entfernung zwischen dem Flugfeld und den Abstellplätzen bemängelt: Es *„wird darauf hingewiesen, dass durch besondere Umstände infolge erhöhter Luftgefahr zu Arbeitsbeginn und Arbeitsschluss jeweils 15 Flugzeuge zwischen der Werft und dem 3-4 km entfernten Abstellplätzen mit Hilfe von Trekkern zu bewegen sind. Für das Heranholen bzw. Abstellen eines Flugzeuges sind jeweils 20 Minuten erforderlich."* Die Folge: Die Antrittsstärke der zivilen Belegschaft sank ab dem 29. März 1942 um 30 Prozent, so dass die Wochenarbeitszeit heraufgesetzt werden musste, um die erforderlichen Arbeiten noch zu erledigen. Nicht nur die Flugzeuge wurden vom Fliegerhorst entfernt: Auch der Fahrzeugpark wurde bei Luftgefahr aus den Garagen weggefahren. Zurück blieben lediglich die schweren Lkw. *„Dafür hatten wir uns ein kleines Waldstück bei Beidendorf ausgekundschaftet, das auch extra dafür hergerichtet war"*, erinnert sich Hermann Schwertdfeger, Kfz.-Me-

Am 17. Juli 1942 griff nachts ein britisches Flugzeug den Lübecker Fliegerhorst an und warf eine Reihe Bomben auf den Platz ab. Unten das Resultat: Bombentrichter im Bereich des Durchrolltores zum Abstellbereich an der Blankenseer Straße.

Bei Fliegeralarm wurden die wertvollsten Fahrzeuge vom Flugplatzgelände weggebracht. Da auch die Zivilangestellten den Platz verlassen mussten, bildeten sich schnell „Fahrgemeinschaften" zwischen den Angestellten und den Fahrern der Fahrzeuge wie Busse oder Lkw.

chaniker in der Fl.H.Kompanie. „*Nach dem der Alarm wieder aufgehoben war, wurden die Fahrzeuge wieder zum Fliegerhorst zurückgebracht. Wann der Alarm beendet war, wurde durch einen Kurier mitgeteilt, der so genannte Inspektor 90, der mit einem Krad zu uns nach Beidendorf gefahren kam.*"

Exemplarisch ein kurzer Einblick in den August 1942 der im KTB des Fl.H.Ber. 6/XI festgehaltenen Zeiten für Fliegeralarm in Lübeck-Blankensee:

04.08.42: Fliegeralarm von 1.56 bis 3.07 Uhr.

05.08.42: Fliegeralarm von 9.25 bis 10.05 Uhr.

07.08.42: Fliegeralarm von 14 bis 14.25 Uhr.

09.08.42: Luftgefahr von 0.45 bis 1.55 Uhr.

11.08.42: Luftgefahr von 2.50 bis 3.36 Uhr, Fliegeralarm von 18.24 bis 18.36 Uhr.

12.08.42: Luftgefahr 15 von 19.14 bis 19.30 Uhr.

14.08.42: Luftgefahr von 0.21 bis 2.40 Uhr.

16.08.42: Fliegeralarm von 13.30 bis 13.50 und von 23.46 bis 2.20 Uhr.

17.08.42: Fliegeralarm von 12.50 bis 13.33 und von 18.45 bis 19.10 Uhr.

18.08.42: Luftgefahr von 1.23 bis 1.43 und 14.23 bis 14.55 sowie 17.45 bis 18.15 Uhr.

19.08.42: Fliegeralarm von 0.25 bis 1.10 und 12.48 bis 13.17 Uhr. Luftgefahr von 15.38 bis 15.58 Uhr.

20.08.42: Fliegeralarm von 23.50 bis 1.38 Uhr.

26.08.42: Luftgefahr von 18.35 bis 19.33 Uhr.

27.08.42: Luftgefahr von 21.11 bis 21.30 Uhr.

28.08.42: Luftgefahr von 0.31 bis 1.12 Uhr.

In der Regel waren es zunächst tagsüber Aufklärer oder „Störflieger", des nachts Bomber oder eine handvoll Minenleger, die Alarm auslösten. Hermann Schwerdtfeger, Kfz.-Mechinker in der Fl.H.Kompanie, erinnert sich an die Luftangriffe auf Hamburg, deren Auswirkungen selbst noch in Blankensee zu spüren waren: „*Durch die Detonationsdruckwellen haben die Hallentore gewackelt. Später gab es Ascheregen, alles hatte einen gräulichen Überzug.*"

Ab 1943 kamen auch verstärkt so genannte Flakhelfer an die Abwehrgeschütze. Das waren Schüler im Alter von etwa 16 Jahren. Dr. Klaus-Christoph Baumgarten war einer von ihnen. Im Frühsommer 1944 kam er zusammen mit anderen Schülern in eine Geschützstellung[1] oberhalb des Blankensees. „*Dort standen etwa drei Acht-Mann-Baracken und drei bis vier Flak-Geschütze der Kaliber 2 cm und 3,7 cm. Die 2 cm sogar als Zwilling. Gegen Angriffe mussten wir uns aber nicht verteidigen, ich habe dort jedenfalls keine miterlebt.*" Zum Fliegerhorst selbst durfte die Gruppe Jugendlicher nicht gehen; sie blieben an ihre Unterkünfte gebunden, hatten jedoch in kleineren Gruppen Ausgang beispielsweise nach Lübeck.

[1] Deren Feldpostnummer war L47908: Dahinter verbirgt sich 1. Batterie leichte Reserve-Flak-Abteilung 723 (28.2.1941-29.7.1941), die 1. Batterie leichte Flak-Abteilung 723 (8.9.1942-11.3.1943) und die 2. Batterie leichte Flak-Abteilung 770 (o) (12.3.1943-7.9.1943). Für den Zeitraum danach liegen leider keine Informationen vor.

Blick auf die Fahrdienstleitung, das Herzstück des Kfz.-Bereichs in Blankensee. Auch diese Gebäude sind getarnt.

Besonders in den letzten Kriegsmonaten dominierten alliierte Jagdflugzeuge, wie diese Hawker Tempest, das Bild rund um die Fliegerhorste in den noch nicht besetzten Gebieten Deutschlands.

Tagsüber gab es für die Flakhelfer normalen Schulunterricht. Dazu waren ein bis zwei Lehrer zwangsverpflichtet worden. Nachmittags wurde das Exerzieren an den Geschützen geübt, Putz- und Flickstunde gehalten oder es stand weiter militärischer Drill auf dem Programm. Und so sang- und klanglos Baumgarten nach Blankensee versetzt wurde, ging es eines Tages – nach etwa einem Vierteljahr in Blankensee – auch noch zu einer anderen Dienststelle innerhalb Lübecks, nahe des Drägerwerks.

Karl-Heinz Lietzau kam als Luftwaffenhelfer im Frühjahr 1945 nach Blankensee. Lietzau diente bei der 9. leichten Flak-Abteilung 916, die in der Flakstellung nahe Groß Grönau untergebracht war. Dort standen Baracken, teilweise mit Erdwällen gegen Beschuss geschützt, und zweimal drei Geschützstellungen. Heute ist davon nichts mehr zu erkennen. Lietzau erinnert sich an eine Vierlings-Flak und zwei Abwehr-MGs, die aus alten Flugzeug-MGs zusammengebaut worden waren. *„Der Vierling war sehr personalintensiv"*, erinnert sich der Hamburger, *„man brauchte vier Ladeschützen, einen Seiten- und einen Höhenschützen. Zusätzlich hatten wir in der Flakstellung ein paar russische Kriegsgefangene als Hiwis, die die Munition heranschaffen mussten. Sie waren ansonsten in einer separaten Baracke untergebracht."*

Die Flakhelfer kamen aus allen Ekken des Reiches, viele Berliner, teilweise welche aus München und aus den Ostgebieten; die Zugführer und Unteroffiziere waren alle nicht mehr fronttauglich, quasi „abgeflogen". Tagsüber wurde vielfach geschlafen, zumindest die, die nicht zur Wache eingeteilt waren[2], nachts war hauptsächlich Dienst. Zum Essen-Holen wurden jeweils vier Jugendliche eingeteilt, die dann mit einem Bollerwagen zur Uffz.-Messe in Blankensee gingen[3]. Der Weg führte – so die Erinnerung von Karl-Heinz Lietzau – entlang an vielen unter Tarnnetzen abgestellten Maschinen, die von einzelnen Posten bewacht wurden. *„An vielen Maschinen, darunter He 111, fehlten Bauteile wie Motore oder so"*, weiß Lietzau zu berichten und erinnert sich an weitere Maschinen, die unter den Jugendlichen für Gesprächsstoff sorgten: *„Ungefähr zwölf Me 262 standen dort ebenfalls abgestellt, jedoch dicht an dicht, Fläche über Fläche, so dass ich mich fragte, was wohl passieren würde, wenn dort eine Bombe zwischen die Maschinen fiele. Die Me 262 hatten keine Kennzeichen, trugen nur einen oliv-grünen Anstrich. Wir sprachen viel von diesen Wundervögeln, und warum sie hier rumstanden, ob es keine Piloten mehr gäbe und warum wir hier nutzlos Flakdienst machen müssten, wo wir doch lieber selber gerne mit denen fliegen würden."*

Alarm gab es über ein Feldtelefon, da es keine eigene Luftraumbeobachtung gab. Der Alarm wurde an die Baracken per Klingelzeichen weitergegeben, die Geschütze entsprechend schnell besetzt. An einen Angriff kann sich Lietzau noch erinnern: *„Eines Tages griffen P-51 und P-47 den Platz mit Bordwaffen an. Wir*

[2] Für die Wache standen nur Beutewaffen zur Verfügung. Karl-Heinz Lietzau erinnert sich an Mauser-MPi und *„Gewehre von 1870/71"*.

[3] Geholt wurde meist die Tagesration: 1 Kanne Kaffee, 1 Behälter mit Suppe und für das Abendbrot bzw. Frühstück: Brot, Kunsthonig und ein bisschen Wurst.

Zum Dienst an den Flugabwehrgeschützen wurden auch die Techniker der 10.FBK/KG 26 eingeteilt - selbstverständlich zusätzlich nach Dienstschluss bzw. bei Fliegeralarm.

Letzte Hoffnung der deutschen Luftwaffe, beliebtes Ziel für alliierte Flieger: die Me 262. Viele dieser ersten Düsenjäger der Welt kamen aufgrund des Treibstoffmangels der letzten Kriegsmonate jedoch nicht mehr zum Einsatz. Sie wurden an Waldrändern getarnt abgestellt. Zeitzeugen erinnern sich daran, dass auch in Blankensee unter Tarnnetzen versteckt, Me 262 abgestellt waren.

Lt. Roy M. Rossel, P-51-Pilot in der 434. Fighter Squadron, konnte am 13. April 1945 eine Ar 234 auf dem Fliegerhorst Lübeck-Blankensee zerstören; ein Fugzeugtyp, der häufig mit der Me 262 verwechselt wurde.

Erläuterungen:
E/A = Enemy Aircraft
A/C = Aircraft
a/d = airodrome

schossen jedoch keines von den Flugzeugen ab. Dafür schoss die auf einer Anhöhe am Blankensee gelegene 3,7cm Flak aus Versehen in unsere Baracken. Unsere Spinde wurden komplett durchlöchert."

Aus Sicht der Angreifer spielte sich ein Angriff auf Flugzeuge im Luftraum um Blankensee so ab: F/Lt Stowe von der 130. Squadron berichtet in seinem Combat Report für Mittwoch, 25. April 1945: „*I was leading Red Section and at 5000' near Lubeck Aerodrome I saw Red 5 (P/O Edwards) attacking a F.W. 190 in the circuit of the Airfield. I saw at the same time, a M.E. 262 about to land on the runway. I dived onto it and fired at a steep angle. I did not see strikes but as the E/A was half way down the runway I saw something white stream out behind the E/A. W/O Ockenden states: I followed Red I in and I saw him firing and saw his strikes on the Starboard wing of the E/A. I fired at it from a steep angle and just as I pressed the tit I saw a parachute streaming out behind the E/A, with the air from the slipstream filling the parachute. I could not see anymore as their was intense flak but the E/A was travelling very fast with its wheels down and as the parachute was open the pilot could not have been in control of the A/C. We claim this E/A Probably Destroyed.*"

F/Lt. Cowell von der 41. Squadron schrieb in seinem Combat Report für den 25. April 1945: „*I was leading Kudos Blue Section of six aircraft and had finished attacking a train near NEUMUNSTER and was orbitting with the rest of my section at 6,000 ft. prior to turning for a course for home, when I observed two ME 262's flying in line abreast, in an Easterly direction. I reported these aircraft and turned in sharply after them, as they passed over the top of me, at the same time jettisoning my long range petrol tank. The E/A were then 1-2,000 yards ahead and they opened up and dived for the deck. I followed them doing 440 mph in the dive and 400 mph on the deck and was closing slowly. The A/C were heading straight for LUBECK and obviously intended to lead us over flak area and it was obvious that we should not catch them before this happened. I then pulled up to 3,000 ft and observed the E/A making for the aerodrome south of LUBECK. The ME 262 on the starboard side did a turn to starboard and put his wheels and flaps down with the intention of doing a right hand circuit to land west to east. I was therefore able to cut him off and make a short head on attack. No results were observed. I then broke sharply to port and was able to make a 60° beam attack as he continued in his circuit. I observed strikes in the cockpit area and between the starboard nacelle and the fuselage, and a large sheet of flame issued from this point. The pilot of the E/A then landed his machine on the grass beside the runway where it slewed round to starboard and volumes of white smoke issued from it. The other machine landed on the runway in the opposite direction (W-E) and it appeared that either the starboard tyre burst, or the starboard leg collapsed for the aircraft slewed round off the runway on to the grass, dragging its starboard wing tip on the ground. Final results of the fire on the first ME 262 were not observed owing to intense light flak from the aerodrome defences. I claim 1 ME 262 probably destroyed and 1 ME 262 damaged.*"

F/O K.A. Smith von der 486. Squadron beschreibt den Angriff vom 25. April 1945 in seinem Combat Report so: „*I was flying Orange 3 with the Squadron on an armed recce of the Lubeck - Neumunster area, when N.E. of Hamburg whilst flying a westerly course at 5000 ft. two Me.262s attacked us from about 6000 ft. at 5 o'clock. The Squadron broke starboard and the e/a pulled up steeply slightly starboard. When we broke I pulled up and positioned myself in line* astern on one of the Me.262s and opened fire from 800 yds with a fairly long burst. I did not observe any results. The e/a continued turning starboard and I could see that they were pulling away, so in order to gain speed I dropped down to zero feet and tagged or followed the two Me.162s as they made off due east. I followed the thin black trial left by the e/a and when approx. 6 miles west of Lubeck two Spitfires came down in front of me - evidently thinking I was chasing a hun on the deck. The 262s must have appreciably lessened their speed with their approach to their base because I found I had gained on them. Just after the Spitfires came down on me I saw both e/a drop steeply to the deck. I lost one of them in haze but continued to follow the other which was now at my own height of approx. 200 ft. Approaching the a/d at Lubeck I lost my 262 in haze and pulled up to 1000 ft to avoid the a/d and joined about 8 or 9 Spitfires which were milling around the 'drome. I was carefully watching for the 262 and spotted it crossing a runway. I went down to the attack and observed the 262 to have its wheels down. The e/a spotted me and broke sharply to port. I opened fire from 800 yds with two rings deflection and following in the turn held my fire down to zero yards. I overshot, pulled up sharply and came down on him opening fire from 400 yds with ½ ring deflection. The 262 was now at 50 ft. over the runway. As it touched down I saw the starboard wing touch the runway and white smoke coming from the starboard unit. It slewed to starboard and as I climbed away I saw smoke rising up to 200 ft. and flames coming from the 262 which was now about 100 yds off the runway. I claim one Me.262 destroyed."

Wie letztere derartige Angriffe erlebte, schildert Richard Tonn, 1945 gerade einmal sieben Jahre alt. „Meine Mutter und ich wollten mit dem Zug Anfang 1945 nach Lüneburg fahren. Im Bahnhof Blankensee gab es dann Fliegeralarm und der Zug rollte vom Bahnhof weg in die Waldschneise, wo die Straße nach Beidendorf die Schiene kreuzt. Alle mussten schnell den Zug verlassen und sich im angrenzenden Wald verstecken, ich sah noch, wie der Lokführer oben auf den Schornstein kletterte und ihn mit einem runden Deckel abdeckte, damit kein Rauch mehr aufsteigen konnte. Etwa 10 Minuten waren seit dem Verlassen des Bahnhofes vergangen, da rauschten plötzlich Tiefflieger heran, die aus allen Rohren schossen. Die Lok wurde getroffen, aus dem Kessel sah man weißen Dampf entweichen. Nach ein paar Minuten war der Spuk vorüber. Ich sah kein Verletzten, jedoch konnten wir nicht mit dem Zug weiterfahren. So ging es zu Fuß nach St. Hubertus zurück, von dort mit dem Omnibus zurück in die Stadt."

Meistens waren es alliierte Jagdflugzeuge, die aus den Bomberströmen über den Reichsgebiet ausgeschert den Fliegerhorst tagsüber angriffen. Da sie sich im Tiefflug schnell dem Flugplatz näherten, blieb meistens auch kaum Zeit, die Geschütze in Position zu bringen. Waren alle auf ihrem Posten, war der Angriff oftmals bereits vorüber und der Gegner davongeflogen. „Wir haben manchmal sogar die Siel-Deckel angehoben und uns in den Schächten der Kanalisation versteckt, bis der Spuk vorüber war", erinnert sich Hermann Schwerdtfeger.

Dokumentiert sind Angriffe auf Lübeck-Blankensee zum Beispiel auch im Februar 1945. So am 2./3. Februar 1945, als insgesamt vier Nachtjäger bei Angriffen beschädigt bzw. zerstört wurden. (siehe Kapitel über das NJG 5) Das Ganze wiederholte sich am Mittwoch, 28. Februar. In einer geheimen Tagesmeldung der Wehrmachtführung vom 28. Februar 1945 heißt es dazu: „[...] Bordw.-Angriffe auf Fliegerhorst: Lübeck-Blankensee: 14.02 Uhr – 14.25 Uhr: Bordw.-Angriff durch etwa 15 Mustang und Thunderbolt. Flugzeugschäden: 1 Ju 88 zerstört. 2 Ju 88, 2 He 111, 1 Me 110 beschädigt. Personalverluste: 1 Verwundeter. [...]."[1]

[1] Nähere Infos zu den Maschinen sind in den Meldungen des Generalquartiermeisters zu finden: Am 28. Februar wurde die Ju 88 G-6 WNr. 620115 (oder 113) der II./NJG 5 zu 100 Prozent zerstört, die Bf 110 G-4 mit der WNr. 160580 der I./NJG 1 zu 25 Prozent beschädigt und eine weitere Ju 88 G-6 (WNr. 620088 oder 068) der III./NJG 5 zu 20 Prozent beschädigt. Über die weiterhin genannten Maschinen liegen in den Meldungen des Generalquartiermeisters keine Angaben vor, was nicht heißen muss, dass die geheime Tagesmeldung unrichtig gewesen sein muss. Anschließend flogen die Jäger weiter nach Travemünde, beschossen dort die E-Stelle und das Luftzeugamt Pötenitz.

Sie machten Jagd auf deutsche Flugzeuge und auch auf nicht militärische Ziele wie beispielsweise Bauern auf dem Feld oder Radfahrer auf Landstraßen: alliierte Flugzeuge wie die De Havilland Mosquito (oben) oder die Hawker Tempest (unten).

[1] So beispielsweise Friedlieb Blauert, der als Fluglehrer bei der BFS 7 gleich acht Mal aus Radom mit seinen Flugschülern nach Blankensee kam und meist eine Nacht blieb.

[2] Interessanter in diesem Zusammenhang ist der Umstand, dass die E-Stelle im Sommer 1940 ein Feld bei Groß Schwansee, ab 1943/44 die Palinger Heide als Ausweich- bzw. Abstellplatz nutzte. Vergleiche mit Kapitel „Blindschleiche nach Büchen" Seite 157f.

Uffz. Heinrich Müller besuchte als Flugschüler der FFS C5 in Neubrandenburg seine Eltern in Lübeck – mit einer der Schulmaschinen.

[3] Bereits einen Tag zuvor machte Mlodoch während eines Fluges von Rechlin nach Travemünde mit dieser He 177 um 16.30 Uhr Station in Blankensee; weiter nach Travemünde ging es um 17.10 Uhr.

[4] Ankunft in Blankensee um 10.07 Uhr. Retour ging es um 16.48 Uhr nach insgesamt sechs Platzrunden.

Der tägliche Flugbetrieb während des Krieges

Neben den regelmäßigen Flügen der Ergänzungsstaffel bzw. der IV./KG 26 kamen aber auch andere Flieger nach Lübeck. Wie bereits vor Kriegsbeginn (siehe Seite 39f) gilt ebenfalls hier, dass vielfach die Flieger wegen Lübecks Nähe zur Ostsee besonders im Sommer die Gelegenheit nutzten, eine Stippvisite an der Küste zu machen, oder – wenn die Zeit nicht ausreichte – zumindest die landschaftlich schöne Region genossen. Vielfach bestand aber auch ein bestimmter Bezug zu Lübeck – sei es familiär oder durch die ehemalige Stationierung in Lübeck[1].

Bis 1944 waren es hauptsächlich Schulmaschinen, die den Platz anflogen. So beispielsweise Flugzeuge der FFS A/B 10 aus Warnemünde, der FFS C 5 aus Neubrandenburg oder auch von anderen Ausbildungseinheiten im Norden des Reiches wie beispielsweise der BFS 4 aus Kopenhagen. Oftmals blieb nicht nur bei Zwischenlandungen, einem kurzen Mittagessen oder dem schnellen Auftanken; Heinrich Müller, Flugschüler der C 5, erinnerte sich an eine gewollte Zwangspause in Lübeck: *„Lübeck war meine Heimatstadt, meine Eltern wohnten hier. Während eines Schul-Überlandfluges habe ich einfach ein paar Sicherungen aus dem Sicherungskasten herausgeschraubt, bin dann in Blankensee gelandet und habe die Maschine mit angeblichen technischen Problemen der Werft übergeben. In dieser erzwungenen Wartezeit konnte ich meine Eltern in der Stadt besuchen. Nachdem die Mechaniker die Fehler gefunden hatten, musste ich wieder starten, drehte jedoch, wie zuvor mit meinen Eltern verabredet, über meinem Elternhaus in der Dankwartsgrube ein. Mir bleibt unvergesslich, dass meine Eltern und alle Nachbarn auf der Straße standen und mir zuwinkten."*

Dass sich technische Mängel aber auch anders auswirken konnten, zeigt der Schulflug der Besatzung von Hans Bautz mit der Si 204 D-1 „CM+OH" (WNr. 251161) bei der FFS B 35 am Montag, 1. Mai 1944: Nachdem sie um 13.55 Uhr in Lübeck gelandet waren, starteten sie um 14.05 Uhr zum Rückflug nach Hagenow. 20 Minuten nach dem Start in Lübeck stürzte die zweimotorige Schulmaschine um 14.25 Uhr westlich von Hagenow infolge Motorstörung ab – kurz vor der Platzgrenze. Der Flugzeugführer Bautz machte zwar noch eine Notlandung, jedoch wurden er und der Flugschüler Hptm. Josef Flügge bei dem Absturz verletzt. Bordfunker Fw. Otto Bossmann blieb hingegen unverletzt.

Weniger glimpflich verlief der Start der Bf 109 F-2 WNr. 5442 (Stammkennzeichen DK+GH, taktisches Kennzeichen leider unbekannt) in Blankensee am 15. Mai 1941. Am Steuer: Oblt. Gerhard Ködderitzsch, Staffelkapitän der 1./JG 54. Die Generalquartiermeistermeldung lautet simpel: Absturz nach Start in Lübeck-Blankensee, 100 Prozent Bruch, Flugzeugführer tot. Unfreiwillig Augenzeuge des Absturzes wurde Heinz Wulf, von 1941-42 als Reichsbahngehilfe im Blankenseer Bahnhof. *„Ich konnte von hier gut beobachten, wie die Jagdmaschine aus Richtung Groß Grönau startete. Ich wunderte mich, wieso der Pilot nach dem Abheben die Maschine fast senkrecht in den Himmel bis in eine Höhe hochzog, in der sie fast nicht mehr zu erkennen war. Dann kippte sie nach vorne über, und stürzte ebenso senkrecht, wie sie gestartet war, zu Boden. Ich wunderte mich noch, warum der Pilot die Maschine nicht endlich abfängt, dann schlug sie jedoch bereits im Wulfsdorfer Moor auf und explodierte. Ich hörte deutlich einen dumpfen Knall."* Der Unfall hat Heinz Wulf tief bewegt und beeindruckt. Das Geschehnis war Tagesgespräch bei allen Menschen rund um den Platz, erinnert sich Wulf heute. Später hieß es, der Pilot hätte die Maschine stark überzogen, sogar Vermutungen, Ködderitzsch hätte dies absichtlich getan, machten die Runde. Abschließend klären lässt sich dies über 65 Jahre später jedoch nicht mehr. Die Reste der Bf 109 wurden von der Blankenseer Werft geborgen.

Heinz Wulf erinnert außerdem, dass er während seiner Dienstzeit auf dem Blankenseer Bahnhof auch Lastensegler auf dem angrenzenden Flugfeld gesehen hat. Diese plump-aussehenden, motorlosen Flugzeuge sollen seiner Erinnerung nach größer als die damals in Blankensee stationierten Flugzeuge gewesen sein. In Frage kommen insofern Go 242 oder gar Me 321. Sie seien später im Schlepptau von Ju 52 wieder vom

Platz gestartet. Durch Unterlagen können diese Flugzeuge doch zurzeit noch nicht in Blankensee nachgewiesen werden.

Oftmals nachgesagt, jedoch nicht belegbar, sind dauerhafte Testflüge der E-Stelle Travemünde nach Blankensee und retour[2]. Bei der Auswertung von Flugbüchern ehemaliger Angehöriger der E-Stelle See lassen sich Landungen von Travemünder Flugzeugen lediglich sporadisch zwischen 1939 und 1944 nachweisen – verständlicher Weise nur von Landflugzeugen. Zu den Flugzeugen, mit denen Blankensee angeflogen wurde, zählt die Ju 52 „TK+HA" (WNr. 1368), die Fi 156 C-1 „TI+HS" (WNr. 629), die Fw 44 J „TK+HN" (WNr. 948), die Ju 88 V-16 „BB+AD" (WNr. 0008, ex-D-ACAR) – ein Versuchsmuster zur Erprobung einer Doppelsteuerung –, die Do 217 E-2 „RB+YH" (WNr. 1186), die Fw 200 C-4 „NT+BZ" (WNr. 0126, siehe auch Aufstellung der Flugzeuge in Blankensee) und die He 177 „SB+IT", eine Maschine zur Erprobung von Torpedo-Abwürfen. Mit letzterer machte Flugkapitän Alfred Mlodoch am Donnerstag, 12. Juni 1941, zwischen 15.45 und 17.09 Uhr sogar mehrere Platzrunden in Blankensee[3]. Während in vielen Flugbüchern meist nur „Erprobung" als Zweck des Fluges festgehalten wurde, notierte sich Mlodoch lediglich die interne Abteilungs-Zuordnung „2" zu diesen Flügen – der Flugzeuggruppe. Dieser Bereich der E-Stelle beschäftigte sich mit der Flugzeugerprobung. Ähnlich sieht es bei den Platzrunden mit der He 111 „D-AERJ" am Montag, 13. November 1939, aus: Hier notierte sich Mlodoch nur „E6/7" für die Erprobungsabteilung, die sich mit Bordwaffen (E6) bzw. mit Abwurfwaffen (E7) beschäftigte[4].

In diesem Zusammenhang sind auch die Flüge des Ln.-Vers.-Rgt. Köthen zu sehen. Deren Besatzung Fw. Meyer (FF) und Obgefr. Richard Nitsche (BF) flog beispielsweise zwischen 17. Januar 1942 und 20. April 1943 für die Radaranlagen der Kriegsmarine bei Pelzerhaken Zieldarstellung mit der W 34 „NS+AV". Dazu waren sie untergebracht bei der E-Stelle und machten bei einigen Versuchsflügen (Überlandflüge) auch in Blankensee Station – so beispielsweise am 26. und 30. Januar 1942.

Aufgrund der direkten Nähe zu Blankensee sind auch Flüge der Torpedoschule Großenbrode nach Blankensee nicht verwunderlich. Ofw. Rudolf Heuer startete und landete beispielsweise während Überlandflügen am Dienstag, 23. Dezember 1941, mit der Ju 88 „CC+DQ" gleich mehrfach in Lübeck-Blankensee. Der Grund für diese Flüge wurde dabei im Flugbuch nicht festgehalten. Dafür aber bei den Flügen ab dem 8. Mai 1942, als Heuer, inzwischen zum Leutnant befördert, mit einer Ju 88 der KGr. 506 zu Torpedo-Erprobungen von Blankensee aus startete. Dazu hatte Heuer, zu diesem Zeitpunkt Flugzeugführer des Torpedowaffenplatzes Gotenhafen-Hexengrund, zuvor mehrere Ju 88 von Westerland nach Travemünde überführt. Am Freitag, 8. Mai, ging es um 16.03 Uhr vom Priwall mit der Ju 88 „S4+CL" nach Blankensee. Zwischen 16.37 und 18.30 Uhr warf die Besatzung Heuer insgesamt drei Torpe-

Diese Ar 66c „NG+OF" steht im Frühjahr 1942 auf dem großen betonierten Vorfeld der hölzernen Hallen 7 und 8 (Blickrichtung der Fotos aufs Flugfeld). Beachte die Tarnung der Hallen und Gebäude im Hintergrund. Zu welcher Einheit die Arado-Doppeldecker gehörte, ist leider unbekannt, eventuell zum Luftdienst, jedoch fehlt das entsprechende Wappen am Rumpf. Die Ar 66 gehörte jedenfalls 1940/41 zur FFS (See) 2 in Pütnitz, im November 1942 war sie bei der 2. Staffel der Störkampfgruppe der Lfl. 1 in Szoltzy im Einsatz. Ihr endgültiges Schicksal ist leider unbekannt.

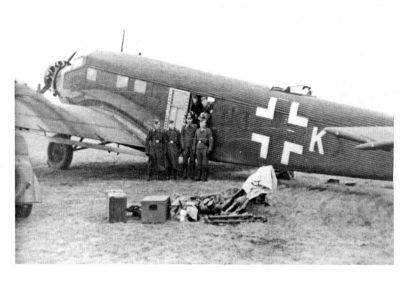

Während Verlegungen oder auch beim Transport von Ersatzteilen oder Nachschub war sie häufiger auf dem Fliegerhorst anzutreffen: die gute alte Tante Ju. Hier sind Angehörige der 10.FBK/KG 26 dabei, eine Ju 52 der I./KGr.z.b.V. 172, die „N3+KX", mit Material für das KG 26 in Norwegen zu verladen.

Auch diese Ar 66 „SE+RA" (WNr. 2165) war in Lübeck zu Gast; im Oktober 1942 sogar zu Reparaturarbeiten in der Werft. Ab Februar 1941 ist sie bei der FFS A/B 63 nachweisbar, machte dort am 9. November 1941 auf dem Flugplatz Karlsbad beim Start 65 Prozent Bruch. Im Zuge des Wiederaufbaus kam sie evtl. zum LDK 11 und nach Lübeck. Im August 1943 flog sie bei der FlKp.LnRgt. 3.

dos, wahrscheinlich auf ein Übungsschiff in der Ostsee. Gelandet ist sie wieder um 18.48 Uhr in Travemünde, von wo aus sich das Ganze am folgenden Tag wiederholte. Diesmal fanden die vier Torpedoabwürfe – wahrscheinlich zur Erprobung im Zusammenspiel mit der E-Stelle See – von Blankensee aus am Vormittag statt. Mit der Ju 88 „S4+GK" ging es um 13.15 Uhr wieder zurück nach Travemünde, von wo aus noch bis zum Freitag, 15. Mai 1942, Torpedotests stattfanden.

Auch Transportflüge von bzw. nach Lübeck lassen sich nachweisen. Die „Transportstaffel des Fliegerführer Nord (Ost)" war regelmäßig Gast in Blankensee. Allein im Zeitraum von Juni bis November 1942 lassen sich ein Dutzend Flüge mit Ju 52 von Fliegerhorsten in Dänemark, Norwegen oder Deutschland nach Lübeck und retour nachweisen. Was genau transportiert wurde, ist dabei nicht festgehalten worden, es ist jedoch anzunehmen, dass Ersatzteile für He 111 bzw. Ju 88 zu den im Norden liegenden Verbänden – speziell KG 26 und KG 30 – transportiert wurden.

Und während manche Einheiten im Reichsgebiet auffrischten, wurden reparaturbedürftige Flugzeuge teilweise sogar nach Lübeck gebracht. Während die 4./KGr.z.b.V. 50 Ende März/Anfang April 1943 von Cherson nach Schwerin verlegte, kam beispielsweise auch die Ju 52/3mg8c mit dem Stammkennzeichen GL+KU (WNr. 7699) nach Blankensee. Nach einer Reparatur machte Prüfmeister Offermann zusammen mit Flugzeugführer Oblt. Weber am Mittwoch, 14. April 1943, einen Kurssteuerungsprüfflug, die „Tante Ju" ging anschließend wieder in den Einsatz.

Justier- und Kurssteuerungsflüge nahm Offermann auch an zwei Ju 88 der III./KG 77 vor: Am 30. Oktober 1943 lassen sich so die Ju 88 A-4 „3Z+AD" (WNr. 2630) und die Ju 88 A-17 „3Z+FR" (WNr. 2618) der III./KG 77 in Blankensee nachweisen. Uffz. Reichard bzw. Uffz. Rot waren hier die Flugzeugführer. Die Gruppe des zweiten Torpedogeschwaders der Luftwaffe neben dem KG 26 lag zu dieser Zeit zur Auffrischung in Wormditt in Ostpreußen. Mit der Ju 88 „3Z+LS" kam am Mittwoch, 22. Dezember 1943, beispielsweise auch die Besatzung Fw. Diemer im Rahmen eines Navigationsfluges um 12 Uhr nach Blankensee. Um 13.20 Uhr ging es für die Flieger wieder zurück nach Wormditt.

Auflösung in Blankensee

Noch weitere Gruppen von abgeflogenen Kampfgeschwadern sollten nach Blankensee kommen. Den Anfang machte die II./KG 3, die im Juni 1944 ohne großes Aufsehen nach Blankensee kam. Was die Besatzungen hier erwartete, war vielen nicht klar. Bordfunker H. Schneider erinnert sich: „Im Juni wurden wir zum Umschulen nach Lübeck verlegt. Als erstes gab es drei Wochen Urlaub. [...] In Lübeck gab es ruhige Tage. Wir lernten astronomische Navigation, der Bordfunker sollte auf späteren Feindflügen den Standort nach den Sternen bestimmen. Die Stadt war vom Fliegerhorst leicht zu erreichen, an viel Fliegeralarm kann ich mich nicht erinnern. Unsere Mechaniker wurden zum Mithelfen in die Werft abkommandiert, in der unsere neuen Maschinen montiert wurden."

Es kam aber ganz anders. Schneider notiert sich in sein Tagebuch: „19. Juli 1944: Ich sitze auf gepackten Koffern. Unser Kampfgeschwader wird aufgelöst, wie manches andere auch. Wohin wir kommen werden, ist noch ungewiss. Erst wurden wir vor die Wahl gestellt: Jagdflieger oder Waffen-SS. Inzwischen hat sich aber wieder vieles geändert und wir müssen abwarten. Ich benutze die freie Zeit zum Arbeiten. Zur Kriegslage ist nicht viel zu sagen."

Einen Tag später, am 20. Juli 1944, dann das Attentat auf Hitler. Alarmstimmung auch auf dem Fliegerhorst Blankensee, der Grund wird den Soldaten aber erst später bekannt gegeben. Die Flieger der II./KG 3 werden erst mal zum Wachdienst eingeteilt, jedes Flugzeug wird von einem Wachposten gesichert. Schneider: *"Vom nächsten Tag an war allen deutschen Soldaten der ‚deutsche Gruß' mit erhobenem rechten Arm anstelle des militärischen Grußes vorgeschrieben. Ich kam in große Verlegenheit, denn ich hatte heftiges Rheuma in der rechten Schulter und konnte den Arm nicht heben. Das Krankenrevier stellte mir darüber eine Bescheinigung aus, später halfen Unmengen Pyramidon-Tabletten."*

Am Freitag, 21. Juli, notiert Schneider in sein Tagebuch: *"Immer noch in Lübeck. Nur wenige der Staffel sind noch nicht versetzt. In Berlin beim General der Jagdflieger – Sichtungsstelle – habe ich mich als Bordfunker zur Nachtjagd gemeldet."*

Alltag des Bodenpersonals

Auch die Soldaten der Fliegerhorstkommandantur und der Werft mussten mit zunehmendem Kriegsverlauf mit einer Versetzung rechnen. Denn während die Schul- und Ausbildungsbesatzungen früher oder später an die Front kamen, verblieben die Techniker und Angehörigen des Verwaltungsapparats fast zu jeder Zeit in Lübeck-Blankensee. Lediglich als Abwechslung oder zum Transport wichtiger Materialien konnten sie mit Flugzeugen der Gruppen auch einmal außerhalb des Fliegerhorstes tätig werden. Sie bildeten häufig den ruhenden Pol in der hektischen Betriebsamkeit des Platzes. Während die meisten auf dem Gelände in den Kasernen und Baracken untergebracht waren, wohnten die Offiziere, die „Portepeeträger" und höher gestellten Angehörigen des Verwaltungspersonals in den Häusern vor dem Bahnübergang am Wulfsdorfer Weg.

Der Flugplatz hatte sich im Laufe der Jahre regelrecht zu einer kleinen Stadt entwickelt: Neben den üblichen Einrichtungen wie den Küchen, Werkhallen und Unterkünften, gab es auch eine Tischlerei, eine Schusterei und eine Schneiderei. Außerdem stellten die Bereiche des Platzes nicht nur Dinge für den dienstlichen Betrieb her. Viele der zum großen Teil auch zivilen Mitarbeiter des Platzes, den sogenannten Reichsbeamten, nutzen die Fertigkeiten des anderen in der entstehenden Mangelwirtschaft des Reiches, um Dinge auch über den täglichen Bedarf hinaus zu erhalten. So fertigten die Tischler auf Anfrage so manches Möbelstück oder auch Nähkästchen, die Schlosser mitunter sogar Ringe aus Flugzeugblech an.

Der Tagesablauf sah in der Regel wie folgt aus:

06.00 Uhr	Wecken einschließlich Körperpflege, Stubendienst und Frühstück in der jeweiligen Unterkunft (dazu ging ein Kaffeeholer mit einer Kanne zur Messe, das Brot und den Aufstrich gab es bereits am Abend zuvor.)
07.00 Uhr	Antreten und Verteilung der Aufgaben für die jeweils spezialisierten technischen Einheiten

... dann jeweils in kleineren Abteilungen, damit der Betriebsablauf nicht zum Erliegen kam:

11.00 Uhr	Fertigmachen zum Mittagessen (Beendigung der Arbeiten, Körperpflege)
12.00 Uhr	Mittagessen, gemeinsamer Abmarsch von den Unterkünften zur Kantine
13.00 Uhr	Wiederaufnahme der Arbeiten
16.00 Uhr	Dienstschluss nach Beendigung der Arbeiten, Körperpflege

Die II./KG 3 wurde im Juli 1944 in Lübeck-Blankensee aufgelöst, das Personal auf andere Einheiten verteilt. Die Ju 88 der Gruppe wurden von Werft-Personal durchgecheckt und anschließend ebenfalls zu anderen Einheiten überführt.

Die FFS C5 aus Neubrandenburg nutzte Blankensee ebenfalls als Zwischenstopp von Flugübungen. Im Bild die Do 17 Z „NV+BE". Beachte die „weiße 7" am Seitenruder und die farbliche Hervorhebung der letzten beiden Buchstaben des Stammkennzeichens.

[1] 1942 beispielsweise „Anner Lüd Kinner", eine Bauernkomödie in drei Aufzügen, gespielt von sechs Angestellten des Fliegerhorsts.

[2] Aus dem KTB Nr. 5 des Flughafenbereichs geht hervor, dass die III. Reichsstraßensammlung für das Winterhilfswerk 1942/43 per 6. Dezember 1942 insgesamt 405,73 RM erbracht hatte. Gesammelt wurde beim Stab, 10. und 11./KG 26 sowie bei der 10. FBK, der Fl.H.Komp, beim Stab/Kdo.Fl.H.Ber. 6/XI, beim Landesschützenzug 146/XI, der Sani-Staffel, der Ln-Stelle und beim LD-Kdo. 1/11.

[3] Im Herbst 1942 wurden 45 Kinder für vier Wochen nach Thüringen und nach Graal-Müritz „verschickt". Dafür wurde Transportführer Wulf vom Fliegerhorstpersonal abgestellt.

[4] Im Zuge der Ernennung von Oberst Prestien zum Fl.H.Ber. Kommandanten überprüfte Major Ruge vom Fl.H.Ber. Stendal – dessen Kommandant Prestien vor dem 28. April 1942 gewesen war – am 24. Juni 1942 die Abteilung Wehrbetreuung, „um diese in der Weise wie in Stendal aufzuziehen. Hauptmann Hedrich wird daher als Wehrbetreuungsoffizier Ic Wb. eingewiesen." Wirkliche Änderungen in der Gestaltung der Wehrbetreuung ließen sich in den Monatsberichten jedoch nicht feststellen.

17.00 Uhr Abendessen. In der Küche abzuholen. Pro Tag/pro Person: ½ Kommissbrot, 40 g Butter, 100 g Tee- oder Leberwurst, für den nächsten Morgen Kunsthonig oder Marmelade zum Selbstportionieren)
18.00 Uhr Dienstende
22.00 Uhr Ausgang (ab 1943 sogar bis 00.30 Uhr)

Letzterer wurde natürlich ebenfalls wie bei den Fliegern dazu genutzt, sich in den Tanzlokalen und Cafés Ablenkung zu verschaffen. Die Ausflüge in das Lübecker Nachtleben erfolgten häufig mit dem Zug vom Bahnhof Blankensee aus, aber auch oftmals per Fahrrad, da der Sold von zum Teil 60 Reichspfennigen pro Tag nicht ausreichte, das Fahrgeld für die Lübeck-Büchener-Eisenbahn aufzubringen. Insofern konnte man damals auch viele Angehörige des Flugplatzes des Nachts auf dem langen Weg zur Dienstunterkunft zu Fuß erblicken.

Wehrbetreuung

Neben den Aktivitäten im Kameradenkreis gab es aber auch vom Fliegerhorst organisierte Angebote in der dienstfreien Zeit. Die Deutsche Arbeitsfront (DAF) war beispielsweise für die Zivilangestellten (meist aus der Werft bzw. aus der Verwaltung) aktiv. Unter der Aufsicht von Betriebsobmann Herbert Voss wurde hier die Freizeit im nationalsozialistischen Sinne sinnvoll genutzt: So wurden bei Versammlungen im Gefolgschaftsheim in Blankensee regelmäßig „Richtlinien der allgemeinen politischen Ausrichtung" bekannt gegeben. Zur Wehrmacht eingezogene ehemalige Zivilangestellte des Fliegerhorstes schickte man ab Oktober 1942 so genannte Heimatbriefe, die mit Sinnsprüchen, flammenden Reden zum Dienst für das Vaterland und kleineren Geschichten als „Verbindung zwischen Front und Heimat" dienen sollten – schließlich würden die Soldaten ja als Zivilisten nach dem Sieg wieder im Fliegerhorst arbeiten, so der damalige Gedanke.

Doch nicht nur politisch war man aktiv: Vor Weihnachten baute die Werkfrauengruppe regelmäßig Spielsachen und andere Dinge für die Kinder der einberufenen Männer. Die Weihnachtsfeiern selbst mussten meist für die Zivilangestellten der Werft und der Verwaltung getrennt organisiert werden, da für alle gemeinsam der Lesesaal und der Essenssaal im Gefolgschaftsheim nicht ausreichte. Bei der Feier gab es neben Ansprachen auch kleinere Musikdarbietungen von „Gefolgsleuten", meist Ln-Helferinnen, und ein Theaterstück[1]. Für das Winterhilfswerk wurde gesammelt (1942 kamen so 3.770,66 RM freiwillige Spenden aus dem Reihen der Zivilangestellten zusammen)[2], für Bombengeschädig-

Auch das gehörte gewissermaßen zur Wehrbetreuung: Kameradschaftsabende, wie hier des Personals des Kfz.-Bereichs. Neben dem Essen und dem geselligen Beisammensein gab es oftmals auch kleine Darbietungen auf einer improvisierten Bühne.

te spendeten die „Gefolgsleute" ebenfalls (Zu Weihnachten 1942 insgesamt 1.667,90 RM). Aber auch für Verwundete engagierte man sich: 1942 wurden zu Weihnachten für die Verwundeten eines Lübecker Lazaretts Kuchen, Rauchwaren und Bücher im Gesamtwert von 114,50 RM zusammengebracht.

Mitglieder der Belegschaft, die bereits fünf Jahre im Fliegerhorst arbeiteten, bekamen am Freitag, 1. Mai 1942, ein Buch mit der Widmung des Fliegerhorstkommandanten überreicht. Insgesamt 80 Angestellte aus den Bereichen Werft, Fallschirmlager, Feuerwehr, Kfz.-Werkstatt, Verwaltung und Ln-Stelle, der Küche, der Bekleidungskammer, der Schneiderei sowie der Schuhmacherei wurden mit einem Buch dafür ausgezeichnet, dass sie seit 1937 in Blankensee arbeiteten.

Die DAF organisierte aber auch Erholungsurlaube in so genannten Luftwaffenerholungsheimen sowohl für die Kinder der Angestellten[3], als auch für die Zivilisten selbst, die teilweise nach Garmisch-Partenkirchen oder nach Rügen reisen konnten. Außerdem gab es regelmäßig Freikarten zu kulturellen Veranstaltungen in der Hansestadt für die Fliegerhorstbeschäftigten.

Für die Koordinierung der Theatervorstellungen (Unterstützung durch KdF Lübeck), der Filmvorträge (durch Filmstelle des Flughafenbereichs 6/XI) und der Konzerte (ebenfalls KdF Lübeck) sowie des Lesestoffs (Bücher und Zeitschriften) setzte man einen Wehrbetreuungsoffizier ein. Dieser war auch verantwortlich für die *„Soldatenspielschar des Fliegerhorstes"*, genannt *„Bunte Bühne Blankensee"*. Diese wurde als *„Stoßtrupp der Heiterkeit"* beispielsweise am Donnerstag, 15. Januar 1942, *„im Reservelazarett 1 Lübeck (Hindenburg-Haus) vor Verwundeten eingesetzt und erntete reichen Beifall und gute Kritiken in den Lübecker Zeitungen."* Die Dienststelle[4] betreute aber nicht nur den Fliegerhorst Blankensee, sondern auch noch das I. Luftgau-Nachrichtenregiment 11 in St. Hubertus, die Flakuntergruppe Lübeck, die Flak-Untergruppe Kücknitz, die Erweitere Geräte-Ausgabe- und Sammelstelle 1/XI Lübeck, die Seefliegerhorstkommandantur Travemünde, das dortige Reservelazarett, das Luftzeugamt (See) 2/XI Pötenitz und den Sicherheits- und Hilfsdienst der Hansestadt.

Neben geistigen Beschäftigungen blieb die Wehrertüchtigung natürlich nicht auf der Strecke: Denn nachdem der Sportbetrieb im Luftwaffensportverein Lübeck-Blankensee seit Kriegsbeginn eingestellt war, lebte dieser seit Ende Juli 1941 wieder auf und bot die Möglichkeit, sich an den Fußball- und Handballspielen der im Horst liegenden Einheiten zu beteiligen. Durch Unterstützung des Fliegerhorstkommandanten, Major Grosse (ab Herbst 1942 Oberstleutnant), konnten die beiden Mannschaften als LSV-Blankensee sogar an Spielen in der Bereichsklasse teilnehmen. So gab es im „Sportjahr 1941/42" Fußball-Turniere gegen die Kriegsmarine, gegen die Lübecker Flak, gegen die Mannschaften des Drägerwerkes und der Reichsbahn, ge-

Der Bombenangriff auf Lübeck war auch für die Soldaten und Zivilangestellten des Fliegerhorstes schockierend. Daraufhin wurde eine Sammlung initiiert, die insgesamt 6.164,15 RM für die Lübecker Bombenopfer im April 1942 einbrachte.

Damals wie heute ein beliebter Sport: Fußball. Neben mehreren Mannschaften des Luftwaffensportvereins in Blankensee gab es auch ein eigenes Team des Löwengeschwaders. Die Spieler hatten sogar eigene Trikots mit dem Löwen-Wappen.

Hier eine Mannschaft des Luftsportvereins auf dem Weg zum Training. Im Hintergrund wieder einmal getarnte Gebäude, hier Baracken, die wie normale Wohnhäuser aussehen sollten. Um die Seiten zu schützen, wurden oftmals massive Holzschutzwände um die Baracken gezogen.

[1] Auch die DAF organisierte einen Sporttag, 1942 beispielsweise am 12. September. Fliegerhorstkommandant Oberstleutnant Grosse wies beim Fahnenappell darauf hin, wie wichtig der Betriebssport gerade *„für Kameraden, die in Werft und Büros arbeiten"* sei, denn es habe sich *„immer wieder herausgestellt, dass diejenigen Männer, die über eine sportliche Vorschule verfügen, den militärischen Dienst in wesentlich flüssigerer Form ausführen und bessere Soldaten werden, als solche, die an ihren Körper niemals sportlich-kämpferische Anforderungen gestellt haben."*

Neben den „verordneten" Aktivitäten versuchten die Flieger regelmäßig dem Alltag zu entfliehen. Ein beliebtes Ausflugsziel war der „Nobis Krug" in Groß Sarau. Hier haben sich Techniker der 10. FBK/KG 26 für ein Erinnerungsfoto versammelt.

gen die Polizei oder gegen den Luftwaffensportverein der Luftnachrichtentruppe in St. Hubertus. Und das sehr erfolgreich: Im Herbst 1941 gewann die 1. Mannschaft des LSV Blankensee alle 6 ausgetragenen Spiele.

Seit dem 1. Januar 1942 wurde auch eine Boxabteilung aufgestellt. Acht Mann sämtlicher Gewichtsklassen kämpften fortan in Lübeck um Siege. Am 25. Januar 1942 gewann beispielsweise Obgefr. Weichert vom LSV-Blankensee gegen Uffz. Zabel vom LSV-Hamburg bei einer Veranstaltung des Polizeisportvereins Lübeck knapp nach Punkten.

Sportlich ging es auch beim Gruppenwaldlauf am Mittwoch, 13. Mai 1942, zu, den die Abteilung Leichtathletik des LSV organisierte. Alle im Fliegerhorst untergebrachten Einheiten – also auch die gesamte IV. Gruppe des Löwengeschwaders – beteiligten sich an diesem internen Wettlauf über eine Distanz von 5.000 Metern[1].

Der Mannschaftssieg ging an die Ln.-Stelle, die mit 51 Uffz. und Mannschaften an dem Lauf teilnahm und bereits nach 21 Minuten geschlossen die Ziellinie überschritt. Die 10. FBK der IV./KG 26 nahm mit 97 Mann, die 10. Staffel mit 29, die 11. mit 59 und die 12./KG 26 mit 70 Mann teil. Vom Gruppenstab beteiligten sich 17 Mann. Deren Ergebnisse wie auch der Feuerwache (zwei Teilnehmer) und der Sanitätsstaffel (zehn Teilnehmer) lagen jedoch auch nicht wesentlich schlechter als die Ergebnisse der Ln.-Stelle. Lediglich die Ergebnisse der Horst-Kompanie, die mit 75 Uffz. und Mannschaften antrat.

Aber auch die 6 Teilnehmer des Landesschützenzugs 146/XI waren nicht besonders schnell unterwegs, ähnlich wie der Werftzug (17 Mann), die im Durchschnitt mit Zeiten deutlich über der 21-Minutenmarke ins Ziel kamen. Dennoch hieß es in einem Bericht an die Fliegerhorstkommandantur, dass *„die gelaufenen Zeiten […] im Durchschnitt sehr gut"* waren.

Einige der erfolgreichsten Läufer, darunter Gefr. Ermischer und Obgefr. Brüsecke (10. FBK) traten in der Folgezeit auch bei reichsweiten Wettkämpfen an. Brüsecke wurde beispielsweise bei der Kreismeisterschaft in Dortmund am 20. Juli 1942 beim 5.000-Meter-Lauf 1. Sieger (16.40 Minuten), beim Fünfstädtekampf (Flensburg, Lübeck, Rostock, Kiel, Schwerin) jeweils 3. Sieger beim 5.000- und 1.500-Meter-Lauf.

Doch nicht immer lief es so erfolgreich: Beim Luftgau-Sportfest am 27. September 1942 in Hamburg schieden die Lübecker Leichtathleten bereits in den Vorkämpfen aus.

Auch die Blankenseer Werft-Lehrlinge ließen es sich nicht nehmen, segel zu fliegen. Mit dabei waren ebenfalls Lehrlinge der Norddeutschen Dornierwerke. Geflogen wurde hauptsächlich in der Palinger Heide, wo auch diese Aufnahmen aus dem Sommer 1942 entstanden.

Segelflug in stürmischen Zeiten

Sportliche Aktivitäten beschränkten sich nicht nur auf den klassischen Sport, sondern auf einem Flugplatz lag es nahe, nach Dienstschluss oder an den Wochenenden Segelflug zu betreiben.

Dabei engagierten sich Blankenseer Flieger auch in der Schulung des Nachwuchses, sprich sie brachten innerhalb des NSFK Lübecker Schülern das Segelfliegen bei. Hintergrund: Seit der Auflösung des „Deutscher Luftsportverbandes" (DLV) und der Übernahme aller Mitglieder in das „Nationalsozialistische Fliegerkorps" (NSFK) im April 1937 war die „Gleichschaltung" der Fliegerei in Lübeck perfekt. Es gab öffentliche Segelflugzeugtaufen zum Beispiel vor dem Holstentor oder im Stadion Buniamshof, außerdem Werbeaktionen für die Flieger-HJ unter Lübecks Schülern, sich für die Fliegerei zu begeistern. Zunehmend rückte die zentralgesteuerte vormilitärische Ausbildung der Jugendlichen zwischen 14 und 18 Jahren in den Vordergrund.

Im Lübecker Raum standen dem Lübecker NSFK Sturm 6/16 ab Januar 1937 folgende Gelände zum Segelflug zur Verfügung: Salemer Heide (Dargow), Bargerbrück, Blankensee, Brodtener Ufer, Palinger Heide und die bereits Anfang der 1930er Jahre genutzte Fläche der ehemaligen Trabrennbahn auf dem Priwall, nördlich der E-Stelle See. Mit letzteren und Lübeck-Blankensee standen sogar Flugfelder auf militärischen Geländen zur Verfügung. Wahrscheinlich wollte man den Nachwuchs-Piloten hier bereits den Kontakt zu den Luftwaffenverbänden ermöglichen und die vorhandene Infrastruktur nutzen. Mit Ausbruch des Zweiten Weltkriegs mussten sich die Segelflieger jedoch noch weiter einschränken, schließlich hatte der kriegsbedingte Flugbetrieb Vorrang, am Brodtener Ufer war der Segelflug durch die Errichtung einer Flak-Batterie auch stark behindert. Hauptsächlich wurde von nun an in der Palinger Heide bei Herrnburg und in der Salemer Heide am Salemer See bei Ratzeburg geflogen.

Die ersten Hüpfer unternahmen die knapp 40 Jugendlichen des NSFK-Sturms meist in Bargerbrück. Während auf dem Hügel in der Nähe der Ortschaft Bad Schwartau noch mit Gummiseil und Haltmannschaft geflogen wurde, gab es in der Palinger Heide erste Windenstarts. Dazu verwendeten die Segelflieger unter den Fluglehrern Sinhart und Cordes ein altes Auto, das man hinten aufbockte, ein Rad abbaute und durch eine Kabeltrommel ersetzte. Das Ganze war recht wirkungsvoll, hatte jedoch den Nachteil, kei-

In der Palinger Heide nutzten die Segelflugschüler kleinere Hügel für Starts mit dem Gummiseil. Unten gibt ein Luftwaffen-Pilot aus Blankensee Tipps für die ersten kleinen Hüpfer im Schulgleiter SG 38 mit der Zulassungsnummer „3-575".

Nach den ersten Flugversuchen musste der Gleiter zurück zum Startplatz gebracht werden. Die Flugzeuge selbst waren ansonsten in einer kleinen Holzhalle untergebracht. Vor und nach jedem Flugdienst mussten sie auf- bzw. abgerüstet werden.

ne Sicherung zu besitzen, d.h. hätte sich das Seil am Segler nicht gelöst, hätte man diesen unfreiwillig wieder zu Boden gezogen, da sich das Seil nicht kappen ließ.

Die Segelflugzeuge – meist vom Typ SG 38 und Zögling 35 – wurden zerlegt auf Anhängern zum Segelfluggelände gebracht. Das Winden-Auto diente hierbei als Zugfahrzeug. Wenn kein Flugdienst anstand, konnten die Flugzeuge und Fahrzeuge in einer Halle, der so genannten Nordmarkhalle, beim Fernmeldeamt in der Kanalstraße. Auch zum Fliegen in Blankensee mussten die Schulgleiter erst im zerlegten Zustand auf den Fliegerhorst gebracht werden.

Karl-Heinz Johannsen erinnert sich an die Segelfliegerei in Blankensee kurz nach Kriegsbeginn: *„In Blankensee stand sogar eine echte Schleppwinde zur Verfügung und wir hatten dort sogar ein Schleppflugzeug. Geflogen wurde hier meistens am Wochenende, wenn weniger Flugbetrieb war, auch trotz des Krieges. Gestartet und gelandet wurde bereits schon damals auf dem Streifen, auf dem noch heute die Segelflieger aktiv sind, also quasi direkt vor der Flugleitung und den Flugzeughallen. Wenn wir kamen, stand das Schleppflugzeug meist schon auf dem Flugfeld. Viele Offiziere hatten sich aus Spaß an der Sache zum Flugdienst einteilen lassen und schleppten uns damit auf Höhe. Verpflegt wurden wir durch die Fliegerhorstkantine, das Essen und etwas zu trinken wurde uns aufs Flugfeld gebracht. Kontrollen gab es keine im Fliegerhorst, wir konnten beispielsweise an der Wache einfach passieren, wenn wir sagten, dass wir zu den NSFK-Fliegern gehörten. Der Flugdienst war vor Dämmerungseinbruch beendet, dann zerlegten wir wieder die Flugzeuge und jeder fuhr entweder mit dem eigenen Rad oder mit dem Bus zurück nach Hause."*

Johannsen erinnert sich auch an einen Tag, als nicht geflogen werden konnte, da das Wetter umschlug: *„Der OvD kam dann zu uns und sagte, dass sich die Flieger-HJ bei zwei Bordmechanikern melden sollten – zur Besichtigung zweier He 111! Wir wurden in zwei Gruppen aufgeteilt und dann ging es rüber in den Abstellbereich nördlich der Blankenseer Straße. Dort zeigten uns die beiden Bordmechaniker zwei He 111 des Löwengeschwaders und wir durften sogar alle einmal durch die Bodenwanne in die Maschinen klettern."*

Neben den Jugendlichen wollte aber – stets im Hinblick auf den Nachschub an Flugzeugführern – die Luftwaffe auch eigene Soldaten für das Fliegen begeistern; hier speziell das Personal, das ohnehin schon nicht zu den fliegenden Besatzungen zählte. So entstand eine Luftwaffen-Segelfluggruppe im Fliegerhorst Lübeck-Blankensee. Sie verfügte im Januar 1942 über *„zwei Gleitflugzeuge, ein Übungsflugzeug und einen Doppelsitzer"*. Einen weiteren Schulgleiter (SG 38) bauten sich die Gruppenangehörigen in der Werft selbst. Der Rohbau war im Ja-

Auch wenn in den letzten Kriegsmonaten kaum noch Segelflug stattfand, überlebten ein paar SG 38 und eine Fw 56 das Kriegsende. Hier haben ein paar Flieger der Royal Airforce (RAF) Spaß daran, die deutschen Gleiter auszuprobieren, wie dieser Ausschnitt der Zeitschrift „Tail Spin" der RAF-Station Lübeck aus dem Januar 1946 zeigt.

Die Segelfluggruppe des Luftwaffensportvereins in Blankensee diente nicht nur rein dem Vergnügen, motorlos in den Wolken herumzufliegen. Vielfach sollten auch Soldaten – oder wie hier links zu sehen – Angehörige der in und um Blankensee eingesetzten Einheiten wie dem Arbeitsdienst vom Fliegen begeistert werden. Ziel: fliegerischer Nachwuchs für die Luftwaffe.

nuar 1942 bereits weitgehend fertiggestellt. Im Mai 1942 erhielt die Gruppe einen weiteren SG 38, im August des selben Jahres eine „Mü 13".

Wie in der Vorkriegs- und frühen Kriegszeit dominierte im Flugdienst der Auto- bzw. Flugzeugschlepp. Dafür stand ein alter „Buick 80 PS" und eine „Morane MS 230" zur Verfügung (Eine MS 230, die WNr. 664, war bereits am 27. September 1941 abgestürzt. 70% Bruch, zwei Verletzte. Siehe Aufstellung der Flugzeugverluste im Anhang). Im Januar 1942 wurden damit an sechs Schulungstagen 158 Autoschleppstarts- und sieben Flugzeugschleppstarts ausgeführt – bei einer Benzinzuteilung von 85 Litern. Im Januar 1942 konnten somit jeweils eine A-, B- und C-Prüfung abgelegt werden. In den Monaten Februar und März gab es keinen Flugdienst: Die Wetterverhältnisse, sprich die Schneemassen bzw. die Platzerweichung nach der Schneeschmelze auf dem Fliegerhorst machten Starts unmöglich.

Erst im Mai 1942 konnten die Segelflieger wieder starten, jedoch mussten sie die MS 230 im Mai 1942 abgeben, der Flugzeugschlepp entfiel somit. Dennoch starteten die 103 Mitglieder zu insgesamt 228 Segelflügen. Bei diesen kam es am 31. Mai 1942 zu einem Unfall, das Übungsflugzeug „Baby 2b" machte 50 prozentigen Bruch. Wahrscheinlich für den verunfallten Segler kam im Juni 1942 Ersatz: ebenfalls ein „Baby 2b". Ein weiterer Unfall ereignete sich im August

1942: Der Schulgleiter SG 38 mit der WNr. 050579 und dem Kennzeichen „WL-XI-232" machte am 19. August 40-prozentigen Bruch. Im selben Monat erhielt die Lw-Segelfluggruppe eine Schleppwinde der Marke Röder zugewiesen, gleichzeitig wurde das gesamte Gerät der Gruppe an die Technische Verwaltung des Fliegerhorstes übergegeben, den Mitgliedern im November 1942 ein Werkstattraum in der Halle 6 zugewiesen.

Fragmente des Schriftverkehrs der Segelfluggruppe mit der Fl.H.Kdtr. belegen eine sehr wechselnde Mitgliederstärke. Waren es im Januar 1942 gerade einmal 62 Mitglieder, stieg die Zahl im Mai 1942 auf 103, sank jedoch im Juni 1942 wieder auf 47 Mitglieder. Gründe sind dafür aus den vorhandenen Unterlagen nicht ersichtlich. In den letzten Monaten des

Jahres 1942 pendelte sich die Mitgliederzahl um die 50-60 Mann ein. Anfänglich (Januar 1942) standen drei Fluglehrer bereit: Fw. Hirschel (im Juli 1942 zur Fl.H.Kdtr. Diepholz versetzt), Uffz. Klein (im September 1942 zur Fl.H.Kdtr. Varelbusch versetzt) und Uffz. Deskau (im November 1942 nach Kommandierung zur Segelflugausbildungsstelle Gelnhausen an unbekannten Ort versetzt). Der Segelfluglehrer Lt. Woytschätzky unterstützte die Blankenseer Segelflieger nur im Monat September, dann wurde auch er wieder versetzt, so dass im November 1942 der Leiter der Segelfluggruppe, der Techn. Insp. (N) Büttner, konstatieren musste: *„Infolge Personalversetzung fehlen Fluglehrer, so dass der Flugbetrieb im letzten Monat nur mit Hilfe der Segelfluglehrer des NSFK durchführbar ist. So wurde, soweit es die Wetterlage erlaubte, jeden Mittwoch- und Samstagnachmittag geschult."*

Der Segel-Flugbetrieb insgesamt wurde nur noch bis Frühsommer 1944 aufrechterhalten. Danach war eine Schulung im Segelflug aufgrund der Material- und Luftlage nicht mehr möglich.

Frauen auf dem Flugplatz

Mit Fortschreiten des Zweiten Weltkriegs hatten die Verbände an den Fronten hohe Verluste hinzunehmen - nicht umsonst versuchte man beispielsweise über das Segelfliegen Nachwuchs an Piloten heranzuziehen. Die Einberufung weiterer Soldaten reichte nicht mehr aus, um den Bedarf an personellem Nachschub zu decken. So wurde auch bei den Luftwaffenverbänden versucht, Personal besonders aus den rückwärtigen Diensten zu entlassen und zu Fronteinheiten zu versetzen. Da die zum Teil hoch ausgebildeten fliegenden Besatzungen von je her in der Luftwaffe Mangelware waren, griff man in erster Linie auf Angehörige des Bodenpersonals zurück. Nach Goebbels Erklärung des „Totalen Krieges" wurden die frei werdenden Stellen nun mit Soldaten besetzt, die aufgrund ihres Alters oder einer Verwundung nicht mehr für den Kriegseinsatz tauglich waren. So ist belegt, dass auch Soldaten des Heeres Dienst bei der Fliegerhorstkommandantur taten und unter anderem gegen Kriegsende die infanteristische Ausbildung des Luftwaffenpersonals übernahmen.

Vor allen Dingen waren es aber Frauen, die ab Mitte des Krieges verstärkt die Tätigkeiten der Männer übernehmen mussten. So kam es, dass auch neben dem von je her auf dem Flugplatz beschäftigten weiblichen Personal der Schreib- und Fernmeldestuben oder auch der Kasinos nun auch vermehrt Frauen in den technischen Dienst aufgenommen wurden. Nach entsprechenden Lehrgängen waren also weibliche Flugzeugmechaniker oder Fallschirm- und Tankwar-

**Seltene Fotos aus den letzten Kriegstagen: Luftwaffen-Helferinnen der Feuerwehrwache stehen im Hof der Flugleitung, in der die Feuerwehr untergebracht war. Einer der letzten verbliebenen Männer der Feuerwehr war Brandmeister Behrends.
Zu sehen sind die rückwärtigen Tore der Fahrzeugstellplätze im Erdgeschoss der Flugleitung. Darüber lagen die Aufenthaltsräume der „Feuerwehr-Damen".
Das Foto ganz rechts zeigt Anni Feiler. Sie war eine der knapp zehn weiblichen Feuerwehrleute des Lübecker Fliegerhorstes.**

te keine Seltenheit. Die Übernahme der ehemals streng männlichen Aufgabenbereiche ging sogar bis in die Reihen der Flugplatzfeuerwehr.

Anni Feiler, Anfang Januar 1945 zum Löschtrupp in Blankensee versetzt, berichtet über ihre Zeit in Blankensee: „*Unser Dienst umfasste die Kontrolle der Feuermelder in den Flugzeughallen und Splitterboxen. Weiterhin mussten wir die Feuerlöscher überprüfen und gleichzeitig bei den Kontrollgängen schauen, ob die Mülleimer wegen der Brandgefahr nicht zu voll waren. Außerdem hatten wir von einem ‚Wintergarten' in der Flugleitung aus das Flugfeld zu überwachen. Falls eine Maschine Bruch machte, wurde Alarm gegeben und man rutschte über eine Feuerrutsche hinab zu den Fahrzeugen im Erdgeschoss des Gebäudes und fuhr zum Unfallort.*" Dass es bei den Löscharbeiten zu Schwierigkeiten für die unzureichend geschulten jungen Frauen kam, ist nicht verwunderlich. So wurde teilweise der Wasserdruck unterschätzt und riss beim Löschen so mancher Feuerwehrfrau den Boden unter den Füßen fort.

Auch wenn die Frauen ihren männlichen Kollegen in nichts nachstanden, so wurden die weiblichen Helferinnen wie auch bei anderen Einheiten auf den Flugplätzen meist vor gefährlichen Arbeiten geschützt. So wurde das Betanken aus Rücksicht vor den giftigen Dämpfen wei-

terhin ebenso von männlichem Personal ausgeführt wie das Aufmunitionieren der Waffen. Desgleichen wurden die Frauen bei Fliegeralarm in Sicherheit gebracht. So fuhren zum Beispiel die jungen Frauen der Feuerwehr mit der Handvoll Feuerlöschwagen vom Gelände des Fliegerhorstes in ein nahe gelegenes Waldstück und warteten dort auf die Entwarnung. Als das Kriegsende nahte, wurden auch als erstes große Teile des weiblichen Personals vom letzten Blankenseer Fliegerhorstkommandanten Oberst Arnold Wildhagen[1] in eine ungewisse Zukunft entlassen.

Wenige Tage vor Kriegsende entließ der Fliegerhorstkommandant, Oberst Arnold Wildhagen, die meisten entbehrlichen weiblichen Mitarbeiter des Platzes. So auch Anni Feiler. Hier ihr Marschbefehl vom 20. April 1945, dem letzten Geburtstag Hitlers.

[1] Wildhagen war seit dem 4. August 1944 Kommandant der Fliegerhorstkommandantur A5/XI Lübeck-Blankensee. Zuvor hatte er seit dem 15. Januar 1942 die Position des Seenotdienstführers 5 (Nord) inne.

Eine Ju 52 schwebt zur Landung herein, während an der Rollfeld-Entwässerung gearbeitet wird – von wem, örtlichen Firmen, dem Arbeitsdienst oder Zwangsarbeitern, ist leider nicht überliefert. Mit einer kleinen Feldbahn wurden nicht nur Arbeitsmaterialien transportiert, sondern auch die zum Startbahnbau notwendigen Erdarbeiten erledigt.

[1] Zahlenangaben laut IZRG-Gutachtens „Zwangsarbeitende in Schleswig Holstein 1939-1945". Andere Zahlen lassen sich in „Das nationalsozialistische Lagersystem" von Martin Weinmann finden: In der scheinbar endlosen Liste von Lagern ist Blankensee zwei Mal aufgeführt: 490 Menschen waren demnach im Bereich eines ehem. Munitionslagers in Blankensee, nochmals 490 direkt auf dem Flugplatz untergebracht. Wann genau, geht aus beiden Quellen aber nicht hervor.

Seltene Bilder vom Bau der Rollwege im Sommer 1944. Der Flugbetrieb war stark eingeschränkt während der Bauzeit, die IV./KG 26 war bereits im Frühjahr nach Kolberg ausgewichen, die III./NJG 5 kam erst nach Abschluss der Bauarbeiten im Herbst hierher.

Zwangsarbeiter

Je weiter der Krieg fortschritt und je mehr Männer aus der Industrie zum Frontdienst abgezogen wurden, desto dringender benötigte die Kriegswirtschaft Personal. Teilweise konnten die personellen Engpässe durch Frauen überbrückt werden, jedoch wurden zunehmend Zwangsarbeiter nicht nur in der Industrie eingesetzt.

Ähnlich wie in den Rüstungsbetrieben in und um Lübeck, benötigte auch der Fliegerhorst Blankensee nach Abzug vieler langjähriger Mitarbeiter dringend weitere Arbeitskräfte. Die ersten Hinweise auf Zwangsarbeiter lassen sich im Kriegstagebuch des Flughafenbereichs 6/XI unter dem Datum 10. Januar 1942 finden, wenn auch für den Standort Großenbrode: *„Am 9.12.42 sind 1.189 Ostarbeiter eingetroffen. (508 Männer und 687 Frauen) Verwendung: allgemeiner Arbeitseinsatz. Unterbringung: 502 Männer und 15 Frauen in Gr[oßenbrode] in Baracken außerhalb des Horstes, 672 Frauen in Heiligenhafen. Am 2.1.43 100 Ostarbeiter nach Chemnitz in Marsch gesetzt."*

Auch rund um den Lübecker Flugplatz entstanden im Laufe der Zeit mehrere Lager für die aus ihrer Heimat verschleppten Arbeitskräfte. In Wulfsdorf quartierte man sie beispielsweise ins ehemalige Baracken-Lager der „Deutschen Arbeitsfront" am Wulfsdorfer Weg ein, in dem bis Oktober 1942 noch Teile des LW-Bau-Batl. 13/XI untergebracht waren. Insgesamt sollen hier rund 650 Zwangsarbeiter zusammengepfercht gewesen sein. In Blankensee entstand ein Gemeinschaftslager zur Aufnahme von zirka 370 unfreiwilligen Arbeitskräften. Auch der Flugplatz erhielt zur Aufrechterhaltung der nötigsten Aufgaben ein eigenes Lager auf seinem Gelände. Rund 100 Zwangsarbeiter konnten so zum Beispiel auch zum Verfüllen der Bombentrichter auf dem Platz eingesetzt werden[1].

Eine größere Aufgabe stand ihnen jedoch noch bevor: Der Ausbau der Start- und Landebahn und der dazugehörigen Rollwege. Der Verlängerung der Start- und Landestrecke von etwa 1.100 auf 1.800 Meter war längst notwendig geworden, da es bereits mit mehrmotorigen Flugzeugen schwierig war, den Platz anzufliegen. Mit Fortschreiten der technischen Entwicklung stand so auch der Einsatz der ersten düsengetriebenen Maschinen bevor und gerade diese benötigten intakte und betonierte Wege. Unter der Federführung der „Bauleitung der Luftwaffe" kamen ebenfalls Zwangsarbeiter zusammen mit lokalen Baufirmen zum Einsatz. Auch die in der Luftnachrichten-Kaserne in St. Hubertus untergebrachten, rund 100 meist sowjetische Zwangsarbeiter, wurden neben der Arbeit in der Landwirtschaft zu den Baumaßnahmen herangezogen. Kfz.-Mechaniker Hermann Schwerdtfeger erinnert sich an die russischen Kriegsgefangenen in St. Hubertus: *„Oft habe ich die Russen gesehen, wie sie Holz hackten. Sie sahen sehr unternährt aus, ich habe*

Flugzeugbau in Lübeck

Zwei Erinnerungsfotos der Wachmannschaften der Kriegsgefangenenlager in Wulfsdorf und in Dummersdorf. Wie zu sehen sind die Bewacher „ältere Semester", sprich nicht mehr frontfähige Männer oder Zwangsrekrutierte. Beide Fotos sind eine der wenigen Zeugnisse dieses dunklen Kapitels deutscher Geschichte.

auch gesehen, wie sie in den Mülltonnen nach Essbarem suchten."

Während über den Verlauf des Ausbaus leider wenig bekannt wurde, bringt der Besuch von Maria Shavrid, einer ehemaligen Zwangsarbeiterin, und ihr Eintrag ins goldene Buch der Stadt Lübeck fast 60 Jahre später etwas Licht ins dunkelste Kapitel deutscher Geschichte: 1944 aus Staraja Russa über Lettland und Ostpreußen nach Lübeck verschleppt, wurde sie im Lager der DAF am Wulfsdorfer Weg in einer der vier Baracken untergebracht. Während die anderen zum Teil im Straßenbau schufteten, arbeitete sie in der Küche des Flugplatzes. Teilweise kochte sie für die übrigen Lagerinsassen, in der Regel jedoch für die Techniker des Fliegerhorstes. Der Arbeitstag begann um 4.30 Uhr und endete nach zwei Stunden Mittagspause gegen 20 Uhr abends. Von ihr war aber bei dem Besuch nach einem halben Jahrhundert in Lübeck keine Verbitterung zu vernehmen. Sie konnte nach Kriegsende in ihre Heimat zurückkehren. Wie viele der Lübecker Zwangsarbeiter das nicht mehr konnten, ließ sich leider nicht mehr feststellen.

Zwangsarbeiter waren auch beim Flugzeugbau in Lübeck von Nöten. Und zumindest der hatte eine lange Tradition in der Hansestadt: Bei den Norddeutschen Dornier-Werken im Glashüttenweg und an der Geniner Straße entstanden ab Mai 1935 Komponenten für diverse Muster der Dornier-Werke, darunter auch Lizenzbauten. Gebaut wurden Großbauteile wie Rümpfe und Leitwerke für die Do 23, W 34, He 111, Ju 88 oder die Do 217. Und schon in früheren Jahren, von 1914 bis Ende der 20er Jahre, wurden auf dem Priwall in Travemünde Flugzeuge in den Caspar-Flugzeugwerken entwickelt, gebaut und eingeflogen. Zumindest was Zusammenbau und Einflug angeht, lebte diese Tradition Ende des Zweiten Weltkriegs auf dem Priwall wieder auf, zumal die hiesige E-Stelle bedingt durch das Fortschreiten des Krieges kaum noch den Erprobungsbetrieb aufwies, wie beispielsweise noch 1940. Somit standen hier eine Reihe von Kapazitäten bereit zur Flugzeugmontage.

1944 baute man Flugzeuge bereits schon nicht mehr nur rein in einem Werk. Zum Schutz vor alliierten Luftangriffen hatten die Flugzeugwerke ihre Fertigung in einzelne Schritte aufgeteilt und diese an verschiedene, kleinere Standorte verlagert – Stichwort: Dislozierung. Letztlich transportierte man diese einzelnen Komponenten an einen zentralen Ort und baute sie zu einem Flugzeug zusammen. Der großen Lufthansa-Werft (Abmessungen 60 mal 60 Meter) auf dem Gelände der E-Stelle Travemünde kam hierbei eine Schlüsselrolle zu. Im Verbund der Zulieferwerkstätten bauten die Norddeutschen Dornier-Werke hier in Lizenz das Jagdflugzeug Focke Wulf Fw 190 zusammen. Wahrscheinlich kam die Endfertigung im Zuge des so genannten „Jäger-Notprogramms" nach Travemünde, denn ab

Interessante Kombination: Stempel zur Beglaubigung von Abnahmeflügen bei den NDW in Blankensee – einmal von der Flugleitung (vergleiche mit Seite 106) und einmal NDW-Firmensiegel.

Flugzeuge „made in Lübeck". Die Norddeutschen Dornierwerke hatten in den letzten Kriegsmonaten die Endfertigung der Fw 190 nach Lübeck verlegt. Eine der letzten gebauten Fw 190 F-9 bereits in RAF-Hand.

Blick auf die 60 mal 60 Meter große Halle der Deutschen Lufthansa auf dem Priwall, hier im Jahr 1937 (Beachte die Ju 52 mit einem Versuchsanstrich). In dieser Halle wurden Fw 190 endgefertigt, nachdem der Erprobungsbetrieb der E-Stelle See seit Sommer 1944 kriegsbedingt zunehmend zurückgefahren wurde.

[1] Bei den beiden Angriffen auf Schwerin wurden neben den Flugzeugen der dortigen FFS A 72 auch insgesamt 44 werksneue Fw 190 F-8 zerstört oder beschädigt. Jedoch wurden auch die Lübecker NDW-Werke ein Opfer des Bombenangriffs vom 25. August 1944: Die Produktionsanlagen wurden zu 50 Prozent zerstört. Die Fertigung lief aber nach zehn Tagen bereits wieder mit 50 Prozent Leistung. Dennoch sind erneute Einflüge in Lübeck erst wieder ab Ende September 1944 nachweisbar.

Der Bereich Travemünde aus der Luft. Ein alliierter Aufklärer schos dieses Bild am 2. 8.1944. Zu sehen ist am oberen Rand die Ostsee, am linken Rand das Seebad Travemünde an der Trave-Mündung, in der Bildmitte der Priwall mit der E-Stelle, rechts davon die Pötenitzer Wiek, auf der diverse Wasserflugzeuge liegen, und am östlichen Ufer das Luftzeugamt See. Hier existierte eine Taktstraße zum Bau von Fw190-Rümpfen. Das LZA verfügte über einen Gleisanschluss, über den die nötigen Teile heran- und fertige Komponenten weggeschafft werden konnten.

Sommer 1944 sollte die Industrie verstärkt Jagdflugzeuge und dafür eben weniger Bomber und andere, aufwändigere Maschinen herstellen. Das geschah im Fall der Norddeutschen Dornier-Werke bereits in Perleberg und in Schwerin, wo die Fw 190 in Lizenz endgefertigt wurde.

Mindestens ab Sommer 1944 kam nun auch Lübeck hinzu. Erste Überführungen vom Werk Schwerin nach Blankensee zwecks FT-Einflug der Maschinen lassen sich durch das Flugbuch des Einfliegers Reinhold Schulz zwischen dem 22. und 26. August 1944 nachweisen – die erste Überführung am 22. August mit der Fw 190 A-8 WNr. 932493 in der Zeit von 11.36 bis 11.46 Uhr. Weiterhin scheinen erste Beanstandungsmeldungen der Bauaufsicht der Lufthansa im August 1944 erstellt worden zu sein; ein „Fertigungsanlauf" ist somit für August 1944 anzunehmen, folglich nach den verheerenden Bombenangriffe auf die Schweriner Fertigungsanlagen am Fliegerhorst Görries am 4. und 25. August 1944[1], als sich deswegen die Fw 190-Produktion bei NDW auf Perleberg konzentrieren musste[2]. Aus erhalten gebliebenen Unterlagen geht hervor, dass Dornier mindestens fünf Werke in Lübeck unter der Bezeichnung „Hansawerk" - andere Standorte der NDW hatten ähnliche Decknamen, so wurde beispielsweise Perleberg als „Steinwerk", Schwerin als „Seewerk" bzw. „Vosswerk" bezeichnet - betrieb: Werk I (Glashüttenweg), Werk II (Geniner Straße/Geniner Ufer), Werk III (Dänischburg (Villeroy & Boch)) und das Werk IV (Vorrade/Rothebek (Greif-Werk)). Das Werk V wird leider nicht näher in den Unterlagen lokal bezeichnet, war jedoch teilweise mit der Instandsetzung von Tragflächen beschäftigt. (Dieses „Recycling" war innerhalb der Flugzeugproduktion weit verbreitet, insofern verwundert es nicht, dass auch in Lübeck Teile von abgestürzten Fw 190 wieder auf Vordermann gebracht wurden.

Neben diesen fünf Standorten waren Teilfertigungen aber noch an weitere Orte in Lübeck verlagert: in die Marlistraße, in den Walkmühlenweg, in die Schwartauer Allee, ins Colosseum in der Kronsforder Allee, ins Zuchthaus Lauerhof und in die Ziegelei in Groß Weden. Die Lübecker Werke waren nachweislich für den Schalenbau der Tragflächen zu-

ständig, lediglich für Werk IV liegen keine Hinweise auf die Produktion vor. In Mängelberichten des Zeitraums 24. bis 30. Dezember 1944 klagt Prüfmeister Lambrecht beispielsweise die Lagerung der Ober- und Unterschalen an: Sie *"sind in Dänischburg im Freien abgestellt und den Witterungseinflüssen ausgesetzt. Korrosionserscheinungen und Verrosten der Stahlteile trotz Schutzfarbe und Einfetten. Es muss für eine überdachte Unterbringung der Schalen gesorgt werden."*

Teilweise kamen die Tragflächen aber auch aus Neustadt-Glewe, Rümpfe hingegen entweder aus Grevesmühlen[3] oder auch aus dem Luftzeugamt 2/XI (See) in Pötenitz, direkt neben dem Priwall. Leitwerke lieferten die Arado-Werke in Rathenow und Anklam, teilweise auch die Walther Bachmann-Flugzeugbau KG in Ribnitz. Motoren wurden per Bahn von den BMW-Herstellerwerken direkt angeliefert, ebenso Waffen und sonstiges Zubehör. Der Zusammenbau aller Komponenten erfolgte in der bereits erwähnten Halle der Lufthansa auf dem Priwall. Der dortige Bauaufsichtsleiter der Lufthansa, Fl.-Haupting. Schmidt, beschwerte sich in der Beanstandungsmeldung 4/44 vom 30. November 1944 über die *"schlechte Anlieferung von Einzelteilen und Geräten für die Rumpfstraße Pö[tenitz]. [...] Die Rümpfe von Grevesmühlen werden immer noch, wie bereits mit Meldung Nr. 1 beanstandet, angeliefert. Die Schiebehauben stehen durchweg 2 cm offen, darüber liegt das dünne Tarnnetz. Das Regenwasser kann in größeren Mengen in den Rumpf gelangen. Die von Neustadt-Gl[ewe] angelieferten Flächen sind überhaupt nicht abgedeckt. Die dazugehörigen Federbeine liegen unverpackt darunter. Die blanken Stellen der Federbeine, Zapfen für die Laufräder, sind bereits verrostet. Bei früheren Sendungen waren die losen Teile mit Holzwolle abgedeckt. Kleinere Einzelteile, die von Wismar angeliefert werden, sind ohne Lieferschein und Anhänger, dadurch ist eine genaue Eingangskontrolle unmöglich. Weiter wurden z.B. Kabeleinsätze unvollständig geliefert. Für 10 Flugzeuge, je 16 Satz Kabel, Stecker, Steckdosen u. Anschlüsse, waren diese Sätze nur für die ersten vier Flugzeuge komplett. Für das letzte der 10 Flugzeuge waren nur noch 4 Satz Kabel usw. vorhanden. [...]".*

Jeder der einzelnen Fertigungsstandorte verfügte meist über ein oder mehrere eigene Barackenlager, in denen Zwangsarbeiter (sowohl Deportierte als auch Kriegsgefangene) untergebracht waren. Allein im Bereich des Luftzeugamts Pötenitz gab es drei dieser Lager mit insgesamt 720 Insassen. Gearbeitet wurde in zwei Schichten á zwölf Stunden. Zur Belegschaft hinzu kamen entsprechend viele Frauen als Hilfsarbeiter und wenige, verbliebene männliche Facharbeiter und Prüfer.[4]

Die Maschinen wurden von einer Einfliegergruppe der Dornier-Werke nach der Endfertigung in der Lufthansa-Halle nach Lübeck-Blankensee zur Endabnahme und letztlich zur Abholung durch Flugzeugführer des FlÜG 1 überführt[5]. Dieser Flug nach Blankensee diente auch zum Testen der eingebauten Funk-Anlage. Der Grund für diese Flüge – man hätte die Jagdmaschinen auch in Travemünde in Platzrunden einfliegen und von hier aus zu Einsatzverbänden überführen können – ist jedoch unbekannt. Einflieger Reinhold Schulz verzeichnete in seinem Flugbuch regelmäßig neben Abnahme(nach)flügen auch so genannte FT-Einflüge. In Blankensee kümmerten sich auch nochmals Prüfer der „Bauaufsicht Luft" (BAL) um die werksneuen Maschinen, sprich sorgten für die Endabnahme. Allein im Zeitraum von Ende November 1944 bis Februar 1945 hatten die Prüfer an 76 Maschinen etwas zu beanstanden. Vielfach waren es aus heutiger Sicht kleinere Mängel wie beispielsweise ein fehlendes Typenschild oder zu tief versenkte Nieten. Aber auch größere Beanstandungen

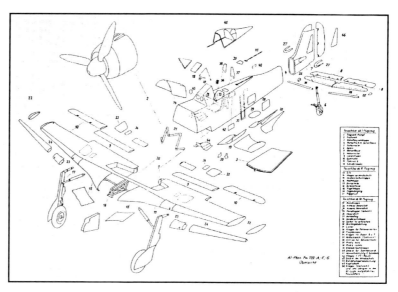

Übersicht über die Komponenten der Fw 190.

[2] Aus dem Flugbuch des Einfliegers Rolf Bielefeld geht hervor, dass auch in Ludwigslust Maschinen eingeflogen wurden – zumindest durch ihn ab dem 23. August bis zum 2. Oktober 1944. Es waren Fw 190 aus Werknummern-Blöcken, aus denen sich auch Maschinen in Schwerin und Lübeck nachweisen lassen.

[3] Hier wurden die Rümpfe anscheinend nicht gefertigt, sondern nur technisch ausgestattet. Anschließend transportierte man sie aus der ehemaligen Getreide-Lagerhalle – deshalb auch der Tarnname „Kornwerk" – per Lastwagen zum Bahnhof des Ortes zum Versand per Eisenbahn.

[4] Das ganze System ist aufgrund der spärlichen Quellenlage kaum noch zu überblicken und hier vereinfacht dargestellt. Wie genau die Logistik hinter den Flugzeugkomponenten aussah, lässt sich nur erahnen – ebenso ihre tatsächliche Reichweite, wenn man bedenkt, von woher überall Komponenten angeliefert werden mussten.

[5] Erste Flüge aus Travemünde hielt der Einflieger Schulz am 28. September 1944 in seinem Flugbuch fest – hier die Fw 190 A-8 WNr. 933242, Start um 10.55 Uhr, Landung um 11.07 Uhr.

Noch wenige Wochen vor Kriegsende gehörte Bürokratismus immer noch zur Tagesordnung. Links ein Unfallbericht der WNr. 933808. Beachte, dass diese F-8 aus einer A-8 umgebaut worden war. Unten ein ähnlicher Bruch einer Lübecker Fw 190, allerdings einer F-9, die am 25. April 1945 in Villa Franca landete.

waren an der Tagesordnung. So waren Ruder nicht richtig gängig, manche Bauteile falsch eingebaut. Außerdem fanden Prüfer Anfang Februar 1945 bei der Endabnahme der Fw 190 A-9 mit der WNr. 980379 in den Flügelklappen der Flügelwurzeln Fremdkörper wie Bindedraht, Schrauben und Muttern; hier bestand die Gefahr eines Masseschlusses – eventuell war das eine Form von Widerstand, gar Sabotage der (Zwangs)Arbeiter!?

Nachweisbar ist die Endabnahme/Einflug von insgesamt 149 Fw 190 in Lübeck. Hierbei können sich Doppelungen ergeben, denn manche Fw 190 A-8 (Jagdflugzeug) wurde in Lübeck zu einer F-8 (Schlachtflugzeug) umgebaut. Die Gesamtzahl der in Lübeck endmontierten/modifizierten Fw 190 dürfte jedoch weit höher liegen, denn nur ein begrenzter Teil lässt sich durch Flugbücher und Beanstandungsmeldungen nachweisen.

Hingegen lassen sich aber Maschinen aus den „Lübecker" WNr.-Blöcken auch in Fundlisten der Alliierten wiederfinden, die nicht in den vorgenannten Unterlagen auftauchten. Schätzungen über die Gesamtzahl der in Lübeck gebauten Fw 190 anzustellen ist schwierig, denn die Fertigungs-Lose wurden zentral vergeben, jedoch nicht vollständig gebaut, so dass viele Werknummern unbesetzt blieben.[1] Aus folgenden Werknummern-Blöcken lassen sich Fw 190 bei den NDW in Lübeck nachweisen:

932 XXX (Fw 190 F-8) von 08.44 bis 08.44
932493, 932535, 932543, 932545.[2]

Die Reste der Seefliegerei waren noch allgegenwärtig, als britische Truppen die E-Stelle Travemünde besetzten. Neben der motorlosen BV 222 C-11 „X4+BH" (diente als Ersatzteilspender) steht hier eine der letzten auf dem Priwall umgerüsteten Fw 190, die F-8 WNr. 9338??.

933 2XX (Fw 190 F-8) von 09.44 bis 10.44
933242, 933254, 933279, 933280, 933293, 933295, 933297.

933 3XX (Fw 190 F-8) von 10.44 bis 11.44
933300, 933307, 933309, 933320, 933321, 933323, 933332, 933333, 933336, 933343.

933 4XX (Fw 190 F-8) von 11.44 bis 12.44
933434, 933442, 933443, 933444, 933445, 933447, 933448, 933452, 933454, 933457, 933458, 933459, 933466, 933469, 933473, 933476, 933477, 933478, 933479, 933481, 933483, 933485, 933485, 933488.

933 8XX (Fw 190 F-8, wahrscheinlich Umbauten aus A-8) von 01.45 bis 04.45
933803, 933807, 933808, 933812, 933812, 933813, 933830, 933833, 933842, 933844, 933855.

960 3XX (Fw 190 A-8) von 12.44 bis 12.44
960301, 960302, 960304, 960305, 960306, 960307, 960308, 960311, 960312, 960314, 960315, 960318, 960319, 960320, 960323, 960324, 960325, 960327, 960329.

960 4XX (Fw 190 A-8) von 01.45 bis 01.45
960452, 960453, 960456, 960457.

961 2XX (Fw 190 A-8) von 12.44 bis 02.45
961212, 961215, 961217, 961219, 961220, 961222, 961223, 961227, 961231, 961232, 961233, 961234, 961235, 961238, 961239, 961241, 961242, 961243, 961245, 961246, 961247, 961248.

961 6XX (Fw 190 A-8) von 02.45 bis 02.45
961603, 961604, 961608, 961691, 961694, 961699.

980 2XX (Fw 190 A-9) von 12.44 bis 01.45
980201, 980202, 980203, 980206, 980208, 980209, 980212, 980213, 980214, 980215, 980216, 980218, 980219, 980221, 980223, 980224, 980268, 980290.

980 3XX (Fw 190 A-9) von 01.45 bis 02.45
980366, 980367, 980368, 980370, 980371, 980372, 980373, 980374, 980375, 980376, 980378, 980379.

980 7XX (Fw 190 A-9) von 02.45 bis 02.45
980761.

440 3XX (Fw 190 F-9) von 02.45 bis 04.45
440306, 440309, 440311, 440320, 440322, 440333, 440336, 440339, 440343, ,440349.

Aus dem Block 4403XX ist eine Maschine durch alliierte Unterlagen sehr gut dokumentiert: Die WNr. 440340, die für den geheimen RAF-Technical Report No. 14 vom 2. Mai 1945 näher unter die Lupe genommen wurde. Diese Fw 190 F-9 landete kurz nach der Besetzung des Flugplatzes, am 25. April 1945, in Villa Franca (Italien). Wahrscheinlich hatte der Überführungspilot den Befehl gehabt, die Fw 190 zu der hier liegenden NSGr. 9 zu bringen und landete – ohne es zu wissen –

[1] Siehe hierzu wie auch zur gesamten Produktion der Fw 190: Peter Rodeike: Focke Wulf Jagdflugzeug. Fw 190 A, Fw 190 „Dora", Ta 152 H.

[2] Interessanterweise sind diese Werknummern in einer Fertigungsliste des „Vosswerks" (Schwerin) bzw. des „Steinwerks" (Perleberg) aufgelistet. Demnach waren diese WNr. bereits seit Ende Juli/Anfang August 1944 dort endmontiert, an die Luftwaffe abgegeben und vom zerstörten Fliegerhorst Schwerin-Görries nach Lübeck überführt. Ob es sich bei dem Aufenthalt in Blankensee um Reparaturen/Nachbesserungen handelt, konnte nicht abschließend geklärt werden. Im Flugbuch Schulz heißt es lapidar: FT-Einflug. Auch im Flugbuch von Rolf Bielefeld sind zur gleichen Zeit Maschinen dieses WNr.-Blocks zu finden – allerdings in Ludwigslust.

Der ehemalige Kriegsgefangene J. Malone, der sich seit 27. Mai 1940 in deutschen Lagern aufhalten musste, hat es sich nach seiner Befreiung am Leitwerk der Fw 190 F-8 mit der WNr. 933855 gemütlich gemacht und posiert neben dem Hakenkreuz für ein Erinnerungsfoto. Diese Fw 190 ist eine der letzten Anfang April 1945 von Travemünde nach Blankensee überführten Fw 190 der Norddeutschen Dornier-Werke.

Da alle Komponenten der Fw 190 nicht mehr an zentraler Stelle gefertigt wurden, sah auch das äußere Erscheinungsbild nicht mehr einheitlich aus. Motor- und MG-Abdeckungen waren grün lackiert, die Tragflächen oftmals in Grautönen, Rumpf und Leitwerk kamen ebenfalls in unterschiedlichen Ausführungen von Tupfen oder Übernebelungen daher.

auf dem bereits von alliierten Truppen besetzten Platz. (Nebenbei: Auf dem Platz nahe der Stadt Verona fanden die alliierten Truppen auch noch eine weitere Fw 190 aus Lübecker Produktion vor: die WNr. 440323, bereits mit den Kennzeichen der NSGr. 9 versehen – E8+MH – in gleicher Ausstattung wie die WNr. 440340.) Die genaueren Untersuchungen zeigen ein typisches Bild für die letzten im März 1945 in Lübeck gebauten Maschinen: *„The aircraft bore no squadron letters or numbers, the upper part of the wings and forward fuselage are dark green, undersides and the entire tail unit are light blue."* Außerdem befand sich an der Rumpfseite ein zusätzliches Typenschild, auf dem die Änderungsstufe eingestanzt war. Die letzte Modifikation der WNr. 440340 fand demnach im Februar 1945 statt. Als Waffen waren zwei MG 151/20 in den Flächenwurzeln und zwei MG 131 über dem Motor eingebaut. Für die Rolle als Schlachtflugzeug der Version F-9 war die Maschine mit einem ETC 500 unter dem Rumpf und vier ETC 50 unter den Tragflächen ausgerüstet. Neben der Cockpitausstattung (neue Form der Kabinenverglasung und Fahrtmesser bis 900 km/h) und dem Motor (BMW 801 S-1) fand die Funkausstattung (FuG 16 und FuG 25) weiteres Interesse der britischen Beuteflugzeug-Auswerter.

Andere Maschinen dieses Werknummern-Blocks – alle in gleicher Weise gebaut und lackiert – lassen sich zu Kriegsende an vielen Standorten finden, beispielsweise in Klagenfurt (WNr. 440326) oder auch in Neubiberg bei München. Die dort vorgefundene Fw 190 F-9 WNr. 440320 hatte der Lübecker Dornier-Einflieger Reinhold Schulz sogar selbst dorthin überführt. In seinem Flugbuch ist diese Überführung am Mittwoch, 21. März 1945, festgehalten[1]. Die in Blankensee produzierten Fw 190-Jäger der Versionen A-8 und A-9 gingen teilweise nach ihrem Einflug an das JG 1. So lassen sich Verluste für einige Maschinen aus Lübecker Produktion bereits im Januar bzw. Februar 1945 in den Listen des Generalquartiermeisters finden – nur wenige Tage oder Wochen, nachdem die Maschinen in Blankensee eingeflogen wurden: So beispielsweise die WNr. 980219: Eingeflogen von Reinhold Schulz am 31. Dezember 1944 ging die Fw 190 A-9 bereits am 14. Januar 1945 als „schwarze 3" bei der 2./JG 1 in einem Luftkampf mit RAF-Jägern verloren. Ihr Pilot, Ofhr. Wilhelm Ade, konnte sich verwundet aus der Maschine retten. Auch manch andere Fw 190 A-9 gelangte zum JG 1, die Schlacht-Versionen F-8 und F-9 jedoch entsprechend zu (Nacht-)Schlachtgeschwadern wie beispielsweise der in Blankensee liegenden III./KG 200.

Anscheinend Mitte April 1945 war das Kapitel der Flugzeugproduktion in Lübeck aufgrund der zerstörten Transportwege, also aufgrund des fehlenden Nachschubs und

Weitere Fotos der Fw 190 F-9 WNr. 440340, hier bevor US-Soldaten sie mit schwerem Gerät zur Seite zogen, so dass das linke Fahrgestell nachgab. Die Maschine ist Anfang April 1945 zu letzten Testflügen in Blankensee gewesen und wird anschließend nach Italien überführt worden sein. Der Pilot hatte bei der Landung in Villa Franca am 25. April 1945 jedoch nicht gewusst, dass der kleine italienische Flugplatz bereits von amerikanischen Truppen besetzt war. Die Fw 190 zeigt den typischen Anstrich für Maschinen aus Lübecker NDW-Produktion und trägt außer der Werknummer am Seitenleitwerk keinerlei individuelle Kennzeichen.

des Treibstoffmangels, abgeschlossen. Alliierte Truppen fanden beim Einmarsch in Lübeck-Blankensee und in Travemünde fertiggestellte, jedoch nicht mehr überführte Fw 190 vor, dazu etliche Teile und Komponenten in den Produktionsstätten.

[1] Start in Blankensee um 16 Uhr, Landung in Neubiberg um 17.50 Uhr, Zwischenlandung in München-Riem um 17.30 Uhr. Anschließend wird Schulz mit dem Zug zurück nach Lübeck gekommen sein, denn anschließend flog er eine weitere, seine letzte Fw 190 am 9. April 1945 in Travemünde bzw. Blankensee ein.

Ein weiteres, fast unbekanntes Kapitel in Blankensee: die Umrüstung von Bf 109. Angeblich hatte eine Bremer Firma in Halle 5 oder 6 im Sommer 1944 eine Werkstatt eingerichtet. Was dort genau geschah, ist bis dato allerdings unbekannt. Die Jagdflugzeuge kamen morgens auf den Platz und wurden am Abend wieder zurücküberführt. Links ist eine dieser Bf 109 zu sehen, eine frühe G-6 (Hoher Antennenmast, ex-Trop-Ausführung).

Das NJG 5 in Lübeck-Blankensee

Verlegung nach Lübeck

Im Zuge der Fertigstellung der Start- und Landebahn schaffte man auch Platz für die nächste Einheit, die nach Blankensee kommen sollte, denn es war – was die Belegung mit einer Fliegereinheit außer der Fw 190-Einfliegerei angeht – still geworden in Blankensee, auch wenn weiterhin Maschinen der IV./KG 26 in Blankensee gewartet wurden: die III./NJG 5.[1]

Diese Gruppe konnte im Gegensatz zum „Löwengeschwader" auf keine lange Tradition zurückblicken. Erst im April 1943 aufgestellt, war sie demnach gerade einmal fast eineinhalb Jahre u.a. von Neuruppin und Brandis aus im Einsatz gewesen. Im Sommer 1944 galt es in Frankreich, die seit dem 6. Juni gelandeten alliierten Invasionstruppen zu bekämpfen. So flogen die Besatzungen, die eigentlich zur Abwehr alliierter Bomber und Nachtjäger ausgebildet worden waren, nunmehr mit Bomben Nachtschlachteinsätze gegen die vorrückende Westfront. Die Piloten waren für derartige Einsätze nicht geschult worden, und es verwundert demnach nicht, wenn die Nachtjäger ihre Bomben in der Regel vielfach ungezielt abgeworfen haben[2]. Insofern kam es natürlich auch aufgrund der heftigen Bodenabwehr der angegriffenen Truppen zu verhältnismäßig hohen Verlusten. Intern wurden diese Flüge schließlich als „Harakiri-Einsätze" bezeichnet. Auch die letzten Einsätze von Laon-Athies aus gegen Luftlandetruppen, wie zum Beispiel in der Nacht vom 18. August verhinderten nicht, dass fünf Tage später Paris von den alliierten Verbänden befreit wurde[3].

Nachdem nicht nur die Staffeln der III. Gruppe hohe Verluste hinzunehmen hatten, kam der Befehl zur Verlegung ins Reich: *„Am 25. [August] wurde durch die 4. Jagddivision verfügt, dass die Gruppe sofort nach Düsseldorf verlegt. Dieser Verlegungsbefehl wurde durch eine zweite Verfügung in Kassel umgeändert. Am gleichen Tage wurde das fliegende Personal mit 10 Maschinen nach Kassel-Rothwesten und eine langsame Kolonne von 11 Fahrzeugen nach Weindorf bei Remelach zwecks Verladung mit der Eisenbahn in Marsch gesetzt. Am 26. um 6.00 Uhr erfolgte die Abfahrt der schweren Kolonne, um 9.00 Uhr die Abfahrt der schnellen Kolonne. Beide Kolonnen trafen zwischen 22.00 und 24 Uhr in Weindorf ein, wo als neuer Verlegungsort von der 4. Jagddivision Lübeck-Blankensee befohlen wurde."*

Neuer Einsatzhorst war demnach der für Einsatzzwecke sehr gut ausgerüstete Fliegerhorst Lübeck-Blankensee. Um Platz zu schaffen, mussten sogar die Kraftfahrer der Fl.H.Komp. ihren angestammten Platz mitsamt der Fahrzeuge verlassen. Kfz.-Mechaniker Hermann Schwerdtfeger fuhr zusammen mit seinem Chef, Hptm. Paschke, die Bauernhöfe der Umgebung ab, ob sich hier ein geeignetes Terrain mit Unterstellmöglichkeiten finden ließe. Doch da kein Bauernhof in der Umgebung die nötige Infrastruktur für Lkw, Busse, Pkw und Motorräder bot, fand der Kfz.-Bereich des Fliegerhorstes schließlich in der Ln-Kaserne St. Hubertus eine neue Unterkunft. Die Besatzungen der III./NJG 5 verlegten mit ihren Bf 110 über den gesamten Tag des 26. August 1944 verteilt von Kassel nach Lübeck.[4] Die Fahrzeugkolonne der III./NJG 5 begann in Remelach am Sonntag, 27. August 1944, um 5 Uhr mit der Verladung auf Eisenbahnwagen. Abfahren konnten die 238 Mann und ihre 61 Fahrzeuge gegen 19.35 Uhr. Die Fahrt über Homburg, Bad Münster, Marburg,

---

[1] Blankensee musste dazu inzwischen auch die Infrastruktur für einen Nachtjagdheimathorst bekommen haben, denn in einer Aufstellung vom 21. Juni 1944 über die Heimat- und Einfallhorste der (Nacht-)Jagd-Divisionen ist Blankensee nicht aufgeführt, dafür jedoch Plätze wie Großenbrode, Schleswig und Lüneburg.

[2] Zuvor flogen einzelne Besatzungen mit Leuchtbomben zum Ziel, um dieses für die nachfolgenden Besatzungen zu markieren.

[3] In dieser Nacht verzeichnete die Kriegs-Chronik der III./NJG 5 keine Feindberührung. Es war der erste Einsatz seit Tagen gewesen, denn im Zeitraum vom 13. bis 17. August 1944 kam es zu keinen Einsätzen, so das inoffizielle KTB, das heute im Luftfahrtmuseum Hannover-Laatzen aufbewahrt wird.

[4] Teile der 8. Staffel bereits am Morgen – wie die Besatzung von Ofw. Altner mit der Bf 110 „C9+AS" um 8.50 Uhr – und am Nachmittag, Teile der 9. Staffel kamen erst am Abend nach Blankensee.

Das Bodenpersonal der III./NJG 5 musste auf dem Landweg aus Weindorf nach Lübeck verlegt werden. Verladen auf Eisenbahnwaggons dauerte die Fahrt der 238 Mann und ihrer 61 Fahrzeuge drei Tage. In Blankensee angekommen, wurden die Fahrzeuge an der Rampe neben dem Kfz.-Bereich entladen. Zuvor hatte bereits der Fahrzeugpark der Fliegerhorstkommandantur große Teile der Garagen und Werkstätten für die „Nachtjäger"-Fahrzeuge geräumt. Sie fanden in St. Hubertus in der Ln-Kaserne eine neue Bleibe.

Für viele Flieger und Angehörige des Fliegerhorstes war der erste und letzte Anblick von Blankensee: der Bahnhof. Oben die Ansicht vom Gleis aus (2002), darunter der Eingangsbereich (1942). Wie zu sehen, war der Bahnhof nicht getarnt. Ganz links zwei Fotos aus dem Erker des Bahnhofs; einmal mit Blickrichtung Lübeck, darunter in Richtung Fliegerhorst. Am Abzweiger in den Kasernenbereich befand sich wiederum eine Weichenstellanlage (links).

Kassel, Göttingen, Lehrte, Uelzen, Lüneburg und Lübeck nach Blankensee dauerte drei Tage.

Nachdem einige Besatzungen, wie beispielsweise Ofw. Altner, noch am Abend des 26. August zu einem Einsatz starteten[5], war den fliegenden Besatzungen inzwischen ein weiterer Verlegungsbefehl zugegangen: Die der 8./NJG 5 sollten von Lübeck nach Wormditt in Ostpreußen fliegen. Die Besatzungen starteten dazu verteilt mit ihren Bf 110 noch am Abend des 27. August bzw. erst am Abend des 28. August. Teile der 9. Staffel flogen bereits am Morgen des 28. August 1944 nach Parchim, am 30. ging es jedoch um 13.15 Uhr retour nach Blankensee.

Die 8. Staffel startete von Wormditt aus am Mittwoch, 30. August 1944, zu einem Einsatz. *„Dabei konnte Oblt. Breitfeld 2 Abschüsse erzielen, während Lt. Keller einen weiteren Abschuss melden konnte"*, so die Kriegs-Chronik der III. Gruppe. Die Besatzung Niemöller kollidierte mit ihrer Bf 110 „C9+CS" bei der Landung nach dem Einsatz mit dem auf dem Platz liegendem Bruch einer Ju 88. Dabei entstand 20 Prozent Schaden an ihrer Maschine (Start um 0.30 Uhr, Landung um 3.30 Uhr.). Nach einem weiteren Einsatz am 2. September 1944 flogen einzelne

[5] Start mit der Bf 110 „C9+AS" in Lübeck um 22.27 Uhr, Landung in Schleswig um 0.42 Uhr. Rückflug nach Blankensee um 2.12 Uhr.

[1] Start am 10.9. gegen 23 Uhr, Landung gegen 23.30 Uhr. Am 11.9., beim Angriff britischer Bomber auf Stettin, erfolgte der Start gegen 22 Uhr, die Landung war bis etwa 1 Uhr abgeschlossen.

Ein paar Lehrlinge der Blankenseer Werft posieren im Herbst 1944 an einer noch werksneuen Ju 88 G-6 mit der WNr. 620399. Beachte, dass die Dipole bereits um 45 Grad gewinkelt angebaut sind, wie bei späteren Ausführungen der Ju 88 G-6.

Besatzungen noch in den frühen Morgenstunden nach Lübeck zurück, für andere kam erst am Montag, 4. September, die endgültige Verlegung nach Blankensee. Über Kolberg verlegten diese Besatzungen in den frühen Abendstunden nach Lübeck.

Während vom 1. bis zum 9. September außer einigen Werkstatt- und Zieldarstellungsflügen keine Einsätze geflogen wurden, verliefen die Feindflüge am 10. und 11. ohne Feindberührung[1]. Außerdem unerfreulich für die Gruppe: Beim Einsatz am 11. September stürzte die Bf 110 „C9+HT" mit der Besatzung Ofw. Westphal, Uffz. Seidt und Ofw. Steppich ab.

Da sich das Wetter weiter verschlechterte und es bis zum 17. September zu keinen Einflügen von alliierten Bombern ins Reichsgebiet kam, verschaffte die Ruhe am Platz nicht nur dem fliegenden Personal eine Verschnaufpause. Nicht umsonst wurden derartige Rückverlegungen ins Heimatgebiet auch mit dem Begriff „Auffrischung" bezeichnet, besonders dann, wenn neue Besatzungen und Flugzeuge der Einheit zugeführt wurden. Ende September sollte nämlich die III. Gruppe laut einer Verfügung der 1. Jagddivision vom 20. September 1944 die im Februar 1944 aufgelöste 7. Staffel wieder aufstellen. Alle drei Staffeln erhielten außerdem im Laufe des Aufenthalts in Lübeck neue Maschinen: Von der Bf 110 wurde auf die ersten ausgelieferten Ju 88 G-6 umgerüstet. Diese erreichte mit ihren zwei Jumo 213-Motoren (jeweils 1.750 PS) in einer Höhe von 6.000 Metern eine Geschwindigkeit von 540 Kilometern in der Stunde; die Bf 110 schaffte gerade einmal 510 km/h. Dazu gab es in der Regel zwei Umschulungsflüge zusammen mit einem bereits auf der Ju 88 eingewiesenen Flugzeugführer, anschließend wurden ein paar weitere Platzrunden „solo" gedreht. Günther Wolf, damals Leutnant in der 9. Staffel, erinnerte sich daran, dass einer Staffel sogar eine zweimotorige Tank Ta 154 zur Verfügung stand, die mit einigen Beschädigungen in Blankensee gestanden haben soll. Nach der Reparatur durch das Bodenpersonal soll die hauptsächlich aus Holz hergestellte Nachtjagdmaschine sogar ein paar Mal geflogen worden sein, verschwand jedoch später angeblich wieder in einer der Splitterboxen.

Und neue Besatzungen kamen zu den Staffeln; sie kamen größtenteils direkt von Nachtjagd-Schulen oder von aufgelösten Kampfverbänden zur III./NJG 5. Aber auch oftmals hochdekorierte ehemalige Kampfflieger waren unter den „Neuen"[2], die innerhalb der Staffeln mit den Begebenheiten des neuen Flugzeugmaterials vertraut gemacht wurden.

In der Folgezeit wurden – außer am Montag, 18. September[3] – keine Einsätze geflogen. Vielmehr wurde das technische Gerät gewartet und dem Personal die Möglichkeit gegeben, durch Fronturlaub zumindest für kurze Zeit nach Hause zu gelangen. Am 19. September wurde dem Gruppenkommandeur Hptm. Zorner nach 58 Abschüssen per „Führertelegramm" mitgeteilt, dass er das Eichenlaub zum Ritterkreuz verliehen bekommen hat. Dieser Umstand gab natürlich

Lfd. Nr. des Fluges	Führer	Begleiter	Muster	Zulassungs-nr.	Zweck des Fluges	Abflug Ort	Flug Tag	Tageszeit	Landung Ort	Tag	Tageszeit	Flugdauer	Kilometer	Bemerkungen
1245	Niemöller	Junk	Me 110	C9+CS	Blindschleiche	Lingen	18.10.44	16.40	Lübeck	18.10	16.55	15		
6				C9+ES	Ft.+flug	Lübeck	18.10	17.45			18.05	20		
7					Blindschleiche	Lingen	26.10	07.55	Lingen	26.10	08.10	15		
8						Lübeck		16.35	Lübeck		16.50	15		
9						Lübeck								
1250						Lingen	30.10	07.40	Lingen	30.10	07.50	10		
1						Lübeck		16.20	Lübeck		16.30	10		
2						Lingen	2.11	07.45	Lingen	2.11	08.00	15		
3						Lübeck		16.25	Lübeck		16.40	15		
4						Lingen	3.11	07.40	Lingen	3.11	07.50	10		
5				C9+FS		Lübeck		15.55	Lübeck		16.25	30		
6						Lingen	4.11	07.45	Lingen	4.11	07.55	10		
						Lübeck		16.00	Lübeck		16.15	15		

einen willkommenen Anlass zu ausgiebigen Feiern in Blankensee.

„Blindschleiche" nach Büchen

Zur gleichen Zeit begann wahrscheinlich hauptsächlich die 8. Staffel damit, morgens einen Teil ihrer Maschinen von Blankensee wegzubringen und am Abend wieder nach Blankensee zurückzuholen. Diese mit dem Namen „Blindschleiche" belegte Maßnahme sollte dazu dienen, die wertvollen Flugzeuge vor den Angriffen alliierter Flieger zu schützen. Insofern flogen einige Besatzungen ihre Maschinen zu so genanten Schattenplätzen, die der feindlichen Luftaufklärung (noch) unbekannt waren. Diese Schattenplätze bestanden meist aus nichts weiter als einem planiertem Acker- oder Wiesenstück in den Abmessungen, dass dort Flugzeuge landen konnten. Die Maschinen wurden dann meist getarnt am Rand eines nahe gelegenen Waldes abgestellt. Das Wachpersonal war in Privatquartieren in der Umgebung untergebracht, da oftmals Baracken oder gar Kasernen an diesem Behelfsflugplatz fehlten.

Im Fall der 8. Staffel wurden ein Teil der Flugzeuge in die Nähe der Ortschaften Büchen und Fitzen in direkter Nachbarschaft zum Elbe-Lübeck-Kanal geflogen. Die Maschinen wurden hier getarnt am Rande des Waldgebietes „Auf dem Kamp" abgestellt. Erste Verlegungen sind durch das Flugbuch von Walter Niemöller belegt, die erste „Blindschleiche" ist am Montag, 18. September, zu finden. Dabei flog die gesamte Besatzung ihre Bf 110 „C9+ES" um 8.15 Uhr nach Büchen (Landung um 8.30 Uhr), blieb dort den Tag über und startete um 17.40 Uhr zum Rückflug nach Blankensee (Landung um 18 Uhr). Diese Aktion wiederholte sich tageweise in unregelmäßigen Abständen bis mindestens in den November 1944 hinein.

Walter Gronau, 1944/45 gerade einmal neun, zehn Jahre alt, erinnert sich an den Schattenplatz bei Büchen-Fitzen: „Zuerst haben wir das gar nicht gemerkt. 1944 landeten die ersten Flugzeuge auf dem Feld entlang der Straße nach Bergholz. Es waren zwei bis drei Bf 110, später auch Ju 88[4]. In den angrenzenden Wald waren Schneisen geschlagen worden, darin wurden die Maschinen abgestellt. Wir Jungs durften sogar helfen, die Maschinen mit Netzen zu tarnen. Es gab hier eine Wachmannschaft, außerdem eine Baracke, später stellte man sogar noch eine Vierlingsflak auf. Die Piloten sind bei Bauern in der Umgebung verpflegt worden. Dazu sind sie vom Landeplatz mit einem Kübelwagen ins Dorf gefahren. Vor der Abfahrt hat einer einmal über uns gescherzt, als wir Jungs die Flugzeuge bestaunten: ‚Aber klaut das Ding nicht, die wiegt 100 Zentner!' Ansonsten durften wir sogar manchmal im Kübelwagen mitfahren. Die Flugzeuge hatten Antennen am Bug. Die Ju 88 waren grünlich, die Bf 110 eher hell getarnt. Der Platz zum Landen lag hinter einer leichten Anhöhe. Ein Bauer bestellte das Feld sogar noch bis zu diesem Punkt. Ich kann mich aber noch genau daran erinnern, wie die Maschinen ganz dicht über unser Dorf einschwebten zur Landung."

Hinweise über die Nutzung bis Kriegsende lassen sich im Flugbuch von Herbert Altner finden: Zusammen mit seiner Besatzung überführte er am Donnerstag, 1. Februar 1945, die Bf 110 „C9+SS" von Büchen nach Lübeck (Start um 14.33,

Ein Auszug aus dem Flugbuch von Walter Niemöller, der ab dem 18. September 1944 in regelmäßigem Turnus Maschinen von Blankensee nach Büchen und wieder retour überführte. Das Verstecken der wertvollen Flugzeuge vor alliierten Angriffen lief unter der Bezeichnung „Blindschleiche".

Getarnte Flugzeuge am Waldrand. So ein Bild bot sich auch in Büchen.

[2] Beispielsweise Ofw. Eduard Lindinger, ein ehemaliger Pilot der 7./KG1. Lindinger (322 Feindflüge, Ritterkreuz am 9.12.42) wurde am 3.8.42 schwer verwundet, war bis zum Juli 1944 Blindfluglehrer bei der FFS B36, anschließend kurzzeitig bei der E-Stelle Tarnowitz, dann bei der III./NJG 5 in Lübeck.

[3] Ofw. Altner startete um 21.55 Uhr mit der Bf 110 „C9+AS", kam um 23.34 Uhr zurück nach Lübeck.

[4] Nachbarsjunge Johannes Bruhn erinnert sich an sieben bis acht abgestellte Bf 110 am Waldrand.

Tagsüber waren die Besatzungen in zwei Baracken am Ratzeburger See untergebracht, um sich von den nächtlichen Einsätzen zu erholen.

[1] Belegt sind Angriffe auf ein Flugfeld zwölf Meilen nordöstlich von Lauenburg am 18. und 19. April. Dabei zerstörten Piloten der 350. Sqn. insgesamt acht Flugzeuge am Boden.

[2] Dennoch lassen sich in Flugbüchern von Angehörigen der 9./NJG 5 weiterhin Flüge in Lübeck nachweisen. Günther Wolf beispielsweise hat erst am 28. Oktober 1944 die Verlegung in seinem Flugbuch festgehalten. Start mit der Ju 88 „C9+CT" nach Lüneburg war um 15.15 Uhr, Landung um 15.35 Uhr.

[3] Ofw. Altner startete an diesem Tag mit der Ju 88 „C9+AS" in Blankensee um 19.47 Uhr, retour ging es bereits um 20.48 Uhr.

[4] Auch Ende Januar 1945 musste weiteres Personal abgegeben werden: *„Dem Heer wurden 47 K.v.-Soldaten überwiesen, deren Ersatz durch laufende Zuweisungen von Wehrmachtshelferinnen sichergestellt wird"*, heißt es in der Kriegs-Chronik der Gruppe der III./NJG 5.

[5] Die Besatzung Niemöller musste wegen E.K.-Ausfall bereits kurz nach dem Start um 18.15 Uhr bereits eine halbe Stunde später mit der Bf 110 „C9+ES" wieder landen. Auch Ofw. Altner war nicht lange unterwegs: Nach dem Start um 18.16 Uhr, kam er mit der Ju 88 „C9+AS" bereits um 19.20 Uhr wieder nach Blankensee zurück.

Die Flugzeuge, die nicht nach Büchen ausgeflogen wurden, wurden nördlich der Blankenseer Straße (hier im Bild) oder in den Splitterboxen neben der Schießbahn abgestellt.

Landung um 14.45 Uhr), am 2. Februar die Bf 110 „C9+VS" von Büchen nach Blankensee (Start um 16.17, Landung um 16.27 Uhr). Im Flugbuch von Lt. Dreyer ist eine der letzten Nutzungen des Flugfeldes dokumentiert. Am Sonntag, 8. April 1945, überführte Dreyer die Ju 88 „1L+FK", eine Maschine der kurz zuvor aufgelösten NJGr. 10, um 18 Uhr aus Rheinsehlen und landete um 18.37 Uhr in Büchen.

Walter Gronau erinnert sich an weitere Flugzeuge in Büchen: *„Gegen Kriegsende kamen sogar noch kleine Maschinen nach Büchen. Es waren Arado-Tiefdecker, die haben wir aber nicht landen gesehen, die standen plötzlich eines Tages ebenfalls am Waldrand."* Diese handvoll Maschinen wurden jeweils nur von einem Piloten geflogen. Bei Johannes Bruhn waren gleich zwei von ihnen einquartiert. *„Der eine hieß Mörtel, der andere Bauer. Die blieben einmal über Nacht bei uns, es wurde ihnen bei uns ein Quartier zugewiesen. Sie sprachen auch über das Kriegsende: ‚Gefangen nehmen lassen wir uns nicht. Wir machen Werwolf!' sagten sie."* Möglicherweise waren es Flugzeugführer des Nachtschlachtkommandos 9; ihre Einheit verrieten sie den Gastgebern aber ebenso wenig wie ihre Flugaufträge. Bruhn erinnert dabei auch noch mindestens eine Landung einer Fw 190. An Bord ein hochdekorierter Offizier, dessen Namen er bis heute nicht vergessen hat: Hptm. Möhring. Die Maschine wurde jedoch stärker abgeschirmt, die Jungen durften nicht näher an die Fw 190 heran.

Walter Gronau und Johannes Bruhn erinnern sich an das Ende des Flugfeldes: *„Zu Kriegsende flogen ständig britische Jagdflugzeuge über Büchen, die haben dann den Platz auch einmal angegriffen, dabei die Vierlingsflak und einige Maschinen zerstört.[1] Als die Briten dann über die Elbe nach Norden vorrückten, hat die Wachmannschaft die hier abgestellten Flugzeuge gesprengt. Die Wracks standen noch bis nach Kriegsende am Waldrand, die Cockpits waren völlig zerstört, wahrscheinlich durch Handgranaten. Teile der Flugzeuge sind bei einem Mann in Büchen eingeschmolzen worden, der draus dann Töpfe gemacht hat. Die Abstellplätze sind heute nicht mehr zu erkennen, dort ist eine Obst-Plantage."*

Alltag in Blankensee

Der reguläre Dienst begann für die Besatzungen am späten Nachmittag. Dann wurden die Flugzeugführer, Funker und Bordschützen von ihren Quartieren am Nordwest-Rand des Ratzeburger Sees von einem Bus der Gruppe abgeholt und zum Fliegerhorst gebracht, denn nach oder vor Einsätzen wollte man den Besatzungen am Ratzeburger See abseits des Tagesgeschehens des Platzes die nötige Ruhe zukommen lassen. Am Tag nach den Einsätzen sollte in den zwei primitiven Baracken ohne Licht- und Wasseranschluss geschlafen werden; an allen anderen waren die Besatzungen aber normal in den Kasernen im Horst untergebracht. Das technische Personal hingegen bezog sein Quartier in den Unterkünften auf dem Flugplatz, nahe zu den am Ostrand abgestellten Flugzeugen der Staffeln, um eventuelle Schäden tagsüber reparieren zu können. Die einen, wie zum Beispiel die Staffelkapitäne und andere Offiziere, verfügten zum Teil über eigene Fahrzeuge; die anderen Dienstränge hatten sich teilweise Fahrräder „organisiert". Mit diesen fuhren die Besatzungen dann zu den Ausweichquartieren am Ratzeburger See.

Dass die Kapazitäten des Platzes schnell erreicht werden sollten, hatte sich bereits schon während der Tätigkeit des

„Löwengeschwaders" negativ bemerkbar gemacht. Insofern verwundert ein Eintrag in der Kriegs-Chronik der Gruppe nicht: *„Infolge Überbelegung des hiesigen Horstes verfügt die 1. Jagddivision am 6. [Oktober 1944] die Verlegung der 9. Staffel nach Lüneburg."*[2] Somit verblieben lediglich der Gruppenstab, die 7. und die 8. Staffel in Blankensee. Gleichzeitig erfolgte ein Kommandeurswechsel: Hptm. Zorner verließ die III./NJG 5, um fortan die II./NJG 100 zu kommandieren. Sein Nachfolger wurde Hptm. von Maien.

Außer der Verlegung der 9./NJG 5 unter Staffelkapitän Oblt. Hans Breitfeld nach Lüneburg blieb es aufgrund des schlechten Herbstwetters ruhig für die III./NJG 5; Einsätze wurden – außer am 15. Oktober[3] – nicht befohlen. Hierbei kam es, wie bereits bei dem einzelnen Einsatz am 18. September 1944, zu keiner Feindberührung. Und trotz der personellen und materiellen Auffüllung der 7. Staffel musste die III. Gruppe Anfang November 1944 insgesamt 46 Soldaten für die Front abgeben. Meist traf dieser Versetzungsbefehl an die Front Soldaten aus den Reihen des Bodenpersonals. Diese Zwangsmaßnahmen zur Auffüllung der dezimierten Heeres- und LW-Feldeinheiten war aber besonders für den technischen Klarstand der Flugzeuge verheerend. So kam es immer häufiger zu Ausfällen oder dazu, dass die Maschinen nicht vollständig flugtauglich waren.[4]

Unfreiwillige weitere Personalverluste traten beim einzigen Einsatz im November, am 11., ein. Er sollte als *„schwärzester Tag"* in die Kriegs-Chronik der Gruppe eingehen, denn infolge Vereisung verlor die Gruppe insgesamt sechs Maschinen und mit ihnen 17 Mann fliegendes Personal – bei keinem einzigen Abschuss eines gegnerischen Flugzeugs. Lediglich Bordfunker Obgefr. Hettling konnte sich aus einer der abstürzenden Maschinen durch einen Fallschirmabsprung aus 100 Metern Höhe retten[5]. Da das Wetter den restlichen Monat ebenfalls schlecht blieb, flog die Gruppe keine weiteren Einsätze. Grund zum Feiern gab es jedoch trotzdem: Im November 1944 ergeht *„eine Welle von Beförderungen [...] über die Gruppe, wovon Hptm. Nieber durch Beförderung zum Major, Oblt. Hopf durch Beförderung zum Hauptmann, Lt. Dreßler durch Beförderung zum Oberleutnant und Fhj.Ofw. Altner wegen hervorragender Tapferkeit vor dem Feinde durch Beförderung zum Leutnant betroffen wurden."*

Die Werft-Lehrlinge Appell, Frank, Ahrend und Heitmann am Leitwerk der Ju 88 G-6 WNr. 620399 im Herbst 1944. Der Nachtjäger hatte ursprünglich das Stammkennzeichen „TY+JL" und wird sicherlich gerade frisch zur III./NJG 5 überführt worden sein; die dortige Kennung ist jedoch bisher unbekannt. Beachte die Beschriftungen am Rumpf: „Anstrich FlNr. 7121" und darunter „Aufhängen".

„Bodenplatte"

Die letzten Einsätze des Jahres 1944 – am 6., 21. und 28. Dezember – blieben jedoch, wie bereits die vorausgegangenen, ohne Feindberührung. Beispielsweise Am 6. Dezember flog die Besatzung Lt. Altner von Lübeck aus mit seiner „C9+AS" von 20.56 bis 21.30 Uhr einen Einsatz. Lt. Altner landete nach dem Einsatz am 21. Dezember um 21.03 mit der Ju 88 „C9+AS" in Greifswald, startete von hier bereits um 22.12 Uhr zum nächsten Feindflug, der um 23.23 Uhr in Königsberg-Neumark endete. Retour nach Lübeck ging es am Vormittag des 22. Dezembers, anschließend erfolgte in Erwartung weiterer Einflüge alliierter Bomber die Verlegung am Nachmittag nach Kolberg, dort hatten sich auch Teile der 9./NJG 5 versammelt, die zuvor für den Einsatz am 21. Dezember 1944 extra nach Königsberg verlegt hatten. Zurück nach Lübeck bzw. Lüneburg ging es am 24. Dezember. Einziger Hinweis auf den Einsatz am 28. Dezember ist das Flugbuch von Lt. Altner, wobei dieser lediglich am 29.12. um 0.12 Uhr für genau 18 Minuten von Lübeck aus zu seinem Kampfauftrag startete. Doch bereits jetzt warf das letzte größere Unternehmen der Luftwaffe ihre Schatten voraus. Das geplante Unternehmen Bodenplatte sah den massiven Angriff auf alliierte Fliegerhorste in Holland und Belgien vor, um im Vorwege der geplanten Ardennenoffensive möglichst große Teile der dort liegenden 9. amerikanischen Luftflotte und der 2. T.A.F. am Boden zu zerstören. So wollte man verhindern, dass bei der Bodenoffensive Angriffe alliierter Flugzeuge den Vormarsch stören würden. Dafür sollten insgesamt 34 Jagdgruppen die ihnen zugeteilten 18 Flugplätze angreifen. Da der Einsatz in den frühen Morgenstunden stattfinden sollte, war vorgesehen, dass die einzelnen Jagdgruppen von Nachtjägern zum Einsatzort geführt werden.

Dass die Planungen zur Bodenplatte bereits Ende November/Anfang Dezember 1944 fertiggestellt waren, belegen die Verlegungen von Nachtjäger-Besatzungen zu den Liegeplätzen der Jagdgruppen. Die Besatzung Ofw. Hans Engelhardt von der 9./NJG 5 hielt sich mit der Ju 88

Bei einer Einweisung von Gefr. Jenscher am 3. Dezember 1944 kam es um 18.19 Uhr aufgrund eines starken Seitenwindes zu einer Bruchlandung der Ju 88 G-6 „C9+RT" auf dem Fliegerhorst Lüneburg. Verletzt wurde niemand, wie die Bilder jedoch zeigen, hätte das Ganze auch anders ausgehen können, denn die Ju 88 kam seitlich von der Landebahn ab und rollte über ein getarntes Lager aus Benzinfässern hinweg beinahe in den Kfz.-Bereich des Flugplatzes hinein. Flugzeugführer Lt. Dreyer schaut sich die Bescherung an und ist glücklich, unversehrt davongekommen zu sein.

„C9+IT" bereits seit dem 7. Dezember mit Unterbrechungen in Bissel, dem Liegeplatz der III./JG 6, südlich Oldenburg (Niedersachsen) auf. Die Besatzung Niemöller hingegen verlegte am Sonntag, 17. Dezember 1944, über Quakenbrück nach Vechta, ebenfalls ein Liegeplatz des JG 6. Bei einer erneuten Einsatzverlegung am 27. Dezember zurück nach Quakenbrück machte die Besatzung Niemöller mit ihrer Ju 88 G-6 „C9+DS" um 13.45 Uhr Bruch beim Ausrollen. Die Maschine war am Fahrwerk zu stark beschädigt, so dass die Besatzung den Einsatz am 28. Dezember nicht mitfliegen konnte. Für sie ging es per Bahn zurück nach Lübeck.

Als „Bodenplatte" dann endgültig für Montag, 1. Januar 1945, befohlen wurde, verlegte die Besatzung Niemöller, die anscheinend als Lotse für die II./JG 6 dienen sollte, an Silvester um 9.15 Uhr mit der Ju 88 G-6 „C9+NS" nach Quakenbrück, dem Einsatzplatz der II./JG 6, startete am Neujahrsmorgen um 8.20 Uhr, die Besatzung Engelhardt in Bissel mit der Ju 88 „C9+IT" um 8.17 Uhr. Ziel für die 70 Bf 109 und Fw 190 des JG 6 war der Fliegerhorst Volkel in Holland, wobei die III. Gruppe die Höhendeckung für die I./JG 6 fliegen sollte, die wiederum den Angriff auf Volkel einleiten sollte. Die II. Gruppe sollte den zweiten Angriff aus südlicher Richtung fliegen, bevor dann die III./JG 6 nochmals den Platz angreifen sollte.

In der Beschreibung des Einsatzes des JG 6 in „Start im Morgengrauen" von Werner Girbig ist jedoch die Rede von nur einer Ju 88 als Lotsenmaschine[1], *„die das JG 6 auf vorgeschriebenen Kurs nach*

Holland einschleusen und etwa bis Spakenburg am Südzipfel der Zuidersee führen" sollte. Und diese Ju 88 ist der Auslöser, dass das JG 6 nicht nach Volkel kommt, denn der Lotse fliegt über den geplanten Wendepunkt Spakenburg hinaus, von dem aus die Jäger in Richtung Süden, anschließend im Raum Veghel dann weiter in Richtung Osten, nach Volkel, fliegen sollten, *"so dass sich das Geschwader schließlich viel zu weit westlich vom vorgesehenen Flugweg befindet"*, so Werner Girbig. Den Flugplatz Volkel erreichen jedenfalls nur drei Maschinen des JG 6, das Trio wird von Flak und feindlichen Jägern abgeschossen. Der versprengte restliche Verband greift letztlich die Fliegerhorste Eindhoven (eigentlich das Ziel des JG 3) und Heesch an. Insgesamt 23 Flugzeugführer des JG 6, darunter der Geschwaderkommodore Johann Kogler und der Gruppenkommandeur der III./JG 6, Major Helmut Kühle, kehren von dem Einsatz nicht zurück. Der Platz Volkel als eigentliches Ziel blieb unbeschädigt, auf dem Platz Heesch entstand lediglich geringer Schaden. Die eingesetzten Jagdverbände verlieren an diesem Tag insgesamt über 230 Mann fliegendes Personal – ein hoher Blutzoll bei der letztendlich nur geringen Wirkung des Angriffs.

Die Nachtjäger-Besatzung Niemöller landete nach ihrem Lotseneinsatz um 9 Uhr in Vechta, Ofw. Engelhardt in Bissel um 10.52 Uhr. Ob es für sie zu Konsequenzen in Bezug auf die Fehlnavigation gekommen ist, ließ sich nicht mehr feststellen. Besatzung Engelhardt kehrte am Mittag des 4. Januar nach Lüneburg zurück, für Walter Niemöller und seine Besatzung ging es aus unbekannten Gründen erst am 12. Januar wieder retour nach Blankensee.

Auf Feindflug

Nach einem weiteren ereignislosen Feindflug für ein paar wenige Besatzungen am 1. Januar 1945[2] ist es in der Nacht vom 4. auf den 5. Januar so weit, *"wird endlich der Bann der erfolglosen Einsätze gebrochen"*, so die Kriegs-Chronik der III./NJG 5: Hptm. Hopf kann gleich vier der Hannover angreifenden britischen Bomber als Abschuss vermelden, Lt. Altner einen weiteren[3]. Die Gruppe verliert jedoch die Besatzung unter

„Diese britischen Bomber, die im Schutz der Dunkelheit Minen abwarfen, mit dem Bordradar zu erfassen, war sehr schwer."

FF Lt. Lück, dessen Bf 110 an der holländischen Grenze von britischen Fernnachtjägern abgeschossen wird. Während Lt. Lück schwerverletzt überlebt, sterben sein Bordfunker Uffz. Korf und Bordschütze Uffz. Friedrich im Wrack. Die 9./NJG 5 startete ab 18 Uhr von Lüneburg aus zu diesem Einsatz. Die Besatzung Lt. Wolf erhielt mit ihrer Ju 88 „C9+CT" gegen 19.45 Uhr Beschuss durch eine Mosquito, konnte aber um 20.44 Uhr wieder sicher in Lüneburg landen.[4]

Nach diesem Einsatz gegen englische Flugzeuge im Raum Hannover, sollten die nächsten Feindflüge aufgrund der etwas besseren Wetterlage nicht lange auf sich warten: Am Freitag, 12. Januar 1945, starteten die eingeteilten Besatzungen zur Bekämpfung von minenlegenden Flugzeugen in der Kieler Bucht. *"Diese britischen Bomber, die im Schutz der Dunkelheit Minen abwarfen, mit dem Bordradar zu erfassen, sprich zu finden, war sehr schwer. Sie flogen meiste in Höhen von nur 100 bis 200 Metern über dem Meer"*, erinnerte sich Günther Wolf, der am 12. Januar 1945 mit seiner Ju 88 G-6 „C9+CT" den Minenlegern hinterher jagte. Wolf landete nach seinem Start in Lüneburg um 20.40 Uhr um 22.46 Uhr in Blankensee. Ofw. Engelhardt hingegen hatte Motorprobleme, ihm glückte aber um 22.10 Uhr eine Einmotorenlandung mit der „C9+IT" in Lüneburg. Lt. Dreyer landete mit der „C9+KT" hingegen um 22.16 Uhr in Stade. Retour ging es für die außerhalb gelandeten Besatzungen am nächsten Morgen.

Lt. Altner hingegen war von Lübeck aus von 20.36 bis 23.17 Uhr zum Einsatz unterwegs. Einen Tag später sollten Bomber über Stettin[5] bekämpft werden – auch dieses Mal kein Erfolg für die Nachtjäger wie auch am 17. Januar: Flugzeugführer Niemöller notierte sich in seinem Flugbuch: *"Fehleinsatz"* – und das nach 2 Stunden 15 Minuten Flugzeit. Anders sah das bei den vorausgegangenen beiden

[1] Bei anderen Jagdgruppen, wie dem JG 1 oder dem JG 26, fliegen jedoch auch zwei Ju 88 als Lotsen vorweg.

[2] Darunter befand sich die Besatzung Lt. Altner, die um 18.44 Uhr mit der Ju 88 „C9+AS" losflog und um 19.47 Uhr wieder in Lübeck landete.

[3] Nicht im Flugbuch verzeichnet. Startzeit: 17.54 Uhr, Landung um 20.15 Uhr. Geflogen wurde wieder die Ju 88 „C9+AS".

[4] Die Besatzung Ofw. Engelhardt landete mit der Ju 88 „C9+CT" um 20.32 Uhr in Lüneburg, die Besatzung Lt. Dreyer hingegen mit der Ju 88 G-6 „C9+KT" um 20.52 Uhr in Lübeck, zurück nach Lüneburg ging es erst am 6. Januar um 8.55 Uhr.

[5] Start in Lübeck gegen 20 Uhr, Landung gegen 23.30 Uhr. Die Besatzung Lt. Dreyer musste wegen Ausfalls des SN-2-Radars der „C9+KT" bereits nach 39 Minuten nach dem Start in Lüneburg um 21.12 Uhr wieder in Lüneburg landen. Die Besatzung Ofw. Engelhardt kam trotz 20 Treffern in der Ju 88 „C9+IT" um 23 Uhr sicher auf dem Fliegerhost in Neubrandenburg herunter, wo auch Lt. Altner seine Ju 88 „C9+AS" um 22.30 Uhr gelandet hatte. Die Besatzung Lt. Wolf von der 9./NJG 5 landete nach dem Einsatz mit der Ju 88 G-6 „C9+CT" um 23.30 Uhr in Königsberg und flog am nächsten Morgen zurück nach Lüneburg – laut Eintrag *"bei 600m Sicht, 100m Wolken"*.

Im Winter 1944/45 verunfallte Ofw. Eduard Lindinger mit der Ju 88 G-6 „C9+ET" auf dem Fliegerhorst Lüneburg. Wahrscheinlich konnte der Ritterkreuzträger aufgrund technischer Probleme nicht richtig landen. Neben Materialmängeln kam gegen Kriegsende der Umstand hinzu, dass die Maschinen nicht mehr richtig gewartet werden konnten, weil viele Techniker bereits zu Luftwaffen-Bodeneinheiten versetzt wurden. Beachte an dieser Ju 88 die „schräge Musik" hinter dem Cockpit und die „Tüte" auf dem MG in der Kanzel. Sie sollte die Blendwirkung beim Schießen reduzieren. Beachte außerdem die alte Form des Balkenkreuzes an der Rumpfseite.

[1] Die Besatzung Niemöller landete mit ihrer Ju 88 G-6 „C9+NS" um 23.40 Uhr in Parchim, startete am nächsten Tag zur Rückverlegung um 14.45 Uhr. Die Besatzung Lt. Dreyer war um 20.49 Uhr in Lüneburg mit der Ju 88 G-6 „C9+KT" gestartet und musste wegen eines Motorschadens um 21.55 Uhr nach Lüneburg zurückkehren. Die Besatzung Lt. Altner musste mit der Ju 88 „C9+OS" anscheinend wegen technischer Probleme bereits nach 15 Minuten Flugzeit um 21.45 Uhr wieder in Lübeck landen. Die Besatzung Ofw. Engelhardt war mit der Ju 88 „C9+WT" zu dem Einsatz als letzte Welle um 23.13 Uhr in Lüneburg gestartet und landete aus unbekannten Gründen bereits elf Minuten später wieder dort.

Feindflügen aus: Am 14. Januar 1945, als einige Blankenseer Nachtjäger ab 21 Uhr auf zurückfliegende Bomber vom erneuten Angriff auf Hannover angesetzt wurden – konnte Hptm. Möhring seinen ersten Abschuss erzielen; die Besatzung Dreyer musste mit ihrer Ju 88 G-6 „C9+KT" um 23 Uhr wegen Kompassausfall in Blankensee landen und flog erst am Mittag des 15. Januar 1945 zurück nach Lüneburg.

Am Dienstag, 16. Januar, beim Bomber-Angriff auf Magdeburg, setzte Hptm. Hopf seine Abschuss-Serie vom 4./5. Januar fort: Insgesamt drei britische Bomber fielen ihm zum Opfer, Oblt. Breitfeld meldete zwei weitere Abschüsse. Gestartet waren die eingeteilten Besatzungen in mehreren Wellen ab 20.45 Uhr[1]. Interessant ist in diesem Zusammenhang, dass die Kriegs-Chronik der Gruppe eine Anwesenheit des Geschwaderkommodores Oberstlt. Borchers verzeichnet. Dieser flog ebenfalls den Einsatz mit und konnte insgesamt drei britische Bomber abschießen. Doch auch dieser Einsatz verlief nicht ohne eigene Verluste: Aus unbekannten Gründen stürzte die Besatzung Uffz. Teuscher bei Lüneburg mit ihrer Bf 110 ab und kam dabei ums Leben.

Probleme

Bei den Einsätzen zeigte sich aber, dass zunehmend auch gegen technische Probleme gekämpft werden musste. So waren für viele Besatzungen häufig Motorschäden oder auch Ausfälle der Radaranlagen Gründe, die zum Abbruch der Einsätze führten. Trotzdem gelang es dem Bodenpersonal, der Luftflotte Reich am 10. Januar 1945 rund 60 der 66 Maschinen der Typen Bf 110 und Ju 88 einsatzbereit zu melden – zumindest auf dem Papier, denn es kam nur noch selten zu einem Einsatz aller Maschinen, da sich auch auf dem Fliegerhorst Blankensee langsam die wie überall vorherrschende Treibstoffknappheit bemerkbar machte. Den Bezinmangel bemerkten die Besatzungen aber auch daran, dass die Trekker, mit denen die Flugzeuge am Abend auf dem Rollfeld bereitgestellt und am nächsten Morgen für gewöhnlich von den Warten zu den Tarnboxen zurückgebracht wurden, durch Ochsengespanne ersetzt wurden. Betreut wurden sie vom Platzlandwirt.

Aufgrund der nahenden Fronten hatte sich die Situation nicht nur für die Nachtjäger der III./NJG 5 seit der Jahreswende 1944/45 stark verschlechtert. Regelmäßig befanden sich nämlich feindliche Jäger am Platz, die einen Start bzw. eine sichere Landung nach einem Einsatz nahezu unmöglich erscheinen ließen. Diese Lage verschärfte sich zunehmend und bereitete der Gruppenführung unter Hptm. Ulrich von Meien Probleme, die Einsatzbefehle zu befolgen.

Erster Einsatz an der Ostfront

Der Februar begann gleich am 1. des Monats mit einem massiven Einsatz der III./NJG 5. Vom Geschwaderstab wurde sogar der Start sämtlicher verfügbarer B- und C-Besatzungen befohlen – zu einem Tagschlachteinsatz unter dem Befehl von Hptm. von Meien am sowjetischen Brückenkopf über die Oder zwischen Kienitz und Sydowiese, 15 Kilometer nordwestlich von Küstrin. Dort sollte der starke Nachschubverkehr aus

dem Raum Goldin für die Panzer- und Infanterietruppen bekämpft werden. Über den Ausgang des Einsatzes schweigt sich die Kriegs-Chronik der Gruppe aus. Aufgrund der Wetterlage blieben weitere Einsatzbefehle jedoch aus, obwohl die Verlustmeldungen des Generalquartiermeisters für den 3. Februar den Motorbrand der Bf 110 G-4 mit der WNr. 730297 nach einem Feindflug verzeichnen. Die Besatzung blieb unverletzt. Ebenso verhält es sich mit dem Rollschaden an einer Bf 110 G-4 (WNr. 720404) in Lüneburg am 8. Februar 1945 – ein erneuter Einsatz nach Stettin[2].

Erst am Dienstag, 27. Februar, ging es laut Kriegs-Chronik wieder auf Feindflug, der jedoch ohne Feindberührung blieb[3]. Einen Tag später wurde bei einem Tieffliegerangriff auf Blankensee eine Ju 88 G-6 zerstört.

Am 20. Februar 1945 kam es zu einem Führungswechsel im Gruppenstab: Hptm. von Meien wurde zur Sichtungsstelle des Generals der Jagdflieger versetzt. Die Führung der III./NJG 5 übernahm Hptm. Walter Engel. Am 25. Februar gab es in Blankensee noch eine Abschiedsfeier für den scheidenden Gruppenkommandeur, zu der auch der Geschwaderkommodore Oberstlt. Walter Borchers erschien. Borchers war mit der III. Gruppe insofern eng verbunden, weil er deren ehemaliger Kommandeur seit der Aufstellung am 20. Mai 1943 gewesen war, bevor er am 23. März 1944 die Geschäfte des Geschwaderkommodore übernahm. Die Chronik der Gruppe erwähnt insofern auch den Besuch Borchers am Dienstag, 20. Februar 1945, in Blankensee bei der Abschiedsfeier für Hptm. Ulrich von Meien: *„Nach Beiwohnen einer Veranstaltung, bei der sich Angehörige der Gruppe erfolgreich als Künstler betätigten, sprach zum Abschluss der Kommodore zur Gruppe. Er verwies in seiner Ansprache auf den Ernst der augenblicklichen Lage und auf die Pflicht jedes einzelnen, jederzeit mit der Waffe in der Hand sein Leben einzusetzen. Nach gemeinsamen Abendessen wurde die Gruppe offiziell durch den Geschwaderkommodore an Hptm. Engel übergeben. Begünstigt durch eine 60-Min.-Bereitschaft konnte sich anschließend ein kameradschaftliches Beisammensein entwickeln, in dessen Verlauf der Kommodore einige seiner Jagderlebnisse als Waidmann zum Besten gab, wodurch nicht nur seine Zuhörer, sondern auch die Lampen in Unruhe gerieten. Der Abend wurde gerade für die sonst gegen den Feind eingesetzten Besatzungen zu einer angenehmen Entspannung und zeigte erneut die starke Verbundenheit des Offizierskorps der Gruppe mit dem Geschwaderkommodore."*

Im Februar 1945 verlegte der Geschwaderstab unter dem bei den Gruppenangehörigen sehr beliebten Oberstlt. Walter Borchers nach Lübeck. Die III. Gruppe und ihr ehemaliger Kommandeur, jetzt Kommodore rückten enger zusammen. Jedoch nicht für lange: *„Am 5. [März 1945] wurde die Gruppe durch die unfassbare Nachricht erschüttert, dass beim Feindeinsatz der von allen verehrte Geschwaderkommodore [...] zusammen mit seinem Bordfunker Lt. Reul den Heldentod fand. [...] Die III./5 hat durch seinen Heldentod den schmerzlichsten Verlust erlitten, aber auch gleichzeitig die heilige Verpflichtung übernommen, ihm nachzueifern und in seinem Geist dem Feind entgegen zu stürmen"*, so der Eintrag in der Kriegs-Chronik der Gruppe. Am 9. März 1945 fand die feierliche Beisetzung in Altenburg/Thüringen statt. Borchers Nachfolger wurde Major Rudolf Schoenert, der jedoch erst am 24. März zu einem geselligen Beisammensein im Kreise der Gruppenoffiziere Zeit fand.

Erinnerungsfoto neben der Ju 88 G-6 „C9+ET", dem Bruch von Ofw. Eduard Lindinger. Der Ritterkreuzträger (Verleihung am 9. Dezember 1942 als Pilot bei der 7./KG 1) steht hier neben Lt. Hans Dreyer, ebenfalls ein Flugzeugführer der 9./NJG 5. Beachte den zersplitterten Holzpropeller des Jumo 213-Motors der Unglücks-Maschine.

[2] Die Besatzung Lt. Dreyer musste nach dem Start in Lüneburg um 18.40 Uhr erneut wegen Ausfalls des SN-2 den Einsatz abbrechen – trotz Sichterfassung von fünf „Viermots", den viermotorigen britischen Bombern. Landung in Lüneburg um 21.35 Uhr nach 1.050 Flugkilometern. Die Besatzung Ofw. Engelhardt flog mit der Ju 88 „C9+IT" ab 19.44 Uhr den Einsatz von Lüneburg aus mit. Rückkehr mit Motorschaden war um 21.05 Uhr. Lt. Altner war erneut mit der Ju 88 „C9+AS" unterwegs: von Lübeck aus von 19.39 bis 22.19 Uhr.

[3] Lt. Altner flog diesmal mit der Ju 88 „C9+BS" den Einsatz. Start in Lübeck um 19.35 Uhr, Landung dort um 21 Uhr. Anfang März 1945 schulte Altner, übrigens unfreiwillig zum Nationalsozialistischen Führungsoffizier der Gruppe ernannt, dann zusammen mit Bordfunker Lommatsch auf Me 262 Nachtjäger um und kam zu Kriegsende mit der 10./NJG 11 zurück nach Lübeck.

Oberstlt. Walter Borchers

„Die Gruppenstäbe werden aufgelöst, dafür werden die Staffeln als selbständige Einheiten ausgerüstet."

Borchers Nachfolger als Geschwaderkommodore: Major Rudolf Schoenert

[1] Start in Lübeck und Lüneburg von 17 bis 18.30 Uhr, Landung in Wittmundhafen von 18 bis 19.30 Uhr. Start zum Einsatz ab 22.30 Uhr, Landung von „Gisela" in Quakenbrück gegen 3 Uhr.

[2] Dennoch erhielten nicht alle verbleibenden Maschinen die Kennung „C9+...R". Ehemalige Maschinen der 9. Staffel, die Anfang April 1945 aus Lüneburg nach Lübeck zurückbeordert wurden, lassen sich noch Mitte April 1945 feststellen.

[3] Die Besatzung Ofw. Engelhardt startete um 20.59 in Lüneburg mit der Ju 88 „C9+ET", kam um 23.04 Uhr zurück. Lt. Dreyer notierte sich den Einsatz am 6. März. Start in Lüneburg um 21.05, Rückkehr um 23.05 Uhr mit der Ju 88 „C9+KT".

Fernnachtjagd über England

Zu einer weiteren personellen Dezimierung trug auch das nahezu letzte Aufbäumen der deutschen Nachtjagd bei: das Fernnachtjagd-Unternehmen „Gisela" Anfang März 1945. Ziel war es, britische Bomber bei Start und Rückkehr in England zu bekämpfen. Das Unternehmen, zu dem die III./NJG 5 mit 18 Ju 88 von Lübeck aus nach Wittmundhafen verlegte[1], war bis auf wenige Ausnahmen kein Erfolg gewesen. Am Sonnabend, 3. März, war das Wetter wie schon Wochen zuvor nicht besonders gut und so mussten viele Besatzungen – die III./NJG 5 war im Raum südlich Hull befohlen worden – ohne Feindberührung wieder umkehren. Lediglich Lt. Wolf gelang der Abschuss einer Lancaster, außerdem meldeten einige Besatzungen die Zerstörung von feindlichen Kraftfahrzeugen. Da inzwischen über dem westlichen Reichsgebiet dichter Bodennebel auftrat, konnten viele ihren Heimatflughafen nicht finden und mussten abspringen. Hierbei kam es zu Toten und Verletzten. Die Besatzungen von Hptm. Bobsien mit Ofw. Kessemeier und Gefr. Purth sowie Fw. Conze mit Uffz. Scherer, Obgefr. Nollau und Uffz. Altenkirch kehrten vom Feindflug nicht zurück. Die Besatzungen von Hptm. Walter Engel, Oblt. Piuk und Ofw. Lindinger mussten laut Aussagen des inoffiziellen KTB der Gruppe aussteigen, blieben aber unverletzt. Lt. Dreyer hatte ebenfalls Glück im Unglück: Seine Ju 88 G-6 „C9+KT" hatte einen Motorbrand, er und seine Besatzung konnten jedoch nach 35 Minuten Flugzeit wieder sicher nach Wittmundhafen zurückkehren.

In den Verlustmeldungen des Generalquartiermeisters sind vier Maschinen der III./NJG 5 verzeichnet, die am 3./4. März 1945 beschädigt wurden oder verloren gingen: Zum einen die Ju 88 G-6 WNr. 620512, die bei einem Zusammenstoß in der Luft in Wittmundhafen 20 Prozent Schaden davontrug (an Bord wurde Uff. Egon Berger verletzt), am 3./4. März wurde dann noch die Ju 88 G-6 WNr. 621611 infolge technischer Mängel bei einer Notlandung ostwärts Leer zu 50 Prozent beschädigt, die Besatzung konnte unverletzt abspringen. Ebenfalls unverletzt blieb die Besatzung der Ju 88 G-6 WNr. 622832, die am 4. März infolge Brennstoffmangels bei Buxtehude abstürzte und zu 100 Prozent beschädigt wurde. Aus gleichem Grund und ebenfalls komplett zerstört wurde die Ju 88 G-6 WNr. 620816 am selben Tag bei Vechta. Auch hier konnte sich die Besatzung mit dem Fallschirm retten. Die Besatzungen, die unbeschadet zurückkehren konnten, starteten am nächsten Tag zum Rückflug nach Blankensee bzw. Lüneburg.

Reduzierung der Gruppenstärke

Auch auf andere Weise wurde die III./NJG 5 personell stark dezimiert: Der Inspekteur der Nachtjagd gab am 7. März 1945 einen Befehl des Führungsstabs weiter, dass insgesamt 17 Nachtjagdgruppen mit ihren insgesamt 51 Staffeln aufgelöst werden sollen – und das zu einem Zeitpunkt, als die Nachtjagd auf dem Papier ohnehin nur noch über 27 Nachtjagdgruppen verfügte.

Dieser Befehl bedeutete für das NJG 5, dass von den acht Staffeln lediglich vier übrig bleiben sollten – und das war erst der Anfang. Weiter heißt es im Befehl: *„[...] Gruppenstäbe werden aufgelöst, dafür werden die Staffeln als selbständige Einheiten ausgerüstet. [...] Das Soll an Flugzeugen pro Staffel beträgt 16 Flz., an fliegenden Personal 26 Besatzungen. [...]."*

Es dauerte jedoch bis Ende März 1945, bis diese neue Hiobsbotschaft bei der III./NJG 5 eintraf. Die Kriegs-Chronik der Gruppe erwähnt einen Befehl vom Generalkommando des I. Jagdkorps. *„Freiwerdendes fliegendes, technisches und allgemeines Personal wird von der Abteilung IIa/IIb zur Abgabe gemeldet und sofort in Marsch gesetzt. Die Hälfte des Personals, darunter viele Flugzeugführer, nehmen Abschied von ihrer alten Gruppe und werden bei der Fallschirmtruppe an der nahen Ostfront eingesetzt'*, so die Chronik der Gruppe, die von nun an lediglich aus der 7. Staffel bestand.[2]

Am Mittwoch, 7. März, starteten elf Maschinen zur Abwehr eines Bomber-Angriffs auf Hamburg[3]. Oblt. Breitfeld konnte den Abschuss einer Halifax melden, Lt. Rehkate seine ersten beiden Viermotorigen. Die der Gruppe einsatzmäßig unterstellten Stabsstaffeln von NJG 1, 2, 3 und 5 hatten ebenfalls fünf Abschussergebnisse. Hptm. Engel musste mit seiner Besatzung – wie beim Unternehmen Gisela – wieder mit dem Fallschirm aussteigen. Und das, obwohl Bordfunker Fw. Schlösser durch zwei Steckschüsse im Rücken verletzt war.

Erfreulicher war für Hptm. Walter Engel da schon die Nachricht des Divisionskommandeurs der 1. Jagddivision, dass er mit dem Ritterkreuz ausgezeichnet wurde, dessen persönliche Verleihung am 14. März 1945 in Döberitz erfolgte. Die Kriegs-Chronik vermerkt dazu: *„Dieses freudige Ereignis [...] fand seinen feierlichen Abschluss in einem kameradschaftlichen Beisammensein, das durch den vorhandenen, wenn auch spärlichen Alkoholbestand, seine traditionsgemäße Würze erhielt."*

Wenige Tage später, am 25. März 1945, starteten einige Besatzungen zu einem riskantem Tageseinsatz – riskant insofern, als dass die schweren Nachtjäger ein leichtes Ziel für alliierte Tagjäger boten. Dennoch verzeichnete die Kriegs-Chronik über keine Verluste an diesem Tag, an dem feindliche Bomber sogar bis in den schwedischen Luftraum verfolgt wurden.[4]

Letzte Einsätze

Nach einer Schlechtwetterperiode, während der keine Einsätze geflogen wurden[5], stand für eine handvoll Besatzungen am Sonntag, 8. April 1945, wieder ein Feindflug an, der jedoch keine Feindberührung mit sich brachte, und laut Eintrag in der Gruppen-Kriegs-Chronik die Einsicht, dass *„schnelle Fernnachtjäger des Feindes sich ständig im Luftraum befinden."* Ziel waren wieder einmal britische Bomber, die erneut Hamburg angriffen. Die Besatzung Ofw. Engelhardt startete um 22 Uhr mit der Ju 88 „C9+BT" in Lübeck und kam um 24 Uhr nach Blankensee zurück – ohne Ergebnis.

Bereits einen Tag später ging es wieder auf Feindflug: Auch hier wurden neun eingesetzte Besatzungen wieder in die falschen Planquadrate geschickt, es kam zwar zu Luftkämpfen, aber nicht mit den britischen Bombern, die zwischen Hamburg und Kiel unterwegs waren. Englische Fernnachtjäger schossen bei Bremervörde den Gruppenkommandeur Hptm. Engel mit seiner Maschine ab. Die gesamte Besatzung konnte sich jedoch aus dem Flugzeug unverletzt mit dem Fallschirm retten. Oblt. Breitfeld, frischgebackener Staffelkapitän, hatte weniger Glück, als seine Maschine ebenfalls Beschuss erhielt. Kurz vor der Landung lässt Breitfeld seine Besatzung noch aus 50 Metern Höhe abspringen, während er dafür noch versucht, sie auf Höhe zu halten. Während seine Kameraden überleben, schafft es Breitfeld nicht mehr, aus dem Flugzeug herauszukommen und stirbt beim Absturz. Lt. Dreyer musste bereits nach 57 Minuten um 21.59 Uhr wieder nach Lübeck zurückkehren, denn seine Ju 88 G-6 „C9+IT" hatte einen Hydraulikschaden und die Eigenverständigung an Bord war ausgefallen.

Die zur 7./NJG 5 zusammengefasste Gruppe hatte zu diesem Zeitpunkt noch eine Stärke von 15 Besatzungen (davon alle einsatzbereit, aber nur zwölf verfügbar) sowie 16 Ju 88 und He 219[6], von denen laut Stärkemeldung der I. Jagddivision vom 10. April 1945 insgesamt 13 Maschinen einsatzbereit waren.

[4] So eine Notiz aus dem Flugbuch von Walter Niemöller. Start zum Einsatz war um 11.25 Uhr, Landung in Lübeck war 13.25 Uhr.

[5] Ohnehin fanden hauptsächlich nur noch die nötigsten Flüge statt. Die Besatzung Niemöller beispielsweise hat im gesamten März 1945 gerade einmal sechs Flüge gemacht, darunter die Flugbewegungen für „Gisela" und den Tagjagdeinsatz am 25.3.1945.

[6] Diese sind bisher durch Flugbuch-Einträge nicht nachweisbar.

Aufgrund von Benzinmangel oder technischer Probleme blieben manche Maschinen auf Plätzen zurück, die kurze Zeit später bereits von alliierten Truppen überrannt wurden. So erging es auch der Ju 88 G-1 (WNr. 714759) „C9+GA" vom Stab/NJG 5. Hier blieb sie zusammen mit einer Si 204 D und einer Bf 109 G-10 auf einem unbekannten Platz zurück.

[1] Start in Lübeck gegen 21.30 Uhr, Landung gegen 1 Uhr. Im Flugbuch von Lt. Dreyer ist der 12. April vermerkt, dass bei seiner Ju 88 „C9+IT" erneut die Hydraulik und die EiV ausfielen. Start in Lübeck um 21.41, Landung in Lübeck um 22.18 Uhr. Ofw. Engelhardt flog mit der Ju 88 „C9+BS" um 21.50 Uhr den Einsatz ab Lübeck.

[2] Die Besatzung Lt. Wolf sprang um 1.30 Uhr nach Treffern im Kraftstoffsystem über Brahlsdorf/Elbe mit dem Fallschirm aus ihrer Ju 88 G-6 „C9+CT".

Ein Hingucker, die Ju 88 G-6 „C9+AA" (WNr. 620788) von Major Rudolf Schönert, Geschwaderkommodore des NJG 5. Die Maschine hatte nicht nur ein SN-2 im Bug, sondern nochmals entsprechende Anlagen im Rumpf – vom Rückwärtswarngerät im Heck einmal ganz abgesehen. Die Maschine wurde am 5. Mai 1945 von britischen Truppen in Eggebeck erbeutet und als AIR MIN 14 von der Royal Airforce bis zur Notlandung am 18. Juli 1945 in Tangmere, England, getestet.

[3] Vergleiche mit dem Zusammenstoß zweier ebenfalls zurückkehrender Fw 190 der III./KG 200; siehe Seite 174ff. Die Besatzung der III./NJG 5 wird wahrscheinlich durch Nachtjäger am Platz abgeschossen worden sein. Die restlichen Besatzungen wurden zu anderen Plätzen umgeleitet, deshalb landete die Besatzung Niemöller mit ihrer Ju 88 G-6 „C9+NR" um 2.02 Uhr in Neumünster und flog erst am nächsten Morgen um 9 Uhr zurück nach Lübeck. Die Besatzung Ofw. Engelhardt landete um 1.45 Uhr in Greifswald. Retour ging es für die Ju 88 „C9+BS" erst am Abend des 14. April.

Der Einsatz am Freitag, 13. April, hätte aus heutiger Sicht auch den letzten Endsieg-Gläubigen ins Zweifeln bringen müssen: Als Ziel für die elf eingesetzten Besatzungen waren gegnerische Truppenbewegungen (Fahrzeugkolonnen) auf der Autobahn Hannover-Magdeburg ausersehen. Doch auch dieser Schlacht-Einsatz[1] bringt der Gruppe nicht die erhofften Erfolge. Aufgrund schlechter Beobachtungsmöglichkeiten und starker Flakabwehr konnten keine Fahrzeugkolonnen wirklich wirksam bekämpft werden. Dafür gab es aber wieder eigene Verluste. Dazu die Kriegs-Chronik der Gruppe: *„Die Besatzungen Lt. Wolf und Fw. Blank müssen wegen mehrerer Treffer aussteigen[2], während die Maschine des Ritterkreuzträgers Ofw. Lindinger bei der Landung in Neuruppin in Brand gerät. In Blankensee ereignet sich bei der Landung noch ein bedauerlicher Unglücksfall. Infolge*

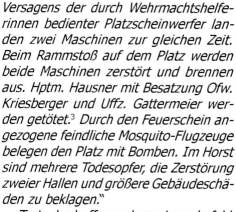

Versagens der durch Wehrmachtshelferinnen bedienter Platzscheinwerfer landen zwei Maschinen zur gleichen Zeit. Beim Rammstoß auf dem Platz werden beide Maschinen zerstört und brennen aus. Hptm. Hausner mit Besatzung Ofw. Kriesberger und Uffz. Gattermeier werden getötet.[3] Durch den Feuerschein angezogene feindliche Mosquito-Flugzeuge belegen den Platz mit Bomben. Im Horst sind mehrere Todesopfer, die Zerstörung zweier Hallen und größere Gebäudeschäden zu beklagen."

Trotz der hoffnungslosen Lage befahl das Generalkommando am Mittwoch, 18. April, 1945 nochmals einen Start von Maschinen der 7./NJG 5. Diesmal konnten lediglich fünf Ju 88 G-6 in die Luft gebracht werden, bei denen jedoch keine Feindberührung im Raum Berlin zustande kam.[4]

„Hexenkessel Reichshauptstadt"

Die letzten Einsätze führten die Nachtjäger in den Raum Berlin, das die Rote Armee seit dem 16. April angriff und durch eine breit angelegte Offensive relativ schnell eingekesselt hatte. Die Luftwaffe sollte die eingeschlossenen Truppen mit Waffen, Munition und Nahrungsmitteln versorgen, gleichzeitig aber auch die Angreifer bekämpfen. Die hochmodernen Nachtjäger der ehemaligen III., jetzt 7./NJG 5 setzte man – wie viele andere Nachtjagdeinheiten auch – wieder als Nachtschlachtflugzeuge ein, d.h. mit Bordwaffen und Bomben ging es zum Einsatz gegen Erdziele in Richtung Berlin.

Vielleicht auch deswegen waren seit April 1945 ebenfalls die in der 10. Staffel zusammengefassten Reste der IV. Gruppe sowie die zur 4./NJG 5 zusammengeschmolzene II. Gruppe von Blankensee aus im Einsatz. Letztere hatte von Altenburg nach Lübeck verlegt. Laut einer Stärkeaufstellung vom 10. April 1945 verfügte die 4./NJG 5 noch über insgesamt 16 Bf 110 (davon 15 einsatzbereit) und 14 Besatzungen (davon 14 einsatzbereit und 12 verfügbar). Aufgrund von Spritmangel war auch hier an einen Einsatz aller verbliebenen Besatzungen nicht zu denken.

Zumindest belegt sind noch zwei Feindflüge der Besatzung Rapp am 20. und 24. April 1945. An „Führers Geburtstag" starteten sie mit ihrer Bf 110 „C9+HN" zusammen mit einer handvoll Maschinen der ehemaligen III./NJG 5 um 21.22 Uhr zu einem Nachtschlachteinsatz in den Raum Cottbus. Dort flog die Besatzung Rapp Angriffe auf Bereitstellungen und beschoss dort Fahrzeuge. Gelandet ist die „C9+HN" um 0.42 Uhr in Pütnitz und wird wahrscheinlich in den folgenden Tagen nach Blankensee zurückgeflogen worden sein, denn am Dienstag, 24. April, ging es für die Besatzung Rapp mit ihr erneut auf Feindflug. Bordfunker Ortmann verzeichnete jedenfalls in seinem Flugbuch keinen Überführungsflug. Ob er per Bahn nach Blankensee kam oder lediglich vergessen hat, die Verlegung einzutragen, ist unbekannt. Die eingeteilten Besatzungen der 7./NJG 5 starteten gegen 21 Uhr in Richtung Cottbus. Die meisten von ihnen kehrten jedoch gegen Mitternacht zurück nach Blankensee.⁵

Am Sonnabend, 21. April, verzeichnet die Kriegs-Chronik der ehemaligen III./NJG 5 einen Schlachteinsatz mit Bomben, *„um die Absetzung des OKH zu sichern."* Die Wirkung konnte dabei insgesamt nicht bewertet werden, die Besatzung von Olt. Lehmann wurde jedoch durch den Beschuss einer Mosquito zum Absprung gezwungen. Lt. Dreyer kehrte mit dem letzten Tropfen Sprit und mit einem Hydraulikschaden nach Blankensee zurück. Seine Ju 88 „C9+CR" setzte um 23.41 Uhr auf der Landebahn auf, nachdem die Besatzung um 20.45 Uhr zum Schlacht-Einsatz südlich von Berlin (Lübben) gestartet war.

Auch an den folgenden Tagen versuchte die Nachtjagdführung noch alle letzten Kräfte zu mobilisieren. So flogen die eingeteilten Besatzungen mit den letzten vollgetankten Maschinen am 22., 23., 24. und 26. April 1945 in Richtung Berlin.⁶

Die Besatzung Rapp (ehemals II., jetzt 4./NJG 5) flog mit der Bf 110 „C9+HN" bei dem Nachtschlachtangriff am Dienstag, 24. April, von Lübeck aus um 23.53 Uhr in den Raum ostwärts Berlin. Mit Bomben und Bordwaffen wurden hier sowjetische Fahrzeugkolonnen angegriffen und eine Il-4 abgeschossen. Weiterhin konnte die „C9+HN" einem Luftkampf mit einer Il-2 unbeschadet entkommen. Für die 7./NJG 5 gab es am 24. April wiederum einen Verlust, wenn auch nur materiell, denn nachdem die Maschine von Ofw. Blank durch eine Mosquito abgeschossen wurde, konnte sich die Besatzung unverletzt mit dem Fallschirm retten.

Lt. Dreyer, der mit der Ju 88 „C9+CR" um 2 Uhr nach Berlin startete, konnte acht Lkw südlich der Reichshauptstadt in Brand schießen. Die Rückkehr nach Blankensee war um 4.20 Uhr.

Beim letzten Einsatz am Donnerstag, 26. April, starteten dann nur noch wenige flugklare Maschinen des NJG 5 in Richtung der Reichshauptstadt. Südlich der Spreemetropole wurden erneut sowjetische Lkw mit den Bord-MG beschossen, die Besatzung Ofw. Engelhardt startete in Lübeck mit der Ju 88 „C9+FR" um 23.08 Uhr, landete hier wieder am Morgen des 27. April um 1.32 Uhr.

„Schlachteinsatz mit Bomben, um die Absetzung des Oberkommandos des Heeres zu sichern."

Das Ende

Nach den letzten Schlacht-Einsätzen nach Berlin war der Krieg für die Nachtjäger-Besatzungen quasi fast zu Ende; schnell kursierten Gerüchte um die Auflösung der Staffeln. Die Auflösung kam schließlich in der Form, als dass in den letzten April-Tagen des Jahres 1945 der Befehl zur Zerstörung von Flugzeugen und sonstigem Großgerät beim Geschwader eintraf. Die Kriegs-Chronik der III./NJG 5 verzeichnet als letzten Eintrag: *„Da Nachschub an Benzin völlig ausbleibt, können die Maschinen der Gruppe nicht mehr eingesetzt werden. Sie werden zur Vernichtung vorbereitet und mit Selbstzerstörgerät ausgerüstet."* Bevor dieses jedoch am 2. Mai in die Tat umgesetzt werden konnte, ereignete sich für viele Flugzeugführer und Techniker des NJG 5 das Unglaubliche: Die Flucht mehrerer Offiziere in einer der modernsten Nachtjagdmaschinen der Luftwaffe.

Mit einer Ju 88 G-6 auf der Flucht

Die Front war in der Zwischenzeit stetig nach Norden vorgerückt; die britische 2. Armee war durch den Brückenkopf bei Lauenburg an der Elbe nur noch zwei Tagesmärsche von Lübeck und somit auch vom Fliegerhorst entfernt. Den drohenden Untergang des „Dritten Reichs" vor Augen, spielte Hauptmann Werner

⁴ *„Alarmstart"* war kurz nach 23.30 Uhr, die eingeteilten Besatzungen, darunter auch Lt. Wolf mit der Ju 88 G-6 „C9+AT", landeten bereits kurz nach Mitternacht wieder in Blankensee. Lt. Dreyer trug den Einsatz unter dem Datum vom 17. April ein. Start in Lübeck um 23.37, Rückkehr der Ju 88 „C9+DS" um 0.35 Uhr. Unterwegs Luftkampf mit einer Mosquito.

⁵ Die Besatzung Niemöller hatte während des Einsatzes Glück gehabt: Ihre Ju 88 G-6 „C9+DR" hatte am 20. April Flak-Treffer im linken Reifen erhalten, trotzdem glückte die Landung um 24 Uhr in Lübeck. Und die Besatzung Ofw. Engelhardt war ab 20.45 Uhr mit der Ju 88 „C9+FR" in den Raum Berlin unterwegs. Rückkehr war um 22.55 Uhr.

⁶ Start in Lübeck jeweils ab 20.40 Uhr. Lediglich am 24.4. wurde ab 23.30 Uhr gestartet. Die Einsätze dauerten meist zwischen drei und knapp eineinhalb Stunden.

Diese Ju 88 G-6 der 7./NJG 5 wurde zur Fluchtmaschine.

Die Fluchtmaschine, die Ju 88 G-6 WNr. 623211 war eine der modernsten Nachtjagdmaschinen der Luftwaffe, als sie am 13. April 1945 zur 7./NJG 5 kam. Nach der geglückten Landung in Dübendorf/Schweiz am 30. April 1945 entstanden diese beiden Fotos. Links ist der stark übernebelte Anstrich zu erkennen. Diese Lackierung und auch die Kennzeichen waren in Blankensee aufgetragen worden. Zuvor trug die Ju 88 nur ihre WNr. am Leitwerk und die typische „Hellgrau-über-alles"-Tarnung. Die Kennzeichen wurden später durch die Schweizer Fliegertruppe für weitere Fotoaufnahmen weiß hervorgehoben (siehe Foto unten).

[1] Hopf war Jahrgang 1922, geboren in Oldenburg/Holstein, und ehemaliger Staffelkapitän der 8./NJG 5. Für seine insgesamt 21 Abschüsse wurde er mit dem Deutschen Kreuz in Gold ausgezeichnet, war für das Ritterkreuz vorgesehen.

[2] Erhardt war Jahrgang 1921, geboren in Frankfurt und Offizier z.b.V. der 8. Staffel, bevor er zur 10./NJG 11 versetzt und auf den ersten einsatzfähigen Düsenjäger der Welt, der Messerschmitt Me 262, umgeschult wurde. In den letzten Kriegstagen lag diese Nachtjagd-Einheit in Lübeck und Reinfeld. Ehrhardt hatte bereits 22 Abschüsse auf seinem Konto, trug ebenfalls das Deutsche Kreuz in Gold.

[3] Wie Hopf und Ehrhardt stammte auch Dressler – Jahrgang 1919 – aus der 8. Staffel, flog Ende April 1945 ebenfalls in der 10./NJG 11.

[4] Zu den Standardgeräten FuG 10 und FuG 16 ZY als zusätzliche Zielflugausrüstung, traten FuG 25a (Freund-Feind-Kennung), FuG 8 (Eigenpeil- und Blindfluganlage), FuG 101 (Feinhöhenmesser) sowie das in nur 45 Exemplaren gefertigte Radargerät FuG 218 V „Neptun" mit FuG 217 R, einem Rückwärtswarnzusatz.

Hopf[1] mit dem Gedanken, der misslichen Lage zu entfliehen. Ähnliche Gedanken fand Hopf auch bei seinen Kameraden Oberleutnant Peter Ehrhardt[2] und Oberleutnant Alfred „Ali" Dressler[3] vor. In der Folgezeit trafen sie sich unentdeckt, um ihr Vorhaben zu besprechen.

Die Zeit für den Termin der Flucht drängte und insofern schien die Nacht zum 30. April 1945 besonders günstig. Zum einen war die geschlossene Wolkendecke der letzten Tage einer aufgelockerten Bewölkung gewichen und zum anderen waren keine Einsätze für die Gruppen angemeldet. Die einzelnen Staffeln lagen in ihren Quartieren, am späten Abend war nur noch wenig Betrieb auf dem Platz. Die Einheiten des NJG 5 hatten aufgrund der herannahenden Front außerdem bereits den Befehl erhalten, größeres Material und die Flugzeuge in den nächsten Tagen wegen Sprit- und Ersatzteilmangels zu zerstören und sich mit den Fahrzeugen nach Flensburg in Marsch zu setzen. Das Ganze bedeutete: Einsatz in der Infanterie. Der aufgrund seiner 21 Abschüsse hochdekorierte Hauptmann Hopf veranlasste in den Stunden vor Mitternacht die vollständige Betankung und Aufmunitionierung einer der modernsten Maschinen des Geschwaders. Es war die für Nachtschlachteinsätze sehr dunkel getarnte und mit den neuesten Radar- und Funkgeräten ausgestattete Junkers Ju 88 G-6 „C9+AR" der 7. Staffel[4].

Das Flugzeug mit der Werknummer 623211 war erst Ende Januar/Anfang Februar 1945 bei den Junkers-Werken in Bernburg endgefertigt worden, Lt. Günther Wolf hatte sie am Freitag, 13. April 1945, als eine der letzten Maschinen vor den heranrückenden britischen Truppen vom Fliegerhorst Lüneburg nach Lübeck überführt. In Lüneburg war nämlich in den letzten Kriegsmonaten eine Frontschleuse und Prüfstelle der „Bau-Aufsicht der Luftwaffe", kurz BAL, für die Ju 88 G-6 eingerichtet. Wie die WNr. 623211 zum NJG 5 kam, berichtet Wolf: *„Wir erfuhren per Zufall, dass in Lüneburg nach unserer Verlegung nach Lübeck noch ein paar nagelneue Ju 88 in einer Halle standen und beschlossen, uns diese Maschinen zu holen, da sich keiner darum kümmerte. Wir nahmen noch zwei Flugzeugführer mit nach Lüneburg. Bei der Landung mussten wir feststellen, dass ein Teil des Platzes schon umgepflügt worden war. Wir vergewisserten uns, dass der verbleibende*

Platz ausreicht und noch genug Sprit in den Tanks war. Wir wollten gerade einsteigen, als eine Luftwaffenhelferin auf uns zu gerannt kam. Sie erzählte uns aufgeregt, dass man sie und noch einige Helferinnen allein auf dem verlassenen Platz zurückgelassen habe und sie nicht wisse, wo sie sich nun hinwenden solle, da man in der Ferne schon den Gefechtslärm hören konnte. Kurz entschlossen verpassten wir ihr einen Fallschirm, die anderen beiden nahmen auch noch jemanden mit, und schnell waren wir in der Luft Richtung Norden." Gestartet war Lt. Wolf um 10.45 Uhr, Lübeck erreichte die werksneue Ju 88 wohlbehalten um 11.10 Uhr. Nach der Überführung erhielt die Ju 88 dann in Blankensee auch die Kennung „C9+AR". Gleichzeitig wurde ihre helle Werkstarnung mit Grün-Tönen so stark überlackiert, dass sich die Kennzeichen nur noch kaum vom Untergrund abhoben.

Am Montag, 30. April 1945, – die Ju 88 war gerade einmal drei Monate alt – wurde sie schließlich gegen Mitternacht aufgetankt, aufmunitioniert und auf dem Flugfeld bereitgestellt. Bei der Flugleitung hatte Hptm. Hopf zur Täuschung Westerland auf Sylt[5] als Ziel eines angeblichen Verlegungsflugs angegeben, und so war es ebenfalls auch nicht seine Besatzung, die in der Folge in die zum Abflug bereitstehende Maschine kletterte. Insgesamt zwängten sich sechs Personen in das enge Cockpit, in dem ansonsten gerade einmal vier Besatzungsmitglieder Platz fanden. Denn Hopf hatte seine Frau Ingeborg und deren eine Kollegin, Elinor Zimmer-Fries, sowie deren sechsjährige Tochter Dagmar-Yvonne mit an Bord gebracht. Gegen 1.30 Uhr schließlich gelang der Abflug aus Blankensee.

Es sollte eine lange und äußerst riskante Reise über das Reichsgebiet werden, das bereits größtenteils von den Alliierten besetzt worden war. Lediglich Teile von Bayern, der „Ostmark" sowie der Tschechoslowakei befanden sich noch unter Kontrolle der Wehrmacht. Die Luftüberlegenheit hatte die amerikanische und britische Luftwaffe schon vor Monaten errungen, so dass neben der gegnerischen Flugabwehr also die feindlichen Nachtjäger eine große Gefahr für die Junkers-Besatzung darstellten. Da nicht für alle an Bord Atemmasken vorhanden waren, erfolgte der Flug quer über das Reichsgebiet in relativ niedriger Höhe. Nach beinahe vier Stunden erreichten die kriegsmüden Flieger und ihre Begleiterinnen schließlich unbehelligt den rettenden Fliegerhorst von Dübendorf in der Schweiz. Mit lediglich 400 Litern verbliebenen Treibstoffs in den Tanks und ohne unterwegs nur einen einzigen Schuss abgegeben zu haben, gelang Hopf um 5.15 Uhr eine glatte Landung. Eine mehr als 1.300 Kilometer lange Odyssee hatte somit vorerst ein glückliches Ende gefunden. Die Insassen wurden versorgt, später verhört und die Ju 88 G-6 eingehenden technischen Untersuchungen unterzogen. Erst im Spätherbst 1949 fiel die Maschine dem Schneidbrenner zum Opfer.

Ob andere Personen, wie zum Beispiel die Techniker der Maschine in Blankensee von der Flucht wussten, lässt sich heute nicht mehr feststellen. Die Überraschung am nächsten Morgen war aber entsprechend groß. Günter Wolf, der die Maschine am 13. April 1945 aus Lüneburg nach Blankensee überführt hatte, beschreibt die Situation am nächsten Morgen folgendermaßen: *„Die meisten*

[5] Die Ortsangabe nannte Günther Wolf in einem Interview mit dem Autor. In seinem Buch „Turbulenzen eines Fliegerlebens" spricht Wolf hingegen von Schleswig als Flugziel.

Ein Erinnerungsfoto aus den letzten Kriegswochen. Hptm. Werner Hopf und Oblt. Alfred Dressler, beide flüchteten am 30. April 1945 mit der „C9+AR" in die Schweiz, zusammen mit Lt. Günther Wolf und Lt. Hans Dreyer (v.l.).

Junkers Ju 88 G-6 „C9+AR" (Werknummer 623211)

Dieser Nachtjäger ist wahrscheinlich die berühmteste Ju 88 G-6: Mit ihr flohen am 30. April 1945 drei Offiziere, zwei Frauen und ein Kind von Lübeck-Blankensee nach Dübendorf in der Schweiz. Zur ganzen Geschichte dieser Ju 88 siehe Seite 168/169. Da mit der „C9+AR" Nachtschlacht-Einsätze geflogen werden sollten, wurde die standardmäßige Grau-Tarnung aus RLM 75/76 in Blankensee mit Grün-Tönen übernebelt. Dadurch war auch die Lesbarkeit der Kennzeichen und der Werknummer nicht mehr gewährleistet; ein Umstand der vor Kriegsbeginn bzw. in den ersten Kriegsjahren undenkbar gewesen wäre. In den letzten Monaten des Zweiten Weltkriegs ging Tarnung jedoch vor, um nicht von alliierten Jägern entdeckt zu werden.

Profil: Simon Schatz (www.rlm.at)

Besatzungen befanden sich kurz vor der Fahrt zu den Unterkunfts-Baracken nach Ratzeburg, aufgrund des schlechten Wetters hatte es in der letzten Nacht keinen Einsatzbefehl gegeben. In diesen frühen Morgenstunden entdeckte ich einen BMW, der mit geöffneten Türen auf dem Flugfeld stand. Seltsam so etwas. Es war der Wagen des Staffelkapitäns einer anderen Staffel. Da der Schlüssel noch steckte, fuhr ich mit dem Fahrzeug und weiteren Kameraden zur Flugleitung. Dort erhielt ich die Auskunft, dass Hptm. Hopf zu einem Verlegungsflug gestartet und noch nicht in Westerland angekommen sei. Hopf hatte die neueste Maschine unseres Kommandeurs mitgenommen. Uns war klar, dass die Sache stank. Im Laufe des Tages lösten sich die Unklarheiten über den Flug auf, als bekannt wurde, dass noch mehr Personen fehlten."

Jedoch blieb nicht viel Zeit, das Geschehene zu reflektieren: So hätte Hitlers Selbstmord im Bunker unter der Berliner Reichskanzlei am selben Tag und die befehlsgemäße Sprengung der verbliebenen Maschinen selbst den treuesten Anhängern des „Dritten Reichs" zeigen müssen, dass der Krieg verloren war. Für die Besatzungen und Techniker des NJG 5 hatte man aber bei den Stäben bereits neue Pläne: Sie sollten Fallschirmjäger und im Glauben an den Endsieg als Infanteristen eingesetzt werden, da zum Fliegen für die Flugzeuge kein Benzin mehr zur Verfügung stand. Günther Wolf erinnerte sich daran, dass die Besatzungen südlich vom Platz Panzersperren bauten. „Das waren schon die letzten Anstrengungen", so Wolf. Letztlich verhinderte nur fehlende Munition einen Einsatz; was kam, war am 2. Mai 1945 die Verlegung per Lkw in den Raum Flensburg.

Für die ehemaligen Angehörigen der III./NJG 5 war der Krieg mit der Teilkapitulation Nordwestdeutschlands am 5. Mai zu Ende. In einer Aufstellung des OKL vom 19. Mai 1945 über die fliegenden Verbände (Stand per 7. Mai 1945) lagen die Reste der 1./NJG 5 in Linnau, der 4. Staffel in Haurup, der 7./NJG 5 in Weseby und der 10. Staffel in Sollerup. Der Geschwaderstab hatte in Klein Wiehe Unterschlupf gefunden. Ein britischer Bericht vom 6. Juni 1945 über die Stärke deutscher Verbände per 7. Mai 1945 sagt aus, dass letztlich insgesamt 304 Angehörige des NJG 5 – darunter 75 Mann fliegendes Personal – in britische Gefangenschaft kamen.

Ähnlich erging es auch den Resten der I./NJG 100, die Ende April 1945 von Wittstock nach Lübeck verlegte und dem NJG 5 unterstellt war.

Ein ehemaliger Angehöriger erinnert sich: *„Am 29. April verlegten wir nach Lübeck-Blankensee. Am 1. Mai kam dann der bittere Befehl: ‚Das NJG 100 hat alle vorhandenen Maschinen zu sprengen und setzt sich nach Flensburg ab. Die drei wertvollsten Maschinen, deren Geräte auf keinen Fall in Feindeshand fallen dürfen, starten am 2. Mai nach Husum, um sich dort dem NJG 1 zu unterstellen.' Im Morgengrauen wollten wir starten. Bei uns streikte der Motor. Plötzlich ein Tieffliegerangriff. Sechs Thunderbolts kreisten über dem Platz. Erste Maschinen begannen bereits zu brennen, auch unser linker Motor wurde getroffen. Nach dem Angriff wurde fieberhaft an der Reparatur gearbeitet. Um 14 Uhr sollten alle Maschinen gesprengt werden. Bis dahin wollten wir weg sein. Punkt 14 Uhr flogen die ersten Maschinen in die Luft, es folgte Explosion auf Explosion. Schwarze Rauchwolken breiteten sich weithin aus, und wieder waren Thunderbolts am Platz. Wir bekamen eine letzte Galgenfrist. Um 16 Uhr hatten wir die Reparatur endlich geschafft. Wir versuchten einen Start im*

Auszug aus dem Flugbuch von Heinz de Fries, das die Verlegung der Reste der I./NJG 100 nach Lübeck-Blankensee belegt. Zu diesem Zeitpunkt stand deren Personal bereits unter dem Kommando des NJG 5, das ebenfalls fast vollständig in Blankensee lag.

Schutze des Qualms. Vorsichtig rollten wir am Platzrand in Deckung der schwarzen Wolken zum Start. Im Zickzack fegten wir dann über die Startbahn, um den zur Sprengung ausgelegten Bomben auszuweichen. Nach geglücktem Start drehten wir auf Nord-Ost-Kurs, um in der Deckung des Qualms zu bleiben. Eine bange Frage blieb: Wo blieben die Thunderbolts? Die aber kreisten um den Platz, wir konnten entwischen. Im Tiefstflug gingen wir auf Nordkurs. Wegen weiterer Begegnungen mit feindlichen Jägern landeten wir in Großenbrode."

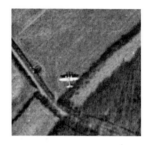

Unten: Ein US-Aufklärungsflugzeug fotografierte am 24. März 1945 den Fliegerhorst Lübeck-Blankensee aus 28.500 Feet Höhe. Dabei entstanden mehrere Fotos, die zusammen ein sehr dichtes Bild für die alliierte Luftaufklärung ergaben. Die Belegung mit Maschinen wurde genauestens ausgewertet.

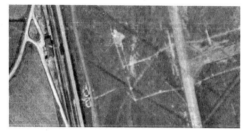

Drei Ausschnitte aus dem US-Luftbild (unten). Links ein Blick auf Bahnhof und den Anfang der Startbahn. Dort waren zu diesem Zeitpunkt zwei Scheinwerfer-Lkw aufgestellt (s. Kapitel über das KG 200). Oben ein Blick auf Waffenmeisterei, Werft, ein paar Flugzeughallen und die Flugleitung. Links oben ein Rätsel: ein Bf 110-Nachtjäger westlich der Gleise; in einem Bereich, in den Flugzeuge eigentlich nicht hineingerollt werden konnten.

Rechts: Dieser Ausschnitt zeigt die Flakstellung am Ende der Startbahn. Von den Barakken ist heute nichts mehr zu sehen, auch die Gruben, in denen die Geschütze standen, wurden nach dem Krieg eingeebnet. Am rechten unteren Bildrand ist das Peiler-Häuschen zu sehen. Heute ist es ein Wohnhaus.

Oben: Ein weiteres Luftbild vom Überflug am 24. März 1945. Hier ist der nördliche Teil des Fliegerhorsts bis hin zur Allee Lübeck-Ratzeburg (rechts im Bild) abgelichtet worden. Zu sehen auch hier: die auf 1.800 Meter verlängerte und betonierte Start- und Landebahn. Wie klar zu erkennen ist, wurde sie nicht, wie vielfach behauptet, von den Engländern ausgebaut, sondern bestand in dieser Form bereits seit 1944.

Rechts: Blick auf die Hallen 7 und 8, die ab Frühjahr 1940 gebaut wurden. Es waren hölzerne Konstruktionen mit einem großem, betoniertem Vorfeld, das heute noch zu sehen ist. Genauso wie auch das kleine Bauernhaus am rechten, unteren Bildrand (an der Straße). Beachtenswert ist die Tarnung der beiden Hallen; sie löst die Konturen besonders der Vorderseiten auf.

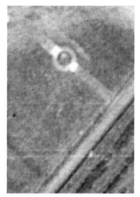

Oben: Dieser Ausschnitt zeigt die Kompensierdrehscheibe, die heute nur noch in Resten erhalten geblieben ist.

Rechts: Dieser Ausschnitt des obigen Aufklärer-Luftbildes zeigt den Muni-Bereich mit den einzelnen Bunkern. Links oben im Bild ist ein Zug mit Kesselwagen zu sehen, der die Tanklager auf dem Flugfeld vor dem Muni-Bereich anscheinend gerade mit Treibstoffen versorgt hat. Auf dem Rollfeldrand sind zwischen den Splitterschutzwänden einige ein- und zweimotorige Maschinen zu sehen.

Fliegende Bomben und Jabos: Das KG 200 in Lübeck

Das Kampfgeschwader 200 (KG 200) ist nicht nur aufgrund seiner vielfältigen technischen Ausstattung, angefangen von Beute- bis hin zu Wasserflugzeugen, sondern auch durch seine mannigfaltigen Verwendungszwecke bis heute von Mythen umgeben. So stellen neben dem Absetzen von Agenten hinter der Front und der Überwachung alliierter Bomberströme mittels der Beuteflugzeuge auch die Einsätze mit den fliegenden Bomben nur einen Teil der Aufgaben dieser erst im Februar 1944 u.a. in Berlin aufgestellten Einheit dar. Bei diesen so genannten „Misteln" handelte es sich um abgeflogene Ju 88, deren Kanzeln durch einen 3,5 Tonnen schweren Sprengkopf ersetzt wurden. Gesteuert wurde diese motorisierte Bombe durch eine auf dem Rumpfrücken abtrennbar montierte Bf 109 oder Fw 190. Ziele der Einsatzversion sollten zunächst Schiffe sein, später wurde aber ein Hauptaugenmerk vor allen Dingen auf die Zerstörung der Brücken in Frontnähe gelegt, um ein weiteres Vordringen der Alliierten zu verhindern. Das Leitflugzeug konnte nach dem Angriff als normaler Jagdeinsitzer seinen Rückweg antreten.

Fliegende Bomben in Lübeck

Der genaue Zeitpunkt der teilweisen Verlegung einiger der fliegenden Bomben der 7. Staffel ließ sich nicht mehr genau feststellen. Zu sehen sind sie auch auf alliierten Aufklärungsfotos, die kurz nach dem Ausbau der Start- und Landebahn entstanden. In der Einsatzversion betrug das Abfluggewicht der Gesamtkonstruktion zwischen 20 und 21 Tonnen, wobei bereits kleinere Unebenheiten auf der Startbahn die Ju 88-Reifen, deren Höchsttragkraft fast überschritten war, zum Platzen bringen konnten. Insofern ist eine Verlegung einiger „Misteln" nach dem Ausbau der Lande- und Startbahn in Blankensee auch nachvollziehbar, denn Blankensee verfügte über eine entsprechend ausgebaute und zudem neue Piste.

Diese „Misteln" wurden in Blankensee sowohl im Flug als auch am Boden beobachtet: Anni Feiler, von Anfang Januar bis April 1945 in der Horstfeuerwehr tätig, erinnert sich: *„Ungefähr fünf bis sechs dieser Ungetüme haben mit dem Heck zur Flugleitung in den Splitterboxen gestanden. Besonders beeindruckend ist der Flug gewesen, und ich habe mich immer gewundert, dass diese Geräte oftmals getrennt voneinander landeten."*

Das ist ein Hinweis darauf, dass es sich bei den Misteln um Schul-Versionen gehandelt haben muss, mit denen die Piloten der II./KG 200 üben sollten, die aufeinandermontierten Flugzeuge zu steuern. Bei dieser Schulversion hatte man die Kanzel der Ju 88 noch nicht gegen einen Sprengkopf ausgetauscht, der ehemalige Bomber wurde nach der Abtrennung vom Leitflugzeug wie sonst auch von einer Besatzung gesteuert und zum Flugplatz zurückgebracht. Und gerade das Fliegen mit diesen zusammengekoppelten Flugzeugen musste geübt werden. Bei diesen Trainingsflügen kam es auch durch das betagte Flugzeugmaterial häufig zu Unfällen und auch die Trennung in der Luft klappte nicht immer auf Anhieb. Anni Feiler berichtet weiter über das Ausbleiben eines Mistel-Piloten: *„Da einer der Piloten mit einer Kameradin aus dem Löschzug befreundet war, erfuhren auch wir anderen zumindest etwas über die Misteln. Große Aufregung herrschte eines Tages, als der Pilot nicht wieder zurückkam. Da alles geheim war, konnte man aber nicht viel in Erfahrung bringen. Zur Erleichterung aller, erschien der Pilot aber später wieder in der Flugleitung. So durfte ich schließlich auch einmal ganz kurz im*

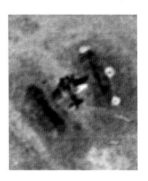

Lediglich durch Zeitzeugen und durch obiges alliiertes Aufklärer-Foto aus dem März 1945 lassen sich zurzeit so genannte Misteln in Lübeck-Blankensee nachweisen. Unten im Bild eine spätere Einsatzversion, die Ju 88-Komponente trägt bereits den Gefechtskopf am Bug.

Cockpit der unteren Maschine Platz nehmen. Es war streng verboten und so mussten wir die Maschinen auch schnell wieder verlassen. Doch bei der täglichen Kontrolle der Feuerlöscher habe ich sie immer wieder kurz anschauen können."

Mit den verstärkten Tieffliegeraktivitäten und dem Näherrücken der Front wurden aber auch die letzten „Misteln" im April abgezogen und wie andere Einheiten auf Fliegerhorste im noch nicht besetzten Ostseeküstengebiet verlegt. Die auch in Lübeck ausgebildeten Piloten erzielten aber kaum noch Erfolge mit ihren fliegenden Bomben.

Jabos in Lübeck

Nicht nur die „Misteln" der II./KG 200 waren in Blankensee untergebracht, sondern auch die einmotorigen Focke Wulf Fw 190 F-8 Jagdbomber (Jabos) der III. Gruppe. Diese, erst im Januar 1945 aus der Schlachtfliegergruppe I./SG 5 umbenannte Einheit, sollte nach ihrer Verlegung von Berlin-Staaken zunächst von Stavanger in Norwegen aus die britische Homefleet in Scapa Flow angreifen – die Operation Drachenhöhle wurde jedoch wegen des schlechten Wetters und anderer Probleme, wie beispielsweise Lieferschwierigkeiten des Bombentorpedos BT 700, Mitte Februar 1945 abgesagt. Die III./KG 200 hatte zu diesem Zeitpunkt insgesamt 30 Fw 190 F-8 im Bestand. Ausgerüstet waren diese Maschinen mit einer TSA-Anlage und einem ETC 503.

Ob die Luftwaffenführung doch noch mit einem Einsatz der Gruppe rechnete, kann nicht belegt werden, denn zumindest die 11. Staffel scheint von Twente aus an der Westfront als Nachtschlacht-Einheit eingesetzt worden zu sein, wo dringend Schlachtflieger in der Abwehr des alliierten Vormarsches zum Rhein benötigt wurden. In den Verlustmeldungen des Generalquartiermeisters sind für Februar und März insgesamt sieben Verluste von Fw 190 F-8 der III./KG 200 verzeichnet, darunter eine Maschine, die am Sonnabend, 24. Februar 1945, in Enschede bei der Landung ausbrach (Es entstand 25 Prozent Schaden an der WNr. 588279) und eine (WNr. 588043), die am 6. März in Stavanger bei der Explosion eigener Leuchtbomben beim Beladen vollständig zerstört wurde. Außerdem verorientierte sich der Pilot der Fw 190 F-8 mit der WNr. 586276 am gleichen Tag, so dass er in Mastelo notlanden musste. Am 9. März gab es wiederum einen weiteren Unfall in Stavanger, als sich Gefr. Josef Wüpping mit der Fw 190 WNr. 933064 (Kennzeichen angeblich „<C+") bei der Landung in Stavanger überschlug. Er starb dabei, an der Maschine entstand 45 Prozent Schaden.

Im März 1945 verlegte die III. Gruppe nach Lübeck, um von hier aus Jabo-Angriffe in der Dämmerung zu fliegen. Das Personal der Gruppe unter Führung von Major Helmut Viedebantt[1] war wie im Fall des NJG 5 inzwischen ein bunt zusammengewürfelter Haufen, stammte von vielen verschiedenen Einheiten. Den Empfang auf dem Fliegerhorst Ende März 1945 schildert Günther Kossatz. Der Fluglehrer kam zusammen mit einem Kameraden, ebenfalls Fluglehrer, Ende März 1945 von der I./JG 108 nach Blankensee zur III./KG 200: *„In Lübeck angekommen, meldeten wir uns bei Major Viedebantt. Seine Gruppe hatte in der letzten Zeit erhebliche Verluste gehabt und er war anscheinend froh, zwei alte A/B- und zudem noch Blindfluglehrer als neue Flugzeugführer zu bekommen. Er fragte uns, wie viel Erfahrung wir mit der Fw 190 hätten und schlug vor, dass wir den nächsten Einsatz, der am Abend angesetzt war, vom Boden aus mitverfolgen sollten. Weiterhin sollte uns ein 1. Wart noch die Bedienung der Fw 190 und die elektrischen Abwurfmechanismen erklären. Der abendliche Einsatz war aber nicht sehr erfolgreich: Eine der ersten gestarteten Maschinen kam nicht gut aus dem Platz heraus und schlug mit der Bombenladung am Platzrand auf. Die Explosion war weithin sichtbar."*

Im Gegensatz zu den Nachtjägern war das Personal der Gruppe direkt auf dem Horst untergebracht. Die Maschinen wurden getarnt um das Gelände des heutigen Verkehrsübungsplatzes aufgestellt, Bomben und Munitionen befand sich nicht weit davon entfernt. *„Zum Start und nach der Landung sind wir häufig über die Blankenseer Straße gerollt"*, erinnert sich Werner Godehus, der Ende März 1945 zusammen mit Günther Kossatz zur III./KG 200 kam.[2]

Wie bereits die Nachtjäger, legten auch die Schlachtflieger wert darauf, dass jeder jeweils seine persönliche Maschine

Werner Godehus kam Ende März 1945 zur III./KG 200. Zuvor war der Flugzeugführer lange Jahre Fluglehrer bei der LKS 1 und beim JG 107 bzw. JG 108 gewesen.

[1] Viedebantt war eigentlich Zerstörer-Pilot. 1940 flog er beim ZG 1, wechselte anschließend zum ZG 76, kam 1941 zum SKG 210. Nach einem Zwischenspiel bei der NJS 1 wurde er 1942 Staffelkapitän der 5./ZG 1, seiner ursprünglichen Einheit. 1943 wurde er zunächst Gruppenkommandeur der II. später der I./SKG 10. Ein Jahr später flog Viedebantt bei der E-Stelle Gotenhafen und Peenemünde, bevor er Anfang 1945 als Major das Kommando über die III./KG 200 übernahm.

[2] Doch während er Flugzeugführer in der 10. Staffel wurde, kam Kossatz in die 9. Staffel.

[1] Laut Flugbuch-Eintragungen hatten die Maschinen der 9. Staffel jedoch weiße Nummern.

[2] Günther Kossatz erinnert sich beispielsweise an Zwischenlandungen in Ludwigslust. Diese sind jedoch, was die letzten Kriegstage angeht, nicht im Flugbuch verzeichnet.

Fotos von Maschinen der III./KG 200 sind selten. Hier eine Reihe von Erinnerungsfotos eines US-Soldaten mit der Fw 190 F-8 „A3+18" (WNr. 583262), im Sommer 1945 in Frankfurt/Main. Beachte die alte Ausführung des Balkenkreuzes am Rumpf.

hatte. Kossatz bekam die „schwarze 5" zugeteilt[1], für Werner Godehus blieb nur die „schwarze 13", die aus Aberglaube niemand fliegen wollte. *„Deshalb war die Maschine auch nicht so abgeflogen und ich meine, sie flog deshalb sogar schneller als die anderen"*, erinnert sich Godehus. Die Vorzüge der „schwarzen 13" sprachen sich jedoch bald rum: *„Eines Tages wollte mir ein Oberleutnant die 190 wegnehmen, da seine Maschine flügellahm geworden war. Aber das ließ ich mir nicht gefallen"*, erinnerte sich Godehus und flog seinen Glücksbringer bis Kriegsende.

Einsätze in der Dämmerung

In der wenigen Zeit bis kurz vor Kriegsende flogen die Staffeln von Lübeck neben einzelnen Tages- besonders Dämmerungseinsätze in den späten Abendstunden. Durch die Bombenzuladung entfiel die Möglichkeit, Zusatztanks mitzuführen und so musste auf den Flügen oftmals zwecks zusätzlicher Treibstoffaufnahme zwischengelandet werden[2]. Ziel der Angriffe waren meist Truppenansammlungen, aber auch beispielsweise Panzerspitzen auf der Autobahn bei Bremen oder Flak-Stellungen in den Harburger Bergen im Süden Hamburgs. Gestartet wurde in der Regel als Kette, sprich mit drei Flugzeugen, anschließend sammelten sich die Maschinen über dem Ratzeburger See, wobei gegnerische Jäger die Gruppe oftmals zum Bombennotwurf in den See zwangen, damit diese, der schweren Last befreit, sich nun wendiger zur Wehr setzen konnten. So ist davon auszugehen, dass im See der Domstadt noch diverse Fliegerbomben liegen. Während der Anflüge war – wie bei anderen Einheiten auch – stets Funkstille befohlen worden.

Bei der Rückkehr nach Lübeck musste sich jedoch jeder Anfliegende bei der Flugleitung melden und den Landungsbefehl abwarten. Bei Nachteinsätzen durchflog der Pilot zwei Scheinwerfer-Lichtsäulen vor der Landebahn am Platzrand, die ihre senkrechte Position nach dem Durchflug in eine X-Stellung wechselten. So sollte optisch die Landung für den nächsten verhindert werden. Für Günther Kossatz wurde eine solche Landung im April 1945 einmal zum Verhängnis. Nach dem Durchflug der senkrechten Scheinwerfersäulen und voriger Anmeldung landete er auf einer soeben gelandeten Fw 190 der Staffel, deren Pilot bei dem Unfall erheblich verletzt wurde. *„Im Landeanflug hatte ich mich noch über das Schießen der roten Signalmunition gewundert und ich dachte, es wäre für ein anderes Flugzeug hinter mir!"*, so der Pilot der „schwarzen Fünf". Da Kossatz unverletzt war, versuchte er dem anderen Flugzeugführer aus den Trümmern der Fw 190 zuhelfen. Da dieser stark blutete, sah Kossatz bald selbst aus wie verletzt und wurde ebenfalls in die Krankenstation des Fliegerhorstes gefahren.

Wenige offizielle Dokumente sind über Verluste der III./KG 200 bisher der Öffentlichkeit zugänglich gemacht worden, beispielsweise folgende namentliche Verlustmeldung vom Donnerstag, 5. April 1945: Uffz. Hans Schmidt (9./KG 200) war an diesem Tag bei einem Überführungsflug mit der Fw 190 F-8 „Doppelwinkel", WNr. 583091, aus unbekannter Ursache bei Dimbersen im Kreis Nienburg tödlich abgestürzt. Mit an Bord: Uffz. Uwe Dethlefs (III./KG 200). Am gleichen Tag erhielt Ofw. Alois Fuchs (10./KG 200) Flakvolltreffer durch mittlere und leichte Flak östlich des Dümmer-Sees zwischen Lembruch und Lemförde. Resultat: Während die Fw 190 F-8 „Schwarze 12", WNr. 584035 beim Aufschlagbrand zerstört wurde, ist Ofw. Fuchs' *„weiterer Verbleib [...] nicht bekannt."*

Und auch am 6. April 1945 kam es zu Verlusten bei der Lübecker Nachtschlachtgruppe des KG 200: Aufgeführt sind drei Gruppenangehörige: Lt. Hans Gering (10./KG 200), Fhr. Walter Hassel (10./KG 200) und Uffz. Ludwig Stimmler (10./KG 200). Bei Ort und Tag des Verlustes ist bei allen drei eingetragen: *„Wahrscheinlich bei Stolzenau/Weser 6.4.45 Feindflug"*. In der Spalte „Vermisst" ist eingetragen: *„Vom Einsatz auf Flakstellungen beiderseits der Weser u. auf Pontonbrücken über die Weser bei Stolzenau nicht zurückgekehrt"* – bei Nienburg hatten die Alliierten nämlich einen Brückenkopf über die Weser einrichten können. Als Maschinen sind genannt: die Fw 190 F-8, WNr. 581770, „Schwarze 7" von Lt. Gering, die Fw 190 F-8, WNr. X32189, „Schwarze 4" (Werknummer wahrscheinlich. 932189) von Fhr. Hassel und die Fw 190 F-8, WNr. 582179, „Schwarze 2" von Uffz. Stimmler.

Die Einsätze wurden in der Regel in mehreren Wellen geflogen, wobei sich nach dem Abflug der ersten Wellen meistens die Bodenabwehr „eingeschossen" hatte – die Nachfolgenden hatten es also umso schwerer, unbeschadet zum Ziel durchzudringen. Nach den Einsätzen legte sich die Anspannung; dann saßen die Flugzeugführer meist im Kasino und tranken auf ihren „Geburtstag", d.h. sie waren froh, noch einmal ohne Blessuren davongekommen zu sein. Sie tranken natürlich auch, um das Erlebte zu vergessen. Die hohen physischen und psychischen Anstrengungen resultierten aber auch aus der Gesamtsituation: Beinahe täglich musste ins konzentrierte Abwehrfeuer geflogen werden; Hin- und Rückflug erfolgten, sofern keine oder wenige Wolken vorhanden waren, im nervenaufreibenden Tiefflug. Bei dem Durcheinander, das sich bei feindlichen Jagdangriffen oftmals einstellte, verloren selbst die „alten Hasen" der Staffeln den Überblick. Günther Kossatz erinnert sich: *„Mein Rottenkamerad, ein Unteroffizier mit Deutschen Kreuz in Gold, musste ich nach einem Angriff durch Wackeln mit den Tragflächen verständlich machen, in welcher Richtung es nach Hause geht. Der Unteroffizier hatte komplett die Orientierung verloren."*

Kossatz erinnert sich auch an Angriffe einzelner feindlicher Jäger *„aus der Sonne heraus"*, bei denen sie *„einen von uns herausknippsten"*. Anschließend war der Jäger dann auch wieder verschwunden. Erreichten die Flieger letztendlich Blankensee, konnten selbst dort noch alliierte Tiefflieger in der Nähe des Platzes auf die Rückkehr der Maschinen warten.

Laut einer Stärkemeldung der fliegenden Verbände im Bereich der Luftflotte Reich verfügte die III./KG 200 per 10. April 1945 über 38 „Fw 190 BT", wovon 24 einsatzbereit waren. Von den 41 Besatzungen waren wiederum alle einsatzbereit, davon jedoch nur 32 verfügbar.

Versorgungseinsätze nach Berlin

Zu den letzten Einsätzen der III./KG 200, die laut Günther Kossatz sogar über eine mit Fw 190 D-9 Jägern ausgerüstete eigene Platzschutzstaffel verfügt haben soll[3], zählen die Flüge in das von sowjetischen Truppen eingekesselte Berlin. Anstelle der Bomben wurden nun Transportbehälter (AB 250 und 500 o.ä.) unter die Maschinen gehängt, die dann teilweise blind über der an vielen Stellen brennenden Stadt abgeworfen wurden. Ob die

[3] Eventuell sind diese Maschinen jedoch eher der I./JG 26 zuzuordnnen, die immer häufiger in den letzten Kriegstagen eigene Fliegerverbände vor alliierten Flugzeugen schützen mussten.

Ein weiteres Foto der „A3+18". Beachte den Rest des Stammkennzeichens „..+LQ", den auf der linken Rumpfseite fehlenden Geschwadercode A3 und die Wiederholung der Nummer 18 an der Fahrwerksabdeckung. Letzteres war bereits gängige Praxis beim JG 5 bzw. SG 5, aus der die III./KG 200 hervorgegangen war. Interessanterweise trägt diese Fw 190 F-8 keinerlei Bombenaufhängungen unter dem Rumpf und unter den Tragflächen.

[1] Start in Lübeck war wieder gegen 20.30 Uhr.

Diese Fw 190 F-9/R1 mit der WNr. 440382 ist doppelt interessant: Zum einen stammt sie aus Lübecker NDW-Produktion, zum anderen kam sie wahrscheinlich bei der III./KG 200 zum Einsatz. Die drei Fotos zeigen sie nach der Erbeutung durch kanadische Soldaten. Beachtenswert an der „gelben 10" ist, dass sie mit Flammenvernichtern über den Auspuffstutzen ausgerüstet ist. Beachte im Hintergrund die Schwestermaschine, die „gelbe 11".

Inhalte, wie Panzerfäuste oder auch Munition, die dortigen Truppen erreichten, ist zu bezweifeln, da die Flugzeugführer oftmals nicht genau den Frontverlauf in der Spreemetropole kannten. Ziele waren beispielsweise Truppenansammlungen an den Berliner Havel-Übergängen.

Wie schon bei den Nachtjägern, begannen die ersten nächtlichen Versorgungsflüge nach Berlin am Freitag, 20. April 1945. Dazu starteten die Maschinen der III./KG 200 in einzelnen Wellen mit dem letzten Büchsenlicht, sprich in der Dämmerung. Die 9./KG 200 startete meist ab 20.30 Uhr zu ihren Einsätzen, die in der Regel etwa eine Stunde dauerten.

Werner Godehus erinnerte sich daran, das zum Teil keine feste Frontlinie zu erkennen und Berlin von einer großen Rauchwolke umgeben war. Und die Straßen in Mecklenburg und Schleswig-Holstein waren mit Flüchtlingstrecks überfüllt. „Aus Angst, Unschuldige bei unseren Angriffen zu treffen, warf ich die Bomben ungezielt aufs freie Feld. Nur wissen durfte das keiner, sonst wäre es für mich vor ein Kriegsgericht gegangen", sagt Godehus. Und auch Günther Kossatz hatte die Sinnlosigkeit der Einsätze erkannt, zielte ebenfalls daneben.

Die Einsätze sind nicht nur wegen der russischen Luftüberlegenheit rund um Berlin wahre Himmelfahrtskommandos. Auch die alliierten Jäger, die jetzt nahezu ungehindert an den deutschen Flugplätzen auf startende oder landende Maschinen warten, sind eine Gefahr. Insofern sollten nachweislich am Sonntag, 29. April 1945, sieben Fw 190 D-9 der I./JG 26 Begleitschutz für die Jabos der III./KG 200 fliegen. Aufgrund von technischen Problemen blieben nach dem Start gegen 16.15 Uhr in Klein Kummerfeld bei Neumünster nur fünf Jäger übrig. Der kleine Verband sollte den Start von 14 Fw 190-Jabos in Blankensee schützen, die zum Brückenkopf bei Lauenburg an der Elbe fliegen sollten. Doch bereits in Platznähe werden die Jagdflieger von britischen Tempest der 486. Squadron entdeckt und angegriffen. Dazu das KTB der I./JG 26: „[...] 5 Fw 190 hatten Luftkampf von 16.38-40 mit 12 Tempest in 800 m Höhe s. Lübeck-s. Ratzeburg. Die 190 A-8 in Blankensee aufgenommen. Gleich danach Feindberührung mit 12 Tempest, die startende A-8 angriffen und nach dem Angriff in die Wolken zogen. Anschl. mit A-8 auf Kurs gegangen. Nach 2 Min. wieder Luftkampf mit den Tempest, die versuchten, die A-8 anzugreifen. Erfolge: Lt. Söffing 1 Tempest abgeschossen. Verluste: keine. Wetter: 8/10 600-800 m, Schauer, Sicht 10 km."

Am Montag, 30. April, ging es für die 9. Staffel nach einem Angriff auf den Brückenkopf bei Lauenburg nicht mehr nach Blankensee zurück[1]. Die Flieger lan-

Focke Wulf Fw 190 F-9/R1 „gelbe 10" (Werknummer 440382)

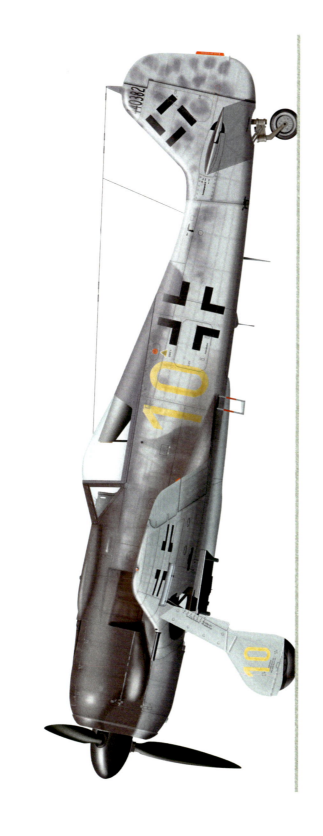

Dieser Jabo wurde im Frühjahr 1945 in Lübeck gebaut. Schwestermaschinen der WNr. 440382 wurden noch im April 1945 in Lübeck-Travemünde und Blankensee eingeflogen. Sie wird in den letzten Kriegstagen noch zu einem Einsatzverband, vermutlich der III./KG 200 oder der NSGr. 20, überführt worden sein. Zu beachten ist der typische Anstrich von in Lübeck gefertigten Fw 190: Tarnung von Rumpf, Leitwerk und Tragflächen in RLM 74/75/76, die Motor- und MG-Abdeckungen sind in einem Grünton gehalten. Die Farben der einzelnen Maschinen wichen allesamt etwas von einander ab, da die einzelnen Komponenten wie Leitwerk, Tragflächen oder der Rumpf jeweils an unterschiedlichen Standorten separat gebaut und lackiert wurden.

Profil: Simon Schatz (www.rlm.at)

Gruppenfoto von Angehörigen der III./KG 200 aus den letzten Kriegswochen. In der vorderen Reihe, als 5. v.r., steht der Gruppenkommandeur Helmuth Viedebantt (gef. 1. Mai 1945), ganz rechts steht Viedebantts Nachfolger, Oblt Franz-Josef Schoppe. Viedebantts Grab befindet sich auf dem Ehrenfriedhof in Lübeck.

[1] Schoppe, von vielen Staffelangehörigen als arrogant und hochnäsig beschrieben, habe die Gruppe mit eisernem Regiment geführt – nicht so wie der eher väterliche Viedebantt. Angeblich soll er „Halsschmerzen" gehabt haben, d.h. Schoppe wollte noch vor Kriegsende das Ritterkreuz bekommen.

Auch die III./KG 200 blieb von Tiefliegern nicht verschont. Und auch viele werksneue Fw 190 wurden auf dem Blankenseer Fliegerhorst ein Opfer alliierter Bordwaffen.

deten bis etwa 22 Uhr in Schleswig. Später, in der Nacht zum 1. Mai 1945, kam es bei einem der letzten Einsätze der Gruppe von Lübeck aus dann auch noch zu einem tragischen Unfall: Auf dem Flug nach Berlin öffnete sich über der Ortschaft Wusterhausen/Dosse der Abwurffallschirm am Transportbehälter des Gruppenkommandeurs Viedebantt und verfing sich am Leitwerk. Aufgrund der auftretenden Kräfte wurde die Fw 190 F-8 in die Tiefe gerissen. Der Major schaffte es

nicht mehr, das Flugzeug zu verlassen und starb beim Aufschlag. Sein Grab befindet sich noch heute auf dem Ehrenfriedhof in Lübeck. Der Einsatz wurde abgebrochen und die restlichen Piloten flogen zurück nach Blankensee.

Letzte Einsätze

Nach dem tödlichen Absturz des Gruppenkommandeurs Viedebantt bei einem der letzten Versorgungseinsätze der Deutschen Luftwaffe nach Berlin überhaupt, kamen die Staffeln jetzt unter kommissarischer Leitung von Oblt. Franz-Josef Schoppe.[1] Und als britische Truppen auf Lübeck vorrückten, verlegten auch die zurückgebliebenen Teile der III./KG 200 am Dienstag, 1. Mai, nach Eggebek, wohin ebenfalls die weiteren Teile der Gruppe inzwischen verlegt hatten. „Wir waren komplett aufmunitioniert, als wir nach Eggebek flogen", erinnert sich Werner Godehus, „das heißt, auch mit Bomben beladen, denn es sollten zuvor noch britische Truppen angegriffen werden. Dass sich bei mir die Bomben beim Angriff nicht gelöst hatten, bemerkte ich erst nach der Landung, weil keiner der Warte zu meinem Flugzeug kommen wollte. Kein Wunder, schließlich bestand höchste Explosionsgefahr. Nicht auszudenken, eine der Bomben hätte sich vom Flugzeug gelöst."

Die 9. Staffel flog am 2. Mai von Eggebek aus nochmals einen Dämmerungs-Schlachteinsatz auf britische Panzerspitzen. Die 10. Staffel war nachweisbar nochmals am Donnerstag, 3. Mai 1945, auf Feindflug. Britische Truppen wurden ab 21 Uhr von Eggebek aus angegriffen, gelandet sind Teile der Staffel dann in Schleswig, andere wiederum in Eggebek.

Am Freitag, 4. Mai 1945, trafen die ersten Teilkapitulationsanordnungen bei der Gruppe ein. Von Eggebek aus war sogar noch geplant, vor der teilweisen Kapitulation am darauffolgenden 5. Mai nach Südnorwegen zu fliegen. Oblt. Schoppe rief dazu jeden Flugzeugführer einzeln zu einem Gespräch zu sich, erinnert sich Günther Kossatz. „Unter vier Augen wurde jeder einzeln gefragt, ob man nach Norwegen fliegen und weiterkämpfen wolle oder nicht", so Kossatz weiter. Die Fragestunde hatte sich angeblich bereits herumgesprochen: Die

Piloten hatten sich insofern abgesprochen und für den Fall bewaffnet, dass Standgerichte gegen diejenigen einberufen worden wären, die nicht weiterfliegen wollten. Die sich überschlagenden Ereignisse verhinderten jedoch einen weiteren Einsatz – und so gelangten auch die 440 Angehörigen der III./KG 200 – darunter 41 Flugzeugführer – letztlich in britische Gefangenschaft, so ein britischer Bericht vom 6. Juni 1945 über die Stärke deutscher Verbände per 7. Mai 1945, der außerdem insgesamt 31 Fw 190 der III./KG 200 in Eggebek auflistete. *"Und trotz Kriegsendes hat Oblt. Schoppe noch in der Gefangenschaft Todesurteile gegen einige Flugzeugführer ausgesprochen"*, erinnert sich Kossatz.

Belegung mit „Strahlern"

Der Ausbau der Start- und Landebahn, bei dem die Piste in Richtung Groß Grönau auf eine Länge von fast 1.800 Metern, also annähernd der noch heutigen Länge, gebracht wurde, fand hauptsächlich im Hinblick auf den Einsatz von Strahlflugzeugen wie der Ar 234 und der Me 262 statt. Diese benötigten nämlich betonierte Rollbahnen, da sich auslaufender Treibstoff aus den Turbinen häufig entzündete. Deshalb war es für diese 1944/45 modernsten Flugzeuge zu gefährlich, sich auf einer alten und dazu noch brennbaren Asphaltdecke oder einer trockenen Graspiste zu bewegen. Zu leicht hätte die ganze Maschine in Flammen stehen können. Ein derartiger Ausbau erfolgte zum Beispiel auch auf dem nördlich von Hamburg gelegenen Fliegerhorst Kaltenkirchen. Mit der dortigen Belegung durch Me 262-Düsenjägern der I./JG 7 kam Blankensee auch eine Rolle aus Ausweichlandeplatz zu.[1]

Der Ausbau Blankensees kam jedoch auch nicht von ungefähr, schließlich lag der Lübecker Fliegerhorst strategisch günstig zur Abwehr der Bomberströme, die über dem Norden des Reichsgebietes zum Angriff einschwenkten. Im Zuge des Ausbaus der Infrastruktur lässt sich auch erklären, weshalb die Staffeln der III./KG 40 ab September 1944 nach Blankensee verlegten. Sie sollten nämlich hier auf die Me 262 umgerüstet werden. Dazu flogen die Besatzungen ihre 36 Fw 200 von Bordeaux nach Trondheim und ließen dort die viermotorigen Maschinen zurück. Der damals 23-jährige Technische Offizier der III./KG 40, Flugkapitän Erich Stocker, erinnert sich: *"Das war*

entsetzlich, schließlich haben wir die Condor geliebt. Wir haben die Maschinen dort einfach stehengelassen, sie wurden dann getarnt neben Bauernhäusern abgestellt." Die Fw 200 wurden zunächst nicht mehr gebraucht; letztlich benutzte man sie auch für die Aufstellung der Transportstaffel Condor, die aus der 8./KG 40 entstand. Nachdem aus dem ehemaligen Zivil-Flugzeug Langstreckenaufklärer geworden waren, wurden die eleganten Maschinen nun also zu Transportern umfunktioniert.

Für das fliegende Personal der 7. und 9. Staffel ging es nach und nach per Schiff „heim ins Reich", nach Lübeck. Dort wurden die Besatzungen aufgeteilt: Beobachter, Bordschützen und -funker wurden bei der Umschulung auf die einsitzige Düsenmaschine nicht mehr benötigt; sie wurden entweder an andere Einheiten abgegeben oder zu LW-Bodenheinheiten versetzt; viel Zeit in Blankensee blieb ihnen also nicht. Auch die Flugzeugführer blieben nicht sehr lange in Lübeck: Sie mussten erst einmal umgeschult werden. Erich Stocker kam zur Umschulung auf

Nachdem die Start- und Landebahn ausgebaut war, nutzten auch Me 262 der I./JG 7 Blankensee als Basis neben dem Liegeplatz Kaltenkirchen. Hier die Me 262 „Gelbe 8" der I./JG 7, aufgefunden von US-Truppen in Stendal.

---

[1] Hinweise auf die Nutzung Blankensees als „Strahler-Platz" gibt es auch durch eine britische Ultra-Meldung: Am 16. April 1945 befahl der „Fliegerführer Transport" zwei He 111 nach Blankensee, um eine Sendung mit R4M-Raketen nach München-Riem zu bringen. Während diese Sendung wahrscheinlich zum JV 44 gebracht werden sollte, dokumentiert das Vorhandensein dieser Raketen die Bevorratung von Zubehör für die Me 262, die ohne hier stationierte Me 262 sinnlos wäre.

Die III./KG 40 war bereits vor 1944 in Blankensee zu Gast. 1941/42 landete die Fw 200 C „F8+L?" auf dem Platz und wurde schon wegen der Größe der Maschine von den Fliegerhorst-Angehörigen neugierig beäugt. Und selbstverständlich im Bild festgehalten, denn die Fw 200 war nicht häufig auf dem Platz anzutreffen.

[1] Der bereits erwähnte Obgefr. Heinrich Thies kam im Februar 1945 zur 3.(Ost)/FlÜG 1.

Ein weiteres Foto der Fw 200 C „F8+L?", aufgenommen schräg vor der Halle 6 (rechts im Bild). Am Bug das Staffelwappen des KG 40, die Unterseiten sind wegen Dämmerungseinsätzen schwarz übergemalt. Am Leitwerk befindet sich eine Einsatzbilanz aufgemalt; gängige Praxis beim KG 40.

die Ar 234 nach Burg bei Magdeburg. Den Flugzeugführern wurde gesagt, mit der Ar 234 würden sie sogar England angreifen können. Andere Piloten wiederum wurden zu Schuljagdgeschwadern versetzt, um Erfahrungen auf Jagdmaschinen – was die Me 262 vom Grunde her ist – zu sammeln. Obgefr. Heinrich Thies, Flugzeugführer der 7./KG 40, beispielsweise kam zur II./JG 103 nach Stolp-Reitz und Kamp bei Kolberg. Im November war er mit der Umschulung fertig.

Als eine der wenigen Maschinen war der III./KG 40 eine Fw 58 geblieben. Mit der „CU+HX" (WNr. 41F) kam Gruppenkommandeur Major Dr. Lambert von Konschegg zuletzt am 6. November 1944 aus Trondheim via Aalborg nach Blankensee (Start in Aalborg 14.30 Uhr, Landung in Blankensee um 16.30 Uhr.). Doch die Hoffnung auf neue Maschinen für die Gruppe, sprich die Ausrüstung mit der Me 262, zerschlug sich im Februar 1945; die III./KG 40 und der seit Dezember 1944 am Platz befindliche Geschwaderstab wurden aufgelöst, das verbliebene Personal an Erdkampfeinheiten abgegeben.[1]

Turbinen-Nachtjäger in Blankensee

In den folgenden Monaten kam es wiederholt zu Landungen der Messerschmitt-Jäger aus Kaltenkirchen, aber auch eine andere Strahler-Einheit fand ihren Weg nach Blankensee: Das ehemalige „Kommando Welter", teilweise ausgerüstet mit zu Nachtjägern umgebauten, doppelsitzigen Me 262.

Das Kommando Welter wurde am 2. November 1944 in Rechlin-Lärz aufgestellt, war also eine noch sehr junge Luftwaffen-Einheit. Mit einsitzigen Me 262 A-1a ausgerüstet, flogen die besonders ausgewählten Nachtjagd-Besatzungen – darunter auch Lt. Altner von der III./NJG 5 – ihre ersten Einsätze bei Tag. Herbert Altner erinnert sich, wie er aus Lübeck zum Kommando Welter kam: *„Im Februar 1945 war ich Leutnant. Auf unserem Platz des NJG 5 in Lübeck sah ich eine Me 262 landen. Das Flugzeug beeindruckte mich augenblicklich und ich ging, um den Piloten zu fragen, wo man denn ein solches Flugzeug fliegen könnte. Es war Kurt Welter. Ihm gefiel, dass ich fliegerisch recht erfahren war und er schlug mir vor, zu seinem Kommando nach Burg bei Magdeburg zu kommen. Am 4. März flog ich mit der Ju 88 nach Burg, wo ich zunächst von Kurt Welter eine Einweisung auf den Me 262-Einsitzer bekam. Er stand dabei auf der Tragfläche, während ich im Cockpit saß und mir alles erklären ließ. Dann startete ich auch schon zum ersten Mal und hatte mit der Me 262 keinerlei Probleme."*

Als die Staffel im März 1945 in Burg bei Magdburg lag, führte einer dieser Feindflüge am 9. März 1945 auch nach

Lübeck. Fw. Karl-Heinz Becker landete nach einer Stunde Einsatz von Burg aus um 13.16 Uhr in Blankensee. Erst um 17.30 Uhr startete er wieder mit der „Roten 5" und kehrte um 17.41 Uhr nach Burg zurück. Ein erster nächtlicher Übungseinsatz stand für Becker am 14. März 1945 auf dem Programm, weitere Tag- und Nacht-Einsätze folgten ab dem 20. März, wobei sich die Überlegenheit der Me 262 auch darin zeigte, dass bei jedem Feindflug mindestens eine feindliche Maschine abgeschossen werden konnte – auch ohne Nachtjagdradar[2].

Mitte März 1945 kamen die ersten in der Lufthansa-Werft in Berlin-Staaken zu Zweisitzern umgebauten Me 262 zur Einheit. Mit ihnen war es möglich, nun auch wieder einen Bordfunker an Bord mitzunehmen, der ein Radargerät bedienen konnte. Lt. Herbert Altner überführte einen der ersten doppelsitzigen Düsen-Nachtjäger am 22. März 1945 von Staaken.

Und bereits am 27. März flogen Altner und sein Bordfunker Reinhard Lommatzsch von Burg aus ihren ersten Nachteinsatz mit der Me 262 B-1a/U1 „Rote 12". Nachdem sie mit dem Radar eine Mosquito ins Visier nehmen konnten, nahm er Gas heraus, um sich der Geschwindigkeit der Mosquito anzupassen – zu stark, wie sich zeigte, denn beide Turbinen gingen aus. Altner und Uffz. Lommatzsch mussten über Havelberg aussteigen. Lommatzsch schlug dabei gegen das Leitwerk und wurde später tot aufgefunden.

Als Ersatz für die abgestürzte „Rote 12" bekam die 10./NJG 11 Ende März 1945 zwei weitere Me 262 Doppelsitzer zugewiesen: die WNr. 110635 und die WNr. 110306. Neuer Bordfunker von Altner wird Fw. Hans Fryba. Zusammen ge-

lingt es beiden am 6. April eine Mosquito abzuschießen. Wenige Tage später, am 10. April 1945 wird der Fliegerhorst Burg von alliierten Bombern angegriffen, ein Großteil der Flugzeuge wird dabei zerstört. Die verbleibenden Maschinen werden zur heutigen Autobahn A2 geschleppt.

Einige starten von dort aus einen Tag später in Richtung Berlin-Staaken, bleiben dort bis mindestens 21. April und stoßen dann zu den anderen Teilen der Staffel, die bereits am 12. April nach Lübeck-Blankensee verlegt hatten, das mittlerweile zum Sammelbecken für alle möglichen Luftwaffeneinheiten geworden war. Der Aufenthalt der Staffel hier wird aber nur ein kurzes Gastspiel: Nach einem Tieffliegerangriff, bei dem eine in einer Halle untergestellte Me 262 zerstört wurde, verlegten die handvoll Männer am 21. April 1945 nach Reinfeld. Dort, neben der Autobahn, schlugen sie ihr Lager auf; ein gerades Stück der Autobahn sollte als Start- und Landebahn dienen[3].

Lt. Georg Czypionka erinnert sich an seine Flüge von der Autobahn: *„Das Stück, von dem wir starteten, war ein gerader Teilabschnitt, der über eine Brücke führte. Wir konnten mit zwei Maschinen auf den beiden Fahrstreifen gleichzeitig starten, für die Einsätze hatten wir jedoch keinerlei Bodenführung wie beispielsweise in Blankensee."*

Nicht nur, dass die Me 262 der erste einsatzfähige Düsenjäger der Welt war, sie wurde auch noch als Nachtjäger eingesetzt. Und das sogar von Lübeck bzw. Reinfeld aus.

[2] Diese Me 262 A-1a verfügten jedoch über eine Rotlichtbeleuchtung des Instrumentenbretts sowie eine verbesserte Kompassanlage und jagten nach feindlichen Flugzeugen, die Scheinwerfer angeleuchtet hatten – im Grunde so wie 1940, in der Anfangszeit der Nachtjagd.

[3] Der Bereich ist jedoch heute nicht mehr mit dem Zustand von 1945 zu vergleichen, Reinfeld erhielt beispielsweise erst in der Nachkriegszeit einen eigenen Autobahnanschluss. Insofern existierte auch die Brücke über die A1 zur damaligen Zeit noch nicht. Angeblich sind nicht nur Strahler von der Autobahn gestartet: Hugo Wieland, Prüfmeister in der Blankenseer Werft, erinnert sich auch an Fw 190, die von dort aus eingesetzt wurden.

Aus der Zeit, als die 10./NJG 11 in Lübeck bzw. Reinfeld lag, sind kaum Fotos erhalten geblieben. Die beiden Fotos auf dieser Seite entstanden anlässlich der Kapitulation und Übergabe der Maschinen an die RAF in Schleswig. Zu sehen ist, dass neben den Doppelsitzern auch Me 262-Einsitzer beim ehem. „Kdo. Welter" im Einsatz waren.

Da mit Beginn des Zweiten Weltkrieges kaum noch jemand private Autofahrten unternehmen konnte, waren die Autobahnen im Reichsgebiet wie leergefegt. Einige abgesperrte Abschnitte dienten als Start- und Landebahn für Flugzeuge und somit als Ersatz für die oftmals zerstörten Fliegerhorste, so auch ein Streifen nahe der Stadt Reinfeld. Wie diese zeitgenössische Postkarte des Abschnitts bei Groß Hansdorf zeigt, gab es kaum Hindernisse auf der Reichsautobahn 1, sprich Schilder oder Leitplanken.

Reichsautobahn Hamburg-Lübeck bei Gr. Hansdorf-Schmalenbeck

[1] Start um 6.58 Uhr, Landung um 7.20 Uhr – eine relativ lange Flugzeit für einen „Katzensprung".

Einem englischen Offizier wird nach der Kapitulation die „rote 10" vorgeführt.

Untergebracht waren die Staffelangehörigen in Zelten, aber auch in Privatquartieren in der Umgebung. Dr. Karl Kramer, 1945 war er gerade einmal 13 Jahre alt, erinnert sich an die Flieger an der A1 bei Reinfeld: *„Im April 1945 hatten wir viele Ausgebombte in Reinfeld einquartiert bekommen. Auch bei uns im Haus in der Klosterstraße wohnten welche im Erdgeschoss. Deshalb war auch die Einquartierung eines Luftwaffen-Leutnants eines Tages nichts Ungewöhnliches. Der stand einfach eines Abends in der Tür und sagte, dass er hier Quartier beziehen sollte. Er schlief dann für ein paar Tage in einem unserer Zimmer im Dachgeschoss. Ich sah ihn vielleicht höchstens vier bis fünf Mal. Der junge Leutnant aus Sachsen, seinen Namen habe ich leider vergessen, war sehr still und machte insgesamt einen traurigen Eindruck, wahrscheinlich, da in seiner Heimat bereits die Russen standen und eine Rückkehr ohne russische Kriegsgefangenschaft schwer möglich war. Er schlief lediglich hier, bekam hier keine Verpflegung. Er war sehr höflich und fragte, ob er sein Motorrad, eine NSU-Quick, im Hofschuppen unterstellen könnte.*

Seine Flugzeuge sah ich bei einer Fahrt mit dem Fahrrad von Reinfeld über Lokfeld nach Bliestorf. Auf der östlichen Seite der A1 standen an einem dichten Gebüsch, einem Knick, unter Tarnnetzen ein paar Düsenjäger vom Typ Me 262. Es waren etwa zwei bis drei Maschinen, jeweils grau-blau getarnt. Es hielten sich Techniker oder Besatzungsmitglieder an den Flugzeugen auf. In diesem Bereich gab es auch eine Behelfsauffahrt auf die Autobahn. Ende April 1945 verlegte die Einheit dann noch nach Schleswig."

Die A1 war übrigens seit Kriegsbeginn menschenleer: Die Privat-PKWs waren bis auf wenige, beispielsweise von Partei-Leuten, Ärzten und anderen, alle eingezogen, Benzin für Privatfahrten gab es nicht. Insofern fuhren nur hin und wieder ein paar Wagen auf der Autobahn. Besonders in den letzten Kriegsmonaten mieden die Menschen ohnehin die Autobahn: Zu leicht hätten sie von den alliierten Jabos entdeckt werden können. Besser war da schon die B75 mit ihren vielen Bäumen, die besseren Schutz und Deckung gaben. Nach Kriegsende lagerten die Briten auf der Autobahn Fahrzeuge der Wehrmacht. Bewacht wurden sie von Deutschen in umgefärbten britischen Uniformen.

Über die Flüge von Reinfeld gibt es wenige Belege. Jedoch vermerkte Lt. Altner in seinem Flugbuch, dass er am 28. April 1945 zusammen mit Uffz. Eicher die neue „Roten 12", die Me 262 B-1a/U1 mit der WNr. 111980, die Oblt. Kurt Welter erst am 15. April 1945 von Berlin-Staaken nach Lübeck-Blankensee überführt hatte, von Lübeck nach Reinfeld flog[1].

Blankensee wurde jedoch weiterhin als Ausweichlandeplatz genutzt: Karl-

Heinz-Becker überführte beispielsweise am 1. Mai 1945 die Me 262 „Rote 2", einen Einsitzer, von Blankensee nach Reinfeld[2]. Noch einen Tag später – die britischen Truppen waren bereits nur noch wenige Kilometer von Lübeck entfernt – flog Becker ab 10.52 Uhr mit der „Roten 2" noch einen Einsatz von Reinfeld aus. Dabei erhielt er Beschuss durch eine Hawker Tempest, konnte jedoch mit einigen Treffern im Rumpf und in der Tragfläche um 12.02 Uhr sicher in Blankensee landen. Wahrscheinlich flog diesen Einsatz auch Lt. Georg Czypionka in der Me 262 „Rote 6" mit, der sich nach dem Krieg in einem Interview daran erinnert: *„Wir kehrten von diesem Einsatz zurück, die Tanks waren schon ziemlich leergeflogen, als wir eine Formation von sechs Hawker Tempest erblickten. Wir beschlossen, sie anzugreifen. Nach einem Feuerstoß von knapp zwei Sekunden aus meinen Kanonen explodierte die erste in der Luft, die des Feldwebels blockierten. Wir beschlossen, den Luftkampf abzubrechen, und wollten dringend landen, schließlich wurde der Treibstoff knapp. Da wir aber nicht auf der Autobahn landen wollten, um unseren Landestreifen nicht zu verraten, ging es von den restlichen Tempest gehetzt, nach Lübeck. Doch dort warteten bereits Spitfires am Platz. Über Funk sagte ich dem Feldwebel, er solle geradewegs in den Platz hineinlanden, ich würde von der anderen Platzseite her reinlanden, so dass die Spitfires sich aufteilen mussten. Die Flak schoss bereits aus allen Rohren, leider auf alles, was da in der Luft herumflog. So wurde die Maschine des Feldwebels anscheinend am Fahrwerk beschädigt, und als er landete, war ein Reifen platt und drehte die Maschine bei der Landung herum. Glück im Unglück für ihn, denn dadurch trafen nicht die Geschosse der Spitfires die Maschine. Mich beschoss ebenfalls eine Spitfire, die im Landeanflug noch über mich hinwegflog. Ich erhielt Treffer im Tank und im Seitenleitwerk, entschloss mich, ohne Fahrgestell auf den Turbinen zu landen. Nachdem ich in der Mitte des Platzes zum Stehen gekommen war, rannte ich von der Maschine weg. Die Flak nahm weiterhin die Spitfires unter Beschuss, die jetzt sogar auf mich zu geflogen kamen. Das Abwehr-Feuer lag gut, jedoch traf es die Angreifer nicht."*

Lt. Czypionka erhielt von Staffelkapitän Welter eine gehörige Standpauke, schließlich fiel die „Rote 6" – bei ohnehin einem geringen Flugzeugbestand – für die Staffel jetzt aus und einen Angriff mit leeren Tanks zu fliegen sei unverantwortlich gewesen, so das Urteil von Welter. Czypionka wollte das Ganze aber wieder gut machen: In Blankensee stand eine weitere Me 262, jedoch ohne Triebwerke. Vom Werft-Betriebsleiter erfuhr er, dass in einem Reparaturbetrieb, etwa 50 Kilometer östlich, zwei Jumo 004-Triebwerke zur Abholung liegen würden. Czypionka schnappte sich kurzerhand einen Opel-Blitz-Lkw und einen Mechaniker, holte diese Triebwerke und die Werft baute sie so schnell es ging an die Me 262, so dass Czypionka noch am Nachmittag wieder in Richtung Reinfeld starten konnte.[3]

Der Einmarsch britischer Truppen am 2. Mai hätte eigentlich weitere Flüge unmöglich machen müssen. Dennoch verzeichnet das Flugbuch von Karl-Heinz Becker noch am 4. Mai eine Überführung der „Roten 2" von Reinfeld nach Schleswig (Start um 18.20 Uhr, Landung um 18.32 Uhr), wo nach offiziellen Angaben die Staffel seit dem 30. April 1945 eigentlich liegen sollte. Ein Blick in das Flugbuch von Herbert Altner hilft bei der Klärung leider auch nicht wirklich weiter, denn die letzten Einträge bzgl. der 10./

[2] Start um 16.10 Uhr, Landung um 16.45 Uhr. Der Flug wurde als Werkflug deklariert.

[3] Ob sich das Geschilderte wirklich am 2. Mai oder eher Ende April, wie Czypionka vermutet, zugetragen hat, ist fragwürdig, schließlich nahmen britische Truppen am Nachmittag des 2. Mai den Platz ein. Die ganze Aktion des Transports inklusive des Anbaus der Triebwerke hätte sicherlich viele Stunden benötigt. Angesichts der im Flugbuch Becker eingetragenen Landezeit in Blankensee von 12.02 Uhr, erscheint die Aktion sehr schwierig.

Auszug aus dem Flugbuch von Karl-Heinz Becker. Es belegt Landungen in Blankensee und in Reinfeld auf der Autobahn in den letzten Kriegstagen. Und zudem die Verlegung nach Schleswig.

[1] Auch eine Aufstellung, die Welter kurz nach Kriegsende verfasste, hilft hier nicht weiter: Sie sieht die 10./NJG 11 noch am 7. Mai 1945 in Reinfeld, erst dann soll die Staffel nach Schleswig überführt worden sein.

NJG 11 sind in seinem Flugbuch lückenhaft, da anscheinend nachträglich vorgenommen. So fehlen hier besonders die Flugzeiten. Insofern scheint besonders das Datum „6. Mai" als Tag der Überführung der „Roten 12" nach Schleswig durch Altner und Bordfunker Braun rätselhaft: Am 6. Mai herrschte bereits Waffenruhe in Schleswig-Holstein. Entweder hat der Flug noch vor dem 5. Mai oder tatsächlich am 6.5., dann jedoch unter der Kontrolle der Briten stattgefunden. Aber ob die Royal Air Force Karl-Heinz Becker mit seiner Me 262 am 4. Mai noch vor der Waffenruhe nach Schleswig hätten fliegen lassen, ist zweifelhaft[1].

Jedenfalls wird in Schleswig das hochmoderne Fluggerät – darunter zwei Messerschmitt Me 262 B-1a/U1 und sechs Me 262 A-1a – von britischen Truppen erbeutet, später teilweise nach England und in die USA zur Auswertung gebracht.

Und Hugo Wieland, Motorenprüfer, ergänzt: *„In Blankensee befanden sich eine ganze Menge Strahler, Me 262 und Ar 234. Diese waren meistens in den Hallen abgestellt, weniger im Freien."*

Diese Dislozierung des Flugzeugmaterials sorgte wahrscheinlich dafür, dass der Flugplatz – bis auf die Bombenwürfe der Tiefflieger – aufgrund der Vortäuschung einer weniger starken Belegung nie Opfer eines Flächenbombardements wurde. Der alliierten Luftaufklärung ist zwar der Bau einer für Düsenflugzeuge geeignete Start- und Landebahn nicht entgangen, jedoch anscheinend die Belegung mit den so genannten „Strahlern" zu Kriegsende.

So nutzten nämlich auch Teile des KG 76, das auf eine ähnlich lange Einsatzgeschichte zurückblicken konnte, wie das KG 26, mit ihren zweistrahligen Ar 234 B-2 Düsenbombern ab April 1945 den Lübecker Platz. Zuvor waren die mit dem modernen Flugzeug ausgerüsteten Staffeln u.a. von Hesepe und Marx im Einsatz, flogen Angriffe auf alliierte Truppen auf dem Vormarsch durch Holland, Belgien und dem westlichen Reichsgebiet. In Lübeck lagen ab Anfang April

Eine Ar 234 im Flug. Sie trägt noch die Starthilfe-Raketen unter den Tragflächen, die nach Ende des Startvorgangs abgeworfen wurden.

Regulär waren die Ar 234 Einsitzer. Auf der Flucht vor sowjetischen Truppen nahmen die Flugzeugführer jedoch auch schon mal Passagiere mit. So flog Eva von Zitzewitz wahrscheinlich als erste Frau in der Ar 234 ihres Mannes, eines Einfliegers der Arado-Werke in Brandenburg-Briest, mit und landete Ende April 1945 in Lübeck-Blankensee. Hier der Blick auf eine Kanzel eines Ar 234-Aufklärers.

Düsenbomber in Blankensee

Auch andere Einheiten nutzten Lübeck verstärkt als Start- und Landeplatz: So flogen nach Luftkämpfen teilweise aus Spritmangel zum Beispiel die Jäger der I. und II./ JG 26 und die Me 262-Aufklärer der Nahaufklärungsgruppe 6 den Platz an. Einen Eindruck von den Zuständen auf dem Fliegerhorst vermittelt der damalige Angehörige der Flugplatzkommandantur Egon F.: *„Gerade im April 1945 füllte sich unser Platz immer mehr. Beinahe täglich landeten hier Flugzeuge oder Teile von Einheiten, die man noch nie zuvor gesehen hatte. Damit nicht alle auf dem Flugfeld herumstanden, ließen wir einen Großteil der Flugzeuge auf die angrenzenden Felder ziehen und mit Netzen tarnen. Ebenfalls wurden einige hinter der Ratzeburger Landstraße am Waldrand getarnt abgestellt."*

In den letzten Kriegstagen kamen auch sie auf den Platz: die ersten vierstrahligen Düsenbomber der Welt, die Ar 234 C (im Bild der Prototyp der Serie, die Ar 234 V-19).

1945 der Geschwaderstab, später auch die Reste der II./KG 76 und die 2. FBK. Untergebracht waren sie in Privatquartieren in Lübeck-Schlutup. Die III. Gruppe nutzte Lübeck neben Kaltenkirchen ebenfalls als Einsatzbasis, ihr war auch die 6./KG 76, die als einzige Staffel der II. Gruppe mit der Ar 234 bereits ausgerüstet war, unterstellt.

Doch ganz im Gegensatz zu den Vorkriegs- oder frühen Kriegsjahren waren jetzt nicht mehr haufenweise Besatzungen und Maschinen flugklar: Starten konnten nicht nur aus Material- und Benzinmangel nur wenige einzelne Flugzeugführer. Per 1. April 1945 verfügte der Geschwaderstab gerade einmal über zwei einsatzklare Ar 234, die 6./KG 76 hatte vier Aradops im Bestand, zwei davon flugklar, die 8. und 9. Staffel hatten elf 234er zur Verfügung, davon allerdings nur vier einsatzfähig.

Seit dem 3. April war Kommodore Robert Kowaleswski, ein ehemaliger Flugzeugführer des KG 26, in Lübeck auch fliegerisch aktiv, flog erste Einsätze, während am 8. April 1945 Fw. Wördemann von der 6./KG 76 mit der Ar 234 „F1+MP" in Rheinsehlen um 10.55 Uhr einen Rauchstart (Start mittels abwerfbarer Starthilferaketen) machte und um 11.14 Uhr in Blankensee landete.[2]

Wenige Tage später, am 12. April 1945, musste Wördemann einen ersten Feindflug von Blankensee aus bereits nach acht Minuten um 19.41 Uhr abbrechen: Die „F1+MP" hatte technische Probleme. Am 14. April 1945 startete Wördemann mit der „F1+MP" zu seinem 230. Feindflug seiner Fliegerlaufbahn: Mit einer SD 500-Bombe griff Wördemann zwischen 13.45 und 14.21 Uhr Fahrzeuge zehn Kilometer nördlich Cosel an, durch die Kriegs-Chronik des KG 76 ist ein weiterer Angriff für diesen Tag belegt, diesmal jedoch auf die Autobahn-Brücke über die Aller bei Celle; in diesem Raum befand sich eine Spitze des britischen Vormarsches.

Eva von Zitzewitz, 1945 mit 22 Jahren Angestellte der Personalabteilung im BMW-Motorenwerk bei Stettin, erinnert sich an die Flucht vor sowjetischen Truppen nach Blankensee am 10. April 1945 – in einer Ar 234: *„Mein Mann war Testpilot bei Arado, doch Erprobungsflüge fanden in den letzten Kriegsmonaten nur noch wenige statt. Der Einflugbetrieb war zu Kriegsende nach Brandenburg-Briest verlegt worden und als der Russe näherrückte, sollten die Einflieger die verbliebenen Maschinen entweder nach Nord- oder Süddeutschland überführen. Keine Frage, dass mich mein Mann in seiner Maschine mitnahm. Ich setzte mich dazu zwischen seine Beine in die Glaskanzel der Ar 234. Nach dem Start bemerkte ich über uns etwa 20 Spitfire und warnte meinen Mann, der sie noch nicht gesehen hatte. Doch er winkte nur ab. Bevor sie uns gefährlich werden konnten, gab er Gas und wir flogen ihnen davon. Nach etwa 20 Minuten Flugzeit erreichten wir gegen 18 Uhr den Fliegerhorst Blankensee. Mein Mann drehte noch eine Platzrunde vor der Landung und rollte anschließend vor eine der Hallen. Wir wurden gleich von Bodenpersonal in Empfang genommen. Die fielen fast rückwärts um, als die zuerst eine Frau aus der Arado aussteigen sahen. Darauf, dass ich die erste Frau in einer Ar 234 gewesen bin, wurde nachher auch ein Glas Sekt getrunken. Wir wurden in einer der Kasernen untergebracht. Schlimm für mich war, dass es keine getrennten Waschräume und Toiletten gab. Außerdem erzählte man uns, dass wir hier nicht bleiben könnten, sollten weiter nach Kaltenkirchen fliegen. Nach einer Übernachtung ging es in den frühen Morgenstunden in gleicher Weise wie von Brandenburg also nach Kaltenkirchen. Dazu saß ich wieder zwischen den Beinen meines Mannes in der Glaskanzel."*

Laut Eva von Zitzewitz war die Ar 234 eine reguläre Einsatzversion, hatte zwei Jumo-Triebwerke und trug keine Bewaff-

[2] Bereits am 6. April 1945 verlegte die 1.(F)/123 mit ihren Ar 234-Aufklärern ebenfalls von Rheinsehlen nach Lübeck. Auch das Kdo. Sperling soll zu diesem Zeitpunkt nach Lübeck gekommen sein und am 2. Mai 1945 nach Hohn bei Rendsburg verlegt haben. Während der Verlegung flog Oblt. Worzech noch einmal Aufklärung, wurde jedoch bei Lüneburg mit der Ar 234 „4U+EH" (WNr. 140454) von Spitfires der 350. Squadron abgeschossen und beim Absturz verletzt.

Oberstleutnant Robert Kowalewski war zu Kriegsende Kommodore des KG 76 und flog von Blankensee aus einige Einsätze mit der Ar 234. Kowalewski war im Januar 1941 für kurze Zeit Staffelkapitän der 6./KG 26, anschließend bis Mai 1941 Gruppenkommandeur der II./KG 26.

[1] Vielleicht ist hier eine Landung auf dem Schattenplatz Büchen-Fitzen gemeint.

[2] Start um 8.45, Landung um 9.04 Uhr. Diese Maschine wurde Anfang Mai 1945 von britischen Truppen in Schleswig erbeutet, bekam die englische Registrierung „AIR MIN 54" und die RAF-Seriennummer VH530. Am 1. Oktober 1948 wurde sie aus der Flugzeugstammrolle gelöscht.

[3] Wetteraufklärung im Raum der Brücken über die Aller bei Rethem und Angriff auf die Brücken aus 500 Metern Höhe.

Unten: Diese Ar 234 (WNr. 140608) „T1+GL" flog Oblt. Korn am 22. April 1945 von Blankensee nach Grove, wo sie von britischen Truppen erbeutet wurde. Diese Maschine soll eine der beiden Ar 234 vom Stab/FAGr. 1 gewesen sein. In der Literatur wird die Maschine ansonsten dem Kdo. Bonow zugesprochen, das mit einigen Ar 234 Nachtjagd flog. Die WNr. 140608 wurde jedoch – wie Fotos beweisen – nicht zu einem Nachtjäger umgebaut, sondern blieb im Bauzustand der B-Version. Pilot war ansonsten Oblt. Josef Pitzkühl. Rechts eine weitere Ar 234 in Grove.

nung, sprich Bomben, während des Überführungsfluges. Nach der Ankunft in Kaltenkirchen soll die Maschine von hier aus noch Einsätze nach Berlin geflogen haben. Eva von Zitzewitz hatte sich nämlich noch bei einem Mechaniker nach der Ar 234 erkundigt.

Doch nicht nur die sich nähernden Sowjets zwangen die Deutschen, ihre Verbände nach Norden oder Süden zurückzuziehen: Der Bombenangriff auf den Fliegerhorst Burg betraf neben der 10./NJG 11 auch den dort umschulenden Teil des KG 76. Der Platz und seine Infrastruktur waren unbenutzbar, deshalb starteten die Flieger mit den übrig gebliebenen Maschinen nach dem Bombardement am 11. April von der Autobahn in Richtung Lübeck. Bereits am 15. April 1945 griffen die wenigen eingeteilten Flugzeugführer von Blankensee aus morgens britische Fahrzeugkolonnen bei Meine an, elf Kilometer südlich von Gifhorn und weiterhin Panzerspitzen auf der Autobahn Hannover-Braunschweig. Dazu die Kriegs-Chronik des KG 76: *„Vier Feindjäger jagten Lt. Croissant über Gifhorn vergeblich. Wegen überall in Platznähe herumstreunender Feindjäger wich er im Tiefflug nach Ratzeburg südlich Lübeck aus.[1] Während der Landung in Kaltenkirchen wurde Ofw. Luther, 6. Staffel, durch einen Feindjäger, vermutlich eine ‚Tempest' abgeschossen. Bei der folgenden Bruchlandung wurde er schwer verletzt."*

Ebenfalls am 15. April musste die 6./KG 76 alle Maschinen an die III. Gruppe abgeben, das fliegende Personal wurde auf andere Teile des Geschwaders verteilt, ansonsten verließ das übrige Personal Blankensee mit dem Lkw in Richtung Lauen, einer kleinen Ortschaft bei Selmsdorf nur wenige Kilometer östlich Lübecks. Dort stießen sie auf die dort liegenden Reste der II./KG 76. Aus den letzten Flugzeugführern vom Geschwaderstab und StabII./KG 76 wurde eine Einsatzgruppe gebildet. Sie bestand aus dem Geschwaderkommodore, Robert Kowalewski, Major Polletien, Oblt. Spitzer, Ofw. Breme, Fw. Eisele und Fw. Wördemann. Letzterer machte am selben Tag um 17.11 Uhr mit der Ar 234 „F1+AA" (WNr. 140113) des Geschwaderkommodores einen Werkstattflug, von dem er jedoch mit nur einem laufenden Triebwerk nach Blankensee um 17.31 Uhr zurückkehrte; ein weiterer Werkstattflug mit der „F1+AA" unternahm Wördemann am 17. April, diesmal anscheinend ohne Beanstandungen[2].

Auch mit zwei weiteren Ar 234 des Geschwaderstabs, mit der „F1+BA" und „F1+CA", machte Wördemann am 15. April 1945 Werkstattflüge – Feindflüge sind im Zeitraum vom 15. bis 17. April nicht nachweisbar. Diese begannen erst ab dem 18. des Monats, als die weiter nach Norden vorstoßenden alliierten Bodentruppen bekämpft werden sollten: Mit der Ar 234 „F1+CA" startete Fw. Wördemann am 18. April um 15.26 Uhr in Blankensee zur Wetteraufklärung und zum Angriff aus 500 Metern Höhe auf Brücken über die Aller bei Rethem und Nienburg (Landung um 16.01 Uhr).

Bei diesem Feindflug empfing die Angreifer schweres Flakfeuer alliierter Truppen und letztendlich tauchten auch noch Feindjäger über dem Ziel-Gebiet auf. Nur die große Geschwindigkeit der Ar 234 entschied das Ganze für die Deutschen, der Düsenbomber zog den Jägern davon. Und auch einen Tag später flog Wördemann mit der „F1+CA" zu gleichem Zweck und gleichem Ziel, diesmal jedoch von 12.25 bis 13 Uhr – über den „Erfolg" dieser Missionen liegen jedoch keinerlei Angaben vor.

Luftangriffe auf Truppen vor Berlin

Trotz der bereits verlorengegangenen Luftüberlegenheit fliegen auch die Piloten des KG 76 weiterhin ihre Einsätze – die jedoch meist im Schutz der Dämmerung. Dazu werden die Maschinen durch Sprechfunk und mittels Blinksignalen vom Kontrollturm in Blankensee zur Landung hereingeholt. Doch dass das auch schief gehen konnte, zeigte einer der ersten Angriffe auf sowjetische Truppen östlich Berlins, der gleich mit einem Verlust endete. Ein Auszug aus der Kriegs-Chronik des KG 76 gibt genauere Hinweise auf den Einsatz am 19. April: *„Mittags. Einsatz wie am Vortag*[3]*. Major Polletien, Ia (Einsatzoffizier) des Geschwaders, kehrte von einem Einsatz im Raum Berlin trotz Funkwarnung der Flugleitung nach Lübeck-Blankensee zurück und wurde nach Abschuss durch englische Jäger beim Aufschlag seiner Maschine getötet."* Dr. Carl-Louis Klemm, damals 17 Jahre und gerade entlassener Flak-Helfer, wurde Augenzeuge des Abschusses: *„Ich sah gegen Mittag ein Düsenflugzeug am Himmel, das ich zunächst als Me 262 identifizierte. Es flog in 2-3000 Metern Höhe. Plötzlich sah ich, dass sich sechs Spitfire im losen Verband der Ar 234 von hinten näherten. Dann ging alles sehr schnell: Ein kurzer Feuerstoß, bupp-bupp-bupp, und die Ar 234 qualmte und ging sofort nach unten weg. Von meinem Standort aus konnte ich die Landung bzw. den Aufschlag nicht beobachten. Er muss in ein bis zwei Kilometer Entfernung bei Ruppensdorf stattgefunden haben, es gab keine Detonation oder Qualmwolke."*

Und auch Oblt. Kamrück blieb das Fliegerglück nicht hold: Ebenfalls am 19. April 1945 wurde er nach dem Start in Blankensee ein Opfer englischer Flak, die ihn beim Angriff auf Brückenziele bei Lüneburg abschoss. Am gleichen Tag überführte Oblt. Günter Korn, ein ehemaliger Einflieger der Arado-Werke in Alt-Lönnewitz, die Ar 234 mit der WNr. 140608 von Rechlin-Lärz nach Blankensee (Start um 8.12, Landung um 8.32 Uhr), so dass zumindest der Bestand an Ar 234 durch die beiden Verluste nicht übermäßen litt.[4]

Fw. Wördemann startete zu den nächsten nachweisbaren Einsätzen von Blankensee aus gleich zwei Mal am 24. April 1945 in Richtung Berlin: Zunächst in den frühen Morgenstunden, von 7.50 bis 8.43 Uhr, als er mit einer SC 500 unter der Ar 234 „F1+CA" einen Gleitangriff auf Fahrzeuge südlich Oranienburg flog. Am Abend des Tages ging es für Wördemann erneut auf Feindflug: Zwischen 20.17 und 21.06 Uhr lautete diesmal der Eintrag in seinem Flugbuch: *„Gleitangriff auf Pontonbrücken über die Havel südlich Oranienburg."*

Einen Eindruck von den Kämpfen um Berlin gibt die Kriegs-Chronik des KG 76 für den 26. April 1945: *„Stab morgens: Ziel: russische Panzer am Halleschen Tor in Berlin. Ofw. Breme berichtet: das Gebiet von Tempelhof-Neukölln-Hermannplatz ist bereits von den Russen besetzt, hier sieht man keine Brände. Nördlich vom Hermannplatz lodern bei blauem Himmel 300m hohe Flammen, beim Halleschen Tor ein einziges Flammenmeer. Dorthin will ich keine Bombe werfen, des-*

Polizeilicher Fundbericht über den Absturz der Ar 234 WNr. 140591 vom 19. April 1945. Bemerkung: *„Flugzeugbewachung wurde durch die Marine-Einheit in Schönberg gestellt. Pötenitz ist benachrichtigt."*

---

[4] Oblt. Korn verließ Blankensee jedoch auch wieder mit einer Ar 234: Am 22. April startete er mit der WNr. 140608, jetzt mit dem Kennzeichen „T1+GL", um 7.05 Uhr, und landete 40 Minuten später in Grove. Britische Truppen erbeuteten die WNr. 140608 im Mai 1945 in Grove, brachten sie als „AIR MIN 25"und der RAF-Seriennummer VK880 zu Tests sogar nach England. Anschließend wurde sie jedoch verschrottet.

[1] ost-süd-ost

[2] Gleitangriff

[3] Dies war keine gewöhnliche Ar 234: Es war die Ar 234 S-9 mit der WNr. 140109, die nach ihrem Erstflug am 10.08.1944 als „E2+10" bei der E-Stelle Rechlin für die Gleitbomber-Erprobung mit Hs 293 bis zum 12. Dezember 1944 im Einsatz war.

[4] Insgesamt sollen 181 Flugzeuge in Lübeck gesprengt worden sein.

Die letzten Flugzeugführer, oftmals hochdekorierte Piloten, wie hier bei der III./KG 76, die ebenfalls Lübeck-Blankensee als Start- und Landeplatz nutzte, setzten sich vor den anrückenden britischen Truppen nach Norden ab. Das Bodenpersonal und die Flugzeugführer ohne Maschine folgten ihnen auf dem Landweg.

halb löse ich die Bombe blind über einem See oso[1] Schwerin." Ofw. Albert Breme flog bei diesem Einsatz am mit der Ar 234 „F1+LP" von Blankensee aus von 6 bis 6.57 Uhr.

Die letzten Feindflüge

Am 28. April 1945 trifft erstmals einer der neuesten Ar 234-Bomber in Blankensee ein, eine vierstahlige C-3-Version, die Ofw. Johne, ehemals von der 6. Staffel, aus Rechlin nach Lübeck überführt hat. Zu Johnes Überführungsflug vermerkt das inoffizielle Kriegstagebuch des Geschwaders: *„Nach seinem Bericht ist Lt. Stellbrink, ebenfalls 6. Staffel, kurz vor ihm in Rechlin zum Überführungsflug gestartet. In ca. 400m Höhe explodiert die Arado mit einer Stichflamme. Da Sabotage mit einem auf Höhe eingestellten Sprengsatz vermutet wird, überführt Ofw. Johne seine Ar 234 C im Tiefflug von höchstens 50m Höhe. In Blankensee rührt niemand die Arado an. Ofw. Breme bekommt zwar den Befehl, die Arado nach Kaltenkirchen zu fliegen, da sich aber Ofw. Johne krank meldet, kann er ihn nicht einweisen."* Besonders tragisch: Stellbrinks Frau wollte ihn am nächsten Tag in Schlutup besuchen.

Am 29. April – an diesem Tag überschreiten die Briten die Elbe bei Lauenburg – startete Ofw. Breme sogar gleich zwei Mal; zu einem ersten Einsatz von 13.13 bis 14.04 Uhr, einen zweiten von 20.14 bis 21.09 Uhr, jedoch nicht zu Angriffen auf die englischen Truppen, ein Auszug aus der Kriegs-Chronik des KG 76 gibt weitere Hinweise auf den Einsatz

am 29. April: *„Stab. Morgens:[...]. Ziel Berlin. Abends. [...] Glag[2] auf Panzer-Kolonne o[stwärts] Berlin. Ofw. Breme rühmt das besondere Geschick, mit dem Fw. Wördemann auf dem Turm am Flugplatz Blankensee die Luftlage überblickt und ihn mit Sprechfunk und Blinksignal sicher in den Platz zur Landung hereinholt."*

Und auch am 30. April 1945 ging es nochmals nach Berlin: Fw. Wördemann startete erneut mit der „F1+CA", diesmal am Nachmittag um 16.45 Uhr. Noch vor Erreichen des Ziels (Sowjetische Truppen rund um das Regierungsviertel) zwang ihn ein Angriff von fünf sowjetischen Jagdflugzeugen jedoch bei Döberitz dazu, die Bombe im Notwurf abzuwerfen. Wördemann kehrte von seinem 235. Feindflug um 17.35 Uhr nach Blankensee zurück. Es war sein letzter Flug im Zweiten Weltkrieg und wie die Kriegs-Chronik vermutet, der letzte Feindflug des Geschwaderstabes überhaupt. Am gleichen Tag begannen die Reste des KG 76, erste Maschinen von Blankensee zu verlegen. So beispielsweise Ofw. Breme, der um 20.42 Uhr die Ar 234 „GM+BI" nach Kaltenkirchen überführte und dort um 21.09 Uhr landete.[3] An der Ar 234 blieben jedoch wegen eines Hydraulikschadens die Landeklappen ausgefahren und verhinderten einen Weiterflug. Ofw. Breme fuhr schließlich per Anhalter zurück nach Lübeck.

Die KG 76-Angehörigen blieben jedoch nicht mehr lange in der Lübecker Umgebung: Sie verlegten schrittweise weiter nach Norden. Einige der Düsenbomber wurden aus Treibstoffmangel in Lübeck gesprengt[4], die 6. Staffel erhielt nach infanteristischer Ausbildung noch den Befehl, den Kaiser-Wilhelm-Kanal zu verteidigen. Das Kriegsende erlebten die Männer des Stabes in Karstedt, die der II./KG 76 in Scheppern, die der III. Gruppe in Leck.

Letzte Versorgungsflüge nach Berlin

Obwohl Hitler angesichts des schnellen Vormarsches der sowjetischen Truppen auf Berlin die Reichskanzlei nicht verließ und seine Vasallen lieber mit der Bahn als per Flugzeug sich aus der Reichshauptstadt absetzten, wurden Maschinen der „Fliegerstaffel des Führers" und der Lufthansa dazu genutzt, um in den verbleibenden Tagen Personal und Material zum Obersalzberg bei Berchtesgaden auszufliegen. Dazu wurden auch wieder Flugzeugführer reaktiviert, die die Regierungsflugzeuge und ehemalige Fernaufklärer fliegen konnten. Lt. Herbert Wagner, der zuvor bei der FAGr. 5 flog, brachte ab dem 21. April Regierungsmitglieder mit der Ju 290 A-2 „9V+BK" (WNr. 0157) der FAGr. 5 von Berlin-Tempelhof nach Salzburg – insgesamt waren 48 Passagiere an Bord[5].

Lt. Hans Münsterer, der zuvor in Neuburg Me 262 eingeflogen hatte, kam ebenfalls zur Fliegerstaffel des Führers, flog am 21. April als zweiter Flugzeugführer in der „9V+BK" mit. Nachdem Lt. Wagner und er am 22. April um 18.40 Uhr wieder in Berlin (Gatow) angekommen waren, flog Lt. Münsterer mit Hitlers Reisemaschine, der Fw 200 C-4/U1 mit dem Stammkennzeichen „TK+CV" (WNr. 0240), am 24. April 1945 zwölf Personen nach Wittstock aus (Start um 21, Landung um 21.40 Uhr), schließlich lagen die Berliner Flugplätze bereits unter heftigem sowjetischen Artillerie-Beschuss.[6] Bereits am nächsten Morgen ging es für die Besatzung und die zwölf Passagiere um 4.50 Uhr weiter nach Roggentin (Landung dort um 5.30 Uhr), am 29. April flog Lt. Münsterer mit Hitlers Fw 200 und 17 Passagieren an Bord weiter nach Lübeck-Blankensee; sie landeten hier um 5.50 Uhr.

Lt. Wagner war inzwischen mit der Ju 290 „9V+BK" über Wittstock nach Rerik auf der Halbinsel Wustrow geflogen. Wagner sollte – wie andere Flugzeugführer auch – von hier aus am 26. April 1945 Marine-Soldaten nach Berlin fliegen. Eine Fw 200, geflogen von Hptm. Kurt Herzog, einem ehemaligen Flugzeugführer der 8./KG 40, wurde auf einem Verlegungsflug von Rerik nach Fürstenfeldbruck jedoch von feindlichen Jägern angegriffen und musste in Blankensee mit einem brennenden Backbordaußenmotor eine Notlandung machen.[7] Lt. Wagner musste mit über 50 Marine-Soldaten an Bord der Ju 290 „9V+BK" wegen technischen Problemen (Motorausfall am Motor 3, dem rechten Innenmotor) ebenfalls umkehren und landete jedoch bereits nach 15 Minuten wieder um 23.25 Uhr in Rerik. Ob die Ju 290 nicht wieder flugklar wurde, oder ob das „Unternehmen Reichskanzlei" aufgrund der Luftlage und der Situation am Boden abgeblasen wurde, ist unklar. Die Besatzung von Lt. Wagner flog jedenfalls mit der Ju 290 „9V+BK" am 29. April 1945 von Rerik aus nach Blankensee (Start um 17.10, Landung um 17.30 Uhr), traf dort wieder auf Lt. Münsterer und Hitlers Fw 200.

Die Verlegung der viermotorigen Flugzeuge endete aber nicht hier: Bereits in den frühen Morgenstunden des nächsten Tages startete Lt. Wagner zusammen mit Lt. Münsterer als 2. Flugzeugführer und 15 weiteren Passagieren an Bord mit der Ju 290 „9V+BK" um 4.45 Uhr, um nach Flensburg zu fliegen, wo die Besatzung um 5.21 Uhr landete.

Während die meisten Einheiten in Blankensee zu diesem Zeitpunkt bereits Verlegungs- bzw. Auflösungsbefehle erhalten hatten, wie das KG 76 und das NJG 5, kamen noch weitere Flieger auf den Platz: Die II./KG 4, die dem Transportfliegerführer der Luftflotte Reich (Major Hornung) unterstellt war und nun wie die III./KG 200 noch einmal in die Kämpfe rund um Berlin eingreifen sollte. Die Reste der II./KG 4 kamen mit ihren zu 28

Selbst die luxuriös ausgestatteten Flugzeuge der Fliegerstaffel des Führers (F.d.F.) wurden in den letzten Kriegstagen zu Transportflügen herangezogen. Hier die Fw 200 C-4/U1 „CE+IB" (WNr. 0137).

[5] Darunter 30 Mann vom Führerbegleitkommando der SS. Weiterhin war parallel auch Major Georg Eckl mit der Ju 290 „9V+CH" (WNr. 0171) im Regierungseinsatz.

[6] Die Fw 200 war erst am 21. April 1945 durch Standartenführer Georg Betz nach Berlin-Gatow gebracht worden.

[7] Die Fw 200 wurde hier angeblich von Tiefflieger während der Reparaturarbeiten zerstört.

Früher Bomber, jetzt Transporter: die He 111. Auch die II./KG 4 musste 1944/45 hauptsächlich eingekesselte Truppen versorgen, von Lübeck flogen die Besatzungen mit ihren He 111, im Bild eine H-6 der II./KG 4, nach Berlin.

[1] Versorgungsbehälter

[2] Überführung der He 111 „5J+KP" von Rostock-Marienehe nach Blankensee um 4.35 Uhr, Weiterflug nach Großenbrode um 6.17 Uhr.

Auszug aus dem Flugbuch von Kurt Reichmann, Bordfunker in der 5./KG 4. Es belegt die letzten Versorgungsflüge nach Berlin von Blankensee aus und die anschließende Verlegung nach Großenbrode.

Transportern umfunktionierten He 111 am 1. Mai 1945 von Greifswald nach Blankensee. Die Besatzung Brandt (5./KG 4) beispielsweise kam mit der He 111 „5J+DN" um 18.05 Uhr nach 15 Minuten Flugzeit in Blankensee an. Bereits wenige Stunden später, um 21.37 Uhr, starteten sie zum Feindflug nach Berlin. Bordfunker Kurt Reichmann notierte in seinem Flugbuch: *„Versorgung Groß-Berlins. 5 V.B.[1], starke Abwehr, l[eichte]. Flak und Scheinwerfer."* Und nachdem sie um 23.16 Uhr wieder in Blankensee gelandet waren, ging es wenige Stunden später erneut in Richtung Berlin: Zwischen 2.13 und 4.10 Uhr wurden erneut fünf Versorgungsbehälter im Tiefflug nach Berlin gebracht. Reichmann notierte: *„Berlin ein einziges Brandmeer. Lfd. Jagd- und Tiefangriffe."*

Auch die Besatzung Lt. Stärke (6./KG 4) kam am 1. Mai 1945 nach Blankensee, nachdem sie bereits am 30. April schon einmal kurz hier gewesen waren[2], dazu starteten sie um 18.18 Uhr in Großenbrode und landeten in Lübeck um 18.37 Uhr. Lt. Hermann Stärke flog mit seiner Besatzung anschließend um 22.03 Uhr mit seiner „5J+KP" nach Berlin, landete kurz vor Mitternacht, um 23.50 Uhr, wieder in Blankensee. Ein weiterer Flug wie bei der Besatzung Brandt unterblieb jedoch. Stärkes Besatzungsmitglied, Uffz. Mader, notierte in seinem Leistungsbuch zu diesem Feindflug: *„Versorgung Berlin mit 5 AB 250, Abwurfstelle Ost-West-Achse[3], Tiergarten, Höhe 400m."*

Nachdem die Besatzungen die wahrscheinlich die letzten Versorgungsgüter für die Reichhauptstadt überhaupt von Lübeck nach Berlin geflogen hatten, verließen sie Blankensee bereits in den Morgenstunden des 2. Mai wieder; Lt. Stärke flog um 3.45 Uhr nach Großenbrode (Landung dort um 4.05 Uhr), die Besatzung Brandt startete erst um 6.45 Uhr und überführte ihre He 111 „5J+DN", wie auch die restlichen verbliebenen Besatzungen, ebenfalls nach Großenbrode (Landung dort um 7 Uhr). Wegen der Überbelegung des dortigen Platzes befahl der Transportfliegerführer jedoch eine Verlegung nach Eggebek. Wenige Stunden vor dem befohlenen Start vor Sonnenaufgang am 4. Mai versuchten noch einige Männer einer Staffel zusammen mit ein paar Frauen in einer He 111 nach Schweden zu fliehen. Doch im Gegensatz zur bereits beschrieben Flucht der Nachtjäger um Hptm. Hopf vom NJG 5 gelang dieses Unternehmen nicht: Die He 111 stürzte gleich nach dem Start ins Meer, lediglich drei Überlebende der Besatzung und eine Wehrmachtshelferin konnten geborgen werden. Während die Frau bereits kurze Zeit später verstarb, machte der Gruppenkommandeur,

Major Carl-Otto Hesse, zusammen mit dem Staffelkapitän der 4./KG 4, Oblt. Lothar Wolf, und dem Gruppen-Adjutanten, Lt. Fritz Raudenbusch, mit den Fliegern kurzen Prozess: Die drei Offiziere fackelten nicht lange und übernahmen kurzerhand die standrechtliche Erschießung der drei Gruppenangehörigen selbst.[4]

Am 4. Mai ging es dann in den frühen Morgenstunden wie befohlen weiter in Richtung Eggebek. Dort kam für die verbliebenen 208 Mann der II./KG 4 – davon 75 Mann fliegendes Personal – das Kriegsende.

Panzerjagd mit Schulmaschinen

Im krassen Gegensatz zu den zukunftsweisenden Düsenjägern und -bombern in Blankensee war die Jagd auf feindliche Truppen und Panzerspitzen mit einfachen Schulmaschinen, wie sie der Führungsstab des OKL am 21. März 1945 durch die Aufstellung von zehn Nachschlachtkommandos befahl. Die Ausstattung mit Flugzeugen – zumeist Bü 181 – wurde aus den aufzulösenden Flugzeugführerschulen am Aufstellungsort vorgenommen. Der Weg zumindest einer dieser Nachschlachtkommandos lässt sich auch über Blankensee nachweisen. Alfred Vogt, Konstrukteur des Segelflugzeugs LO 100 und LO 105, erinnert sich an seine Zeit beim Nachtschlachtkommando 9, das aus Resten des JG 103 und der FFS A4 aufgestellt worden war: „Wir, drei Fähnriche und ich [...] kamen über Aalborg nach Stralsund zum Jagdgeschwader 102, wo wir eine Schnellausbildung erhielten. Leider war die Front näher gerückt. Maschinen fehlten und so wurde unser ‚Haufen', wie wir ihn nannten, aufgelöst. Eine neue Einheit wurde hier aufgestellt. Diese sollte mit Bücker 181, mit Panzerfäusten bzw. mit einem Schacht für 50 SD 2 Splitterbomben ausgestattet, ausgerüstet werden als Kampfgerät. Zur Schulung war aber nur eine Bücker umgerüstet. Was tun? Ich regte an, dass wir statt Nichtstun bzw. infanteristischer Übungen selbst den Einbau bzw. den Umbau der Bücker vornehmen. Man wird es nicht glauben, aber vom Kommandeur bis zum letzten Mann waren alle begeistert. So schafften wir es, natürlich in der Werft mit Un-

Das letzte Aufgebot: Flugzeugführer sollten mit Schulflugzeugen wie der Bü 181 (siehe kl. Foto von der FFS A/B 123) Jagd auf feindliche Panzerspitzen machen. Dazu stattete man die kleinen Maschinen mit Bombenrosten unter dem Rumpf aus oder mit primitiven Halterungen auf und unter den Tragflächen, auf denen Panzerfäuste befestigt wurden. Hier nimmt Stw. August Herrmann vom Nachtschlachtkommando 9 eine dieser Panzerfäuste genauer unter die Lupe. Einsätze flog Herrmann damit jedoch nicht mehr.

terstützung der dortigen Möglichkeiten, in zwei Monaten drei Staffeln auszurüsten und auch die Schulung zu betreiben. Das nötige Material wurde von Bücker aus Berlin per Flugzeug geholt. Wir waren gerade ausgerüstet und auch gut ausgebildet, als die Front im Osten immer näher kam. Wir erhielten als eine der wenigen voll ausgerüsteten artgleichen Einheit den Marschbefehl nach Blankensee, wo wir für einen Sondereinsatz bereitgestellt wurden. Der Sondereinsatz sollte dem Herausholen des Führers aus Berlin gelten, so hieß es damals. Doch dann kam Hanna Reitsch mit einer ähnlichen Gruppe auch nach Blankensee. Sie sollte mit ihrer Einheit das tun, was für uns vorgesehen war. Wir verließen daraufhin den Platz und verlegten nach Uetersen. Der Krieg näherte sich dem Ende und wir flogen mit der Bücker und den Bombenschüttkästen die letzten Nächte Einsätze in den Elbebrückenkopf der Engländer bei Hamburg. Nach einem Späteinsatz erfuhren wir, dass das Ende da ist und wir nach dem Flugplatz Leck in Schleswig Holstein verlegen müssen, weil der Platz in Uetersen umgepflügt werde. Nicht alle erreichten Leck.[5] Die englischen Jagdflieger tummelten sich im Tiefflug, um uns zu erwischen. [...] Der Flugplatz Leck wurde also für uns die Endstation. Damit war das Ende der Fliegerei für lange Zeit besie-

[3] Charlottenburger Chaussee

[4] Dafür wurde den beteiligten Offizieren kurz nach dem Krieg der Prozess gemacht, das Landgericht Stuttgart verhängte gegen alle drei Beteiligten Gefängnisstrafen wegen Totschlags.

[5] Der britische Bericht „Air Division Intelligence Bulletin No. 1" vom 6. Juni 1945 verzeichnet insgesamt 25 Bü 181 in Leck und bezeichnete das Nachtschlachtkommando 9 als Sabotage-Einheit.

Letzter Flug von Blankensee

Johann Zeindl, eines der letzten Opfer des Zweiten Weltkriegs in Lübeck-Blankensee. Welcher Nachtschlacht-Einheit der Bordfunker angehörte, ist bisher jedoch noch unbekannt, wahrscheinlich einer Staffel, die mit Ju 87 ausgerüstet war. Zeindls Grab befindet sich auf dem Lübecker Ehrenfriedhof.

gelt. *Wir kampierten außerhalb des Flugplatzes in einer aufgelassenen Flakstellung, nun als englische Kriegsgefangene."*

Insgesamt verfügte das Nachtschlachtkommando 9 bei der Kapitulation über 68 Mann, darunter 50 Mann fliegendes Personal. Über den Einsatz dieser Behelfskampfstaffeln liegen generell kaum Unterlagen vor. Die Bü 181 wurden jedoch laut einer Verfügung des OKL vom 25. März 1945 in den Werftabteilungen der Aufstellungsorte für den Einsatz in der Dämmerung vorbereitet. Dafür erhielten die Bü 181 zu Nachtschlachteinsätzen Bombenhalterungen unter dem Rumpf, bzw. in der Rolle als Panzerjäger Halterungen für Panzerfäuste an den Tragflächenober- und Unterseiten. Einige – besonders die Maschinen, die als Nachtschlächter eingesetzt wurden – erhielten sogar Flammendämpfer für die Auspuffstutzen, eine zusätzliche Instrumentierung (Wendeanzeiger, Variometer) und eine Nachtbeleuchtung für das Instrumentenbrett. Das fliegende Personal rekrutierte sich vornehmlich aus Flugzeugführern, die die Bü 181 sowohl im Tag- als auch im Nachtflug beherrschten – also meistens im Besitz des Blindflugscheins I waren. Viele von ihnen meldeten sich freiwillig zu diesen äußerst riskanten Einsätzen, manche kamen von den waghalsigen Einsätzen auch nie mehr zurück...

[1] Am 1. Mai um 20.15 bis 20.25 Uhr, am 2. Mai von 6.30 bis 6.40 Uhr.

Besonders in den letzten Kriegsmonaten, in denen das Reichsgebiet durch die vorrückenden alliierten Truppen zusehends kleiner wurde und einsatzbereite Fliegerhorste an wenigen Fingern abgezählt werden konnten, kam Blankensee als gut ausgebauter Flughafen eine besondere Bedeutung zu. Viele Maschinen landeten zum Auftanken oder gehetzt von feindlichen Jägern auf dem Platz. Lt. Alfred Dürr beispielsweise hatte es hingegen nicht mehr ganz nach Blankensee geschafft: Der 21 Jahre alte Flugzeugführer der 1./JG 1 wollte am 30. April 1945 eine werksneue He 162 vom Heinkel-Werk in Rostock zum Liegeplatz der I. Gruppe, nach Husum, bringen. Unterwegs wurde der Treibstoff knapp, so musste Dürr mit der WNr. 120086 um 14.05 Uhr auf der Autobahn bei Lübeck-Dänischburg notlanden. Erst am nächsten Tag konnte er um 13.15 Uhr von der Autobahn wieder starten und um 13.30 Uhr in Blankensee landen – eventuell wegen technischer Probleme, denn auch in den nächsten Stunden klappte die Überführung nach Husum nicht. Zwei Werkstattflüge unternahm Lt. Dürr[1], beide Male gab es Probleme mit dem Fahrwerk. Erst am Nachmittag des 2. Mai – britische Truppen standen schon am Platzrand – konnte Dürr als wahrscheinlich einer der letzten Flieger um 15.15 Uhr vom Fliegerhorst Blankensee abheben und landete 25 Minuten später in Husum.

Währenddessen bediente sich in Blankensee die Bevölkerung der umliegenden Ortschaften mit dem Nötigsten aus den Kasernen und dem zurückgelassenen technischen Gerät. Und die letzten Soldaten im Horst versuchten, sich Gedanken darüber zu machen, was nun wird. In der Werft waren dies neben dem Werftleiter, drei Prüfern und einem Nachkommando (auch die Werftabteilung in Blankensee hatte inzwischen einen Marschbefehl bekommen, es sollte nach Neumünster gehen) auch Hugo Wieland. Der Motorenprüfer erinnert sich an den 2. Mai 1945: *„Viele von den Technikern wollten nicht nach Neumünster gehen, viele meinten, man könne das techni-*

sche Gerät nicht im Stich lassen. Manche hatten bereits auch schon heimlich Englisch gelernt, in der Hoffnung, man könne in der Werft für die Engländer weiterarbeiten. Doch es kam dann ganz anders: Zusätzlich zum Marschbefehl erhielten wir auch den Befehl vom Luftgaukommando, vertrauliche Unterlagen zu verbrennen und Gerät, das nicht mitgenommen werden konnte, zu zerstören. So machten wir uns daran, mit schwerem Gerät die hier noch lagernden Motore zu demolieren. Ein Großteil der Triebwerke war bereits ein paar Tage zuvor aus dem Lagerkeller unter der Werft hervorgeholt und mit einem Pferdegespann über den Boden zur Gleisrampe gezogen worden. Warum dies so geschah, war mir unergründlich, letztendlich sollten die Motore sogar noch per Bahn weggebracht werden, doch der bereitgestellte Waggon stand noch am 2. Mai dort. Das Werkzeug der Werft, das nicht zur Verlegung vorbereitet war, wurde auf das Werftpersonal verteilt. Jeder konnte mitnehmen, was er tragen konnte, meine Mob-Kiste war jedoch bereits voll. Und obwohl schon fast die Engländer am Platz standen, rief das Luftgaukommando im Werftbüro an und wollte sich noch die Tagesmeldung für die einsatzbereiten Flugzeuge in Blankensee geben lassen."

Am Nachmittag des 2. Mai erreichten britische Truppen schließlich den Platzrand. Ohne größere Gegenwehr überrollten sie die Reste der einst so stolzen Luftwaffe und besetzten anschließend die Hansestadt. Hugo Wieland erinnert sich an den Einmarsch: *„Die ersten, die den Fliegerhorst noch vor dem Eintreffen der Engländer verließen, war der NSFO und der Fliegerhorstkommandant. Beide habe ich in Zivil-Bekleidung durch das hintere Tor des Fliegerhorstes schleichen sehen. Als die Briten kamen, besetzten sie zunächst die Hauptwache. Als wir das hörten, liefen einige Kameraden und ich in unseren Arbeitsanzügen zur hinteren Wache und warteten außerhalb des Fliegerhorst-Gelände, auf das, was kommt. Als die Engländer in ihren Fahrzeugen schließlich an uns vorbeifuhren, grüßten sie uns freundlich und winkten uns sogar zu. So einen Einmarsch hatten wir uns auch nicht träumen lassen!"*

Der Krieg war für den Lübecker Raum beendet. Am 5. Mai besiegelte die Teilkapitulation, am 8. Mai die endgültige Kapitulation das Ende des „Dritten Reiches". Mitten in der „Stunde Null" wurde es noch einmal betriebsam und hektisch auf dem Platz: Einige Luftwaffenverbände flogen am 8. Mai 1945 von Norwegen aus nach Kurland in den gleichnamigen Kessel, in dem letzte deutsche Verbände den sowjetischen Truppen Widerstand leisteten. Die Besatzungen, die den teilweise über 2.000 Kilometer langen Flugweg mit Billigung der West-Alliierten auf sich nahmen, hatten nur ein Ziel: Landser auszufliegen. Auch einige Besatzungen des Löwengeschwaders machten mit. Wieviele Maschinen genau nach Kurland flogen, lässt sich heute nicht mehr feststellen, Angaben reichen von 27 bis 40 Maschinen. Horst Naumann war einer von den KG26ern, die den Flug nach Kurland wagten. Dieser endete schließlich um 21.10 Uhr in Blankensee. Zuvor war der Leutnant von Oslo-Gardermoen aus um 14.45 Uhr mit der Ju 88 „1H+HM" nach Libau gestartet. *„Ich hatte acht Soldaten mitzunehmen, die brachte ich alle in der Kanzel unter, sitzend, liegend, wie, kann ich nicht mehr sagen"*, so Naumann, der mit der

Eine der letzten Maschinen, die vor den herannahenden britischen Truppen vom Fliegerhorst startete: die He 162 WNr. 120086; am Steuer Lt. Dürr von der 1./JG 1. Die He 162 wurde später als englische Kriegsbeute im Londoner Hyde-Park ausgestellt, wo dieses Foto entstand. Seit 1964 ist sie im Canada Aviation Museum eingelagert.

Major Georg Teske, letzter Kommodore des KG 26.

Noch am 8. Mai 1945 versuchten Besatzungen des KG 26, Soldaten aus dem Kurland-Kessel auszufliegen. Die Ju 88 „1H+KM" von Lt. Horst Naumann landete abends um 21.10 Uhr mit acht Flüchtlingen an Bord in Blankensee.

Das Ende im Mai 1945 - auch für eine Ju 88 des KG 26. Zusammen mit anderem Luftwaffen-Gerät wurden die Reste der einst so stolzen Luftwaffe in einer Ecke des Fliegerhorstes (nahe des Muni-Bereichs) zusammengefahren.

Auch die Reste der gesprengten Ju 88-Nachtjäger haben für die Sieger nur noch Schrott-Wert. Auch sie wurden zusammen mit anderem Unrat am Platzrand entsorgt.

so mehr als vollbesetzten Ju 88 eine halbe Stunde später befehlsgemäß nach Lübeck startete. Aber: „*Gleich nach dem Start, wir hatten gerade die Küste unter uns, hatte ich drei russische Jäger dran. Sie flogen mehrere Angriffe und versuchten, uns abzuschießen. Im Tiefstflug, hier hatte ich bestimmt mehr Übung als diese russischen Jäger, konnten wir entkommen. Immerhin hatten wir acht Treffer erhalten, zum Glück nur im Blech*", erinnert sich Horst Naumann. Als die Ju 88 um 21.10 Uhr in Blankensee landete, wurden die „Kurland-Flüchtlinge" gleich von den Engländern in Empfang genommen und in ein Gefangenenlager gebracht. Der Krieg war endgültig zu Ende.

Gleich nach dem Einmarsch britischer Truppen wurde diese Bf 109 G-14/AS in der Blankenseer Werft fotografiert. Sie gehörte zu einer bis dato unbekannten Einheit. Zu beachten ist der komplett hellgraue Anstrich der Maschine und die seltene Ausstattung mit einem FuG 217-Nachtjagdradar. Im Hintergrund steht eine weitere Bf 109 G. Die RAF erbeutete weitere hellgrau lackierte Bf 109: die „weiße 43" und „weiße 44". Auch sie trugen einen zusätzlichen Blendschirm über den Auspuffreihen. Auf dem Foto ist ebenfalls einer der Deckenkräne der Werft zu sehen.

Das Ende vom Lied: Blankensee ist zwar noch Flugplatz, aber die Hallen sind demontiert, hier auf einem Luftbild von 1961 deutlich zu sehen. Nach der RAF nutzte die Sportfliegerei den ehemaligen Fliegerhorst, allerdings nicht von den Kasernen aus. Dort zog die Bundeswehr ein.

Und auch der Abstellbereich an der Blankenseer Straße wurde umfunktioniert: Hier ließ sich von 1954 bis 1965 eine Einheit der US-Army Security Agency nieder und hörte den Funkverkehr von sowjetischen und polnischen Einheiten bis in den Raum Schwerin ab.

Epilog

Was blieb?

Nachdem britische Truppen den Lübecker Raum entwaffnet hatten, begannen die Aufräumarbeiten. Bombentrichter wurden zugeschüttet, die Gebäude geräumt und gesäubert. Das verbliebene, größtenteils zerstörte Flugzeugmaterial wurde im Bereich der Munitionsbunker zusammengeschoben, später von Schrotthändlern entsorgt. Auch ehemalige Angehörige der deutschen Luftwaffe stellten sich in den Dienst der Briten. Gegen Bezahlung, Verpflegung und Unterkunft, halfen sie zum Beispiel mit, die Straßen entlang des Fliegerhorstes auszubessern.

Die neuen „Hausherren" begannen, sich auf dem ehemaligen Luftwaffenflugplatz mit dem Decknamen „Lorelei" einzurichten. Von Lübeck aus unternahmen die britischen Flieger Übungsflüge und patrouillierten entlang der Zonengrenze. Die „RAF-Station Lubeck-Blankensee" existierte bis zum Ende der Berliner Luftbrücke, in der der Platz eine wesentliche Rolle bei der Versorgung der dort eingeschlossenen Bevölkerung einnahm.

Doch ein Flugplatz in einer Entfernung von nur drei Kilometern Luftlinie zur 1949 gegründeten DDR war aus militärischer Sicht nicht gerade uneinsehbar. Was folgen musste, war der Abzug der RAF. Im Oktober 1950 gab es Hinweise von Mitarbeitern des Tiefbauamts, dass britische Truppen Material aus den Kasernen abbauten. In einer Aktennotiz vom 16. Oktober heißt es: *„Waschbecken, Brauseanlagen, Wasserhähne und dergl. sind demontiert worden. Ebenso hat ein Abtransport größeren Umfangs von Mobiliar stattgefunden. Angeblich ist dieses Gerät zum Flugplatz Ütersen abtransportiert worden."* – doch das war noch nicht alles...

Demontage der Flugzeug-Hallen[1]

Im Juni 1951 gab es erste Hinweise darauf, dass die englischen Besatzungstruppen die Hallen in Blankensee abtragen und an anderer Stelle wieder aufbauen wollten – *„für Zwecke der RAF zur Verwendung außerhalb Schleswig-Holsteins"* – und das kurz nach der offiziellen Freigabe des Platzes durch die Militärregierung (jedoch ohne die Gebäude in Blankensee). Besonderes Augenmerk der Stadt (Bürgermeister) lag dabei auf der Werft und der Halle 2, denn parallel liefen Gespräche mit der schwedischen Fluglinie SAS über eine Flugroute mit Zwischenstopp in Blankensee. Die Werft sollte dabei als Unterstandhalle, die Halle 2 als Empfangshalle und Unterbringungsort für den Zoll und die Passkontrolle dienen. Insofern erhoffte sich die Stadt, dass angesichts des begonnenen Abrisses der Halle 6, diese beiden Bauten für den Flugverkehr erhalten zu können. Es wurden sogar Gespräche mit dem Bundesminister für Verkehr, Dr. Seebohm, geführt (so beispielsweise am 30. Juni 1951), ansonsten schien die Hansestadt jedoch relativ ratlos. Eine Dienstreise des Bürgermeisters nach Kiel (am 13. Juli 1951) brachte schließlich mehr Informationen zu Tage: Der Abbruch erfolgte

[1] Quelle: Akten des Hauptamts im Stadtarchiv Lübeck (Signatur 1859).

Nur wenige Veränderungen wurden in den Jahrzehnten nach dem Bau der Kasernen vorgenommen – so wie hier durch die Bundeswehr an den oberen Flur-Fenstern in den vier hintersten Blocks, in denen ehemals die Besatzungen untergebracht waren.

In Top-Zustand: Auch durch die weitere Nutzung im Rahmen des Ausbildungsparks bleibt den ehemaligen Kasernen ein Abriss erspart. Selbst die Niedergänge zu den Luftschutzkellern sind noch erhalten.

durch das Landesneubauamt im Auftrag der RAF zum Aufbau eines neuen Flughafens im Rheinland. Die alten, ungenutzten Lübecker Fliegerhorst-Hallen würden benötigt wegen des vorherrschenden Material-Mangels.

Am 4. September 1951 schreibt das Landesplanungsamt an den Minister für Wirtschaft und Verkehr in Kiel: *„[...] ist es zwecklos, weitere Maßnahmen, die auf den Abbruch der genannten Hallen sich beziehen, einzuleiten."* Vorausgegangen war ein Schreiben des Bundeskanzleramtes vom 17. August 1951, dass der Abbruch der Hallen und der Wiederaufbau vollkommen ordnungsgemäß und keine Demontage (und Fortschaffen aus Westdeutschland) sei.

Am 21. April 1952 wurde eine Beobachtung des Polizeimeisters Kuhr (Polizeiwache Wulfsdorf) aktenkundig: Von den ursprünglich sechs Hallen waren bereits fünf abgebrochen und nach Köln zum Wiederaufbau abtransportiert worden. Die Werfthalle stand zu diesem Zeitpunkt aber noch. Und deshalb keimte bei der Stadt (Bürgermeister) im September 1952 Hoffnung auf, die Werft für den Flugverkehr erhalten zu können.

Aber: Per 22. September 1952 kamen weitere Infos aus dem Landesplanungsamt: *„Die ehemalige Werfthalle auf dem Flugplatz Lübeck-Blankensee wird durch das Finanzneubauamt Flugplätze Köln-Bichenhof I, Butzweilerhof, unter Einschaltung einer Unternehmerfirma abgebaut, um auf dem Flugplatz Geilenkirchen wieder errichtet zu werden."*

Gründe für die Demontage: Die hohen Kosten für Hallenneubauten, die Materialknappheit, der Zeitdruck wegen des Flugplatzaufbaus im Westen (im Erweiterungsprogramm der britischen Luftwaffe in der britischen Zone), und weil *„das Bundesverkehrsministerium keine Möglichkeit sieht, den Flugplatz Lübeck-Blankensee in der nächsten Zukunft in den zivilen Luftverkehr einzuschalten."*

Die Bürgerschaft kam in der Sitzung am 10. November 1952 somit zu dem Schluss, dass *„es dem Senat nicht gelungen ist, den Abbruch der Werfthalle [...] zu verhindern."*

Nunmehr blieben lediglich die Kasernen zurück, in sie zogen zunächst Flüchtlinge, später wieder Militär, diesmal die Bundeswehr, ein.

Denkmalschutz für Flughafengebäude?

Im Gegensatz zu anderen Flughäfen hat der Lübecker Flughafen insgesamt sein Gesicht nur wenig über die Jahrzehnte seit Kriegsende verändert: Trotz Demontage der Flugzeughallen lässt sich die gesamte Anlage inklusive der schlichten Flugleitung auch noch 70 Jahre nach der Grundsteinlegung erkennen – inklusive einer nahezu erhaltengebliebenen Schießbahn und den Offizierswohnungen hinter der Bahnlinie nach Ratzeburg. Grund genug, die derzeit noch gepflegten Gebäude zu erhalten, sind sie doch Zeugnisse der frühen Luftfahrt in Deutschland – vom geschichtlichen Wert für Lübeck einmal ganz abgesehen. Dieses trifft aber nicht nur auf den alten Fliegerhorstteil zu, sondern auch das letzte verbleibende Gebäude der Fliegerstation, das Kriegsdepot, fristet sein Dasein im Schatten des expandierenden Verkehrsflughafens.

Im September 2005 fragte der Autor beim Bereich Denkmalpflege der Hansestadt Lübeck nach, ob es nicht möglich sei, zumindest die Flugleitung und das Kriegsdepot unter Bautenschutz bzw. Denkmalschutz zu stellen. In einem Schreiben wurden die städtischen Denkmalschützer ausdrücklich daraufhin gewiesen, dass damit nicht versucht werden soll, den Ausbau des Flughafens aufzuhalten, sondern historische Zeugnisse der Lübecker Luftfahrtgeschichte zu erhalten, zumal in Travemünde die Spuren der Seefliegerei auf dem Priwall auch langsam verwischen. Nachdem ein Dreivierteljahr verstrich, kam auf mehrmalige Nachfrage dann endlich eine Antwort, wenn auch eine negative.

Begründung der Ablehnung: *„Nach Ortstermin und Durchsicht Ihres Buches ‚LBC – Lübeck-Blankensee' sowie nach Rücksprache mit Fachkollegen, kommt der Bereich Denkmalpflege zu dem Ergebnis, dass die beiden genannten Gebäude nicht als Kulturdenkmale im Sinne des Schleswig-Holsteinischen Denkmalschutzgesetzes einzustufen sind. Die Gebäude Güterschuppen und Flugleitung sind nach Einschätzung des Bereichs Denkmalpflege gemäß den Kriterien des Denkmalschutzgesetzes Schleswig-Holstein als Einzelgebäude nicht ausreichend als Kulturdenkmale zu begründen.*

Die Tatsache, dass sie jeweils als einzige Gebäude einer Zeitebene innerhalb der geschichtlichen Entwicklung des Lübecker Flughafens übrig geblieben sind, reicht als Begründung nicht aus.

Bei dem Güterschuppen von 1916, sogen. ‚Kriegsdepot', handelt es sich um einen schlichten Nutzbau, dessen Zusammenhang mit der ehemaligen kaiserlichen Fliegerstation weder durch den Standort noch durch die Architektur selbst, noch durch die Verbindung mit anderen Bauten evident wird. Das Gebäude weist keinerlei Merkmale auf, die es als flughafentypisch oder zeittypisch einordnen lässt.

Der langgestreckte, zweigeschossige Bau der ehemaligen Flugleitung von 1935 mit seitlich anschließenden, kurzen Flügeln ist durch seine architektonische Gestaltung und Fensteranordnung als Gebäude der 1930er Jahre erkennbar. Auf seine ursprüngliche Funktion weisen keine direkten Merkmale hin. Er ist nur im Zusammenhang mit dem nebenstehenden Bunker historisch und funktional einzuordnen. Beide Bauten zusammen machen die militärische Nutzung des Flughafens in den 1930er Jahren noch in gewissem Maße anschaulich. Es fehlt allerdings der Überblick über die funktionalen und architektur-räumlichen Zusammenhänge auf dem ehemaligen Flugplatz-Gelände."

Schützenswert? Die Lübecker Denkmalpfleger sagen „Nein" zur Idee, die Blankenseer Flugleitung – hier ein Blick auf den ehemaligen Feuerwehr-Bereich im Jahr 2008 – als ein Stück Lübecker und Luftfahrtgeschichte einzustufen.

Das Ganze ist mehr als bedauerlich, zeigt aber, wie wenig Verständnis für derartige Bauten in Lübeck vorhanden ist. Man könnte unterstellen, dass, sobald keine Verbindung zur Hansezeit oder anderen, für Lübeck typischen Epochen besteht, kein Interesse an anderen – zumal militärischen – Gebäuden besteht. Dass es andere Denkmalpflege-Stellen gibt, die das anders sehen, zeigt sich beispielsweise beim Blick ins Denkmalbuch des Landesdenkmalamtes Schleswig-Holstein 2006: In Sylt-Ost, in der Munkmarscher Chaussee 300, wurden zwei Flugzeughallen des einstigen Fliegerhorsts Westerland unter Denkmalschutz gestellt. Diese hat Blankensee zwar leider nicht mehr vorzuweisen (die Bauart wäre eine ähnliche gewesen), aber die Begründung für die Unterschutzstellung ließe sich auch auf die Gebäude in Lübeck übertragen:

„Die Flugzeughallen sind bau- und technikgeschichtliche Zeugnisse für die Entwicklung des Flugverkehrs in Deutschland und spiegeln zugleich die Bedeutung Sylts als einem der wichtigsten Standorte der Fliegerei vor und während des Zweiten Weltkrieges wider. [...] Ihre Erhaltung liegt wegen der besonderen geschichtlichen und technischen Bedeutung im öffentlichen Interesse."

Zweites Beispiel: Finsterwalde, südwestlich von Berlin: Heute ein zivil genutzter Flugplatz, früher ebenfalls ein großer Fliegerhorst der Luftwaffe. Den Besucher erwartet hier *„ein einmaliger Gebäudekomplex von sowohl militärhistorischer als auch baugeschichtlicher Bedeutung'*, heißt es auf der Homepage der Betreiber. Mittelpunkt des Platzes ist die ehemalige Flugleitung und die

Schützenswert! Die Landesdenkmalpfleger Schleswig-Holsteins sagten „Ja" zur Idee, die Flugzeughallen des ehemaligen Fliegerhorsts Westerland auf Sylt unter Schutz zu stellen – wenn die Hallen auch keiner so richtig zu sehen bekommt, denn der Bereich wird weiterhin bewacht.

Die Flugleitung des ehemaligen Fliegerhorstes Schwerin-Görries, aufgenommen im Jahr 2003. Knapp zehn Jahre nach dem Abzug sowjetischer Truppen zeigte sich das einstige Herzstück des Flugplatzes in einem erbärmlichen Zustand. Zwar wurden alle Räume vermessen (die dazugehörigen Markierungen waren überall im Gebäude zu finden), doch gegen den Verfall unternahm man nichts.

sechs Hangars in unmittelbarer Nähe. Und auch hier wurde das Ensemble zum kulturhistorischen Erbe erklärt und unter Denkmalschutz gestellt. „Aufbau-Ost" sei Dank, wurde zwischen 1998 und 2003 das Gebäude der ehemaligen Flugleitung durch die Gemeinden Finsterwalde und Lichterfeld/Schacksdorf mit Hilfe von öffentlichen Geldern aufwändig restauriert. Im obersten Teil des Gebäudes befindet sich eine Aussichtsplattform, darunter hat die Flugleitung ihren Sitz und ein Café. Im Erdgeschoss und im ersten Obergeschoss bieten Büros in verschiedenen Größen für angesiedelte Unternehmen Platz; der „Luftsportverein Lausitzflugplatz" hat ebenfalls seinen Sitz im Tower.

Dass Denkmalschutz nicht gleichzeitg bedeuten muss, dass Gebäude erhalten bleiben, zeigt ein Blick nach Schwerin. Bereits Mitte der 1990er Jahre, also kurz nach dem Abzug der hier stationierten sowjetischen Truppen, wurden zwei Flugzeughallen und die Flugleitung in die Denkmalliste eingetragen. Die damalige architektonische und geschichtliche Begründung: Es handele sich im Fall der Flugleitung um einen sehr modernen Bau seiner Zeit, er sei Zeugnis der Luftfahrtgeschichte des Landes, so die Mecklenburgischen Denkmalpflege, die der Meinung ist, dass es sich bei den drei Gebäuden um die Reste der Fokker-Werke handelt, die im Ersten Weltkrieg hier Flugzeuge bauten. Die Bundesanstalt für Immobilienaufgaben versucht zurzeit, das 5,8 Hektar große Areal zu verkaufen. Verhandlungsbasis: 230.000 Euro (Stand Sommer 2008). Doch eingeworfene Fenster und marode Dächer haben beim typisch-norddeutschen Wetter nicht gerade zum Erhalt der Gebäude geführt – Wasser drang in die Bausubstanz, heute besteht Einsturzgefahr. Wie lange das Gebäude und die Hallen noch durchhalten, ist nur noch ein Frage der Zeit.

Was aber bleiben wird...

...sind Erinnerungsstücke, wie dieser Ausweis oder diese Kupferschale, die anlässlich des fünf-jährigen Bestehens der Fliegerhorstkommandantur Lübeck-Blankensee angefertigt wurde. Fliegerhorstkommandant war zu diesem Zeitpunkt Oberstleutnant Johannes Missfelder (vom 31. Dezember 1939 bis 30. Juni 1941).

Anhang

202	Abkürzungen/Bildnachweis
203	Fliegende Verbände in Lübeck-Blankensee
204	Gliederung eines (Kampf-)Geschwaders
205	Gliederung einer Fliegerhorstkommandantur
205	Staffelkapitäne der IV./KG 26
206	Verluste der IV./KG 26
211	Flugzeuge in Lübeck-Blankensee
221	Verluste in Lübeck
225	Verluste der III./NJG 5
226	Literaturverzeichnis
227	Flugzeuge aus Lübeck-Blankensee als Modell

Abkürzungen

A/B	Flugzeugführerscheintypen
Ar	Arado
Bf	Bayrische Flugzeugwerke
BF	Bordfunker
BFS	Blindflugschule
BMW	Bayerische Motoren-Werke
BO	Beobachter
BS	Bordschütze
Bü	Bücker
DAF	Deutsche Arbeitsfront
DLV	Deutscher Luftsport Verband (Luftfahrtverband)
E-Stelle	Erprobungsstelle
FAR	Flieger-Ausbildungsregiment
FF	Flugzeugführer
FFS	Flugzeugführerschule
Flak	Flugabwehrkanone
Flea	Flieger-Ersatz-Abteilung
Fl.H.Kdtr.	Fliegerhorstkommandantur
FuG	Funkgerät
Fw	Focke Wulf
Fw.	Feldwebel
Gefr.	Gefreiter
Go	Gotha
g.v.F.	Garnisionsverwendungsfähig Feld
He	Heinkel
HJ	Hitler-Jugend
Hptm.	Hauptmann
Hs	Henschel
Jabo	Jagdbomber
JG	Jagdgeschwader
Ju	Junkers
Jumo	Junkers-Motoren-Werke
KG	Kampfgeschwader
KG. z.b.V.	KG zur besondern Verwendung
K.v.	Kriegsverwendungsfähig
LGKdo.	Luftgaukommando
L.V.f.L.	Lübecker Verein für Luftfahrt
LT	Lufttorpedo
Lt.	Leutnant
LZA	Luftzeugamt
Me	Messerschmitt
MG	Maschinengewehr
NDW	Nordt. Dornier-Werke
NJG	Nachtjagdgeschwader
NSFK	Nationalsozialistisches Fliegerkorps
NSKdo.	Nachtschlachtkommando
Ofw.	Oberfeldwebel
POW	Prisoner of War
RAD	Reichsarbeitsdienst
RAF	Royal Air Force
RLM	Reichsluftfahrtministerium
RM	Reichsmark
S-Anlage	Scheinanlage
SG	Schlachtgeschwader
St.G.	Sturzkampfgeschwader
Ta	Tank
Uffz.	Unteroffizier
WNr.	Werknummer

Bildnachweis

Folgende Personen und Institutionen unterstützten dieses Buch mit Foto-Material:

Beckmann, Crandall, Dreyer, Feiler, Gillmann, Godehus, Hampel, Hatlapa, Heitmann, Köster, Krüger, Leppkes, Mank, Ofner, Reimer, Rickert, Schroller, Schwerdtfeger, Stanitz, R. Steenbeck, Stüben, Urbanke, Wenzel, Fliegermuseum Dübendorf, Luftbilddatenbank Würzburg. Ansonsten stammt der Großteil der Abbildungen aus der Sammlung des Autors.

Fliegende Verbände in Lübeck-Blankensee

Die nachstehende Tabelle zeigt die auf dem Lübecker Fliegerhorst stationierten fliegenden Verbände zwischen 1936 und 1945. Außerdem sind Einheiten aufgeführt, die nachweisbar längere Zeit in Blankensee verbrachten. Teilweise sind die Verlegedaten nicht mehr genau auf einen Tag festlegbar, da keine genügenden Daten zur Verfügung standen.

Einheit	von	bis	Bemerkungen
II./St.G. 162	01.04.1936	31.03.1937	Aufstellung in Blankensee mit Traditionsname „Immelmann", Umbenennung in I./St.G. 167
I./St.G. 167	01.04.1937	31.03.1938	Verlegung als I./St.G. 168 nach Graz, spätere I./St.G. 76
1.(F)/125	17.09.1937	mindestens 24.09.1937	Blankensee als Manöver-Standort. Einheit evtl. auch 1.(F)/25.
1.(F)/122	31.07.1939	04.08.1939	Blankensee als Manöver-Standort
I./KG 257	24.06.1938	30.04.1939	Verlegung aus Zerbst nach Blankensee
I./KG 26	01.05.1939	00.09.1939	Verlegung an die Fronten, Blankensee bleibt jedoch Heimathorst der I. Gruppe
	00.09.1944	00.10.1944	Auffrischung und Verlegung nach Norwegen
I./JG 1	05.09.1939	15.09.1939	Aus Mlawa nach Blankensee, Verlegung nach Vörden.
Stab/KG 26	12.09.1939	00.09.1939	
	00.03.1940	00.04.1940	Für Unternehmen Weserübung
	00.09.1940	00.10.1940	
	00.03.1944	00.06.1944	
	19.09.1944	00.10.1944	Teilweise untergebracht in Kücknitz
II./KG 26	00.01.1940	00.04.1940	
	00.05.1940	00.06.1940	
	00.07.1940	00.08.1940	
III./KG 26	00.03.1940	00.04.1940	Für Unternehmen Weserübung
	00.05.1940	00.05.1940	
Erg.St./KG 26	01.06.1940	21.03.1941	Aufstellung als Ergänzungsstaffel in Blankensee und Umbenennung in IV./KG 26
IV./KG 26	22.03.1941	15.05.1944	Aufstellung in Blankensee und Verlegung nach Kolberg, dort per 5.9.1944 Umbenennung in Erg.KGr. LT
Erg.KGr. LT	06.09.1944	00.00.1945	Wahrscheinlich nur Teile
3./KüFlGr. 906	00.01.1940	00.01.1940	Umschulung und Umbenennung in 7./KG 26
1.(F)/120	00.01.1940	00.04.1940	Fernaufklärung nach Norwegen
LD-Kdo. 1/11	mindestens 00.09.1941	mindestens 00.12.1942	Hauptsitz Hamburg-Fuhlsbüttel.
II./KG 3	09.07.1944	20.07.1944	Verlegung nach Blankensee und Auflösung
III./KG 40	00.09.1944	00.02.1945	Verlegung nach Blankensee und Auflösung
III./NJG 5	00.08.1944	01.05.1945	Mit 9. Staffel teilw. in Lüneburg
Stab/KG 40	00.12.1944	00.02.1945	Verlegung nach Blankensee und Auflösung
7./KG 200	00.01.1945	00.04.1945	Mit 5-6 Trainingsmisterln
Stab/NJG 5	00.02.1945	01.05.1945	Aus Parchim
12./SG 151	00.02.1945	01.05.1945	Aus Rahmel.
III./KG 200	00.03.1945	00.04.1945	Aus Norwegen nach Blankensee, später Verlegung nach Schleswig
Bomben- und Zielfinderschule	00.03.1945	27.04.1945	Aus Greifswald
II./NJG 5	00.04.1945	01.05.1945	Aus Altenburg
IV./NJG 5	00.04.1945	01.05.1945	Aus Greifswald
Stabsstaffel/NJG 5	04.04.1945	01.05.1945	
I./NJG 100	30.04.1945	02.05.1945	
10./NJG 11	00.04.1945	00.05.1945	Aus Burg/Magdeburg, verlegt zur Autobahn bei Reinfeld und anschließend nach Schleswig.
Verbandsführerschule	00.00.1945	00.00.1945	
II./KG 4	Ende 04.1945	00.05.1945	Berlin-Versorgung
I. u. II./JG 26	00.04.1945	00.04.1945	Ausweichplatz für Uetersen u. Neumünster
II. und III./KG 76	00.04.1945	00.04.1945	
Stab/KG 76	00.04.1945	00.04.1945	
1.(F)/123	00.04.1945	00.04.1945	
NAGr. 6	00.04.1945	00.04.1945	Ausweichplatz für Kaltenkirchen
1.(F)/33 o. (F)/22	00.04.1945	00.04.1945	
Nachtschlachtkommando 9	00.04.1945	00.04.1945	Mit Bü 181 (Panzerfaust/50-Kg-ETC)
Norddeutsche Dornier-Werke	00.08.1944	00.04.1945	Einflug von Fw 190.

Gliederung eines (Kampf-)Geschwaders

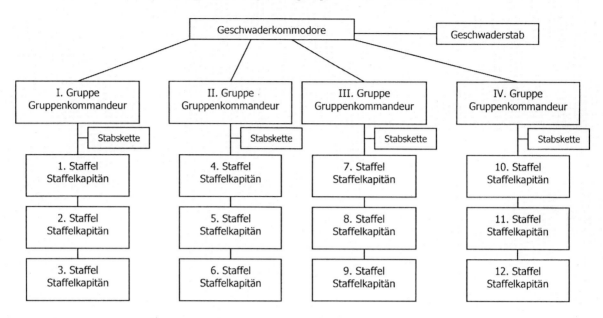

Technische Ausstattung eines (Kampf-)Geschwaders				
	Flugzeuge	+ Reserve		Gesamt
Geschwaderstab mit Stabskette	3	+ 1	= 4	*4*
I. Gruppe mit Stabskette	3	+ 1	= 4	
und 1. Staffel	9	+ 3	= 12	
und 2. Staffel	9	+ 3	= 12	
und 3. Staffel	9	+ 3	= 12	*40*
II. Gruppe mit Stabskette	3	+ 1	= 4	
und 4. Staffel	9	+ 3	= 12	
und 5. Staffel	9	+ 3	= 12	
und 6. Staffel	9	+ 3	= 12	*40*
III. Gruppe mit Stabskette	3	+ 1	= 4	
und 7. Staffel	9	+ 3	= 12	
und 8. Staffel	9	+ 3	= 12	
und 9. Staffel	9	+ 3	= 12	*40*
Geschwaderstärke:				*124*

...zzgl. der ab Anfang der 1940er Jahre eingeführten IV. Gruppe wies ein Geschwader somit auf dem Papier eine Stärke von über 160 Flugzeugen auf. In der Realität sah das meistens anders aus: Technische Probleme und Ausfälle reduzierten den Bestand der einsatzfähigen Maschine zum Teil erheblich.

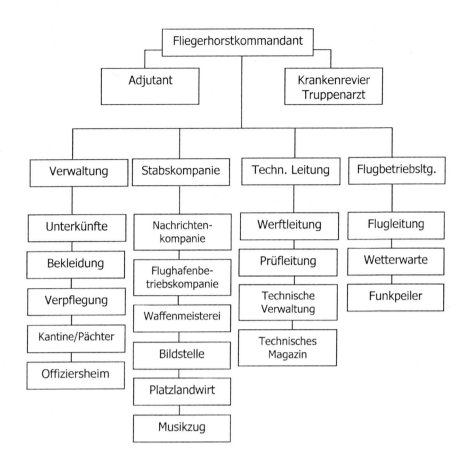

Organisationsplan einer Fliegerhorstkommandantur

Gruppenkommandeure der IV./KG 26

Major Franz Ziemann	22.03.1941 bis 06.10.1941
Major Fritz Gehring	07.10.1941 bis ??.02.1944
Major Klaus Nocken	18.02.1944 bis 06.09.1944

Staffelkapitäne der IV./KG 26

10. Staffel:

Oblt. Jochen Lüdtke	22.03.1941 bis 19.12.1941
Oblt. Harald Link	20.12.1941 bis 20.08.1942
Oblt. Hendrik von Heemskerk	10.07.1942 bis 19.11.1942
Hptm. August Leicht	??.11.1942 bis ??.02.1943
Hptm. Erich Stentzel	20.02.1943 bis 22.03.1943
Hptm. Walter Prinz	28.02.1944 bis 02.07.1944 (?)
Hptm. Günther Trost	05.01.1944 bis 14.08.1944 (?)

11. Staffel:

Oblt. P. Schäfer	22.03.1941 bis ??.02.1942
Oblt. Adolf Hansen	??.02.1942 bis ??.10.1942
Hptm. Joachim Müller	??.07.1942 bis ??.06.1943
Oblt. Ernst Weber	25.06.1943 bis 14.10.1943
Hptm. Willi Breithaupt	15.10.1943 bis 02.08.1944
Hptm. Paul Heiling	03.08.1944 bis 06.09.1944

12. Staffel:

Lt. Harald Link	22.03.1941 bis 09.05.1941
Oblt. Hendrik von Heemskerk	20.11.1941 bis ??.05.1942
Hptm. Josef Wißborn	??.12.1942 bis ??.07.1943
Hptm. Walter Prinz	??.07.1943 bis ??.06.1944
Hptm. Günther Trost	15.06.1944 bis 06.09.1944

Verluste der IV./KG 26

Datum	Typ	WNr.	Kennzeichen	Einheit	Schadenshöhe	Bemerkungen
15.(23.?)09.1940	He 111 (H-1/H-12)	5391	1H+BM	Geschw. Erg.St./KG 26	100%	Absturz und Aufschlagbrand in Blankensee. 2 Tote, darunter Lt. Ölerich.
15.11.1940	He 111 H-3	6875	unbek.	Geschw. Erg.St./KG 26	25%	Notlandung infolge Brennstoffmangel bei Kiel.
15.01.1941	He 111 H-2	5093	unbek.	Geschw. Erg.St./KG 26	95%	Bruchlandung in Blankensee infolge Motorstörung.
08.02.1941	He 111 H-3	6858	unbek.	Geschw. Erg.St./KG 26	75%	Notlandung infolge Motorschaden bei Kronsforde.
20.03.1941	He 111 H-5	3585	unbek.	Geschw. Erg.St./KG 26	70%	Beschädigung in Le Bourget bei feindlichem Bombenwurf.
24.04.1941	He 111 P	2443	unbek.	IV./KG 26	12%	Bruchlandung in Blankensee infolge Bedienungsfehler
30.04.1941	He 111 H-3	3182	unbek.	IV./KG 26	10%	Rollschaden an unbek. Ort
13.05.1941	He 111 H-3	5712	unbek.	IV./KG 26	15%	Bruchlandung in Blankensee infolge Motorschaden.
13.05.1941	He 111 H-4	3211	unbek.	IV./KG 26	25%	Bruchlandung in Blankensee
18.05.1941	He 111 H-3	5678	unbek.	IV./KG 26	15%	Bruchlandung in Blankensee
18.05.1941	He 111 H-3	6823	unbek.	IV./KG 26	40%	Bruchlandung in Lüneburg
26.05.1941	He 111 H-3	5678	unbek.	IV./KG 26	35%	Bruchlandung in Blankensee
31.05.1941	He 111 H-3	6875	unbek.	IV./KG 26	15%	Bruchlandung in Lüneburg
15.06.1941	He 111 H-3	5639	unbek.	IV./KG 26	60%	Bruchlandung auf Fl.Pl. Wiener Neustadt. Gefr. Staller (BS) zunächst verl., in GQM vom 09.04.1942 unverl.
17.06.1941	He 111 H-3	3351	1H+CW	IV./KG 26	10%	Bruchlandung in Blankensee bei Nachtlandungen. Laut FB Hönninger Bruch um 23.50 Uhr.
18.06.1941	He 111 H	unbek.	1H+DW	IV./KG 26	?%	Notlandung in Unterschlauersbach nach Motorausfall. Bes. FF Anton Hönninger.
25.06.1941	He 111 H-2	2649	unbek.	IV./KG 26	12%	Bauchlandung in Blankensee. Ofw. Krumer (FF) verl. (GQM vom 9.4.1942 unverl.)
28.07.1941	He 111 H-5	3886	unbek.	(IV./KG 26)	100%	Absturz infolge Bedienungsfehler bei Neustadt. Siehe Aufstellung Schulen vom 30.07.1941 lfd. Nr. 7, dort Hinweis: He 111 der Torp.Schule Großenbrode (angebl. P-Version). Besatzung tot: Fw. Kurt Peternell (FF), Ogefr. Fritz Versus (BO), Gefr. Gerhard Heinz (BF), Gefr. Siegfried Kopfe (BS) - alle von der IV./KG 26.
28.08.1941 (?)	He 111 H-5	3625	unbek.	IV./KG 26	100%	Hindernisberührung bei Blankensee. Besatzung tot: Gefr. Karl-Heinz Zander (FF), Gefr. Frank Carstens (BF), Gefr. Heinrich Schlafmann (BO), Ogefr. Max Strass... (BS).
23.09.1941	He 111 H-2	5271	unbek.	IV./KG 26	100%	Absturz bei Nachtlandung (Aufschlagbrand) in Curau bei Stockelsdorf. Fw. Georg Scheel (FF) und Gefr. Lorenz Dorscht (BS).
05.11.1941	He 111 H-4	3221	unbek.	IV./KG 26	100%	Absturz bei Woltersdorf zusammen mit WNr. 4147. Besatzung tot: Uffz. Ulrich Bierkandt (FF), Ofhr. Karl-Heinz Schlüter (BO), Ogefr. Heinz Dinter (BF), Gefr. Walter Diekmann (BS).
05.11.1941	He 111 H-6	4147	unbek.	IV./KG 26	90%	Absturz bei Woltersdorf zusammen mit WNr. 3221 Besatzung tot: Gefr. Hans Huiskeus (FF), Ofhr. Hans-Dieter Fischer (BO), Gefr. Helmut Eims (BF), Ogefr. Robert Köster (BS).
17.11.1941	He 111 H-3	3204	unbek.	IV./KG 26	30%	Motorbrand in Blankensee
16.02.1942	He 111 H-	3658	unbek.	IV./KG 26	95%	Absturz bei Bechelsdorf. Besatzung tot: Gefr. Hans-Werner Ahrensdorf (FF), Gefr. Hans Ebeling (BO), Uffz. Günther Klügel (BF), Gefr. Wilhelm Merchel.
28.05.1942	He 111 H-	3829	unbek.	IV./KG 26	100%	Notlandung auf See bei Sassnitz infolge Motorstörung. Uffz. Walter Lieder (BO) vermisst, Gefr. Felix Nagelmöller (BM) verl. (GQM 19.08.1942 unverletzt).
29.05.1942	He 111 H-6	4393	unbek.	IV./KG 26	45%	Bruchlandung infolge Bedienungsfehler in Blankensee. Gefr. Lehmann (BS) tot.
09.06.1942	He 111 H-3	6875	unbek.	IV./KG 26	100%	Bei Danzig wegen unbekannter Ursache abgestürzt. Besatzung: Hptm. Günther Helm

Datum	Typ	WNr.	Kennung	Einheit	Verlust	Bemerkung
22.08.1942	He 111 H-6	7445	unbek.	IV./KG 26	100%	(FF) tot, Uffz. Alfred Matschke (BO) tot, Uffz. Helmut Völker (BF) verl., Fw. Alexander Hoffmann (BM) tot.
28.08.1942	Ju 88 A-5	8222	unbek.	12./KG 26	100%	Absturz in See bei Grosseto. Besatzung tot: Ofw. Johann Stuppacher (FF), Uffz. Paul Fleischmann (BO), Gefr. Max Schlegel (BF), Uffz. Hans Puder (BS).
29.8./9.1942	Ju 88 A-5	2161	unbek.	IV./KG 26	100%	Absturz zwei Kilometer östlich Esbjerg gegen 23 Uhr. Besatzung tot: Obgefr. Ernst Jurcsa (FF), Obgefr. Walter Scheyrer (BO), Gefr. Hans-Joachim Linke (BF), Gefr. Walter Bischof (BS).
03.09.1942	Ju 88 A-5	0084	unbek.	IV./KG 26	60%	Absturz Marina de Grosseto. Zunächst der II./KG 26 zugeordnet, Korrektur-GQM am 13.03.1943. Besatzung tot: Obgefr. Hermann Seidel (FF), Gefr. Georg Vollmer (BF), Gefr. Karl Müller (BS), Obgefr. Horst Meyer (BO).
08.09.1942	Ju 88 A-6	folgt	unbek.	IV./KG 26	75%	Notlandung infolge Motorstörung bei Morsum/Sylt. Uffz. Fritz Hoffmann (FF) verl. (GQM 09.12.1942 unverletzt.)
13.10.1942	Ju 88 D-1	1165	1H+BW	IV./KG 26	100%	Reifenschaden beim Start in Aalborg-West. Keine Verletzten.
20.10.1942	He 111 H-5	3739	unbek.	IV./KG 26	100%	Absturz in See bei Grosseto. Besatzung: Obgefr. Herbert Anders (FF), Obgefr. Alfred Schmidt (BO), Uffz. Hans Lissner (BF) alle tot. Obgefr. Helmut Frisch (FF), Oblt. Gerhard Salecker (BO), Oblt. Georg Linge (BO) und Gefr. Hans Greve (BF) tot. Uffz. Adolf Hager (BS) verletzt.
20.10.1942	He 111 H-5	3660	unbek.	IV./KG 26	100%	Zusammenstoß mit WNr. 3660 bei Leba in der Luft. Besatzung: Ofw. Hasselbacher, Herbert (FF) vermisst, Uffz Andres (FF) verletzt, Gefr. Schramm (BO) verl., Gefr. Dorn (BF) verl., Gefr. Köhler (BS) verl.
??.10.1942	He 111 H-5/6	3616	unbek.	IV./KG 26	45%	GQM vom 25.10.: Fahrwerkschaden bei der Landung in Grosseto.
30.10.1942	He 111 H-5	3779	unbek.	IV./KG 26	60%	Bruchlandung auf Sardinien.
20.12.1942	He 111 H-2	2332	unbek.	IV./KG 26	unbek.	Rollschaden in Blankensee.
27.12.1942	He 111 H-6	4382	unbek.	IV./KG 26	100%	Absturz infolge Bedienungsfehler bei Tannenwalde. Besatzung: Uffz. Schulze (FF) tot. Verletzte: Uffz. Ullrich (BF), Gefr. Wehner (BO), Uffz. Baarss (BS).
11.01.1943	He 111 H-3	3351	unbek.	IV./KG 26	100%	Zusammenstoß in der Luft mit He 111 WNr. 6933 zwischen Lübeck und Ratzeburg. Besatzung tot: Lt. Pusch, Jürgen (FF), Uffz. Klotz, Otto (BO), Uffz. Pittig, Hans (BF), Uffz. Kopf, Albert (BS).
11.01.1943	He 111 H-3	6933	unbek.	IV./KG 26	100 %	Zusammenstoß mit der He 111, WNr. 3351 zwischen Lübeck und Ratzeburg. In der WNr. 6933 starben: Stfw. Walter Manz (FF), Uffz. Siegfried Lehmann (BO), Fw. Rudolf Kupisch oder Kobisch (BF) und Obgefr. Erwin Karkoschka (BS). Absturz wahrsch. an der Ecke Blankenseer Straße/Hubertus Hauptstraße, hinter dem 3. Haus - heute Eichhörnchenweg.
25.01.1943	Ju 88 A-5	5283	unbek.	IV./KG 26	90%	Südostwärts Fl.Pl. Heiligenbeil Absturz infolge Bodenberührung. Besatzung: Lt. Hans-Georg Fiddikow (FF) tot, Gefr. Barthal (BO) verl., Obgefr. Aloys Ortwin (BF) tot, Fw. Helmut Warg (BS) tot.
04.02.1943	He 111 H-6	4286	unbek.	IV./KG 26	15%	Fahrwerksschaden in Blankensee bei der Landung.
23.02.1943	Ju 88 A-5	6005	unbek.	IV./KG 26	100%	Absturz in Ratzeburger See. Aus der Besatzung starben: Ofw. Christian Kurth (FF), Uffz. Wilhelm Riemann (BO), Obgefr. Moritz Wagner (BS). Uffz. Georg Kreile (BF) verletzt.
28.02.1943	Ju 88 A-5	5145	unbek.	IV./KG 26	15%	Bruchlandung infolge Bedieungsfehler in Blankensee.
09.03.1943	Ju 88 A-4	3725	unbek.	IV./KG 26	55%	In Ludwigslust beim Start ausgebrochen. Obgefr. Kurt Grovenstein (BS) verletzt.
09.03.1943	He 111 H-6	4826	unbek.	IV./KG 26	100%	Bodenberührung infolge Bedienungsfehler bei Lübeck. Besatzung tot: Obgefr. Heinz Bunge (FF), Oblt. Gottfried Ritter (BO), Obgefr. Alfons Kochholzer (BF), Obgefr. Ernst Glatzl (BS).

Verluste der IV./KG 26

Verluste der IV./KG 26

Datum	Muster	WNr.	Kennung	Einheit	Verlust	Bemerkung
18.03.1943	Ju 88 A-14	4009	unbek.	12./KG 26	35%	Notlandung/Motorbrand bei Lindow/Mecklenburg.
19.03.1943	Ju 88 A-4	140425	unbek.	IV./KG 26	50%	Rollschaden in Decimanamu.
20.03.1943	Ju 88 A-4	8527	unbek.	IV./KG 26	100%	Motorstörung bei Landung in Blankensee. Besatzung unverletzt.
21.03.1943	He 111 H-11	8369	unbek.	11./KG 26	100%	Westlich Danzig Absturz. Besatzung tot: Fw. Paul Gerhardt (FF), Fw. Franz Vorstand-Lechner (BO), Uffz. Georg Schuster (BS) und Ogefr. Anton Lief (BF).
21.03.1943	Ju 88 A-4	140132	unbek.	12./KG 26	30%	Technische Mängel in Lübeck-Blankensee.
25.03.1943	Ju 88 A-4	140164	unbek.	12./KG 26	15%	Bruchlandung infolge Bedienungsfehler in Blankensee.
25.04.1943	-	-	-	12./KG 26	-	Verletzte bei Bombenwurf auf Fl.Pl. Grosseto: Uffz. Heinrich Klingenschmidt (BF), Obgefr. Georg Schmidt (BS), Gefr. Erich Platzer (BS).
05.05.1943	He 111 H-5	3585	unbek.	IV./KG 26	100%	Absturz infolge Bedienungsfehler in Blankensee. 100 % Verlust. Es starben: Uffz. Josef Rotkopf (FF), Ogefr. Gerhard Michel (BS) und Gefr. Rudolf Vela (BF). Obgefr. Karl Witting (BM) verletzt.
14.05.1943	He 111 H-11	8408	unbek.	IV./KG 26	100%	Wasserberührung am Ratzeburger See, Besatzung gerettet.
20.05.1943	-	-	-	IV./KG 26	-	Bombenwurf auf Fl.Pl. Grosseto: Obgefr. Harald Koch (BF) vermisst.
21.(24.?).05.1943	Ju 88 A-4	8756	unbek.	12./KG 26	45%	Bedienungsfehler westl. Prowehren. Uffz. Eisel (BO) verletzt.
29.05.1943	He 111 H-11	8407	unbek.	10./KG 26	70%	Notlandung infolge Motorstörung westlich Lübeck-Blankensee.
12.06.1943	He 111 H-6	4986	unbek.	IV./KG 26	15%	Rollschaden in Blankensee.
13.06.1943	He 111 H-6	4533	unbek.	4./KG 26 (IV./KG 26)	35%	Bruchlandung infolge Bedienungsfehler in Blankensee.
21.06.1943	Ju 88 A-4	4265	unbek.	II./KG 26	100%	Zusammenstoß beim Start in Blankensee. Aus der Besatzung tot: Ofw. Gerhrad Mischke (FF) und Uffz. Franz Mache (BM). Rest unverletzt.
21.06.1943	He 111 H-6	4985	unbek.	IV./KG 26	100%	Zusammenstoß beim Start in Blankensee. Besatzung verletzt: Oblt. Bodo Grothe (FF), Obgefr. Karl-Heinz Schellhardt (BO), Obgefr. Herbert Dissel (BF), Fw. Johann Helitzky (BM). Schellhardt per 30.10.1943 unverletzt.
24.06.1943	Ju 88 A-5	2143	unbek.	12./KG 26	20%	Bedienungsfehler in Blankensee. Hptm. Georg Brinkmann (FF) verletzt, per 19.10.1943 unverletzt gemeldet.
27.06.1943	Ju 88 A-4	8723	unbek.	IV./KG 26	100%	Absturz, Aufschlagbrand bei Warin/Mecklenburg. Bes. tot: Fw. Leopold Falmbigl (FF), Gefr. Hans Meier (BO), Uffz. Paul Kaiser (BF), Gefr. Hermann Wessel (BS).
28.06.1943	He 111 H-2	2949	unbek.	IV./KG 26	20%	Fahrwerksschaden in Blankensee bei der Landung. WNr. evtl. eher 2649.
29.06.1943	Ju 88 A-6	287	unbek.	IV./KG 26	40%	Bedienungsfehler in Blankensee.
01.07.1943	He 111 H-11	8378	unbek.	IV./KG 26	100%	Bei Lübeck Absturz infolge Bedienungsfehler. Besatzung tot: Lt. Karl-Heinz Schiebler (FF), Ogefr. Huber Siebig (BO) und Uffz. Norbert Standop (BF).
05.07.1943	Ju 88 A-5	2047	unbek.	IV./KG 26	100%	Absturz infolge Motorstörung bei Petersberg. Bes. tot: Uffz. Karl Scheider (FF), Gefr. Rudi Schönborn (BO), Uffz. Kurt Schmitt (BF), Obgefr. Josef Huber (BS).
06.07.1943	He 111 H-6	4429	unbek.	10./KG 26	15%	Bedienungsfehler bei der Landung in Blankensee.
11.07.1943	He 111 H-11	110290	unbek.	IV./KG 26	100%	Absturz in Riga-Spilve (evtl. eher am 07.11.1943?). Besatzung tot: Uffz Fritz Gundermann (FF), Ogefr. Huber Klein (BO), Obgefr. Heinz Saßmannshausen (BF), Uffz. Ernst Bertram (BS).
16.07.1943	He 111 H-6	4128	unbek.	10./KG 26	100%	Wasserberührung südl. Insel Fehmarn. Besatzung unverletzt.
26.07.1943	-	-	-	IV./KG 26	-	Bombenwurf auf Fl.Pl. Grosseto: Lt. Peter Alefeld (FF) tot, Lt. Josef Katzer (FF) tot, Ofw. Georg Wank (FF) tot, Fw. Karl Hörndlein (BO) verl., Uffz. Werner Roßberg (BO) tot, Uffz. Hans Biegel (BO) tot, Uffz. Hermann Köhler (BS) tot, Obgefr. Kurt Bischoff (BF) verm., Gefr. Friedrich Schippert (BS) tot, Gefr. Heinrich Buck (BO) tot.
26.07.1943	Ju 88 D-1	1160	unbek.	12./KG 26	15%	Reifenschaden auf Fl.Pl. Kolberg.

Datum	Typ	WNr	Kennung	Einheit	Verlust	Bemerkung
30.07.1943	Ju 88 A-14	140755	unbek.	IV./KG 26	30%	Bedienungsfehler bei der Landung in Blankensee. Zusatz "Er".
31.07.1943	Ju 88 A-4	6662	unbek.	IV./KG 26	60%	Bedienungsfehler in Blankensee.
01.08.1943	Ju 88 A-4	140164	unbek.	IV./KG 26	60%	Motorstörung in Blankensee.
01.08.1943	Ju 88 A-4	1276	unbek.	IV./KG 26	100%	Bedienungsfehler in Blankensee. Besatzung unverletzt.
20.08.1943	Ju 88 A-4	5827	unbek.	IV./KG 26	40%	Bruchlandung infolge Bedienungsfehler in Blankensee.
26.08.1943	Ju 88 A-4	40014 (4014)	unbek.	11./KG 26	30%	Bedienungsfehler bei der Landung in Blankensee.
05.09.1943	Ju 88 A-4	2324	unbek.	11./KG 26	100%	Absturz bei Greifswald. Lt. Herrmann Stahl (FF) und Uffz. Gerhard Rade (BO) zunächst verletzt, später tot. Uffz Günter Neupert (BF) und Uffz. Friedrich Baaß (BS) tot.
07.09.1943	Ju 88 A-4	1444	unbek.	IV./KG 26	100%	Absturz infolge Bodenberührung bei Drengfurt. Besatzung tot: Lt. Hans Ipsenbäuser (FF), Fw. Florian Zeiser (BO), Uffz. Hans Ahborn (BF), Uffz. Helmut Spicker (BS).
14.09.1943	Ju 88 A-4	6582	1H+AV	IV./KG 26	100%	Notlandung auf See (Ostsee). FF unverletzt gerettet, vermisst: Uffz. Erhard Bädekerl, Gefr. Klaus Rahdorf, Flg. Rolf Schlott.
25.09.1943	Ju 88 A-4	1160	unbek.	12./KG 26	35%	Bedienungsfehler bei Landung in Blankensee.
26.09.1943	Ju 88 A-4	8649	unbek.	12./KG 26	100%	Absturz bei Landung in Blankensee. Lt. Günter Hansen (FF) verl., Ofw. Franz Ising (BO) verl., später tot, Uffz. Günter Neupert (BF) und Uffz. Friedrich Baaß (BS) tot.
08.10.1943	Ju 88 A-4	4903	unbek.	11./KG 26	65%	Zusammenstoß auf Fl.Pl. Jürgenfelde mit Ju 88 A-4 WNr. 2572 (25% Schaden) der 1./KG 77 bei der Landung.
11.10.1943	Ju 88 A-7	5743	unbek.	11./KG 26	35%	Von landender Ju 88 A-4 WNr. 2239 der 10./KG 3 (60% Schaden) auf Fl.Pl. Gerdauen gerammt.
15.10.1943	Ju 88 A-4	2657	1H+CW	IV./KG 26	100%	In der östl. Ostsee Verlust aus unbekanntem Grund. Besatzung vermisst: Lt. Hermann Wiese (FF), Uffz. Günter Vogt (BO), Obgefr. Herbert Beck (BF), Gefr. Karl Heckel (BS).
22.10.1943	Ju 88	0807	unbek.	12./KG 26	40%	Unfreiwillige Bodenberührung in Blankensee. Zusatz "Er".
16.11.1943	He 111 H-11	8371	unbek.	IV./KG 26	100%	Bombenwurf in Salon.
01.(08.)12.1943	Ju 88 A-4	141018	unbek.	IV./KG 26	65%	Beim Start in Blankensee ausgebrochen.
11.12.1943	Ju 88 A-4	140230	unbek.	IV./KG 26	100%	Absturz infolge Motorstörung bei Lübeck. Lt. Helmut Kaucizer (FF) tot, Uffz. Gerhard Wischollek (BO) tot, Obgefr. Werner Fründ (BF) verl., Flg. Ernst Aschebrock (BS) tot.
12.12.1943	Ju 88 A-4	140130	unbek.	IV./KG 26	25%	Beim Start in Stade Fahrwerksschaden
17.12.1943	Ju 88 A-4	3630	unbek.	IV./KG 26	30%	Bruchlandung infolge Bedienungsfehler in Blankensee.
29.12.1943	Ju 88 A-4	0357	unbek.	IV./KG 26	20%	Fahrwerkschaden in Blankensee.
31.12.1943	Ju 88 A-4	1001	unbek.	IV./KG 26	100%	Absturz und Aufschlagbrand bei Lübeck. Besatzung tot: Lt. Otto Wörle (FF), Gefr. Gerhard Hase (BO), Fw. Josef Aust (BF), Flg. Johann Hartwiger (BS).
14.01.1944	unbek.	unbek.	unbek.	IV./KG 26	unbek.	Es starben: Fj.Ofw. Karl Pötsch, Uffz. Walter Georgi, Uffz. Herbert Qualmann.
21.01.1944	unbek.	unbek.	unbek.	IV./KG 26	unbek.	Es starben: Lt. Werner Bartling, Ofw. Friedrich Brand, Uffz. Franz Stübler, Uffz. Gerhard Pintsch.
25.02.1944	unbek.	unbek.	unbek.	IV./KG 26	unbek.	Es starben beim Abschuss der Maschine 5 bis 8 Km auf See vor Dahmeshöved: Fw. Paul Hauschild, Obgefr. Erich Lorenz, Obgefr. Heinz Faber, Uffz. Heinz Saken, Rudolf Rohe.
01.03.1944	unbek.	unbek.	unbek.	IV./KG 26	unbek.	Es starben: Ofhr. Gerd Willrich, Fj.Fw. Rolf Müller, Gefr. Walter Windgasse, Uffz. Erich Birkenbeul.
04.03.1944	unbek.	unbek.	unbek.	IV./KG 26	unbek.	Es starben: Uffz. Günther Meßner, Uffz. Heinrich Praßbuhn, Uffz. Kurt Teichner, Obgefr. Fritz Frenzel.
20.03.1944	unbek.	unbek.	unbek.	IV./KG 26	unbek.	Es starben: Ofhr. Erhard Bischoff, Obgefr. Günter Reif, Obgefr. Paul Arendt, Gefr. Josef Scherer.

Verluste der IV./KG 26

Verluste der IV./KG 26

14.04.1944	Ju 88 A-4	2176	unbek.	10./KG 26	45%	Bruchlandung in Blankensee. Ursache: Technischer Mangel am linken Fahrgestell. Besatzung Lt. Düllberg unverletzt.
30.04.1944	unbek.	unbek.	unbek.	IV./KG 26	unbek.	Es starben: Uffz. Heinz Schaumburg, Gefr. Karl-Heinz Stach, Gefr. Rolf Günther.
10.05.1944	unbek.	unbek.	unbek.	IV./KG 26	unbek.	Es starben: Uffz. Erwin Küpper, Gefr. Paul Gödemann, Gefr. Franz Schnieders.
20.05.1944	unbek.	unbek.	unbek.	IV./KG 26	unbek.	Es starben: Gefr. Kurt Doblreiter, Ofhr. Heinz Müller, Uffz. Karl Arnold, Gefr. Eduard Neureuter.
13.06.1944	unbek.	unbek.	unbek.	IV./KG 26	unbek.	Es starben: Uffz. Hans Salomon, Uffz. Eugen Niggemann, Uffz. Karl Heißler, Gefr. Karl Seiter.
14.06.1944	unbek.	unbek.	unbek.	IV./KG 26	unbek.	Es starben: Fw. Heinrich Baumgartner, Gefr. Hans Dehler, Gefr. Alfred Janik, Obgefr. Hansheinrich Gellert.
25.07.1944	unbek.	unbek.	unbek.	IV./KG 26	unbek.	Es starb: Ofhr. Herbert Mondor
21.08.1944	unbek.	unbek.	unbek.	IV./KG 26	unbek.	Es starb: Uffz. Bruno Tröndle
23.08.1944	unbek.	unbek.	unbek.	IV./KG 26	unbek.	Es starben: Obgefr. Helmut Freudenberger, Obgefr. Franz Volpert, Obgefr. Erwin Klein, Obgefr. Hans Wittkowski.
06.09.1944	unbek.	unbek.	unbek.	IV./KG 26	unbek.	Es starben: Obgefr. Werner Seifert, Gefr. Heinz Griese.

Hinweise zu den Beschädigungsgraden:

Die Flugzeugverluste wurden je nach Beschädigungsgrad eingeordnet:

- unter 10 Prozent: Geringe Beschädigungen, zum Teil sofort vom 1. Wart zu reparieren. Gingen meist nicht in die Statistiken des Generalquartiermeisters ein

- 10 bis 24 Prozent: Mittlere Schäden, die durch kleinere Reparaturen behoben werden konnten

- 25 bis 39 Prozent: Schäden, die eine Flugzeugdurchsicht beim Verband erforderlich machten

- 40-44 Prozent: Beschädigungsgrad, bei dem an dem jeweiligen Flugzeug Triebwerke oder Systeme (beispielsweise Hydraulik) ersetzt werden mussten

- 45 bis 59 Prozent: Schwerbeschädigtes Flugzeug, bei dem Großbauteile ersetzt werden mussten

- 60 bis 80 Prozent: Flugzeug unbrauchbar, noch verwertbare Teile wurden ausgebaut zur weiteren Verwendung

- 90-100 Prozent: Totalverlust

Typ	WNr.	Reihe	Kennung	St.-kz.	Einheit	Prüfflug	Werftbericht	Bemerkungen
He 111	1706	P-2	L5+BK		KGrzbV 5	12/42	12/42	WNr. evtl. Zahlendreher: WNr. 2323 am 3.2.40 als 1H+FM bei der 4./KG 26 als 100% Verlust in Flat Farm Witby gemeldet. Siehe WNr. 2332
He 111	2323	H-1	1H+JV		11./KG 26	7/42		WNr. evtl. Zahlendreher: WNr. 2323 am 3.2.40 als 1H+FM bei der 4./KG 26 als 100% Verlust in Flat Farm Witby gemeldet. Siehe WNr. 2332
He 111	2332	H-2	1H+JV		11./KG 26		10/41, 8-11/42	Laut WB Rollschaden am 20.12.1942 in Blankensee, Höhe unbekannt. (Evtl. WNr.-Zahlendreher im FB Offermann, dort He 111 H-1, 1H+JV). Am 18.1.1943 verloren gegangen bei der KGr.zbV. 23 im Raum Stalino-Weroschilowgrad. Besatzung vermisst, Ursache unbekannt.
He 111	2445	(P-1) D	1H+QU/ 1H+CV		10./11./KG 26	2,3,11/43	10,12/42	Am 10.02.1945 bei einem Absturz 100 % Verlust bei der Nav.Sch.d.Lw.Straußberg bei Unterschulenburg. Besatzung rund um FF Heinz Dumaire und Ogefr. Ernst Winkelmann tot.
He 111	2491	P-2 / D	L5+KM	CG+HQ	KGrzbV 5	12/42	12/42	Ab 6/42 bei der KGr.zbV. 5. Am 27.07.1942 wegen Ausfalls eines Motors mit ausgefahrenem Fahrwerk ohne Schaden bei Sswatowo notgelandet. Am 20.12.1942 durch Jägerbeschuss 20% Schaden in Pitomnik. Am 07.01.1943 Absturz der L5+KM. Uffz. Haase, tot, drei Besatzungsmitglieder leicht verletzt.
He 111	2649	H-2	1H+BF/ 1H+BU		Stab IV./ 10./KG 26	7/42, 2,4/43, 4/44	5,12/42	WNr. 2949 (Zahlendreher?) erlitt am 28.6.43 20% Fahrwerksschaden bei der Landung in Blankensee. Am 25.6.1941 mit Ofw. Krumer (FF, verletzt) Bauchlandung dort. Am 18.05.1942 bei der IV./KG 27 Bruchlandung in Langenhagen infolge Motorstörung, 20% Schaden. Hier als He 111 P bezeichnet. Am 20.12.1942 (?) 80% Schaden bei der Notlandung auf dem Fl.Pl Gleiwitz. Halter: IV./KG 27. Besatzung teilweise tot bzw. verletzt. Hier als He 111 P-2 bezeichnet.
He 111	3155	H-2	1H+BV		11./KG 26	12/41	12/41	Am 03.02.1943 bei der BFS 4 in Aunö Wasserberührung. 70% Bruch.
He 111	3187	H-3		TE+KM			11/41	Im Dezember 1942 bei der 12./KG 27.
He 111	3198	H-3 (angeblich H-5)		TE+KX			9,11/42	Am 01.02.1943 Notlandung infolge techn. Mängel 100% Bruch bei Königsberg. Halter: IV./KG 26; Besatzung tot: Ofw. Stammeier, Hans (FF), Uffz. Kähle (BO), Uffz. Kerzenberger, Nikolaus (BF), Fw. Günther, Fritz (BS).
He 111	3214	H-4	1H+FU		10./KG 26	8/42	2,7,10/41	Als "1H+KH" am 11.09.1940 zu 60 % beschädigt durch Feindbeschuss bei Feindflug über London. Oblt. Lensch tot. Am 16.01.1941 dann 25 % Schaden bei Bruchlandung in Beauvais bei der I./KG 26. Am 30.01.1943 dann 15 % Fahrwerksschaden bei der Landung bei der KGrzbV 5. Ort nicht gemeldet.
He 111	3351	H-3					6,11,12/42	Erlitt am 17.6.1941 bei einem Unfall (Bruchlandung) in Blankensee 10% Schaden. Am 11.01.1943 dann 100 % Verlust durch Zusammenstoß in der Luft mit He 111 WNr. 6933 (s.u.) zwischen Lübeck und Ratzeburg. Besatzung tot: Ltn. Pusch, Jürgen (FF), Uffz. Klotz, Otto (BO), Uffz. Pittig, Hans (BF), Uffz. Kopf, Albert (BS). Im Werftbericht 11/42 = H-2
He 111	3585	H-5	1H+HU	RN+GI	10./KG 26	4/43	9,11,12/42	Am 20.03.1941 in Le Bourget 70% Schaden bei Bombenwurf (Halter: Geschw.Erg.St./KG 26). Stürzte am 05.05.43 infolge Bedienungsfehler in Blankensee ab. 100 % Verlust. Es starben: Uffz. Josef Rotkopf (FF), Ogefr. Gerhard Michel (BS) und Gefr. Rudolf Vela (BM). Obgefr. Karl Witting (BM) verletzt.
He 111	3616	H-5 (angeblich H-6)	(S3+AM)	SG+HP			2,8/42	Am ??.10.1942 (GQM vom 25.10.) Fahrwerkschaden (45%) bei der IV./KG 26 bei der Landung in Grosseto. Ging am 25.06.1943 bei St. Esprit, Frankreich, vermutlich bei Hindernisberührung 100% verloren. Einheit: 4./TGr.30. 6 Mann Besatzung unter Uffz. Landt (FF) tot.
He 111	3621	H-5		SH+GU			4/42	Wurde am 12.09.1942 bei Makejewka gering beschädigt bei einer Bauchlandung infolge Motorstörung. Einheit: KGr.zbV. 5. In 4/43 bei der Westa 2 und ab 4/43 bei

Flugzeuge in Lübeck-Blankensee

Flugzeuge in Lübeck-Blankensee

Typ	WNr	Variante	Kennung	Einheit	Datum	Bemerkungen
He 111	3646	H-5	1H+DU	10./KG 26	8/42	der BFS 7.
He 111	3660	H-5	1H+GW bis 1/42, anschl. 1H+LV	11./12./KG 26	1,7/42	Stieß am 20.10.42 mit der WNr. 3739 (s.u.) bei Leba in der Luft zusammen. Besatzung: Ofw. Hasselbacher, Herbert (FF) vermisst, Uffz Andres (FF) verletzt, Gefr. Schramm (BO) verl., Gefr. Dorn (BF) verl., Gefr. Köhler (BS) verl.
He 111	3667	H-5	CM+KE		4/42	Ging mit Pilot Gefreiter Hans Stöhl, am 01.01.1943 in Pitomnik verloren, Ursache unbekannt. Besatzung unverletzt zur KGr.z.b.V. 20 zurück.
He 111	3674	H-5	CM+KL	1./KG 26	5/41	Am 28.04.1941 Bruchlandung (15% Schaden) infolge Flakbeschuss bei der I./KG 26 in Stavanger-Sola. Am 14.08.1941 100% Verlust an der englischen Ostküste aus unbekannter Ursache. Es starben: Fw. Fridolin Ballinger (FF), Uffz. Paul Gontrum (BO), Gefr. Werner Hampel (BF) und Gefr. Erwin Biegler (BS).
He 111	3675	H-5	CM+KM (ursprünglich TH)		5/42	Aus Heinkel-Rostock-Produktion, erlitt bei der I./KG 26 am 22.08.1941 bei einem Feindflug zu den Farör and Shetland-Inseln 10% Schaden. Fw. Willi Konig (BS) tot.
He 111	3689	(H-5/H-6)	(1H+??)			
He 111	3689		(1H)+FL		4/41	Überführung vom LZA Sagan-Küpper am 13.11.1940 durch Besatzung Lt. Rolf Oepen nach Blankensee. Stand flugunklar wegen fehlender Jumo 211 H-1 seit 21.04.1941 in Blankensee. Gehörte angeblich zur I./KG 27 (VKZ: 1G+??) und stürzte bereits am 20.02.1941 bei Romans/F aus unbekannten Gründen ab. Die Besatzung konnte sich mit dem Fallschirm retten. WNr. evtl. ein Zahlendreher.
He 111	3736	H-5	1H+BK	2./KG 26	11/41	Ab 11/42 bei der FFS C 10. Am 22.01.1943 dort auf dem Fl.Pl. Erding 20% Bruchladung infolge Bedienungsfehler.
He 111	3739	H-5	1H+EV	11./KG 26	1,5/42	Überführung vom LZA Sagan-Küpper am 16.11.1940 durch Besatzung Lt. Rolf Oepen nach Blankensee. Stieß am 20.10.1942 mit der WNr. 3660 (s.o.) bei Leba in der Luft zusammen. Uffz. Helmut Frisch (FF), Oblt. Gerhard Salecker (BO), Oblt. Georg Linge (BO) und Gefr. Hans Greve (BF) tot. Uffz. Adolf Hager (BS) verletzt.
He 111	3779	H-5	1H+AU	10./KG 26	1/42	Am 30.10.1942 Bruchlandung auf Sardinien bei der IV./KG 26. 60% Schaden.
He 111	3861	H-5	1G+?H	1./KG 27	12/41	Am 09.04.1941 zu 30% beschädigt durch Schiffsflak. Notlandung. Ort: PQ5176. 2 Verletzte
He 111	3874	H-5	1H+FP	6./KG 26	12/41	Am 26.01.1942 beim Flugplatz Iraklion infolge unfreiwilliger Bodenberührung abgestürzt. 100% Verlust. Es starben: Ltn. Horst Simon (FF), Ogefr. Walter Herracha (BF), Ogefr. Willi Borrmann (BM) und Ogefr. Johann Krause (BO).
He 111	3966	H-5	1H+JU	10./KG 26	8,12/42	Am 12.05.1941 in Nantes durch Feinbeschuss 40% Schaden bei der 2./KG 28 (?). Zwei Verletzte: Fw. Friedrich Dreyer (BM) und Uffz. Bernhard Schomaker. Laut Technical Report No. 19 vom 16.09.1944 der Field Intelligence Unit in Valence/La Tresorerie gefunden. "Aircraft reduced to cindres except tail unit. [...] 2 Jumo 211. Port: PMB 211 H1-153 in yellow on case. Starb.: MMY 211 G-1/674 mainplate recowered. Wahrscheinlich nach Einsatz bei der IV./KG 26 zu einer anderen Einheit abgegeben worden.
He 111	4049	H-5	1H+AF	Stab IV./KG 26	2/44	
He 111	4075	H-6	VG+EI		8/42	In 10/41 beim KSG 2.
He 111	4128	H-6	GM+PJ	10./KG 26	2/43	Wasserberührung am 16.07.1943 südl. Insel Fehmarn. 100 % Verlust, Besatzung (10./KG 26) unverletzt.
He 111	4142	H-6	A8+CK	2./KG 102	4/43	
He 111	4180	H-6	GF+WB	5./KG 26	11/41	Am 26.01.1943 bei der II./KG 27 bei Konstantinowka Jägerbeschuss. 100%

Typ	WNr	Version	Kennung	Stammkennung	Einheit	Datum	Bemerkungen
He 111	4185	H-6	1H+GV und 1H+UU	GF+WG	11./KSG 26	2,5/43	Verlust. 2 Mann Besatzung verletzt, Rest nicht genannt. Am 10.12.1941 in Großenbrode 50% Bruch durch Bedienungsfehler bei der I./KSG 2. Am 19.09.1943 als 1H+UU bei der II./KG 26 bei Wels (Ostmark) 100% Verlust. Besatzung vermisst, später tot geborgen: Lt. Erich Friedl (FF), Uffz. Alois Hindinger (BO), Obgefr. Anton Mörd (BF), Obgefr. Heinrich Leidecker (BS), Obgefr. Oswald Schulz (Sch), Obgefr. Hermann Ullrich (Sch).
He 111	4190	H-6	1H+KV	GF+WL	11./KG 26	5/42	
He 111	4194	H-6		GF+WP		10,11/42 4/42	Erstflug in Rostock-Marienehe am 07.06.1941. Als "G1+FT" bei der 9./KG 55 am 05.09.1942 Motorschaden in Zamka (40%). Uffz. Sepp Hinterberger (BM) verletzt. Laut KTB Nr. 7 der III./KG 55 Ausfall eines Motors der von FF Hübner gesteuerten Maschine. Anschließend Notlandung in Pl.Qu. 19662 links oben 44 Ost - 15 Km NO Morosowkaja. In 4/1943 bei der 4./TGr. 30 nachweisbar (Siehe FB Hartmann, Auszug im Hildesheim-Buch S. 61). Am 19.08.1943 bei TGr. 30 in Amiens-Cliay durch Bombenwurf 80% Schaden. Am 25.02.1945 bei der Schleppgr. 1 ostw. Alt-Lönnewitz Notlandung infolge Flakbeschuss. 100%. Hptm. Häfner (FF) verl., restl. Besatzung unverletzt.
He 111	4201	H-6	1H+CC		Stab II./KG 26	11/41	Am 08.04.1942 in Alexandria Jägerbeschuss bei der 4./KG 26. 100% Verlust. Besatzung: Ofw. Richard Hess (FF) verm./gerettet, Ofw. Rudolf Henkel (BO) tot, Obgefr. Roland Sinn (BF) verm./gerettet, Uffz. Fritz Flemming (BS) tot.
He 111	4213	H-6	R4+BA	SF+QA	Stab/NJG 2	11/44	
He 111	4215	H-6	1H+GP	SF+QC	6./KG 26	1/42	
He 111	4217	H-6		SF+QE		8/42	Abnahmeflug in Marienehe am 18.06.1941.
He 111	4286	H-6	1H+LU	GN+IR	10./KG 26	5/42, 3,8/43 10/42	Am 15.02.1942 auf dem Flugplatz Rennes zu 20% beschädigt bei Bruchlandung. Halter III./KG 40. Erlitt am 04.02.1943 bei der Landung in Bl´see einen Fahrwerksschaden (15%). Am 27.09.1943 in Chevigny nach Notlandung infolge Motorschaden 40% Schaden bei der IV./KG 40.
He 111	4287	H-6	1H+AU	GN+IS	10./KG 26	4/43	
He 111	4345	H-6		DF+OY		10/42	Beim LZA Erding am 12.01.1943. Am 29.03.1943 bei der 1./KG 26 durch Flakbeschuss 10% Schaden im Pl.Qu. 6866. Fw. Klars (FF) und Hptm. Müller (BO) verletzt.
He 111	4429	H-6	1H+MU		10./KG 26	9/43	Am 02.10.1941 angeblich im Osten abgestürzt (100% Verlust) als 1H+FT bei der 9./KG 26 - wahrscheinlich ein Fehleintrag in den GQM. Am 22.09.1941 bei der III./KG 40 Fahrwerksschaden (15%) auf dem Flugplatz Beauvais-Tille. Erlitt am 06.07.1943 15% Schaden aufgrund Bedienungsfehler bei der Landung in Bl´see bei der 10./KG 26.
He 111	4432	H-6				12/42	Beim LZA Erding am 16.12.1941. Am 27.03.1944 durch Luftangriff auf dem Fl.Pl. Cazeaux 100% Schaden. Halter angebl. E-Stelle Rechlin. Oder als H-11 bei der II./KG 26 am 17.09.1943 bei Torgelow/Pommern Bauchlandung infolge Motorbrand. 40% Schaden, Zusatz "Er".
He 111	4472	H-6	1H+LL	DO+BN	3./KG 26	5/42	
He 111	4546	H-6	1T+AL	DP+YF	ex 3./KG 28, III./KG 26	1/42	
He 111	4576	H-6	1H+AN	DS+EL	5./KG 26	4/42	Als GL+PL (eher G1+PL) am 22.11.1942 bei der 3./KG 55 bei Kletakaja 100% Verlust. Besatzung (5 Mann) unter FF Uffz. Knorr vermisst.
He 111	4582	H-6	1H+JP	DS+ER	II./KG 26	10/42	Laut Typenschild in 9.41 gebaut oder abgenommen. Maschine vorgefunden von Flugzeuge in Lübeck-Blankensee

Flugzeuge in Lübeck-Blankensee

Typ	WNr	Version	Kennung	Stammkz	Einheit	Monate	Bemerkungen
He 111				SP+OH		11/42	britischen Truppen in Decimomannu/Sardinien. Siehe CEAR No. 1342 vom 24.11.1943.
He 111	4726	H-6					
He 111	4816	(H-5)/H-6	1T+JH	VM+QH	ex 1./KG 28, III./KG 26	3/42	Am 01. oder 03.08.1942 bei der II./KG 26 an unbekanntem Ort (Einsatz Osten) durch Flakbeschuss 100% Verlust. Vermisst: Lt. Dr. Hans-Georg Bachem (FF), Uffz. Herrmann Aschermann (BF), Uffz. Karl-Bernd Vollern (BM) und Uffz. Walter Zumpe (BO).
He 111	4986	H-6	1H+YU		10./KG 26	9/43	Erlitt am 12.06.1943 15% Rollschaden in Blankensee.
He 111	5271	(H-1/H-2)	1H+??		IV./KG 26		6/41	Am 23.09.1941 (gemeldet erst am 06.03.1942!) Absturz bei Nachtlandung (100% Verlust, Aufschlagbrand) in Kurau bei Stockelsdorf. (Ort = Curau). Aus der Besatzung (IV./KG 26) tot: Fw. Georg Scheel (FF), Gefr. Lorenz Dorscht (BS). Teilüberholt in Werft des Fl.Pl. Kjeller bei Oslo am 26.06.1941. Wegen Instandsetzungsmängeln erneut zu Überholungsarbeiten für IV./KG 26 in der Blankenseer Werft.
He 111	5301	H-6				11/42	Am 17.02.1945 bei der I./Erg.KG(J) Absturz in München 100% Verlust als He 111 H-10. Ursache unbekannt. Bes. tot: Uffz. Erhard Haubaum (FF), Uffz. Hans Gabriel (BF), Uffz. Julius Häring (BM), Uffz. Sebastian Jennerwein (BS). Weitere Verlustmeldung für selbes Datum mit leicht geänderten Inhalten: Einheit: IV./Erg. KG 1, Besatzung: Uffz. Erhard Raubaum (FF), Uffz. Gabriel Bann (BF), Uffz. Julius Hering (BM), Uffz. Sebastian Jennerlein (BS).
He 111	5379	(H1-/H-2)	(1H)+GU			(4/41)	Siehe 5397 – Zahlendreher? Wegen des Fehlens des Jumo 211 A seit 25.04.1941 in Blankensee flugunklar.
He 111	5397	H-2	1H+GU	GK+PA	10./KG 26	6,12/42	(4/41) 6,10-12/42 Evtl. ein Zahlendreher? Werftberichte sagen WNr. 5379. Ansonsten in 9/40 bei der ErgKGr. 4, in 8/42 bei FFS C 20.
He 111	5674	H-3	1H+CU/ 1H+TU	TT+AY	10./KG 26	1,2,6/42	9-12/42 Bauchlandung am 18.11.1942 in Blankensee (Rollfeld) laut WB. Schadenshöhe nicht genannt.
He 111	5712	H-3	1H+BU		10./KG 26	2/42	2/42 Erlitt am 13.05.1941 eine Bruchlandung wegen Motorschaden bei der IV./KG 26 in Bl´see (15% Schaden).
He 111	6820	H-3	1H+CV		11./KG 26	11/41	12/41 Am 04.09.1942 Überführungsflug von München-Riem nach Foggia. Halter: Fluggruppe OBS.
He 111	6875	H-3	1H+AV		11./KG 26	2,5,12/42, 1,4/43	2,12/42 Am 15.11.1940 bei einer Bruchlandung bei Kiel (wegen Brennstoffmangels) bei der Geschw.Erg.St./KG 26 zu 25% beschädigt. Erlitt am 31.05.1941 eine Bruchlandung bei der IV./KG 26 in Lüneburg (15% Schaden). 100% Verlust am 09.06.1942 bei Danzig, Ursache unbekannt. Am 26.07.1942 in GQM umgeschrieben von 7. auf IV./KG 26. Besatzung: Hptm. Günther Helm (FF) tot, Uffz. Alfred Matschke (BO) tot, Uffz. Helmut Völker (BF) verl., Fw. Alexander Hoffmann (BM) tot.
He 111	6933	H-2/H-3	1H+FV		11./KG 26	1/43	6,12/42 Erlitt am 05.10.1940 bei einer Notlandung nach Jägerbeschuss bei der I./KG 26 25% Schaden in Amiens. Am 11.01.1943 mit der He 111, WNr. 3351 (s.o.), zwischen Lübeck und Ratzeburg in der Luft zusammengestoßen. In der WNr. 6933 starben: Stfw. Walter Manz (FF), Uffz. Siegfried Lehmann (BO), Fw. Rudolf Kupisch oder Kobisch (BF) und Obgefr. Erwin Karkoschka (BS). Absturz wahrsch. an der Ecke Blankenseer Straße/Hubertus Hauptstraße, hinter dem 3. Haus - heute Eichhörnchenweg. Im Werftbericht 6/42 = H-3.
He 111	6935	H-3	1H+DV		11./KG 26	1/42, 1/43	4,8,12/42
He 111	6940	H-3	1H+EU		10./KG 26	4,12/42	4,8,12/42
He 111	7029	H-6	1H+CN	RE+DO	5./KG 26	3/42	Im Werftbericht 12/42 auch als H-5 bezeichnet.

Typ	WNr	Version	Kennung	Einheit	Zugang	Bemerkung
He 111	7103	H-6	DJ+SK		4/42	Am 04.05.1942 beim KSG 2 (I./KG 26) bei Grosseto Absturz in See. Fw. Karl Fischer (FF), Obgefr. Josef Mayer (BO), Uffz. Erich Schelling (BS) vermisst. Obgefr. Karl Vitting (BF) zunächst verletzt, später in GQM gestrichen.
He 111	7108	H-6	DJ+SP		10/42	Am 30.10.1942 Absturz auf Fl.Pl. Vöslau infolge Bedienungsfehler. 60% Schaden. Besatzung der III./KG 4 unverletzt. Am 02.06.1943 bei der 8./KG 4 Notlandung infolge Motorschaden in PlQu 58720. 25% Schaden.
He 111	7119	H-5/(H-6)	DG+RC		10/42	Am 16.04.1943 in Saki Motorschaden bei der 8./KG 4 mit 30% Schaden.
He 111	7126	H-6	DG+RJ	A8+EH	10/42	Am 28.07.1942 bei der 1./KG 26 bei Bruchlandung in Grosseto zu 30% beschädigt worden. Bei der II./KG 26 am 08.11.42 verloren gegangen "Reede Algier". Besatzung: Oblt. Hermann Gansmann (FF) verl., Flg. Arthur Buchau (BO) verl., Uffz. Herbert Reinhard (BF) verm., Uffz. Wolfgang Puhls (BS) verm.
He 111	7148	H-6	CQ+RL		11/42	
He 111	7149	H-6	CQ+RM	1H+IL	11/42	Erlitt bei der I./KG 26 am 8.2.43 durch Bombenwurf in Elmas 80% Schaden. Laut CEAR No. 1342 vom 24.11.1943 von britischen Truppen in Cagliari/Sardinien vorgefunden.
He 111	7205	H-6	CQ+TQ	1H+FC Stab II./KG 26	6/44	Abnahmeflug nach Reparatur in Stuttgart-Echterdingen (LH-Werft) am 10.09.1943.
He 111	7234	H-6	CQ+UT	A8+CH 1./KG 102	7/43	Als 1H+AL 100% Verlust am 14.03.1943 bei der I./KG 26. Ort/Ursache unbekannt. Besatzung vermisst: Uffz. Gerhard Gartmann (FF), Gefr. Eduard Rans (BO), Obgefr. Franz Bauer (BF), Fw. Siegfried Schindler (BS).
He 111	7256	H-6	CQ+VP	1H+YB Stab I./KG 26	4/44	Als He 111 H-11 am 16.11.1943 in Istres bei Bombenwurf zu 25% beschädigt. Halter: I./KG 26. s. auch FB Neumann.
He 111	7257	H-6	CQ+VQ		10/42	
He 111	7272	H-6	CQ+WF	1H+KL I./KG 26	8,11/42	Erlitt bei der I./KG 26 am 8.2.43 durch Bombenwurf in Elmas 80% Schaden. Laut CEAR No. 1342 vom 24.11.1943 in Cagliari/Sardinien von britischen Truppen vorgefunden. Zustand "stripped". Aus ATG Produktion in Leipzig.
He 111	7327	H-6	DJ+CO		12/42	Am 30.05.1942 100% Verlust im Schwarzen Meer als 1H+LM. Besatzung (4) vermisst. Als 1H+DB dann nochmals zu 100% verloren gegangen am 21.01.1943 bei der 3./KG 26 vermutlich durch Flakbeschuss vor Algier. Besatzung tot: Ofw. Albert Duckstein (FF), Fw. Theodor Feigerl (BO), Uffz. Wilhelm Reimers (BF), Fw. Felix Kresmer (BS).
He 111	7415	H-6	GG+SY	1H+NL I./KG 26	7/42	Siehe FB Brück (2.(Süd)/FlÜG 1): Überführung vom 08.09.1943 von Grosseto über München nach Pütnitz am 15.09.1943. Die 1H+NL hatte 839 Löcher in der Rumpfhaut, ein Bombenschaden.
He 111	7416	H-6	GG+SZ	A8+FH	6,7/42	Am 15.11.1942 bei der II./KG 26 (verliehen vom KSG 102) verlorengegangen. Ort: Reede Bone, vermutlich Feindbeschuss. Vermisst: Ofw. Ernst Hacker (FF), Oblt. Hugo Bock (BO), Uffz. Josef Ziepusch (BF), Fw. Viktor Finkler (BS).
He 111	7507	H-6	TM+KF		11/42	
He 111	7576	H-6	A1+KS		12/42	Angeblich am 19.08.1942 bei der III./KG 53 bei Explosion eigener Bomben während des Bombenabwurfs im Pl.Qu. 4781 100% Verlust. 5 Mann Besatzung tot. Vgl. FB Ludwig: dort WNr. 7574 und 7572 mit St.kz.
He 111	7585	H-6	TM+KO		12/42	Beim LZA Erding am 25.7.1942 nachweisbar. Am 03.09.1942 unfreiwillige Bodenberührung in Krammtorskaja bei der 8./KG 55 zu 100% beschädigt. 3 Mann Besatzung tot. KTB Nr. 7 der III./KG 55 ergänzt: Maschine unter FF Ofw. Motz als G1+WS beim Nachflugplatz Kramatorskaja mit Aufschlagbrand abgestürzt.

Flugzeuge in Lübeck-Blankensee

Flugzeuge in Lübeck-Blankensee

Typ	WNr	Variante	Kennung 1	Kennung 2	Einheit	Datum	Bemerkungen
He 111	7715	H-6	1H+BK			10/42	100% Verlust am 12.03.1943 im Mittelmeer, Ursache unbekannt. Besatzung: Lt. Erich John (FF) tot, Uffz. Günther Brandenburg (BO) tot, Uffz. Erich Nitsche (BF) tot, Obgefr. Rudolf Kohnsen (B?) verl.
He 111	7784	H-6				10/42	
He 111	8094	H-11	1H+AM	GG+UI	4./KG 26	4/43	Beim LZA Erding am 20.12.1942. Als "1H+MK" am 19.07.1943 an der Ostküste Siziliens 100% Verlust bei der I./KG 26. Ursache unbekannt. Besatzung zunächst verm./tot, später gerettet: Oblt. Jente (FF), Fw. Baumgart (BO), Fw. Lutz (BF), Uffz. Rosenthal (BM).
He 111	8103	H-11	1H+HU	GG+UR	10./KG 26	9/43	Beim LZA Erding am 13.04.1943. Am 16.11.1943 bei Bombenwurf auf Fl.Pl. Istres 10% Schaden bei der I./KG 26.
He 111	8358	H-11	1H+AP	VJ+3L		4/43	Bei der I./KG 26 aus unbekanntem Grund 100 % Verlust am 12.06.43 an unbekanntem Ort. Flg. Gerhard Horsch (FF) verm., Ofw. Karl Dräger (BO) verm., Uffz. Eduard Henneberger (BF) tot, Fw. Karl Backse (BS) verm. WNr. Angeblich = VG+AZ, St.kz. = WNr. 8154.
He 111	8361	H-11		VI+UB		4/43	Am 16.07.1943 in Grosseto 20% Rollschaden bei der I./KG 26. Am 13.11.1943 bei Notlandung infolge Motorstörung bei Leucati 20% Schaden bei der I./KG 26. Fw. Herbert Margraf (BS) verl.
He 111	8362	H-11		VI+UC		4/43	
He 111	8368	H-11		VI+UI		4/43	Bei der I./KG 102 am 01.05.1943 beim Anflug auf das Übungsziel ins Mittelmer vor Grosseto gestürzt (He 111-Buch, S. 188)
He 111	8369	H-11	1H+HV	VI+UJ	11./KG 26	3/43	Stürzte am 21.03.1943 westlich Danzig bei der 11./KG 26 ab. 100 % Verlust. Es starben: Fw. Paul Gerhardt (FF), Fw. Franz Vorstand-Lechner (BO), Uffz. Georg Schuster (BS) und Ogefr. Anton Lief (BF).
He 111	8372	H-11	1H+PP	VI+UM		4/43	Laut CEAR vom 1.10.1943 zusammen mit anderen Flugzeugen in Sizilien (FIPI Castel Vettrano oder Milo) von britschen Truppen in 9/43 vorgefunden. Wahrscheinlich mit FuG 200-Ausrüstung.
He 111	8378	H-11		VI+US	IV./KG 26		Am 01.07.43 bei Lübeck 100% Schaden, Absturz infolge Bedienungsfehler. Besatzung tot: Lt. Karl-Heinz Schiebler (FF), Ogefr. Huber Siebig (BO) und Uffz. Norbert Standop (BF).
He 111	8380	H-11	1H+CU	VI+UU	10./KG 26	3,5,6/43	
He 111	8381	H-11		VI+UV		4/43	Am 19.03.1945 bei der Schleppgr. 1 bei der Landung auf Fl.Pl. Alt-Lönnewitz 25% Fahrwerkschaden.
He 111	8383	H-11		VI+UX		5/43	
He 111	8384	H-11		VI+UY		4/43	Am 06.06.1943 bei der I./KG 26 Absturz bei Insel Pavignana, 100% Verlust. Besatzung: Uffz. Hans Söldner (FF) verm., Gefr. Günter Schwetasch (BO) verl., Gefr. Heinrich Reese (BS) verl.
He 111	8385	H-11		VI+UZ		4/43	
He 111	8386	H-11		PB+QA		3/43	Überführung nach Blankensee durch Besatzung Oblt. Selig (vom Ln.Vers.Rgt. Köthen) am 29.03.1943.
He 111	8388	H-11		PB+QC		4/43	Beim LZA Erding nachweisbar am 30.05.1943. Als 1H+MH am 13.08.1943 bei Angriff auf Geleitzug vor Gibraltar 100% Schaden durch Flakbeschuss. Besatzung verm.: Oblt. Alfons Bormann (FF), Fw. Karl Rothe (BO), Fw. Peter Geffert (BF), Uffz. Hans Amberg (BS). Wahrscheinlich hin der GQM-Meldung mit Zahlendreher, denn PB+QC in 1/44 bei der FFS B1.
He 111	8390	H-11		PB+QE		5/43	Beim LZA Erding am 04.06.1943 nachweisbar. 25% Schaden in Würzburg nach

Typ	W.Nr.	Version	Kennung	Stamm	Einheit	Datum	Bemerkungen
He 111	8401	H-11					Bruchlandung infolge Sichtbehinderung am 07.09.1943 bei der I./KG 26, Zusatz "Er". Bei der BFS 7 ab 4/43 im Einsatz. Am 25./28.02.1944 in Böblingener Werft. Am 29.05.1944 bei der FFS B 22 durch feindlichen Beschuss abgestürzt. Uffz. Friedrich Aubertin (FF, Sch), Gefr. Paul Hohn (Sch), Gefr. Richard Ott (BF), Uffz. Friedrich Hoheisel (BM) und Gefr. Gerhard Klinkowitz (BF) tot.
He 111	8403	H-11	PB+QP			4/43	In 4/44 bei der FFS B 17.
He 111	8409	H-11	PB+QR	1H+DU	10./KG 26	9/43	
He 111		H-11	PB+QX	1H+DK		6/42	In 6/42 bei der FFS C5. Am 14.07.1943 Absturz an der Ostküste Siziliens als "1H+DK" bei der I./KG 26. Besatzung zunächst verm., später gerettet: Obgefr. Schnack (FF), Gefr. Schweiger (BF), Gefr. Specks (BO), Gefr. Zabel (BS). Und am 03.09.1943 in Montpellier bei der Landung ausgebrochen, 20% Schaden, Zusatz "Er", als He 111 H-16 bezeichnet.
He 111	110267	H-11	DR+TL	1H+PL		7/43	Am 04.10.1943 bei der I./KG 26 in PlQu. 1733/3103 Ost 100% Verlust. Ursache unbekannt. Besatzung vermisst: Oblt. Fritz Lautenschläger (FF), Flg. Hans Hemer (BO), Obgefr. Fritz Eimer (BF), Uffz. Fritz Geißler (BS).
He 111	110303	H-11	KK+TV			7/43	
He 111	110369	H-11	CG+YI			7/43	
Fw 44	3/566	F		1H+PW	12./KG 26	10/43	
C 445	419		KI+CY			5/41	Erstflug 21.3.1941
Ju 52	3246	3mg8c	TF+KD	4V+JT	I./KGzbV 172	4/43	
Ju 52	5238		RB+AS		LD-Kdo. 2/11	5,6/41	In 9/40 beim LDK 1/11.
Ju 52	6502			N6+AX	Verb. Maj. Babekuhl	9/40	
Ju 52	7699	3mg8c	GL+KU		4./KGrzbV 50 bzw. 8./TG 3	4/43	
Ju 88	0201	A-7		1H+FV	11./KG 26	10/43	Erlitt am 29.12.1943 20% Fahrwerksschaden in Bl´see bei der IV./KG 26.
Ju 88	0357	A-4		1H+KV	11./KG 26	11/43	
Ju 88	0399	A-17		1H+FN	5./KG 26	4/44	
Ju 88	0593	A-17		1H+HN	5./KG 26	5/44	Falls WNr. 140593, dann am 03.09.1943 bei der Lfl. Reserve in Romilly 70% Schaden bei Bombenwurf.
Ju 88	0595	A-17		1H+JN	5./KG 26	5/44	
Ju 88	(14)0755	A-4 (A-14)		1H+HW	12./KG 26	11/43	Als WNr. 140755 am 30.07.1943 mit 30% Schaden durch Bedienungsfehler bei der Landung in Blankensee. Zusatz "Er". Halter: FlÜG 1.
Ju 88	1391	A-17		1H+AP	6./KG 26	4/44	
Ju 88	1393	A-17		1H+DN	5./KG 26	5/44	
Ju 88	1406	A-17		1H+MN	5./KG 26	4/44	
Ju 88	1407	A-17		1H+HP	6./KG 26	4/44	
Ju 88	1408	A-17		1H+KN	5./KG 26	5/44	
Ju 88	1520	A-4		1H+NV	11./KG 26	2/44	
Ju 88	2046	A-4		1H+AM	4./KG 26	10/43	Am 23.10.1943 Notlandung infolge Brennstoffmangels bei Chaumont. 25% Schaden. Halter: FlÜG 1.
Ju 88	2143	A-5		1H+BW	12./KG 26	3/43	Bei der I./KG 30 am 11.11.1942 bei einem Motorschaden in Banak zu 30%

Flugzeuge in Lübeck-Blankensee

Flugzeuge in Lübeck-Blankensee

Type	WNr	Variant	Kennung	Stammkz	Unit	Date	Notes
Ju 88	2176	A-4	1H+DU		10./KG 26	10/43, 1/44	beschädigt. Erlitt am 24.06.1943 20% Schaden durch Bedienungsfehler in Blankensee. Hptm. Georg Brinkmann (FF) von der 12./KG 26 verletzt.
Ju 88	2255	A-4	1H+HU		10./KG 26	6/44	Am 14.04.1944 Bruchlandung in Blankensee. 45% Schaden durch technischen Mangel am linken Fahrgestell. Besatzung Lt. Düllberg unverletzt.
Ju 88	2267	A-4	1H+MU		10./KG 26	5,6/44	Am 05.11.1943 bei der Fl.Techn.Schule 1 in Gießen Rollschaden 75%. Als A-5 bezeichnet.
Ju 88	2361	A-4	1H+SW		12./KG 26	1/44	
Ju 88	2383	A-6 (5)		SH+JE	LD-Kdo. 1/11	3/44	Am 01.11.1943 Motorstörung bei (Bad) Segberg. 15% Bruch.
Ju 88	2557	A-4	1H+EU		10./KG 26	3/44	
Ju 88	2575	A-4	1H+RW		12./KG 26	12/43	Eine WNr. 822575 bei der III./KG 26 am 09.09.1943 bei Absturz bei Bisanet verloren gegangen. 4 Mann Besatzung tot.
Ju 88	2618	A-17	3Z+FR		7./KG 77	10/43	
Ju 88	(82)2625	A-17	1H+NH	NA+UW	1./KG 26	9/44	Die 1H+NH wurde von der Besatzung Diemer vom 15.8.1944 bis 20.02.1945 durchgängig geflogen.
Ju 88	2630	A-4	3Z+AD		Stab III./KG 77	10/43	
Ju 88	2657	A-4	1H+CW		12./KG 26	10/43	Am 15.10.1943 in der östl. Ostsee 100% Verlust aus unbekanntem Grund als 1H+CW bei der IV./KG 26. Besatzung vermisst: Lt. Hermann Wiese (FF), Uffz. Günter Vogt (BO), Obgefr. Herbert Beck (BF), Gefr. Karl Heckel (BS).
Ju 88	3011	A-17	1H+BP		6./KG 26	4/44	Sofern WNr. Rest der Nummer 823011, dann als 1H+DM in Montpellier vorgefunden. Mittelrumpf ausgebrannt, 2 PVC aber kein FuG 200. Siehe Technical Report No. 15 der Field Intelligence Unit, Ohne Datum (wahrsch. 9/44).
Ju 88	3013	A-17	1H+CP	VG+TC	6./KG 26	4/44	Mit diesem Kennzeichen laut Technical Report No. 12 der Fiedl Intelligence Unit gefunden in Avignon/Pujant auf dortigem Schrottplatz. Zerstört. St.Kz. laut vorgefundener Karte. Mit 2 PVC, FuG 25a und Ebl 3F. Motordaten: 211 J, 1041306156 und Ifr 10213047.
Ju 88	3016	A-17	1H+DP		6./KG 26	5/44	
Ju 88	3019	A-17	1H+EP		6./KG 26	4/44	
Ju 88	3363	A-5	1H+LW		12./KG 26	10/43	
Ju 88	3425	A-6	1H+CV		11./KG 26	6/44	
Ju 88	40(0)14	A-4	1H+DV		11./KG 26	8,12/43	Am 28.08.1943 bei der 11./KG 26 30% Schaden in Blankensee durch Bedienungsfehler.
Ju 88	4027	A-4		CP+NP	10./KG 26	5/44	Bei der FFS B 34 in 7/44.
Ju 88	(14)4405	A-14	1H+AV		11./KG 26	3/44	Am 13.07.1943 Bruchlandung in Grosseto bei der III./KG 26. 15% Schaden, Zusatz "Er". Laut brit. Bericht HW5/365 am 2.10.43 als Korpsreserve in Linate/Italien. Wahrsch. Nachfolger der Ju 88 A-4 WNr. 6582 "1H+AV", die am 14.9.1943 wegen Motorstörung in der Ostsee notgelandet ist (100% Verlust). s. GQM v. 16.9.1943. WNr. 144405 (A-4) erlitt im Sommer 1943 15% Rollschaden in Blankensee.
Ju 88	4567	A-14	1H+ER		7./KG 26	6/44	
Ju 88	5760	A-4	1H+MW		12./KG 26	10/43	Aus ATG-Prod. 8/42.
Ju 88	(88)5879	A-4	K6+FM	CK+WC	ex 1./906 / 8./KG 26	9/43	Aus ATG-Prod. 7/42. Angeblich in 9/43 bei der 10./KG 26. Am 11.11.1943 als "1H+FS" 100% Verlust bei Cap Ivi, Grund unbekannt. Besatzung vermisst: Uffz. Ewald Kroner (FF), Obgefr. Werner Danisch (BO), Obgefr. Werner Kruse (BF),

Typ	Werknr.	Version	Kennung	Code	Einheit	Datum	Bemerkungen
Ju 88	8226	A-7	1H+GW		12./KG 26	4/44	
Ju 88	8265	A-5	4D+TV		11./KG 30	11/43	
Ju 88	140130	A-4	1H+MV	SC+MD	11./KG 26	11/43	Am 10.01.1943 bei der 8./KG 54 Fahrwerksschaden (25%, Zusatz "Er") in Gerbini. Am 12.12.1943 beim Start in Stade 25% Fahrwerksschaden bei der IV./KG 26. Im Mai 1945 noch in Kjevik/Norwegen vorhanden.
Ju 88	140231	A-4	K6+GM		ex1./906 / 8./KG 26	1/44	Am 18.12.1942 Notlandung infolge Vereisung in Egmating bei der Erpr.Staffel/KG 30. 30% Schaden.
Ju 88	140323	A-4	1H+JW	CL+SW	12./KG 26	1,2/44	Als 1H+KF bei der Stabsstaffel/KG 26 am 09.02.1945 bei Sorreisa Absturz infolge Hindernisberührung (gegen Berg geflogen). Besatzung zunächst vermisst, später tot: Uffz. Heinrich Suchs (FF), Uffz. Heinz Anschütz (BO), Obgefr. Alois Gotthardt (BF), Ofw. Kurt Müller (BS).
Ju 88	140735	A-4	3Z+DN		5./KG 77	8/44	Aus ATG-Prod. 8/42. Am 04.09.1943 in Blankensee Bedienungsfehler bei der Landung, 30% Schaden. Halter: FlÜG 1.
Ju 88	(14)1005	A-4	PH+HE			2,3/44	
Ju 88	142264	A-4	1H+LV		11./KG 26	2/44	
Ju 88	(14)4278	A-4(14)	1H+CV	VK+QN	11./KG 26	7/43, 1,2/44	
Ju 88	145387	A-5	1H+KW		12./KG 26	8/43	
Ju 88	550590	A-17	1H+NP	DS+IN	6./KG 26	4/44	Eher Ju 88 A-4
Ju 88	550724	A-17	1H+JP	BF+YD	6./KG 26	4/44	Eher Ju 88 A-4
Ju 88	822619	A-17		NA+UQ			Angeblich in 9/43 bei der 10./KG 26.
Ju 88	880701	A		GF+MA	LD-Kdo. 1/11	10/42	Am 27.10.1942 Bruch in Blankensee. Am 19.06.1944 bei Bruchlandung infolge Motorstörung 16% Bruch auf Fl.Pl. Gandau. Halter: FFS B14.
Ju 88	880140420	A-4		SK+QP		12/42	Halter: Metallwerk Niedersachen, Brinckmann & Mergel, Werk Stendal, Absturz am 04.12.1942 in der Nähe von Fahrenkrug/Bad Segeberg, Bergung durch Werft Blankensee. Offizielle Meldung: 04.12.1942, Halter: Junkers/Flugzeugbau Zweigwerk Bernburg, Ort: Fahrenkrug, Absturz inf. Motorstörung (Überführungsflug), 100% Besatzung: Obtl. Wilhelm Bender (FF) von der E-Stelle Rechlin und Uffz. Johann Schreiber (BM) von der Kurierstaffel Ob.d.L. tot. Die Ju 88 A-4 hatte die WNr. 140420, eingeflogen am 19.10.1942 im Junkerswerk Bernburg.
Ar 66						KTB	Vom Stab des Flughafenbereichs. Abgabe gegen die Ar 96 „KE+BL" per Bahn an ein Reparaturwerk am 12.06.1942
Ar 66	201					10/42	Ehemals D-IBUK. In 11/36 bei der FFS A Weimar-Nohra, in 2/37 bei der Fl.Üb.St. Alt-Lönnewitz und in 12/39 bei der FFS A/B Seerappen.
Ar 66	2165			SE+RA		10/42	Ab 2/41 bei der FFS A/B 63. Am 09.11.1941 hier auf dem Fl.Pl. Karlsbad beim Start ausgebrochen. 65% Bruch. In 8/43 bei der Flkp.LnRgt. 3.
Ar 66	1207					10/42	
Ar 66	764	C		KN+AW		8,10/42	Bei der A/B 61 in 3/41, beim LDK 1/11 ab 6/42. Hier Bruchlandung in Blankensee, Datum unbekannt.
Ar 96	4012	B-1		KE+BL		KTB und 12/42	Vom Luftpark Gardelegen zum Kdo. A6/XI am 24.05.1942, Abgang am 18.01.1943 an „FFS Brandenburg-Briest" (ab 2/43 in Quedlinburg bei der Fluglehrerschule d. LW. nachweisbar), als Ersatz sollte eine Kl 35 kommen.
B71	166	A		(SE+DZ)		10/41	Maschine der E-Stelle Travemünde

Flugzeuge in Lübeck-Blankensee

Flugzeuge in Lübeck-Blankensee

Typ	WNr	Version	Kennung	Datum	Bemerkung
Bf 109	8129	F-2		10/41	Produziert bei Erla in Leipzig zwischen 2-5/41. Am 01.07.1941 um 14.30 Uhr in Texel bei der 1./JG 52 bei der Landung zu 35% beschädigt, FF Fw. Georg Brey unverletzt. Am 07.02.1942 bei der 8./JG 51 in Szawinki Notlandung nach feindlichem Beschuss, 100% Schaden, FF unverletzt.
Do 17	2013	E-2		2/42	
He 72	652	C		2/42	Nur Hinweis auf He 70.
He 70	?			6/42	Zellen-Teilüberholung im Mai 1941.
W 34	?			4/41	Zellen-Teilüberholung im April 1941.
Kl 32	?			4/41	
Go 145	1320	A		6/42	Angeblich in 11/42 beim LDK 65
Kl 35	2004	D	BD+QU	6/42	
Bf 110	4000	E-2	D5+FT	8/42	Der 9./NJG 3, Absturz in Havekost/ Schwarzenbek am 27.07.1942, durch Blankensee-Werft geborgen am 12.08.1942. Offizielle Meldung: 29.07.1942 - 9./NJG 3 - Absturz infolge Motorbrand / Schwarzenberg - Bf 110 E2 - WN: 4000 - 100 % Bruch - Besatzung unverletzt.
Bf 110	2425	E-2	D5+AT	12/42	Der 9./NJG 3 aus Stade, eingetragen als DS+AT, Absturz am 04.12.1942 in Giesensand bei Wedel, Bergung durch Werft Blankensee. Offizielle Meldung: 03.12.1942 - 9./NJG 3 - Absturz / nordwestl. Giessen-Sand - Bf 110 E2 - WN: 2425 - 95 % Bruch - Besatzung tot: Oblt. Albert Westhelle und Fw Horst Schirmer Angeblich stürzte die Bf 110 300 m nördlich Giessen-Sand ab während eines Überprüfungsflugs. Pilot Feldwebel und K.O.A. Horst Schirmer kamen ums Leben (in Mücheln bestattet), auch Oblt. und Kompaniechef der Stabskompanie III./NJG 3 starb (in Plettenberg bestattet). Als weiterer Ort soll Hetlingen östlich Stade angegeben/berichtet worden sein. Angeblich wurden noch in der Neuzeit Teile u. WNr. gefunden. Absturz bei Werkstattflug.
Fw 58	3105			10/42	Eventuell die Fw 58 K-4 (auch beschrieben als KL-2), OY-DYS, Triebwerke As 10 C-4, Baujahr 1938, Verkehrsflugzeug, wurde im Auftrag der DLH bei Focke Wulf gebaut, aber noch vor Ablieferung an DLH nach Dänemark exportiert, später über DDL an Gunnar Larsen verkauft.
Fw 200	(0)126	C-4	(NT+BZ)	10/42	60% Schaden bei Unfall durch techn. Probleme in Vaernes am 10.12.1943 bei der 3./KG 40. Ofw. Mathias Esters wurde in der Verlustlisten zuerst als verwundet eingetragen, das wurde später aber per 16.04.1944 korrigiert in unverletzt. Gebaut im Mai 1942 bei Fw in Cottbus. Per 23.5.1943 zur DVL in Adlershof (Überführung durch FF Schollmeyer) zum Einbau eines britischen Schiffssuchradars (ASV), das bei der III./KG 40 in Bordeaux-Merignac am 29.06.1942 erprobt wurde. s. JP FA Bd. 13 S. 78! Am 18.06.1942 Überführung von Blankensee nach Danzig-Langfuhr.

Verluste in Lübeck

Datum	Typ	WNr.	Kennzeichen	Einheit	Schadenshöhe	Bemerkungen
19.08.1938	Go 145	unbek.	D-IODC	FFS B Oldenburg	unbek.	Notlandung im Raum Lübeck um 11.45 Uhr. FF Helmut Jaeger unverletzt. Start in Oldenburg 10.16 Uhr, Distanz 200 Km.
08.09.1938	He 111 B	unbek.	72+?13	3./KG 257	unbek.	Absturz vor Platzgrenze in Blankensee. Max Sülberg (BM) verletzt.
20.09.1938	He 111 B	unbek.	72+P11	1./KG 257	15%	Laut FB Blauert: Notlandung in ? mit stehenden Motoren. Nach 100 Metern Rollstrecke, Fahrwerk im Moorboden eingesunken, Kopfstand.
??.07.1939	He 111 B	unbek.	72+E12	2./KG 26	100%	Abmontiert, Aufschlagbrand. 4 Tote.
06.10.1939	He 111 H	unbek.	unbek.	I./KG 26	50%	Aufgrund Motorproblemen. Notlandung bei Klein Berkenthin, 15 Km S Lübeck
09.10.1939	He 111 H	unbek.	unbek.	I./KG 26	100%	Besatzung unverletzt. Absturz infolge Hindernisberührung bei Nachlandung nach Feindflug in Blankensee
17.10.1939	He 111 H	unbek.	unbek.	I./KG 26	100%	Blindstart im Nebel. Aufschlag auf Halle in Blankensee. 1 Verletzter 4 Tote.
06.12.1939	He 111 H-3	5460	unbek.	I./KG 26	30%	Bei Landung in Blankensee beschädigt, wahrscheinlich Bedienungsfehler.
18.12.1939	He 111 H-2	unbek.	unbek.	Geschwader-Stab/KG 26	50%	Notlandung infolge Motorstörung bei Wuldorf (=Wulfsdorf?).
11.02.1940	Ju 52	unbek.	unbek.	KG.zbV. 172	30%	Ju 52 stand in Zelt, welches unter Schneelast zusammenbrach (oder unter Schneemasse).
22.02.1940	He 111 H-2	unbek.	unbek.	II./KG 26	25%	Bruchlandung nach Feindflug in Blankensee. Keine Verletzten.
09.03.1940	He 111 H-3	unbek.	unbek.	I./KG 26	100%	Bodenberührung bei Nebeleinbruch, Aufschlagbrand bei Gut Mönkhof bei Lübeck. 2 Tote, darunter Lt. Schwoll.
08.04.1940	Bf 110 C	unbek.	unbek.	ZG 76	20%	Landung mit einem Motor nach Feindbeschuss (Feindflug) auf dem Fl.Pl. Blankensee. Besatzung unverletzt.
09.05.1940	He 111 H-3	unbek.	unbek.	III./KG 26	25%	Kopfstand in Blankensee
15.(23.?)09.1940	He 111 H-2	5391	1H+BM	Erg.St./KG 26	100%	Absturz und Aufschlagbrand in Blankensee. 2 Tote, darunter Lt. Ölerich.
24.10.1940	He 111 H-2	5306	unbek.	2./(F)/22	35%	Bruch beim Rollen in Blankensee.
15.01.1941	He 111 H-2	5093	unbek.	Geschw. Erg.St./KG 26	95%	Bruchlandung in Blankensee infolge Motorstörung.
08.02.1941	He 111 H-3	6858	unbek.	Geschw. Erg.St./KG 26	75%	Notlandung infolge Motorschaden bei Kronsforde.
24.04.1941	He 111 P	2443	unbek.	IV./KG 26	12%	Bruchlandung in Blankensee infolge Bedienungsfehler
13.05.1941	He 111 H-3	5712	unbek.	IV./KG 26	15%	Bruchlandung in Blankensee infolge Motorschaden.
13.(15.?)05.1941	He 111 H-4	3211	1H+CW	IV./KG 26	25%	Bruchlandung in Blankensee
15.05.1941	Bf 109 F-2	5442	unbek.	1./JG 54	100%	Absturz nach Start in Blankensee, Oblt. Gerhard Ködderitzych tot.
18.05.1941	He 111 H-3	5678	unbek.	IV./KG 26	15%	Bruchlandung in Blankensee
26.05.1941	He 111 H-3	5678	unbek.	IV./KG 26	35%	Bruchlandung in Blankensee
17.06.1941	He 111 H-3	3351	1H+CW	IV./KG 26	10%	Bruchlandung in Blankensee bei Nachtlandungen. Laut FB Hönninger Bruch um 23.50 Uhr.
25.06.1941	He 111 H-2	2649	unbek.	IV./KG 26	12%	Bauchlandung in Blankensee. Ofw. Krumer (FF) verl. (GQM vom 9.4.1942 unverl.)
26.06.1941	He 111	1231	unbek.	IV./KG 26	12%	Notlandung bei Herrnburg.
21.08.1941	Ar 66	161	unbek.	FFS C 16 LD-Kdo. 1/11	25%	Buchlandung in Tangstedt.
28.08.1941	Bf 109 B-1	3012	unbek.	Überprüfungsstelle für FF	100%	Hindernisberührung bei Blankensee (wahrsch. bei Brandenburg). Fw. Adolf Strohzuer verletzt.
28.08.1941 (?)	He 111 H-5	3625	unbek.	IV./KG 26	100%	Hindernisberührung bei Blankensee. Besatzung tot: Gefr. Karl-Heinz Zander (FF), Gefr. Frank Carstens (BF), Gefr. Heinrich Schlafmann (BO), Ogefr. Max Strass.... (BS).

Verluste in Lübeck

Datum	Typ	WNr.	Kennung	Fl.H.Kdtr. Lübeck-Blankensee	%	Bemerkung
27.09.1941	MS 230	664	unbek.		70%	Absturz infolge Bedienungsfehler bei Lübeck. Gefr. Kurt Ohm (FF) und Gefr. Herbert Hennig (Sch) verletzt.
17.11.1941	He 111 H-3	3204	unbek.	IV./KG 26	30%	Motorbrand in Blankensee
10.01.1942	W 34	1264	unbek.	FFS A/B 10	100%	Absturz infolge Vereisung bei Lübeck. 3 Tote: Gefr. Tüning (FF), Uffz. Saldow (Sch), Gefr. Vick (Sch).
14.01.1942	Kl 32	1087	unbek.	DVL	60%	Notlandung infolge Motorstörung bei Ratzeburg
19.03.1942	Ju 88 A-1	7161	unbek.	I./KG 30	20%	Bruchlandung infolge Bedienungsfehler in Blankensee.
29.05.1942	He 111 H-6	4393	unbek.	IV./KG 26	45%	Bruchlandung infolge Bedienungsfehler in Blankensee. Gefr. Lehmann (BS) tot.
31.05.1942	Baby 2b	unbek.	unbek.	Segelfluggruppe Blankensee	50%	Ursache unbekannt.
19.08.1942	Baby 2b	-	WL-XI-232	Segelfluggruppe Blankensee	40%	Propellerschlag, 1 Verletzter
20.10.1942	-	050579	-	LD-Kdo. 1/11	-	Rollschaden in Blankensee.
20.12.1942	He 111 H-2	2332	unbek.	IV./KG 26	unbek.	Rollschaden in Blankensee.
11.01.1943	He 111 H-3	3351	unbek.	IV./KG 26	100%	Zusammenstoß in der Luft mit He 111 WNr. 6933 zwischen Lübeck und Ratzeburg. Besatzung tot: Lt. Pusch, Jürgen (FF), Uffz. Klotz, Otto (BO), Uffz. Pittig, Hans (BF), Uffz. Kopf, Albert (BS).
11.01.1943	He 111 H-3	6933	unbek.			Zusammenstoß mit der He 111, WNr. 3351 zwischen Lübeck und Ratzeburg. In der WNr. 6933 starben: Stfw. Walter Manz (FF), Uffz. Siegfried Lehmann (BO), Fw. Rudolf Kupisch oder Kobisch (BF) und Obgefr. Erwin Karkoschka (BS). Absturz wahrsch. an der Ecke Bl'seer Straße/Hubertus Hauptstraße, hinter dem 3. Haus - heute Eichhörnchenweg.
04.02.1943	He 111 H-6	4286	unbek.	IV./KG 26	15%	Fahrwerksschaden in Blankensee bei der Landung.
23.02.1943	Ju 88 A-5	6005	unbek.	IV./KG 26	100%	Absturz in Ratzeburger See. Aus der Besatzung starben: Ofw. Christian Kurth (FF), Uffz. Wilhelm Riemann (BO), Obgefr. Moritz Wagner (BS). Uffz. Georg Kreile (BF) verletzt.
28.02.1943	Ju 88 A-5	5145	unbek.	IV./KG 26	15%	Bruchlandung infolge Bedienungsfehler in Blankensee.
09.03.1943	He 111 H-6	4826	unbek.	IV./KG 26	100%	Bodenberührung infolge Bedienungsfehler bei Lübeck. Besatzung tot: Obgefr. Heinz Bunge (FF), Oblt. Gottfried Ritter (BO), Obgefr. Alfons Kochholzer (BF), Obgefr. Ernst Glatzl (BS).
20.03.1943	Ju 88 A-4	8527	unbek.	IV./KG 26	100%	Motorstörung bei Landung in Blankensee. Besatzung unverletzt.
21.03.1943	Ju 88 A-4	140132	unbek.	12./KG 26	30%	Technische Mängel in Blankensee.
25.03.1943	Ju 88 A-4	140164	unbek.	12./KG 26	15%	Bruchlandung infolge Bedienungsfehler in Blankensee.
05.05.1943	He 111 H-5	3585	unbek.	IV./KG 26	100%	Am 05.05.43 Absturz infolge Bedienungsfehler in Bl'see. 100 % Verlust. Es starben: Uffz. Josef Rotkopf (FF), Ogefr. Gerhard Michel (BS) und Gefr. Rudolf Vela (BF). Obgefr. Karl Witting (BM) verletzt.
29.05.1943	He 111 H-11	8407	unbek.	10./KG 26	70%	Notlandung infolge Motorstörung westlich Lübeck-Blankensee.
12.06.1943	He 111 H-6	4986	unbek.	IV./KG 26	15%	Rollschaden in Blankensee.
13.06.1943	He 111 H-6	4533	unbek.	4./KG 26 (IV./KG 26)	35%	Bruchlandung infolge Bedienungsfehler in Blankensee.
21.06.1943	Ju 88 A-4	4265	unbek.	II./KG 26	100%	Zusammenstoß beim Start in Blankensee. Aus der Besatzung tot: Ofw. Gerhrad Mischke (FF) und Uffz. Franz Mache (BM). Rest unverletzt.
21.06.1943	He 111 H-6	4985	unbek.	IV./KG 26	100%	Zusammenstoß beim Start in Blankensee. Besatzung verletzt: Oblt. Bodo Grothe (FF), Obgefr. Karl-Heinz Schellhardt (BO), Obgefr. Herbert Dissel (BF), Fw. Johann Helitzky (BM). Schellhardt per 30.10.1943 unverletzt.

Datum	Typ	WNr.	Kennung	Einheit	Verlust	Bemerkung
24.06.1943	Ju 88 A-5	2143	unbek.	12./KG 26	20%	Bedienungsfehler in Blankensee. Hptm. Georg Brinkmann (FF) verletzt, per 19.10.1943 unverletzt gemeldet.
28.06.1943	He 111 H-2	2949	unbek.	IV./KG 26	20%	Fahrwerksschaden in Blankensee bei der Landung. WNr. evtl. eher 2649.
29.06.1943	Ju 88 A-6	287	unbek.	IV./KG 26	40%	Bedienungsfehler in Blankensee.
01.07.1943	He 111 H-11	8378	unbek.	IV./KG 26	100%	Bei Lübeck Absturz infolge Bedienungsfehler. Besatzung tot: Lt. Karl-Heinz Schiebler (FF), Ogefr. Huber Siebig (BO) und Uffz. Norbert Standop (BF).
06.07.1943	He 111 H-6	4429	unbek.	10./KG 26	15%	Bedienungsfehler bei der Landung in Blankensee. Zusatz "Er".
30.07.1943	Ju 88 A-14	140755	unbek.	IV./KG 26	30%	Bedienungsfehler bei der Landung in Blankensee.
31.07.1943	Ju 88 A-4	6662	unbek.	IV./KG 26	60%	Bedienungsfehler in Blankensee.
01.08.1943	Ju 88 A-4	140164	unbek.	IV./KG 26	60%	Motorstörung in Blankensee.
01.08.1943	Ju 88 A-4	1276	unbek.	IV./KG 26	100%	Bedienungsfehler in Blankensee. Besatzung unverletzt.
20.08.1943	Ju 88 A-4	5827	unbek.	IV./KG 26	40%	Bruchlandung infolge Bedienungsfehler in Blankensee.
26.08.1943	Ju 88 A-4	40014 (4014)	unbek.	11./KG 26	30%	Bedienungsfehler bei der Landung in Blankensee.
04.09.1943	Ju 88 A-4	141005	(PH+HE)	FlÜG 1	30%	Rollschaden in Blankensee. Zusatz "Er".
18.09.1943	Fw 190 A-5	410240	unbek.	I./JG 11	40%	Bedienungsfehler bei Landung in Blankensee.
25.09.1943	Ju 88 A-4	1160	unbek.	12./KG 26	35%	Absturz bei Landung in Blankensee. Lt. Günter Hansen (FF) verl., später tot, Uffz. Günter Neupert (BF) und Uffz. Friedrich Baaß (BS) tot.
26.09.1943	Ju 88 A-4	8649	unbek.	12./KG 26	100%	Unfreiwillige Bodenberührung in Blankensee. Zusatz "Er".
22.10.1943	Ju 88	0807	unbek.	12./KG 26	40%	Motorstörung bei Bad Segeberg.
01.11.1943	Ju 88 A-5	2383	SH+JE	LD-Kdo. 1/11	15%	Beim Start in Blankensee ausgebrochen.
01.(08.)12.1943	Ju 88 A-4	141018	unbek.	IV./KG 26	65%	Absturz infolge Motorstörung bei Lübeck. Lt. Helmut Kauczer (FF) tot, Uffz. Gerhard Wischollek (BO) tot, Obgefr. Werner Fründ (BF) verl., Flg. Ernst Aschebrock (BS) tot.
11.12.1943	Ju 88 A-4	140230	unbek.	IV./KG 26	100%	Absturz in Lübeck bei Hamburg. (Oder eher Lübbecke?) Lt. Hans Raum verletzt.
12.12.1943	Bf 110 G-4	5586	D5+MT	9./NJG 3	100%	Bruchlandung infolge Bedienungsfehler in Blankensee. Zusatz "Er".
17.12.1943	Ju 88 A-4	3630	unbek.	IV./KG 26	30%	Absturz bei Reinfeld. 4 Tote.
17.12.1943	Ju 88 D-1	1081	unbek.	3./Erg.FAGr.	100%	Notlandung bei Lübeck infolge Schlechtwetter.
18.12.1943	Bf 110 G-2	12525	unbek.	I./ZG 26	30%	Bruchlandung in Blankensee.
18.12.1943	Bf 110 G-2	120028	unbek.	I./ZG 26	30%	Fahrwerkschaden in Blankensee.
29.12.1943	Ju 88 A-4	"0357	unbek.	IV./KG 26	20%	Absturz und Aufschlagbrand bei Lübeck. Besatzung tot: Lt. Otto Wörle (FF), Gefr. Gerhard Hase (BO), Fw. Josef Aust (BF), Flg. Johann Hartwiger (BS).
31.12.1943	Ju 88 A-4	1001	unbek.	IV./KG 26	100%	Bruchlandung in Blankensee. Ursache: Technischer Mangel am linken Fahrgestell. Besatzung Lt. Düllberg unverletzt.
14.04.1944	Ju 88 A-4	2176	unbek.	10./KG 26	45%	Absturz infolge Bordwaffenbeschuss (Feindbeobachtet) bei (Bad) Segeberg. Es starben: Uffz. Günter Scholze (FF), Gefr. Günter Löhr (BF), Uffz. Roman Stella (BS).
31.05.1944	Ju 88 R-2	710873	unbek.	FlÜG 1 Reichsstelle für Hochfrequenz-forschung	100%	Notlandung bei Malente-Gremsmühlen infolge Motorstörung. Uffz. Josef Striebisch (FF) und Fw. Hermann Chierson (BM) von der Ln.Sch. 6 verletzt.
17.06.1944	He 111 H-16	160954	unbek.		80%	Luftkampf bei Lübeck. Besatzung tot: Ofhr. Klaus Duvenhorst (FF), Uffz. Hans Osdick (BF).
20.06.1944	Me 410 A-1	120122	unbek.	3./ZG 26	100%	Bombenwurf auf Blankensee.
02.02.1945	Ju 88 G-6	620145	unbek.	III./NJG 5	10%	
03.02.1945	Bf 110 G-4	160371 oder 160671	unbek.	I./NJG 1	100%	Bombenwurf auf Blankensee.
03.02.1945	Ju 88 G-1	714458	unbek.	I./NJG 3	20%	Bombenwurf auf Blankensee. Zusatz "Er".

Verluste in Lübeck

Verluste in Lübeck

Datum	Typ	Werknummer	Kennung	Einheit	Verlust %	Bemerkung
03.02.1945	Bf 110 G-4	730297	unbek.	III./NJG 5	90%	Motorbrand in Blankensee.
04.02.1945	Fw 190 F-8	583108	unbek.	I./SG 151	20%	Bedienungsfehler bei der Landung.
08.02.1945	Fw 190 F-8	933808	unbek.	Hansawerk	3%	Einradlandung in Blankensee.
17.02.1945	Fw 190 A-8	581675	unbek.	I./SG 151	35%	Bei Landung in Blankensee ausgebrochen. Version eher F-8.
28.02.1945	Bf 110 G-4	160580	unbek.	I./NJG 1	25%	Tiefangriff auf Blankensee.
28.02.1945	Ju 88 G-6	620115 oder 620113	unbek.	II./NJG 5	100%	Tiefangriff auf Blankensee.
28.02.1945	Ju 88 G-6	620088 oder 620068	unbek.	III./NJG 5	20%	Tiefangriff auf Blankensee.
01.03.1945	Fw 190 F-8	580042	unbek.	IV./SG 151	100%	Absturz infolge Motorstörung in Blankensee. FF unverletzt.
??.04.1945	Me 262 B-1a/U1	110378	rote 11	10./NJG 11	100%	Zerstört bei Halleneinsturz/Bombenwurf.
??.04.1945	Fw 200	unbek.	unbek.	Fliegerstaffel des Führers	100%	Fw 200 von Hptm. Kurt Herzog (1./KG 200). Sollte von Rerik nach Fürstenfeldbruck überführt werden. Kurz nach dem Start Ende 04/45 Beschuss durch feindl. Jäger. Mit brennendem Backbordaußenmotor Notlandung in Blankensee. Während Reparatur dort bei Angriff durch Tiefflieger zerstört. Ursprünglich angebl. die Fw 200 von Fw. Bauer.
30.04.1945	Ju 88 G-6	unbek.	W7+AM	2./NJG 100	100%	Maschine von Oblt. Günther Bertram. Durch eigene Truppen gesprengt in Blankensee.

Datum	Typ	WNr.	Kennzeichen	Einheit	Schadenshöhe	Bemerkungen
11.09.1944	Bf 110 G-4	unbek.	C9+HT	9./NJG 5	100%	Absturz. Besatzung Ofw. Westphahl, Uffz. Seidt und Gefr. Steppich tot.
11.11.1944	6 Flzg.	unbek.	unbek.	III./NJG 5	100%	Absturz infolge Vereisung. 17 Mann tot.
??.11./12.1944	Ju 88 G-6	unbek.	C9+ET	9./NJG 5	unbek.	Fahrwerkschaden auf dem Fl.H. Lüneburg. FF Ofw. Lindinger.
03.12.1944	Ju 88 G-6	unbek.	C9+RT	9./NJG 5	unbek.	Bruchlandung in Lüneburg wegen starken Seitenwindes. FF Gefr. Jenscher.
05.01.1945	Bf 110 G-4	unbek.	unbek.	III./NJG 5	100%	Abschuss durch Fernnachtjäger an der holländischen Grenze. Lt. Lück (FF) verl., Uffz. Korf (BF) und Uffz. Friedrich (BS) tot.
16.01.1945	Bf 110 G-4	unbek.	unbek.	III./NJG 5	100%	Absturz bei Lüneburg. Uffz. Teuscher, Gefr. Kuchta, Obgefr. Fischer tot.
02.02.1945	Ju 88 G-6	620145	unbek.	III./NJG 5	10%	Bombenwurf in Lübeck-Blankensee
03.02.1945	Bf 110 G-4	730297	unbek.	III./NJG 5	90%	Motorbrand nach Feindflug in Blankensee, Besatzung unverletzt
08.02.1945	Bf 110 G-4	720404	unbek.	III./NJG 5	35%	Rollschaden nach Feindflug in Lüneburg, Besatzung unverletzt
03.03.1945	Ju 88 G-6	620512	unbek.	III./NJG 5	20%	Zusammenstoß während Feindflug in der Luft bei Wittmundhafen, Besatzung unverletzt.
03.03.1945	unbek.	unbek.	unbek.	III./NJG 5	100%	Zwei Mann Bsatzung tot, ein Mann verletzt
03./04.03.1945	Ju 88 G-6	621611	unbek.	III./NJG 5	50%	Notlandung infolge techn. Mängel ostw. Leer. Uffz. Egon Berger verletzt.
03./04.03.1945	Ju 88 G-6	620397	C9+RR	7./NJG 5	100%	Abschuss bei Welton/Lincolnshire. Besatzung: Fw. Friedrich Conze.
04.03.1945	Ju 88 G-6	622832	unbek.	III./NJG 5	100%	Absturz infolge Brennstoffmangel bei Buxtehude. Besatzung verletzt abgesprungen.
04.03.1945	Ju 88 G-6	620816	unbek.	III./NJG 5	100%	Absturz infolge Brennstoffmangel bei Vechta, Besatzung uverletzt abgesprungen.
07.03.1945	unbek.	unbek.	unbek.	III./NJG 5	100%	Feindbeschuss. Besatzung von Hptm. Engel stieg mit dem Fallschirm aus, Fw. Schlosser (BF) verletzte sich dabei.
23.03.1945	Ju 88 G-6	unbek.	C9+KT	9./NJG 5	5%	Abgeschmiert bei Einmotorenlandung in Lünburg. Besatzung Lt. Dreyer unverletzt.
09.04.1945	unbek.	unbek.	unbek.	III./NJG 5	100%	Feindbeschuss bei Bremervörde. Besatzung von Hptm. Engel stieg mit dem Fallschirm aus.
09.04.1945	unbek.	unbek.	unbek.	III./NJG 5	100%	Feindbeschuss bei Lüneburg. Oblt. Breitfeld tot, restliche Besatzung stieg mit dem Fallschirm aus.
13.04.1945	Ju 88 G	unbek.	C9+CT	9./NJG 5	100%	Feindbeschuss bei Brahlstorf. Besatzung Lt. Wolf stieg mit dem Fallschirm aus.
13.04.1945	Ju 88 G	unbek.	unbek.	III./NJG 5	100%	Feindbeschuss. Besatzung Fw. Blank stieg mit dem Fallschirm aus.
13.04.1945	Ju 88 G	unbek.	unbek.	III./NJG 5	100%	Brand bei Landung. Besatzung Ofw. Lindinger unverletzt.
13.04.1945	Ju 88 G	unbek.	unbek.	III./NJG 5	100%	Unfall bei Landung in Blankensee. Besatzung Hptm. Hausner tot.
13.04.1945	Ju 88 G	unbek.	unbek.	III./NJG 5	100%	Unfall bei Landung in Blankensee. Besatzung tot.
20.04.1945	Ju 88 G	unbek.	unbek.	III./NJG 5	100%	Feindbeschuss durch Mospuito im Raum Cottbus. Besatzung Fw. Blank sprang mit dem Fallschirm ab.
21.04.1945	Ju 88 G	unbek.	unbek.	III./NJG 5	100%	Feindbeschuss durch Mospuito. Besatzung Oblt. Lehmann sprang mit dem Fallschirm ab.
30.04.1945	Ju 88 G-6	623211	C9+AR	7./NJG 5	100%	Desertion von Hptm Hof. u.a.

Verluste der III./NJG 5

Literaturverzeichnis

Aders, Gebhard: Geschichte der deutschen Nachtjagd 1917 - 1945. Stuttgart, 1978.

Alsdorf, Dietrich: Spurensuche. Feldflugplätze und Fliegerhorste der Luftwaffe 1935 - 1945. Wölfersheim-Berstadt, 2000.

Balss, Michael: Deutsche Nachtjagd. Materialverluste in Ausbildung und Einsatz. Zweibrücken, 1999.

Böhme, Manfred: Jagdgeschwader 7. Die Chronik eines Me 262-Geschwaders 1944/45. Stuttgart, 1983.

Busjan, Béatrice/Schubert, Corinna: Flugzeugbau in Wismar. Erinnerungen an die Norddeutschen Dornier-Werke. In: Stadtgeschichtliches Museum der Hansestadt Wismar (Hrsg.): Wismarer Studien Band 9. Wismar, 2005.

Carlsen, Sven/Meyer, Michael: Die Flugzeugführer-Ausbildung der Deutschen Luftwaffe 1935 - 1945. Band I. Von der Grundausbildung bis zur Blindflugschule. Zweibrücken, 1998.

Carlsen, Sven/Meyer, Michael: Die Flugzeugführer-Ausbildung der Deutschen Luftwaffe 1935 - 1945. Band II. Fliegerwaffenschulen und Ergänzungsgruppen. Zweibrücken, 2000.

Dierich, Wolfgang (Hrsg.): Die Verbände der Luftwaffe 1935 - 1945. Gliederungen und Kurzchroniken - Eine Dokumentation. Zweibrücken, 1993.

Dierich, Wolfgang/Ries, Karl: Fliegerhorste und Einsatzhäfen der Luftwaffe. Planskizzen 1935 - 1945. Stuttgart, 1993

Dirschauer, Bodo: Lübecker Luftfahrtgeschichte. Der Flugzeugbau in Lübeck und Wismar von 1934 bis 1945. Lübeck, 1997.

Griehl, Manfred: Heinkel He 111. Kampfflugzeug - Torpedobomber - Transporter. Stuttgart, 1997.

Griehl, Manfred: Luftwaffe '45. Letzte Flüge und Projekte. Stuttgart, 2005.

Meyer, Michael/Stipdonk, Paul: Die deutsche Luftwaffe. Zerstörer- und Nachtjagdverbände, Teil 3. Zweibrücken, 2008.

Ries, Karl: Deutsche Flugzeugführerschulen und ihre Maschinen 1919 - 1945. Stuttgart, 1988.

Rosch, Barry C.: Luftwaffe Codes, Markings & Units 1939-1945. Atglen/USA, 1995.

Schiffner, Sven: Ruinen am Rande. Eisenbahn- und Militärgeschichte zwischen Dassower See und Halbinsel Priwall. Grevesmühlen, 2001.

Schmidt, Rudi: Achtung, Torpedo los. Der strategische und operative Einsatz des Kampfgeschwaders 26. Das Torpedogeschwader der deutschen Luftwaffe im zweiten Weltkrieg. Koblenz, 1991.

Urbanke, Axel: Mit Fw 190 D-9 im Einsatz. Die Geschichte der III./JG 54 1944/45 und der Weg ihrer Männer bis zum Kriegsende beim JG 26. Zweibrücken, 1998.

Vogt, Harald: Schlachtfeld Luftfahrzeug. Bodenorganisation und Arbeitsfeld der Luftfahrzeug-Techniker im zweiten Weltkrieg. Illertissen, 1994.

Wilde, Lutz: Bomber gegen Lübeck. Eine Dokumentation der Zerstörungen in Lübecks Altstadt beim Luftangriff im März 1942. Lübeck, 1999.

Weiterhin Artikel aus folgenden Zeitungen und Zeitschriften:

- Flugzeug
- Flugzeug Classic
- Jägerblatt
- Jet & Prop
- Lübecker Nachrichten
- Modell-Magazin

Flugzeuge aus Lübeck-Blankensee als Modell

Eine kleine Auswahl von Modellen des Autors im Maßstab 1:72, jeweils in natürlicher Umgebung fotografiert. Fotos der Modell-Vorbilder sind auf den vorhergehenden Seiten zu sehen gewesen. Oben die He 111 B-1 „72+O12" (ein Modell des Herstellers Roden), rechts unterhalb die Ar 96 „KE+BL" (ein KP-Modell). Darunter wiederum die Me 262 B-1a/U1 „rote 10" aus dem Hause Revell und die Ju 87 A-1 „71+A11" (MPM-Modell). Ganz unten die Ju 88 A-17 „1H+VH" (Modell: Italeri) und die Fw 190 F-9 „gelbe 10" (von Hasegawa). Allen gemeinsam ist, dass die Bausätze stark verfeinert wurden, allein in den Cockpits stecken teilweise über 300 Eigenbauteile, manche davon nur wenige Millimeter groß.

Der Autor

Alexander Steenbeck, geboren 1975 in Lübeck, machte nach dem Abitur eine Ausbildung zum Verlagskaufmann. Anschließend Studium der Geschichte, Journalistik und Betriebswirtschaftslehre an der Universität Hamburg. Parallel dazu freier Journalist für (Regional-)Zeitungen und (Fach-)Zeitschriften, letztere speziell in den Bereichen Maßstabs-Modellbau und Luftfahrt-Geschichte.

Lust auf mehr?

„LBC - Lübeck-Blankensee" dokumentiert auf fast 170 Seiten die gesamte Entwicklung des Lübecker Flughafens von 1916 bis heute. Es enthält über 300 teilweise farbige Fotos, Zeichnungen und Tabellen.

„Mit diesem Buch bringt Steenbeck Licht ins Dunkel Blankensees."
Lübecker Nachrichten

„Steenbeck gelingt es, ‚weiße Flecken' der Geschichte mit Leben zu füllen."
Schleswig-Holsteinischer Zeitungsverlag

„Eine hervorragend gelungene Mixtur!"
Flugzeug Classic

„Fazit: Eine hochinteressante Chronik!"
Jet & Prop

Alexander Steenbeck: LBC - Lübeck-Blankensee. Von der Fliegerstation zum Regionalflughafen. Geschichte des Lübecker Airports seit 1916. Erschienen 2002 im Steintor-Verlag, Lübeck. ISBN: 3-9801506-7-4.